Prova Testemunhal

Prova Testemunhal

2017 - Reimpressão

Luís Filipe Pires de Sousa
Juiz de Direito

PROVA TESTEMUNHAL

AUTOR
LUÍS FILIPE PIRES DE SOUSA

EDITOR
EDIÇÕES ALMEDINA, S.A.
Rua Fernandes Tomás, n°s 76 a 80
3000-167 Coimbra
Tel.: 239 851 904 · Fax: 239 851 901
www.almedina.net · editora@almedina.net

DESIGN DE CAPA
FBA.

PRÉ-IMPRESSÃO
EDIÇÕES ALMEDINA, S.A.

IMPRESSÃO E ACABAMENTO
PENTAEDRO, LDA.

Outubro, 2017

DEPÓSITO LEGAL
363278/13

Os dados e opiniões inseridos na presente publicação são da exclusiva responsabilidade do(s) seu(s) autor(es).
Toda a reprodução desta obra, por fotocópia ou outro qualquer processo, sem prévia autorização escrita do Editor, é ilícita e passível de procedimento judicial contra o infrator.

 | GRUPOALMEDINA

Biblioteca Nacional de Portugal – Catalogação na Publicação

SOUSA, Luís Filipe Pires de

Prova testemunhal. – (Monografias)
ISBN 978-972-40-5249-6

CDU 347

Prova Testemunhal

2017 - Reimpressão

Luís Filipe Pires de Sousa
Juiz de Direito

PROVA TESTEMUNHAL

AUTOR
LUÍS FILIPE PIRES DE SOUSA

EDITOR
EDIÇÕES ALMEDINA, S.A.
Rua Fernandes Tomás, nºs 76 a 80
3000-167 Coimbra
Tel.: 239 851 904 · Fax: 239 851 901
www.almedina.net · editora@almedina.net

DESIGN DE CAPA
FBA.

PRÉ-IMPRESSÃO
EDIÇÕES ALMEDINA, S.A.

IMPRESSÃO E ACABAMENTO
PENTAEDRO, LDA.

Outubro, 2017

DEPÓSITO LEGAL
363278/13

Os dados e opiniões inseridos na presente publicação são da exclusiva responsabilidade do(s) seu(s) autor(es).
Toda a reprodução desta obra, por fotocópia ou outro qualquer processo, sem prévia autorização escrita do Editor, é ilícita e passível de procedimento judicial contra o infrator.

 GRUPOALMEDINA

Biblioteca Nacional de Portugal – Catalogação na Publicação

SOUSA, Luís Filipe Pires de

Prova testemunhal. – (Monografias)
ISBN 978-972-40-5249-6

CDU 347

Aos meus pais e à minha irmã

"Quando se quiser persuadir alguém do grau de imperfeição da justiça humana basta pensar que, na maior parte dos casos, a convicção do juiz funda-se na narrativa da testemunha"
CARNELUTTI, "La Critica della Testimonianza", in RDiPCr, 1927, I, p. 172.

" (...) uma prova testemunhal bem conduzida, gerida com rigoroso método e perícia, e valorada à luz de critérios que não são só jurídicos, mas até metajurídicos no sentido mais de uma vez divisado, constitui um confortante viático para se poder chegar a uma decisão equilibrada e ponderada, que aproxima o mais possível a verdade processual da verdade real, no que se consubstancia o "fazer justiça" que constitui o fim precípuo do *ius dicere*."
ROBERTO AMBROSINI, *La Prova Testimoniale Civile. Profili Processuali*, IPSOA, 2006, pp. 221-222.

A jurisprudência citada sem menção de origem encontra-se publicada em http://www.dgsi.pt.
As traduções de excertos de obras em espanhol, inglês e italiano são da responsabilidade do autor.

PARTE I
PSICOLOGIA DO TESTEMUNHO
NOÇÕES GERAIS

1. A memória

É tão comum quanto simplista a ideia de que a memória funciona como uma câmara de vídeo, registando os acontecimentos de forma completa numa espécie de DVD mental, o que propiciaria e objetividade e durabilidade da informação (*teoria da memória-gravador*). Nesta abordagem, o ato de recordar consistirá em encontrar o DVD correto, sendo que este se mantém incólume à passagem do tempo. O esquecimento traduzir-se-ia numa mera incapacidade de localizar a informação no arquivo.

No entanto, as investigações na área da psicologia confluem na asserção de que a memória, mais do que um processo de replicação, constitui um processo reconstrutivo. A evocação dos factos não constitui uma reprodução da realidade mas sim uma reconstrução a partir de informação incompleta que guardamos do ocorrido. A memória é incompleta porque o indivíduo não pode simplesmente prestar atenção a tudo que tenha importância do ponto de vista de uma investigação.

A reconstrução é levada a cabo preenchendo as lacunas da memória mediante inferências que resultam do conhecimento geral e de outros eventos, vividos pela testemunha ou dela conhecidos[1], bem como com reativação e reorganização de diversas informações de modo a criar uma evocação. Neste sentido, a memória constitui uma combinação contínua de informação proveniente do que se viu, de pensamentos, da imaginação, conversações e de outras fontes, v.g., media. Nas palavras de SCHACTER, "no processo de reconstrução nós adicionamos sentimentos, crenças, ou mesmo conhecimentos que obtivemos depois da experiência."[2] Tal como filmar implica a escolha de um ângulo de visão, a memória implica interpretar e reconstruir o acontecimento vivido.[3] Na expressão de CRISTINA QUEIRÓS, "descrever um acontecimento passado implica reconstruir uma vivência e construir uma das verdades possíveis"[4] de modo que diferentes testemunhas do mesmo acontecimento podem apresentar interpretações díspares.

Salienta MARIA ANABELA REIS que "Quando contamos ou recuperamos algo da memória o que fazemos é reconstruí-la e, ao fazê-lo, juntamos informação para tornar coerente o relato, preenchendo as lacunas que, entretanto, se produzem. Quanto mais tempo decorrido, mais vezes se reconstrói o fato e mais informação se distorce."[5]

A memória armazena interpretações da realidade e não é um registo da realidade em si, ou seja, a memória é o registo de uma experiência pessoal da realidade. Os dados que percecionamos são processados à luz da nossa experiência, preferências, vieses e expetativas. A memória nunca é o registo com-

---

[1] ANTÓNIO MANZANERO PUEBLA, *Psicología del Testimonio, Una Aplicación de los Estudios Sobre la Memoria*, Ediciones Pirámide, Madrid, 2008, p. 179.

[2] J. SCHACTER, *The Seven Sins Of Memory: How the Mind Forgets and Remenbers*, New York, 2001, p. 9, *apud* JOHN YARBROUGH *et al.*, "The Sins of Interviewing: Errors Made by Investigative Interviewers and Suggestions for Redress", in BARRY S. COOPER (ed.), DOROTHEE GRIESEL (ed.), MARGUERITE TERNES (ed.), *Applied Issues in Investigative Interviewing, Eyewitness Memory, and Credibility Assessment*, Springer, London, 2013, p. 63.

[3] CRISTINA QUEIRÓS, "A Influência das Emoções em Contexto de Julgamento ou de Testemunho", in *Manual de Psicologia Forense e da Exclusão Social*, CARLOS ALBERTO POIARES (ed.), Lisboa, Edições Universitárias Lusófona, 2012, p. 60.

[4] "A Influência das Emoções em Contexto de Julgamento ou de Testemunho", in *Manual de Psicologia Forense e da Exclusão Social*, CARLOS ALBERTO POIARES (ed.), Lisboa, Edições Universitárias Lusófona, 2012, p. 68.

[5] MARIA ANABELA NUNES DOS REIS, *A Avaliação Psicológica do Testemunho em Contexto Judiciário: A Influência do Tempo e das Emoções nos Componentes Mnemónicos do Testemunho*, Faculdade de Medicina de Lisboa, Lisboa, 2006, p. 75.

pleto de uma experiência. Na fase da recuperação, os nossos conhecimentos atuais e crenças exercem influência no modo como lembramos o passado. Os nossos pensamentos atuais, crenças e emoções servem como filtros através dos quais interpretamos e potencialmente reescrevemos o nosso passado.[6]

A memória é melhor para eventos com um significado pessoal por contraposição a acontecimentos comuns e rotineiros. Isto pode dever-se quer ao facto de que os eventos com um significado pessoal são, pela sua própria natureza, emocionais e a emoção constitui um eficiente ativador da memória, quer ao facto de que tal tipo de eventos é sucessivamente recuperado e relatado, o que reforça a memória.[7]

Mesmo quando a testemunha está motivada para prestar um depoimento exato, a sua evocação é influenciada por múltiplos fatores, tais como: circunstâncias pessoais, v.g., idade, estado psíquico no momento; conhecimento prévio e expetativas; distintividade do facto observado; os esquemas que guiam a testemunha a catalogar a experiência; o tempo transcorrido desde o evento; informação pós-evento; o modo como se formulam as perguntas.

Todos estes fatores podem distorcer a memória, refletindo-se na fidedignidade do testemunho prestado.

Os investigadores têm confluído na asserção de que testemunho sem erro é uma exceção.[8]

---

[6] J. SCHACTER, *The Seven Sins Of Memory: How the Mind Forgets and Remenbers*, New York, 2001, p. 9, *apud* JOHN YARBROUGH *et al.*, "The Sins of Interviewing: Errors Made by Investigative Interviewers and Suggestions for Redress", in BARRY S. COOPER (ed.), DOROTHEE GRIESEL (ed.), MARGUERITE TERNES (ed.), *Applied Issues in Investigative Interviewing, Eyewitness Memory, and Credibility Assessment*, Springer, London, 2013, p. 69.
CARLOS POIARES e MARIA LOURO, "Psicologia do Testemunho e Psicologia das Motivações Ajurídicas do Sentenciar: da Gramática Retórica à Investigação Empírica", in *Manual de Psicologia Forense e da Exclusão Social*, CARLOS ALBERTO POIARES (ed.), Lisboa, Edições Universitárias Lusófona, 2012, p. 109, afirmam que : "(...) o acontecimento que o indivíduo presenciou – viu, escutou, cheirou – é objeto de uma apreensão e, por via dos eventuais vieses ao nível dos processos básicos, é reconvertido – a reconstrução do real – dando origem a um testemunho que não possui já a dimensão da realidade, mas da sua reconstituição, de acordo com as idiossincrasias do narrador-testemunha: é o que temos designado como o *acontecido* (=acontecimento após a *personalização* ou reconstrução por parte da testemunha)".
[7] Quanto ao modo como a emoção vivida se pode repercutir na memória, cfr. *infra* 4.3.
[8] MARIA ANABELA NUNES DOS REIS, *A Avaliação Psicológica do Testemunho em Contexto Judiciário: A Influência do Tempo e das Emoções nos Componentes Mnemónicos do Testemunho*, Faculdade de Medicina de Lisboa, Lisboa, 2006, p. 63. Segundo BINET, o testemunho não sujeito a erros

Em suma, a memória não é completamente distorcida nem é completamente exata. A teoria da memória-gravador é incorreta mas também o é a ideia de que tudo o que lembramos está alterado e distorcido.

Na avaliação do testemunho devem, assim, equacionar-se sempre três hipóteses:

a) O relato pode ser verdadeiro;
b) O testemunho pode ser falso em razão de uma simulação propositada (mentira);
c) O testemunho pode ser falso baseado em memórias distorcidas através de processos cognitivos normais, podendo a distorção operar de forma endógena (fatores atinentes à própria testemunha) ou exógena (fatores externos à testemunha).[9]

As duas primeiras hipóteses serão estudadas desenvolvidamente nos capítulos atinentes à deteção da mentira (*infra* 7.) e aos critérios que presidem à valoração do depoimento testemunhal (Parte II, 10.). O depoimento distorcido, involuntariamente, em razão de fatores endógenos e exógenos será analisado no âmbito do estudo das variáveis que têm impacto na memória (*infra* 4.) bem como do interrogatório das testemunhas (*infra* 6.).

2. Memória semântica e episódica

A memória episódica trabalha com os traços mnésicos compostos por informação central e pelos elementos contextuais que os acompanham. Através dela organiza-se a informação com uma etiqueta temporal e espacial em relação ao próprio sujeito e a outros acontecimentos. Constitui o registo mais ou menos fiel das nossas experiências, as nossas recordações. A memória episódica permite-nos fazer uma "viagem mental no tempo", recuando e "revivendo" episódios bem como antecipar eventos futuros.

---

não existe pelo que os erros são dados permanentes e normais do testemunho – cfr. Marisa Alexandra Anastácio, *Psicologia das Motivações Ajurídicas do Sentenciar: O Lado Invisível da Decisão*, Universidade Lusófona de Humanidades e Tecnologias, Lisboa, 2009, p. 28.

[9] Andrés Páez, "Una Aproximación Pragmatista al Testimonio Como Evidencia", in Carmen Vásquez (ed.), *Estándares de Prueba y Prueba Científica*, Marcial Pons, Madrid, 2013, pp. 216-217 classifica , genericamente, esta situação como de "incompetência honesta".

A memória semântica trabalha "com informação conceptual que tem referências cognitivas sobre factos ou acontecimentos genéricos e sobre o conhecimento geral. Por definição, a informação semântica é acontextual e não autobiográfica."[10] São os nossos "conhecimentos". A memória semântica conserva só o significado da informação e do conhecimento, perdendo completamente a informação sobre as coordenadas temporais e espaciais do que aconteceu.

Do ponto de vista da psicologia do testemunho, a memória semântica releva na medida em que a mesma contém categorias conceituais que influem no processo percetivo e de identificação. Essas categorias são utilizadas a longo termo quando o sujeito tentar interpretar e reconstituir a experiência episódica. Ou seja, a evocação posterior do evento não contém apenas elementos efetivamente presentes mas também outros que são associados à representação mental do evento.

Exemplificando: o relato de um furto num supermercado inclui não só aspetos específicos daquele supermercado naquele concreto momento mas também aspetos mais gerais relacionados com o conceito de supermercado, do momento do pagamento, modo de pagamento, etc. Estes últimos aspetos são ativados automaticamente na interpretação dos factos relatados.

O contexto semântico relaciona a informação do estímulo com outros conhecimentos prévios de molde a que estes dão um significado conceptual aos estímulos. O efeito do contexto semântico é que explica porque uma mesma conduta pode ser interpretada por uma pessoa como um delito e por outra como algo normal.

A memória semântica é estruturada em esquemas.

A noção de esquema deve-se a FREDERICK BARTLETT (1932), o qual enfatizou que não somos leitores passivos da realidade, procurando permanentemente compreender essa realidade. Nesse intuito, o sujeito vai tentar enquadrar as novas informações no seu esquema conceptual que é constituído pelas informações que já possui acerca de algo. De modo que "aquilo que é codificado e armazenado na memória é fundamentalmente determinado pelo esquema existente. Este esquema vai selecionar e, inclusive, pode

---

[10] ANTONIO MANZANERO PUEBLA, *Psicología del Testimonio, Una Aplicación de los Estudios Sobre la Memoria*, Ediciones Pirámide, Madrid, 2008, p. 38.

até modificar as informações advindas da experiência, para poder chegar a uma representação unificada e coerente da mesma, no sentido de tornar essa representação consistente com as expetativas e conhecimentos já adquiridos (...) Neste processo ativo, pode ocorrer perda ou distorção de informação já armazenadas, ou seja, esquecimento."[11]

O esquema constitui, assim, uma estrutura cognitiva geral segundo a qual a informação está organizada, sublinhando mais os traços gerais do que os detalhes específicos.

Os esquemas referem-se a elementos singulares e podem ser abstratos ou concretos. Sirva de exemplo o conceito de *ladrão*. Cada um de nós tem na memória semântica uma representação esquemática do conceito de ladrão, integrado por elementos necessários que se reportam aos comportamentos que fazem de um homem ladrão (v.g., subtrai coisas, não realiza um trabalho honrado, etc.). Além desses elementos essenciais, o conceito de ladrão pode integrar elementos opcionais como: indivíduo do sexo masculino, mal vestido, descuidado, etc. Quando se pensa num ladrão, ativa-se a presença deste esquema na memória. A testemunha de um furto no supermercado tenderá a suprir as lacunas da memória com recurso a este esquema, v.g., descrevendo o ladrão como mal vestido. Ou seja, quando a testemunha não encontra a informação de forma direta, pode "recuperá-la" com inferências baseadas em esquemas. Do mesmo modo, a testemunha tenderá a interpretar a informação ambígua de forma consistente com o seu esquema sobre aquele tipo de acontecimento, v.g., assalto a um banco.[12]

Na definição de DEBORAH DAVIS *et al.*, os "esquemas são estruturas de conhecimento organizadas que incluem crenças e expetativas a respeito da natureza, caraterísticas, e comportamentos ou funções de objetos, pessoas, eventos, e outras entidades cognoscíveis."[13] Sem o processamento

---

[11] MARIA ANABELA NUNES DOS REIS, *A Avaliação Psicológica do Testemunho em Contexto Judiciário: A Influência do Tempo e das Emoções nos Componentes Mnemónicos do Testemunho*, Faculdade de Medicina de Lisboa, Lisboa, 2006, p. 36.

[12] ALAN BADDELEY *et al.*, *Memory*, Psychology Press, New York, 2009, p. 321.

[13] DEBORAH DAVIES e ELIZABETH LOFTUS, "Internal and External Sources of Misinformation in Adult Witness Memory", in LINDSAY, R. C. L./ROSS, DAVID F./READ, J. DON/TOGLIA, MICHAEL, P. (eds.), *The Handbook of Eyewitness Psychology*, Vol. 1, Memory For Events, Lawrence Erlbaun Associates Publishers, Londres, 2007 , p. 196.

esquemático, seríamos incapazes de planear ações ou de compreender o mundo.[14]

A circunstância de os dados do conhecimento estarem organizados em esquemas faz com que, ao codificar e ao recordar, se façam deduções e que se aditem elementos que não estavam necessariamente contidos na versão original do evento. De uma forma mais abrangente, DEBORAH DAVIS assinala que o processamento esquemático pode causar erros na perceção, julgamento e na memória, designadamente: memória seletiva/esquecimento, falsas memórias para factos que não ocorreram e distorções/alterações na memória para factos que ocorreram efetivamente. Isto porque, quando reconstruímos um acontecimento passado, acabamos por nos basear, involuntariamente, mais no que pensamos e sabemos do que naquilo que realmente recordamos.

A memória é, deste modo, fortemente influenciada pelo quadro mental do sujeito:

a) Os elementos que encaixam bem nesse quadro mental são facilmente recordados;
b) Os que divergem são distorcidos na memória ou omitidos (ou seja, a ativação do esquema tem o efeito perverso de focar a atenção futura mais nos aspetos relevantes do esquema do que nos aspetos irrelevantes desse esquema);
c) Podem ser adicionados elementos à memória do acontecimento que, por regra, costumam estar presentes em acontecimentos do mesmo tipo mas que naquele caso estavam ausentes.

A conjugação do referido sob a. e b. constitui o denominado viés da consistência (*"consistency bias"*), segundo o qual o indivíduo tende a relembrar

---

[14] ALAN BADDELEY *et al.*, *Memory*, Psychology Press, New York, 2009, pp. 128-129, afirmam que a organização do conhecimento em esquemas é útil essencialmente por três razões: (i) os esquemas permitem-nos formular expetativas, v.g., se num restaurante não nos dão o menu, reagiremos a essa omissão que infringe o nosso esquema sobre o restaurante; (ii) os esquemas desempenham um papel importante na leitura e audição porque nos permitem preencher as lacunas do que lemos ou ouvimos de modo a intensificar o nosso entendimento e (iii) o conhecimento organizado em esquemas pode prestar-nos ajuda quando captamos cenas, precisando a identificação dos objetos em função do contexto visual.

melhor a informação consistente com a própria perspetiva do que informação inconsistente com a mesma.[15]

Em qualquer destes casos (a. a c.), a memória do sujeito foi alterada pelo seu conhecimento do mundo e pelo quadro conceptual que trouxe para a situação.[16]

Um caso especial de esquemas é o guião (*"script"*) que descreve uma sequência caraterística de acontecimentos num determinado contexto. Por exemplo, o guião de ir ao dentista inclui dirigir-se à rececionista, folhear uma revista, etc.; o guião de ir ao restaurante inclui sentar-se, consultar o menu, encomendar, comer, pagar e sair.

Existem várias categorias de esquemas, designadamente:

- Esquemas de categoria que nos dizem como devem ser os membros de certas categorias sociais ou de objetos;
- Esquemas pessoais que envolvem perceções e expetativas sobre indivíduos em concreto;
- Autoesquemas que consistem no modo como pensamos sobre nós próprios;
- Esquemas de papel que especificam caraterísticas e comportamentos pressupostos em certas funções sociais, v.g., padre;
- Esquemas causais que contêm teorias sobre a causa e o modo de um evento, v.g., conectando específicos motivos a certos crimes;
- Esquemas procedimentais que especificam como se desempenham certas tarefas.

Uma predição ínsita à teoria do esquema é a de que o que é normal, típico ou consistente com o conhecimento prévio do sujeito será melhor evocado do que é inesperado, bizarro ou irrelevante. Contudo, esta predição não está totalmente correta porquanto sabemos que, frequentemente, o inusual crava-se na memória de forma firme, v.g., não se esquece um rato num restaurante mas esquece-se um rato no campo.

---

[15] ALAN BADDELEY *et al.*, *Memory*, Psychology Press, New York, 2009, pp. 131-132.
[16] HENRY GLEITMAN *et al.*, *Psicologia*, 6ª Edição, Fundação Calouste Gulbenkian, Lisboa, 2003, p. 378.

3. As três fases da memória

Os processos básicos da memória operam ao longo de três fases: (i) codificação, (ii) retenção e (iii) recuperação.

Na fase da codificação, a perceção é seletiva de modo que uma grande quantidade de informação é descartada imediatamente e não chega a ser codificada. Dito de outra forma, mesmo nas melhores condições, a nossa capacidade de atenção é limitada pelo que só podemos prestar atenção e percecionar um número de elementos reduzidos. O traço mnésico que se forma é influenciado por outra informação já constante na memória e relacionada (autobiográfica e/ou espácio-temporalmente) com o evento, bem como por conceitos decorrentes da memória semântica.

Esta fase é afetada por fatores individuais da testemunha, v.g, idade, conhecimento prévio e vieses, atenção e processamento da informação relevante, presença de stresse e trauma no evento. Repercutem-se também nesta fase caraterísticas ínsitas ao evento, como a sua distintividade, duração, relevância do acontecimento e condições de captação da informação.

Após a codificação da informação, a mesma é retida na fase de armazenamento (retenção).

Durante a fase da retenção, ocorre a recodificação, entendida como conjunto de processos e operações que ocorrem depois da codificação de um evento original e que provocam alterações no traço mnésico. As circunstâncias que provocam maior recodificação são as decorrentes da repetição dos mesmos eventos ou aquelas em que ocorram eventos muito similares (*efeito de repetição*). O efeito de repetição pode provocar confusão entre os vários acontecimentos ou então uma maior acessibilidade ao traço mnésico original, em função das caraterísticas dos factos interpolados entre a codificação e a recuperação.

Por outro lado, o ingresso de nova informação não relacionada produz um efeito de integração da informação se a nova informação se assimilar às representações já existentes. Mesmo que não ocorra tal integração, a nova informação pode interferir na acessibilidade à informação previamente armazenada.[17]

---

[17] António Manzanero Puebla, *Psicología del Testimonio, Una Aplicación de los Estudios Sobre la Memoria*, Ediciones Pirámide, Madrid, 2008, p. 38.

A passagem da informação da memória de curto prazo para a memória de longo prazo implica também uma recodificação. Na memória de longo prazo, embora persista a representação visual e verbal, o código dominante é semântico, ou seja, os dados são representados essencialmente em termos do seu significado, sendo classificados, etiquetados e indexados à informação relacionada.

O intervalo de retenção implica, pela natureza das coisas, o progressivo esquecimento.

Nesta fase, a fidedignidade do traço mnésico é também prejudicada pela contaminação decorrente quer da informação incorreta pós-evento quer da contaminação por discussão com outras testemunhas.

Finalmente, a fase da recuperação ocorre quando o cérebro procura a informação pertinente, recupera-a e comunica-a. A recuperação depende de distintas tarefas explícitas de memória, a saber, de reconhecimento, de evocação livre e de recordação com indícios. O reconhecimento ocorre quando algo que foi previamente encontrado (v.g., objeto, face, voz, pessoa) é reencontrada e reconhecido como familiar. Na evocação livre, pede-se à testemunha que narre nas próprias palavras os factos segundo o que se recorda. Na recordação com indícios em sentido estrito, formulam-se perguntas fechadas. O modo como se formulam as perguntas e o comportamento do entrevistador, como veremos, influem no conteúdo da recuperação.

A sucumbência da recuperação, o esquecimento, pode indicar que ocorreu designadamente um dos seguintes factos: a falta de armazenamento correto da informação; a substituição da informação; o desvanecimento do traço mnésico com o transcurso do tempo; que houve interferência de uma entrada posterior que pareceu similar e teve impacto negativo na memória de curto prazo ou entrada de informação semanticamente similar e que, por isso, interferiu com a informação armazenada na memória de longo prazo; falta dos indicadores adequados de recuperação.

4. Fatores bio-psico-sociais que influenciam o testemunho

4.1. Expetativas e estereótipos
Conforme já foi referido, os esquemas influem na interpretação da informação adquirida e subsequentemente na memória da mesma, moldando-a aos esquemas ativados.

PSICOLOGIA DO TESTEMUNHO - NOÇÕES GERAIS

Uma das formas por que se manifesta esta vertente consiste no viés confirmatório (*"confirmation bias"*), nos termos do qual o sujeito tem uma tendência para interpretar o trabalho escolar, ensaios, arte, rotinas diárias, ou comportamentos e outras circunstâncias pessoais em termos mais favoráveis quando são descritos como provindos de certos grupos sociais favorecidos do que quando são descritos como provenientes de grupos estigmatizados, v.g., minorias, pessoas menos inteligentes. O sujeito tende a procurar informação que confirme a sua hipótese/interpretação, descurando a indagação de informação que seja revel a tal hipótese.[18]

Esta influência dos conhecimentos prévios e experiências leva a que o sujeito, quando espera ver uma coisa e mesmo que esta não esteja presente, pareça vê-la.

Neste âmbito, os estereótipos têm um campo privilegiado de atuação. O estereótipo é uma forma de juízo sobre um grupo de pessoas que elimina a diferença entre os indivíduos pertentes ao grupo e potencia possíveis elementos comuns. Podem ser positivos, negativos, neutros, precisos e imprecisos. Conforme explica GIULIANA MAZZONI, "A presença de estereótipos cria preconceitos, que são também formas de juízo que se formulam a respeito de situações concretas antes de ter experiência direta sobre elas. Uma forma de preconceito, por exemplo, consiste em julgar um indivíduo, sem conhecê-lo pessoalmente, baseando-se no que se conhece do grupo ao qual pertence ou com base no que se ouviu dizer."[19] O estereótipo funciona como um filtro através do qual se passam as informações que se recebem sobre o mundo ou sobre indivíduos pertencentes a grupos sociais diferentes do do sujeito.[20]

---

[18] DEBORAH DAVIES e ELIZABETH LOFTUS , "Internal and External Sources of Misinformation in Adult Witness Memory", in LINDSAY, R. C. L./ROSS, DAVID F./READ, J. DON/TOGLIA, MICHAEL, P. (eds.), *The Handbook of Eyewitness Psychology*, Vol. 1, Memory For Events, Lawrence Erlbaun Associates Publishers, Londres, 2007 , pp. 201-202.

[19] *Se Puede Creer a un Testigo? El Testimonio y las Trampas de la Memoria*, Editorial Trotta, Madrid, 2010, p. 45.
MARIA CUNHA LOURO, *Psicologia das Motivações Ajurídicas do Sentenciar: A Emergência do* Saber *em Detrimento do* Poder, Universidade Lusófona de Humanidades e Tecnologias, 2008, p. 48, afirma que o preconceito ocorre em relação a pessoas ou situações com as quais nunca se contatou, apenas tendo como base informações de outrem, ou seja, consiste num pré-julgamento conjetural.

[20] Segundo MARIA CUNHA LOURO, *Psicologia das Motivações Ajurídicas do Sentenciar: A Emergência do* Saber *em Detrimento do* Poder, Universidade Lusófona de Humanidades e Tecnolo-

O estereótipo influi – mesmo de forma inconsciente - no modo de interpretar os factos e, subsequentemente, no modo como serão recordados. A probabilidade da testemunha recorrer ao estereótipo aumenta nos casos em que a memória apresenta lacunas, em que a perceção do facto foi imperfeita ou em que é pressionada para responder.

4.2. Atenção e processamento da informação relevante

Se alguém está ciente de que terá que recordar o que vê, prestará mais atenção ao acontecimento. Se, diversamente, tiver que recordar algo que – aquando da sua observação - não era previsível que tivesse que recordar, a recordação será incidental, o que se reflete negativamente numa evocação mais escassa e fragmentária.

O que se codifica depende do que nos chamou a atenção. Isto é, a informação só ficará registada se lhe tivermos prestado atenção, se de algum modo a tivermos utlizado no momento em que deparámos com ela.

A atenção tem limites que determinam que informação será elaborada com preferência, que informação será trabalhada de modo parcial e qual não ser tratada de todo, nunca chegando a ser representada na memória. Na explicação de Giuliana Mazzoni,

> "Hoje considera-se que o sistema de atenção focalizada, em conexão com um segundo sistema denominado de vigilância, opera através de dois mecanismos: um é um conjunto de processos que permite deixar de fora a informação irrelevante. É um mecanismo que controla e bloqueia a elaboração da informação irrelevante. O outro é um mecanismo que ativa a elaboração da informação importante que nos chega. O equilibrado jogo dos dois mecanismos permite que a atenção funcione de modo adequado."[21]

---

gias, 2008, p. 48, os estereótipos são estruturas cognitivas que abarcam conhecimentos e expetativas, determinando os julgamentos e avaliações. Estes julgamentos e avaliações estão usualmente relacionados com caraterísticas como as etnias, o género, a aparência física, a origem geográfica ou social.

[21] Alan Baddeley *et al.*, *Memory*, Psychology Press, New York, 2009, p. 319.

Quanto mais intenso for um estímulo (v.g, mais alto for o som) ou maior for o seu contraste em razão de qualidades físicas com estímulos precedentes ou circundantes, maior será a probabilidade do estímulo ser observado. Quando algo ocorre pela primeira vez é geralmente melhor lembrado do que quando ocorre numa sequência de eventos iguais ou similares. A atenção a caraterísticas distintivas do evento varia também em função do conhecimento e interesse pessoal da testemunha, v.g., um engenheiro e um leigo olham diferentemente para uma obra em construção.

O tempo de exposição ao evento reflete-se na memória de modo que quanto maior foi aquele, mais tempo a testemunha prestará atenção ao evento e, subsequentemente, maior informação recordará. Maior tempo de exposição não significa necessariamente um relato mais exato na medida em que as condições físicas (v.g., luminosidade, som) e a distância se repercutem na qualidade da observação.

Mesmo que a testemunha preste atenção ao evento, pode ocorrer que a mesma não veja uma mudança significativa no cenário ou objecto da sua observação (*"change blindness"*).[22] Neste circunspecto, ficou conhecida uma experiência em que era pedido aos observadores que contassem o número de passes de bola entre vários jogadores (basquetebol), sendo que durante esse período passou entre os jogadores uma pessoa vestida de gorila, sem que fosse notada pelos observadores.

Existem situações que propiciam uma recordação vívida, detalhada e duradoura que têm sido objeto de estudo sob a designação de **memórias cintilantes** (*"flashbulb memories"*). Esta designação reporta-se ao fenómeno que ocorre numa pessoa que experimenta um acontecimento traumático e surpreendente de interesse pessoal e público (v.g., ataques de 11 de Setembro e/ou de 24 de Março), o qual é evocado de uma forma vívida incluindo as circunstâncias sob as quais o presenciou ou tomou dele conhecimento, atinentes ao lugar, tempo, atividade que estava a fazer, roupa do sujeito, sentimentos próprios, consequências do evento, etc. Esses detalhes são preservados com clareza e vividez de forma fiel ao longo do tempo.

Entre as explicações que foram avançadas para este fenómeno avulta a teoria denominada *"now print"*, segundo a qual existe um mecanismo especial da

---

[22] ALAN BADDELEY *et al.*, *Memory*, Psychology Press, New York, 2009, p. 319.

memória que atua como uma câmara para gravar detalhes em determinadas situações emocionais, uma espécie de fotografia mental.[23]

Todavia, estudos realizados mais recentemente a propósito do controle de situações traumáticas deste género, v.g. terramotos, furacões, evidenciaram que muitos dos detalhes recordados pelas pessoas não estavam presentes e que haviam sido acrescentados no momento da evocação. Ou seja, apesar da grande clareza e vividez da recordação, as memórias cintilantes podem não ser recordações exatas, isto é, não são fotografias fiéis de um acontecimento.[24] Estas memórias estão também sujeitas a inconsistências com o decurso do tempo.[25]

Há quem defenda que este padrão de memória também pode ocorrer em casos de crime sexual, de testemunho de um crime violento ou de um homicídio.[26]

Nem todos os detalhes de um acontecimento se recordam por igual. Num estudo realizado por MANZANERO sobre testemunho em acidentes de viação verificou-se que os aspetos pior recordados foram os atinentes à data, ao aspeto geral do local do acidente, à velocidade dos veículos, às suas cores, ao aspeto externo e outras caraterísticas pessoais dos protagonistas. Em contraponto, foram melhor recordados os aspetos atinentes ao lugar em que ocorreu o acidente, aos semáforos ali existentes, à procedência dos veículos e peões, ao ponto da colisão, ao lugar onde ficaram os veículos, assim como aos danos nos veículos e lesões nas pessoas.[27]

---

[23] JOSÉ IBAÑEZ PEINADO, *Aspetos Psicológicos del Testimonio en la Investigación Criminal*, Universidad Complutense de Madrid, Facultad de Psicologia, Madrid, 2008, pp. 110-114.

[24] GIULIANA MAZZONI, *Se Puede Creer a un Testigo? El Testimonio y las Trampas de la Memoria*, Editorial Trotta, Madrid, 2010, p. 58.

[25] J. DON READ E DEBORAH CONNOLLY, "The Effects of Delay on Long-Term Memory for Witnessed Events", in LINDSAY, R. C. L./ROSS, DAVID F./READ, J. DON/TOGLIA, MICHAEL, P. (eds.), *The Handbook of Eyewitness Psychology*, Vol. 1, Memory For Events, Lawrence Erlbaun Associates Publishers, Londres, 2007 , pp. 132-133.

[26] HUGUES HERVÉ *et al.*, "Biopsychosocial Perspectives on Memory Variability in Eyewitnesses", in BARRY S. COOPER (ed.), DOROTHEE GRIESEL (ed.), MARGUERITE TERNES (ed.), *Applied Issues in Investigative Interviewing, Eyewitness Memory, and Credibility Assessment*, Springer, London, 2013, p. 106.

[27] ANTÓNIO MANZANERO PUEBLA, *Psicología del Testimonio, Una Aplicación de los Estudios Sobre la Memoria*, Ediciones Pirámide, Madrid, 2008, pp. 111-112.

Ainda neste âmbito da focalização da atenção, múltiplos estudos têm confluído nas seguintes conclusões:

- Na evocação de uma lista de elementos, recordam-se melhor os primeiros e os últimos, ou seja, os acontecimentos iniciais e os acontecimentos finais são percebidos melhor do que os intermédios;
- Recorda-se melhor um acontecimento que envolva uma ação do sistema motor do que simplesmente lido ou assistido;
- Os elementos centrais de uma cena são recordados melhor do que os elementos periféricos;[28]
- A testemunha tende a subestimar a distância entre si e o evento alvo;
- Existe uma tendência a sobrestimar os números inferiores a dez e as pausas de tempo menores que um minuto;
- As pausas de tempo superiores a dez minutos e os números ou espaços grandes tendem a ser subestimados;
- Nos testemunhos referentes a factos acontecidos há mais de seis anos existe uma tendência para encurtar o tempo do seu acontecimento.[29]

4.3. Presença de stresse e trauma no evento

Em que medida o trauma e stresse ínsito no acontecimento se refletem na memória e subsequente testemunho?

Para efeitos desta análise, a noção de trauma corresponde à resposta que as pessoas dão a eventos muitos negativos e ameaçadores para a sua vida ou saúde, acompanhados por elevado estímulo corporal e tipicamente associados a uma sensação de falta absoluta de controlo da situação.[30]

Múltiplos estudos realizados indicam que a emoção, experimentada durante o evento, promove a memória dos aspetos centrais ou do âmago do

---

[28] Cfr. o que será dito sob 4.3. (Presença de *stresse* e trauma no evento).

[29] Cfr. Cristina Queirós, "A Influência das Emoções em Contexto de Julgamento ou de Testemunho", in *Manual de Psicologia Forense e da Exclusão Social*, Carlos Alberto Poiares (ed.), Lisboa, Edições Universitárias Lusófona, 2012, p. 62.

[30] Na definição proposta por Diogo Guerreiro *et al.*, "Stressee Pós-traumático: Os Mecanismos do Trauma", in *Acta Médica Portuguesa*, 2007, 20, p. 350, "Um evento traumático é definido como uma situação que envolve experiências de morte, perigo de morte, lesão significativa ou risco para a integridade, do próprio ou dos outros em que a resposta do indivíduo envolveu medo intenso, horror ou sensação de impotência."

acontecimento (v.g., desastres naturais, abuso sexual, ofensas corporais).[31] O ponto central dos acontecimentos emocionais é recordado com mais exatidão, de forma mais completa e duradoura do que o âmago de outros acontecimentos emocionalmente neutros (mas comparáveis sob outros aspetos).[32] Também MARIA ANABELA REIS invoca estudos que indicam que:

> "(...) o tema central de uma cena emocional é melhor recordado do que o tema de uma cena não emocional. (...) a memória tem um papel seletivo melhorando o que se refere aos elementos centrais e inibindo-se no que se refere ao reconhecimento de temas periféricos. (...) este facto deve-se a que, o número de interações entre emoção e o tipo de informação recordada está dependente da fixação do olhar, ou seja, se está no centro ou na periferia da informação. Os sujeitos têm a tendência a fixar mais vezes o olhar nos temas centrais das imagens emocionais do que nas imagens não-emocionais."[33]

Os eventos emocionais são objeto de ruminação, de meditação e de conversa, o que consolida e reforça a sua memória. De facto, quanto mais relevante foi a informação para os objetivos da pessoa, mais tempo a pessoa dedicará a pensar sobre o assunto.[34]

---

[31] LINDA LEVINE e ROBIN EDELSTEIN, "Emotion and Memory Narrowing: A Review and Goal-relevance Approach", in *Cognition and Emotion*, 2009, 23(5), p. 835.

[32] J. DON READ E DEBORAH CONNOLLY , "The Effects of Delay on Long-Term Memory for Witnessed Events", in LINDSAY, R. C. L./ROSS, DAVID F./READ, J. DON/TOGLIA, MICHAEL, P. (eds.), *The Handbook of Eyewitness Psychology*, Vol. 1, Memory For Events, Lawrence Erlbaun Associates Publishers, Londres, 2007 , pp. 134-135.

[33] *A Avaliação Psicológica do Testemunho em Contexto Judiciário: A Influência do Tempo e das Emoções nos Componentes Mnemónicos do Testemunho*, Faculdade de Medicina de Lisboa, Lisboa, 2006, p. 68. No mesmo sentido, ALAN BADDELEY et al., Memory, *Psychology Press*, New York, 2009, p. 326. Também P. ALBUQUERQUE e J. SANTOS, "Memória para Acontecimentos Emocionais: Contributos da Psicologia Cognitiva Experimental", in *Revista Portuguesa de Psicossomática*, 2000, 2, 2, p, 20 apud CRISTINA QUEIRÓS, "A Influência das Emoções em Contexto de Julgamento ou de Testemunho", in Manual de Psicologia Forense e da Exclusão Social, CARLOS ALBERTO POIARES (ed.), Lisboa, Edições Universitárias Lusófona, 2012, p. 61, afirmam que "o processamento de estímulos emocionais permite uma boa retenção dessa informação, mas este legado mnésico é apenas aplicável ao tema central do episódio emocional, ficando as informações periféricas e os detalhes visuais ou narrativos num plano realmente secundário".

[34] LINDA LEVINE e ROBIN EDELSTEIN, "Emotion and Memory Narrowing: A Review and Goal-relevance Approach", in *Cognition and Emotion*, 2009, 23(5), pp. 837 e 839. Na explicação

Os efeitos negativos da emoção nos detalhes periféricos podem ser explicados, em parte, pela desatenção na medida em que, estando a atenção focada nos estímulos emocionais, a informação não emocional não recebe tanta atenção e mais provavelmente será menos codificada. Sendo limitadas as capacidades de atenção e da memória de trabalho, a informação emocional domina o processamento de informação deixando poucos recursos para os detalhes periféricos. A informação neutral não beneficia da ativação da amígdala que promove a consolidação da memória.[35]

Num nível baixo ou moderado de ativação emocional, a emoção pode melhorar a memória em geral. À medida que aumenta a intensidade da ativação emocional, pode diminuir a extensão dos estímulos em que o organismo se pode focar o que reverte numa memória pobre para a informação periférica.

A definição do que constitui o tema central de um evento emocional e do que constitui detalhe periférico do mesmo não é absolutamente linear. Na caraterização do tema central têm sido adotadas três perspetivas, a saber: (i) informação que capta a atenção emocional ativada da pessoa; (ii) informação que constitui parte integral de um estímulo emocional, seja espacial, temporal ou conceptualmente; (iii) informação que é relevante para os objetivos ativos do sujeito.

---

destas autoras, "A consolidação refere-se a um processo bioquímico que envolve a ativação do sistema hormonal e cerebral, que fortalece as memórias e proporciona-lhes maior durabilidade. Quando os eventos provocam emoção, o sistema nervoso simpático liberta hormonas como a epinefrina. Estas hormonas, por sua vez, ativam o sistema da noradrenalina na amígdala, o qual medeia a memória a longo prazo noutras regiões do cérebro." (p. 840). Na explicação de DIOGO GUERREIRO et al., "Stresse Pós-traumático: Os Mecanismos do Trauma", in *Acta Médica Portuguesa*, 2007, 20, pp. 349-350, "A noradrenalina, a serotonina e o GABA, são os principais neurotransmissores mediadores das vias de stresse. / Perante o stresse observa-se uma ativação do *Locus coeruleus* (núcleos cinzentos do cérebro) e libertação de noradrenalina, esta leva à ativação da amígdala, do hipotálamo e do sistema nervoso simpático. A amígdala está associada ao medo e ao reconhecimento do medo nos outros, tanto que respostas condicionais de medo podem ocorrer sem envolvimento do córtex necessitando obrigatoriamente da intervenção da amígdala."

[35] LINDA LEVINE e ROBIN EDELSTEIN, "Emotion and Memory Narrowing: A Review and Goal-relevance Approach", in *Cognition and Emotion*, 2009, 23(5), p. 842. Quanto à ativação da amígdala, cfr. a nota de rodapé anterior.

Dentro da lógica da primeira perspetiva, existem acontecimentos que operam como magnetos de atenção designadamente por serem chocantes, ameaçadores ou horríveis, cativando a atenção (cfr. o que será dito *infra* sobre a focalização na arma). Na segunda perspetiva, a informação central é uma caraterística, um atributo que é parte integrante de um evento emocional, quer do ponto de vista espacial, quer temporal porque decorre antes, durante ou após o evento, quer ainda do ponto de vista conceptual porquanto tal informação não pode ser omitida ou alterada sem que se adultere a natureza do evento. Está aqui sobretudo em causa o caráter associativo da memória. Finalmente, para a terceira perspetiva, informação relevante ou central é aquela que promove ou impede a probabilidade de realizar um objetivo do sujeito ou que altera a importância ou saliência de um objetivo, entendendo-se por objetivo um estado que o sujeito quer atingir ou evitar.[36]

Segundo LEVINE e EDELSTEIN, esta terceira perspetiva é que melhor explica o estreitamento percetivo que resulta da emoção bem como o facto de, por vezes, o sujeito ter melhor memória de aspetos que, na ótica do investigador, não são centrais mas periféricos, bem como de noutras situações esquecer aspetos que poderão ser centrais para a investigação. Quanto maior for a relevância da informação para os objetivos do sujeito melhor será lembrada. Assim, no caso da focalização da arma (cfr. *infra*) o aumento da atenção explica-se pelo objetivo/instinto da sobrevivência do sujeito.

Quando o sujeito atua com um propósito ("*goal*") isso faz com que aumente a acessibilidade do mesmo a informação relevante, enquanto esse objetivo não for atingido. Em coerência com este efeito na memória, as emoções negativas e o desejo promovem o estreitamente percetivo com reflexo na memória. Diversamente, as emoções positivas subsequentes ao alcance do objetivo promovem o alargamento da atenção e da memória. Deste modo, o tipo de informação que será central e lembrada difere em função do estado emocional da pessoa: a pessoa amedrontada mostra melhor memória para informação sobre riscos; a pessoa triste sobre informação sobre perdas; a pessoa zangada sobre informação de agentes que causem obstrução aos seus propósitos. Em suma, as pessoas procuram e lembram melhor informação que seja relevante para

---

[36] LINDA LEVINE e ROBIN EDELSTEIN, "Emotion and Memory Narrowing: A Review and Goal-relevance Approach", in *Cognition and Emotion*, 2009, 23(5), pp. 850-851.

os seus propósitos ativos. Como estes variam em função do seu estado emocional, o tipo de informação que é mais saliente e que será melhor lembrada também difere de forma sistemática.[37]

Mesmo para os defensores da primeira e segunda perspetiva acima enunciadas sobre a definição do que constitui o âmago de um evento emocional, a assimetria entre a memória dos aspetos centrais e periféricos está sujeita a vários limites.

Em primeiro lugar, a emoção promove a acuidade da memória mas não garante a sua exatidão, ou seja, os erros da memória ocorrem mesmo a respeito de acontecimentos emocionais.

Em segundo lugar, vários estudos confirmaram a denominada *hipótese de Easterbrook,* segundo a qual as pessoas que viveram um acontecimento emocional, além de terem uma memória mais exata para os pontos centrais do acontecimento, tendem a recordar-se menos dos detalhes periféricos do evento, quando comparadas com as pessoas que experimentaram um evento neutral.

Este padrão de afunilamento percetivo reflete outra descoberta bem documentada, o efeito da focalização na arma. A atenção da testemunha pode ser desviada de forma involuntária, sendo este mecanismo que está subjacente ao denominado efeito de **focalização na arma** (*"weapon effect"*). A presença de uma arma num cenário de um delito representa um elemento que capta a atenção da testemunha de modo automático. Este estreitamento da atenção da testemunha leva a que a mesma consiga recordar bem a arma e a ofensa mas tenha uma recordação substancialmente mais pobre de quem cometeu o delito (com diminuição da exatidão na identificação e na qualidade da descrição deste) e demais elementos da cena. Ou seja, os demais elementos da cena são codificados de modo parcial e, por isso, recordáveis com maior dificuldade.[38] Este efeito é majorado quando a arma está visível em vez de escondida.

---

[37] LINDA LEVINE e ROBIN EDELSTEIN, "Emotion and Memory Narrowing: A Review and Goal-relevance Approach", in *Cognition and Emotion*, 2009, 23(5), pp. 864-866.

[38] GIULIANA MAZZONI, *Se Puede Creer a un Testigo? El Testimonio y las Trampas de la Memoria,* Editorial Trotta, Madrid, 2010, pp. 36-37; GIULIANA MAZZONI, *Psicologia della Testimonianza,* Carocci, Roma, 2011, p. 52; MARIA SALOMÉ PINHO, "Factores que Influenciam a Memória das Testemunhas Oculares", in ANTÓNIO CASTRO FONSECA (Ed.), *Psicologia e Justiça,* Almedina, 2008, p. 310.

Este fenómeno não se restringe à presença de armas estendendo-se a situações em que um elemento externo, não controlado, se impõe na cena e monopoliza a atenção.

Entre as explicações avançadas para este fenómeno avultam duas: (i) o estreitamento da atenção é causado pela própria emoção e (ii) o estreitamento da memória ocorre porque as situações emocionais suscitam um estímulo específico que exige a atenção da testemunha e é este magneto de atenção (ou seja, um estímulo em que as testemunhas creem que vale a pena focarem-se), e não e emoção de per si, que produz o estreitamento.[39] Dito por outras palavras, o estreitamento pode decorrer do facto de que os estímulos emocionais são, frequentemente, visualmente inusuais ou surpreendentes por outra razão.

O terceiro limite tem a ver com os acontecimentos que causam emoções extremas traumáticas.

Alguns casos de experiências traumáticas (v.g., violação, tentativa de suicídio, homicídios) levam à denominada amnésia psicogénica, em que a vítima ou testemunha se lembra aparentemente de pouco ou nada do horror que viveu. Esta amnésia pode desenvolver-se na altura do evento ou após algum tempo e tem uma origem psicológica, não sendo o produto de processos orgânicos.[40]

Todavia, o padrão mais comum é o de que este tipo de eventos tem o efeito oposto: uma lembrança clara, completa e vívida, mesmo anos após o evento. A explicação para esta ocorrência decorre do fenómeno da consolidação, um processo que decorre nas horas e dias seguintes à experiência e que serve para

---

[39] DANIEL REISBERG e FRIDERIKE HEUER, "The Influence of Emotion on Memory in Forensic Settings", in LINDSAY, R. C. L./Ross, David F./READ, J. Don/TOGLIA, Michael, P. (eds.), *The Handbook of Eyewitness Psychology*, Vol. 1, *Memory For Events*, Lawrence Erlbaun Associates Publishers, Londres, 2007 , p. 91. ALAN BADDELEY *et al.*, *Memory*, Psychology Press, New York, 2009, p. 327, explicam o efeito de focalização na arma em duas razões: (i) a arma constitui uma ameaça e (ii) a arma atrai atenção porque é inesperada ou inusual na maioria dos contextos vistos pela testemunha.

[40] HUGUES HERVÉ *et al.*, "Biopsychosocial Perspectives on Memory Variability in Eyewitnesses", in BARRY S. COOPER (ed.), DOROTHEE GRIESEL (ed.), MARGUERITE TERNES (ed.), *Applied Issues in Investigative Interviewing, Eyewitness Memory, and Credibility Assessment*, Springer, London, 2013, p. 104.

cimentar a memória. Também aqui há que notar que, tal como acontece com as demais memórias, esta memórias de eventos extremamente traumáticos – apesar de promoverem a acuidade e longevidade da memória – não garantem a sua exatidão.

No caso de vítimas de crimes sexuais pelo mesmo perpetrador num mesmo contexto, bem como nos casos de violência doméstica, é comum que a vítima apenas forneça uma descrição genérica e típica do modo como ocorria a ofensa (um *"script"*) em razão da natureza repetida do evento.

Ocorre uma combinação de elementos de episódios similares que são fundidos numa descrição tipo. Os detalhes do evento que variam são representados a um nível geral (v.g., cada agressão começava com palavras "confortantes") com a subsequente associação de uma lista de opções (v.g., *"depois disto podemos ir ao cinema"*, *"não te vais magoa*r"). Como as opções não estão firmemente associadas a certas ocasiões, a vítima fica confusa sobre o que aconteceu em cada agressão em particular.[41] A vítima relata o que costumava acontecer.[42] Os desvios significativos à descrição tipo, em princípio, deverão ser melhor recordados porque têm mais significado para a memória.

A explicação para estes diferentes padrões não é pacífica, havendo quem procure a explicação na natureza do trauma afirmando que um trauma repetido tenderá a ser esquecido enquanto um singular episódio traumático será lembrado. Outra ordem de explicações assenta não na natureza do evento, mas na pessoa que o viveu, afirmando-se que as pessoas reagem diferentemente ao trauma.

Hugues Hervé *et al.* sustentam que a ativação emocional associada ao impacto de um crime e/ou trauma varia entre dois pólos extremos, a saber:

---

[41] Deborah Connolly e Heather Price, "Repeated Interviews About Repeated Trauma From the Distant Past: A Study of Report Consistency", in Barry S. Cooper (ed.), Dorothee Griesel (ed.), Marguerite Ternes (ed.), *Applied Issues in Investigative Interviewing, Eyewitness Memory, and Credibility Assessment*, Springer, London, 2013, p. 197.

[42] Hugues Hervé *et al.*, "Biopsychosocial Perspectives on Memory Variability in Eyewitnesses", in Barry S. Cooper (ed.), Dorothee Griesel (ed.), Marguerite Ternes (ed.), *Applied Issues in Investigative Interviewing, Eyewitness Memory, and Credibility Assessment*, Springer, London, 2013, p. 107.

os indivíduos hiposensíveis (com níveis de ativação emocional baixos, como é o caso dos psicopatas) e os indivíduos hipersensíveis (com níveis de ativação emocional elevados, como é o caso das pessoas com distúrbios de personalidade), sendo que a maioria da população se situa entre estes dois pólos.

Tendo como ponto de partida esta cisão, alcançam várias conclusões quanto à forma díspar como estes tipos de personalidade apreendem os eventos, reagem aos mesmos e os relatam. Assim:

- Durante um evento traumático/criminal, a testemunha hipersensível mais provavelmente incorrerá em distorções da memória, como a amnésia dissociativa. Em contraste, a testemunha hiposensível mais facilmente terá uma memória vívida e detalhada do evento.
- Durante o mesmo tipo de evento, a testemunha hipersensível tenderá a focar-se no seu nível de ativação emocional interna, enquanto a testemunha hiposensível tenderá a centrar-se na sua interpretação desse evento externo.
- Enquanto a testemunha hipersensível facilmente fica muito desconfortável com a ativação emocional associada ao testemunho do crime, a testemunha hiposensível reage menos a esse estímulo.
- Enquanto a testemunha hipersensível procura tendencialmente sair do cenário de um crime, a hiposensível confrontará a situação e foca a sua atenção no evento. Em consequência, a memória da testemunha hipersensível terá mais informação periférica em conformidade com essa resposta de fuga do que informação sobre o âmago do evento. Em contrapartida, a testemunha hiposensível mais facilmente propiciará informação central e periférica.
- A testemunha hipersensível é mais sugestionável quanto à informação atinente ao âmago do evento enquanto a testemunha hiposensível é mais sugestionável quanto à informação atinente aos aspetos sensitivos do evento.
- Nos casos de sucessivas recapitulações, a testemunha hipersensível – em decorrência da sua focagem mais interna – reforçará o seu traço mnésico quanto à informação sensorial atinente ao crime em prejuízo da informação relacionada com o evento propriamente dito. Por seu turno, a testemunha hiposensível – atenta a sua focagem mais externa

– tenderá a reforçar o seu traço mnésico quando ao evento e a deixar cair informação puramente subjetiva interna.[43]

Em suma e no que tange ao padrão da memória decorrente de eventos traumáticos emocionais, conforme referem DANIEL REISBERG *et al.*, "Uma testemunha que afirma recordar-se da sua violação com detalhes excruciantes, por exemplo, dever ser reputada como credível; como vimos, são comuns as memórias muito claras e duradouras para eventos traumáticos. Todavia, podem ocorrer erros mesmo neste relato detalhado e persuasivo." E continuam: "Além disso, uma testemunha que insiste que não se lembra nada da sua provação é também credível."[44]

Segundo RICHARD LAZARUS, o stresse é uma condição ou sensação vivida quando a pessoa percebe que as exigências ou as ameaças ao seu bem-estar excedem os recursos pessoais e individuais que este pode mobilizar.[45]

Sob condições de stresse, o indivíduo pode designadamente: não atender a estímulos periféricos; tomar decisões baseando-se em heurísticas (regras ou pautas gerais de decisão); apresentar rigidez de comportamento e afunilamento do pensamento; perder a sua habilidade para analisar situações complicadas e manipular a informação disponível; aumentar o tempo de resolução de tarefas complicadas e diminuir a precisão da recordação.[46]

No que tange ao stresse, inexiste consenso sobre o modo como o mesmo afeta a memória.

---

[43] HUGUES HERVÉ et al., "Biopsychosocial Perspectives on Memory Variability in Eyewitnesses", in BARRY S. COOPER (ed.), DOROTHEE GRIESEL (ed.), MARGUERITE TERNES (ed.), *Applied Issues in Investigative Interviewing, Eyewitness Memory, and Credibility Assessment*, Springer, London, 2013, pp. 112, 117, 119, 120, 125 e 128.

[44] DANIEL REISBERG e FRIDERIKE HEUER, "The Influence of Emotion on Memory in Forensic Settings", in LINDSAY, R. C. L./ROSS, DAVID F./READ, J. DON/TOGLIA, MICHAEL, P. (eds.), *The Handbook of Eyewitness Psychology*, Vol. 1, Memory For Events, Lawrence Erlbaun Associates Publishers, Londres, 2007 , p. 94.

[45] Cfr. DIOGO GUERREIRO et al., "Stresse Pós-traumático: Os Mecanismos do Trauma", in *Acta Médica Portuguesa*, 2007, 20, p. 348.

[46] JOSÉ IBAÑEZ PEINADO, *Aspectos Psicológicos del Testimonio en la Investigación Criminal*, Universidad Complutense de Madrid, Facultad de Psicologia, Madrid, 2008, pp. 88-89.

Para DANIEL REISBERG, se o mesmo for crónico (no sentido de que dura semanas e mais) terá um efeito pernicioso na memória, debilitando a cognição. Se o stresse for de curto prazo, o mesmo mina a memória no sentido de que se recorda menos do evento stressante do que doutro evento equivalente mas menos stressante. O stresse agudo reduz a memória sobre os rostos das pessoas que participaram num evento.[47] LOFTUS afirma que as testemunhas que sofreram um alto nível de stresse são propensas a cometer erros de identificação.[48]

O stresse parece estar associado a uma debilitação da memória, discutindo-se se esse efeito se reflete no *quanto* ou *no que* é objeto de recordação. Também é objeto de discussão a questão de saber se este efeito ocorre em geral ou se, pelo contrário, só nos indivíduos vulneráveis ao stresse por razões biomédicas ou psicológicas.[49]

Outros autores entendem que é discutível se o stresse durante a fase de codificação ou de recuperação beneficia ou prejudica a memória. Advertem que a relação entre o stresse e a memória é complexa, sendo moderada por vários fatores biológicos e psicológicos.[50]

HUGUES HERVÉ *et al.*, na sequência de vários estudos, concluem que "os resultados confirmam que o stresse/ativação emocional tem efeitos complexos na memória: alguns participantes tiveram melhor desempenho sob condições de baixo stresse e alguns tiveram melhor desempenho sob condições de elevado stresse. É possível que fatores biopsicossociais (v.g. sensibilidade

---

[47] DANIEL REISBERG e FRIDERIKE HEUER, "The Influence of Emotion on Memory in Forensic Settings", in LINDSAY, R. C. L./ROSS, DAVID F./READ, J. DON/TOGLIA, MICHAEL, P. (eds.), *The Handbook of Eyewitness Psychology*, Vol. 1, Memory For Events, Lawrence Erlbaun Associates Publishers, Londres, 2007, p. 102.

[48] "Illusions of Memory", Simon Fraser University, Vancouver, 2012, apud HUGUES HERVÉ *et al.*, "Biopsychosocial Perspectives on Memory Variability in Eyewitnesses", in BARRY S. COOPER (ed.), DOROTHEE GRIESEL (ed.), MARGUERITE TERNES (ed.), *Applied Issues in Investigative Interviewing, Eyewitness Memory, and Credibility Assessment,* Springer, London, 2013, p. 123.

[49] DANIEL REISBERG e FRIDERIKE HEUER, "The Influence of Emotion on Memory in Forensic Settings", in LINDSAY, R. C. L./ROSS, DAVID F./READ, J. DON/TOGLIA, MICHAEL, P. (eds.), *The Handbook of Eyewitness Psychology*, Vol. 1, Memory For Events, Lawrence Erlbaun Associates Publishers, Londres, 2007, p. 102.

[50] "Guidelines on Memory and the Law, Recommendations from the Scientific Study of Human Memory", The British Psychological Society, 2008, http://www.policecouncil.ca/reports/BPS%20Guidelines%20on%20Memory.pdf, p. 27.

à ativação emocional), independentes do tipo de evento, possam explicar em parte estas conclusões."[51]

LINDA LEVINE e ROBIN EDELSTEIN afirmam que os efeitos de stresse agudo na memória são complexos e parecem variar em função dos processos mnésicos envolvidos (memória de trabalho e recuperação *versus* codificação e consolidação), do nível das hormonas de stresse e do tipo de informação a recordar.[52]

4.4. O intervalo de retenção

4.4.1. O esquecimento

Constitui ideia comum, e resulta confirmado pela investigação, que quanto maior for o tempo decorrido entre o momento em que se codifica a informação e aquele em que se faz a recuperação, menor é a probabilidade de recordar. Ao princípio, a deterioração da memória é muito rápida mas, com o passar do tempo, essa deterioração torna-se mais lenta numa função logarítmica (*curva do esquecimento de Ebbinghaus*).[53]

Nem todos os aspetos da informação são esquecidos ao mesmo ritmo. A informação temporal (*quando* aconteceu) apaga-se mais rapidamente do que a memória sobre *se* o evento ocorreu. O reconhecimento de caras e pessoas resiste mais ao decurso do tempo. O ritmo do esquecimento depende também do que se faça com a informação armazenada na memória durante esse tempo.

TULVING explica o esquecimento como um processo tanto de perda de informação como de acessibilidade aos traços mnésicos corretos. MANZA-NERO explica a perda de informação como resultado dos próprios processos de codificação e de recuperação. No seu entender, o processamento a que se submete a informação provoca que, em cada fase, a informação original se vá transformando e deteriorando de molde a que a informação resultante no final destes processos será uma caricatura da original.[54]

---

[51] "Biopsychosocial Perspectives on Memory Variability in Eyewitnesses", in Barry S. COOPER (ed.), Dorothee GRIESEL (ed.), Marguerite TERNES (ed.), *Applied Issues in Investigative Interviewing, Eyewitness Memory, and Credibility Assessment*, Springer, London, 2013, p. 123.

[52] "Emotion and Memory Narrowing: A Review and Goal-relevance Approach", in *Cognition and Emotion*, 2009, 23(5), p. 843.

[53] ALAN BADDELEY *et al.*, *Memory*, Psychology Press, New York, 2009, p. 193.

[54] *Psicología del Testimonio, Una Aplicación de los Estudios Sobre la Memoria*, Ediciones Pirámide, Madrid, 2008, pp. 86-87.

Assim, na fase de codificação, a informação sobre um processo de seleção da informação relevante, é interpretada de acordo com os nossos conhecimentos prévios e com o contexto, o que implica a perda da *forma* para ficarmos com o *fundo*. Dá-se também um processo de integração nas estruturas de conhecimento (procedimentais, semânticas e episódicas) que supõe uma nova transformação (e contaminação da informação) e a perda daquilo que não encontra um lugar para ser colocado (v.g., quem não tiver conhecimentos específicos sobre a matéria, e vir outrem a montar uma bomba, só codificará um ajuntamento de peças).

Na fase da retenção, a informação pode sofrer uma transformação devido à difusão do traço mnésico na medida em que (i) pode repetir-se a informação em contextos diferentes e (ii) o solapamento com outra informação desde que se apresente no mesmo contexto informação relacionada. Tudo isto gera efeitos de interferência que dificultarão a recuperação posterior.

A interferência tem aqui o sentido de que o armazenamento de informações similares pode impedir a recuperação do traço mnésico. A interferência ocorre sempre que a pista de recuperação utilizada para aceder ao traço mnésico está ligada a múltiplos traços mnésicos, os quais são acionados e competem entre si para aceder à consciência (*"competition assumption"*)[55], piorando a capacidade de recuperação do traço mnésico inicialmente demandado.

Na fase de recuperação, a informação é reconstruída, dando-se-lhe significado face aos conhecimentos e contexto atuais (que poderão ser diferentes dos do momento da codificação), sendo completada com preenchimento das lacunas da memória de forma a construir um relato o mais completo e coerente possível. Há que também atentar nas limitações do vocabulário e da capacidade expressiva da testemunha para descrever o relato.[56]

---

[55] ALAN BADDELEY *et al.*, *Memory*, Psychology Press, New York, 2009, pp. 200-201.

[56] Dentro da mesma linha de raciocínio, afirma MARIA ANABELA REIS, *A Avaliação Psicológica do Testemunho em Contexto Judiciário: A Influência do Tempo e das Emoções nos Componentes Mnemónicos do Testemunho*, Faculdade de Medicina de Lisboa, Lisboa, 2006, p. 64, que "(...) o testemunho de uma pessoa acerca de um qualquer acontecimento depende essencialmente de cinco fatores: a) do modo *como percebeu* o acontecimento; b) do modo *como o conservou* na sua memória; c) do modo *como é capaz* de o evocar; d) do modo *como quer* expressá-lo; e) do modo *como pode* expressá-lo. O primeiro fator depende , por sua vez de condições externas (meio) e internas (atitudes) de observação; o segundo, puramente neurofisiológico, é influenciado por condições orgânicas do funcionamento mnémico; o terceiro é misto, psicoorgânico e é,

Em termos de memórias autobiográficas, o principal fator de distorção da memória é a reconstrução dos traços mnésicos que se produz por efeito das múltiplas recuperações e da imaginação.[57]

Quanto mais centrais forem os detalhes de um evento no entendimento do observador, maior será a probabilidade dos mesmos estarem disponíveis para evocação. Diversamente, os detalhes periféricos com maior probabilidade ficarão indisponíveis ou irrecuperáveis com o decurso do tempo. Todavia, há que atentar que a definição do que é central e periférico deve ser feita em função da perspetiva da testemunha e não do interrogador.[58]

Diversos estudos realizados sobre eventos repetidos (v.g., abuso sexual, violência doméstica) evidenciam que a memória sobre tal tipo de eventos se torna mais geral e menos particular (em termos de conteúdo e de sintaxe) ao longo do tempo. Isto porque o aumento do arco temporal pode reforçar os efeitos atribuídos à exposição repetida a ocasiões similares do evento. Comparados com relatos de eventos únicos, os relatos de eventos repetidos são associados menos distintamente a uma situação particular, algumas vezes são sugestivos sobre detalhes que mudam em diversas situações, bem como menos consistentes entre sucessivos relatos.[59]

E será possível recordar, após anos, algo que se havia esquecido?

O fenómeno conhecido por **reminiscência** confirma que tal é possível, ocorrendo a evocação de informação que não foi recuperada em tentativas

---

talvez , o mais complexo pois nele intervém poderosos mecanismos psíquicos (repressão ou censura); o quarto, grau de sinceridade, é meramente psíquico; o quinto "grau de precisão expressiva, ou seja, grau de fidelidade e clareza, com o qual o sujeito é capaz de descrever as suas impressões e representações, de modo a fazer com que os outros os sintam e compreendam como ele próprio. Este é, talvez, o mais importante."

[57] António Manzanero Puebla, *Psicología del Testimonio, Una Aplicación de los Estudios Sobre la Memoria*, Ediciones Pirámide, Madrid, 2008, p. 100.

[58] John Yarbrough *et al.*, "The Sins of Interviewing: Errors Made by Investigative Interviewers and Suggestions for Redress", in Barry S. Cooper (ed.), Dorothee Griesel (ed.), Marguerite Ternes (ed.), *Applied Issues in Investigative Interviewing, Eyewitness Memory, and Credibility Assessment*, Springer, London, 2013, p. 67.

[59] J. Don Read e Deborah Connolly,"The Effects of Delay on Long-Term Memory for Witnessed Events", in Lindsay, R. C. L./Ross, David F./Read, J. Don/Toglia, Michael, P. (eds.), *The Handbook of Eyewitness Psychology*, Vol. 1, *Memory For Events*, Lawrence Erlbaun Associates Publishers, Londres, 2007 , pp. 141-143.

anteriores.[60] Quando um evento é contado múltiplas vezes, emerge nova informação que não foi previamente relatada e pode ser omitida informação que foi previamente relatada. A explicação reside em que cada tentativa de recuperação extrai uma amostra de informação finita dentro da representação mnésica de um evento de modo que as inconsistências no relato de unidades de informação resultam (i) do facto de se aceder a diferentes aspetos da representação mnésica bem como (ii) de variarem as pistas que melhoram a recuperação de unidades particulares de informação.[61] RONALD FISHER *et al.* afirmam que a testemunha, que revela informação que não comunicou num depoimento anterior, não deverá ser afrontada *tout court* por esse facto porquanto a existência de reminiscência é comum e, frequentemente, exata.[62]

4.4.2. A informação pós-evento

A informação errada pós-evento pode entrar furtivamente na memória através de várias fontes de origem interna e externa, sendo incorporada na memória quer através do aditamento de informação falsa quer através da substituição de uma memória verídica. Pode também tal informação distorcer a memória e ativar processamentos esquemáticos, sendo que estes – como já vimos – causam processos inferenciais e subsequentes distorções na memória.

Um caso típico da informação enganosa pós-evento ocorre quando a testemunha é convencida por membros da sua família que um acontecimento concreto inventado ocorreu durante a infância da testemunha, v.g., perder-se num centro comercial. Nestas situações em que a informação enganosa é plausível e não implica uma situação de trauma, a testemunha tende a acei-

---

[60] Cfr. GIULIANA MAZZONI, *Se Puede Creer a un Testigo? El Testimonio y las Trampas de la Memoria*, Editorial Trotta, Madrid, 2010, pp. 98-99; MARIA SALOMÉ PINHO, "Factores que Influenciam a Memória das Testemunhas Oculares", in ANTÓNIO CASTRO FONSECA (Ed.), *Psicologia e Justiça*, Almedina, 2008, pp. 299-326, pp. 312-313; ALAN BADDELEY *et al.*, *Memory*, Psychology Press, New York, 2009, p. 233.

[61] DEBORAH CONNOLLY e HEATHER PRICE, "Repeated Interviews About Repeated Trauma From the Distant Past: A Study of Report Consistency", in BARRY S. COOPER (ed.), DOROTHEE GRIESEL (ed.), MARGUERITE TERNES (ed.), *Applied Issues in Investigative Interviewing, Eyewitness Memory, and Credibility Assessment*, Springer, London, 2013, pp. 193-194.

[62] "Does Testimonial Inconsistency Indicate Memory Inaccuracy and Deception? Beliefs, Empirical Research, and Theory", in BARRY S. COOPER (ed.), DOROTHEE GRIESEL (ed.), MARGUERITE TERNES (ed.), *Applied Issues in Investigative Interviewing, Eyewitness Memory, and Credibility Assessment*, Springer, London, 2013, p. 187.

PSICOLOGIA DO TESTEMUNHO – NOÇÕES GERAIS

tar a sugestão. Pelo contrário, quando a informação é inusual e implica uma situação de trauma, v.g., abuso sexual, a testemunha tenderá a não aceitar a sugestão falsa. Mais uma vez se demonstra que, quando recordamos, utilizamos os vestígios do evento original subsistentes na nossa memória bem como elementos de outras proveniências (v.g., esquemas) incluindo a própria informação induzida.[63]

A cobertura noticiosa do evento feita pelos meios de comunicação social é uma das fontes mais comuns de informação errada na memória da testemunha.

Após a ocorrência de certos eventos, multiplicam-se as reportagens na televisão e nos jornais, as quais são repetidas à medida que a investigação do caso avança ou se aproxima o julgamento. A investigação demonstra que essa cobertura noticiosa tem um efeito de enviesamento na comunidade (e nos potenciais jurados) na medida em que a divulgação dos elementos essenciais do evento acaba por se repercutir na formatação da opinião das pessoas sobre o caso.

Um estudo realizado sobre um acidente aéreo em Outubro de 1992, em Amsterdão, é particularmente elucidativo sobre este processo. Nesse acidente, um avião saiu da pista e foi colidir com um prédio de apartamentos. A reportagem de televisão então emitida, não abrangeu a colisão propriamente dita mas apenas as operações de socorro efetuadas. Volvidos dez meses, os investigadores fizeram dois inquéritos em que 55% e 66% dos inquiridos afirmaram que tinham visto a colisão do avião no prédio.[64]

Entre os fatores que incrementam a possibilidade da ocorrência da informação enganosa contam-se: (i) o efeito enganoso produz-se com mais facilidade quando a fonte que propicia a informação falsa é muito credível e o sujeito não está de sobreaviso de que pode ocorrer algum erro nas perguntas ou narração que lhe é apresentada (veja-se o caso descrito *supra* da criança que se perde no centro comercial); (ii) quanto mais fraco for o traço mné-

---

[63] OVEJERO BERNAL, *Fundamentos de Psicologia Jurídica e Investigación Criminal*, Universidade de Salamanca, 2009, p. 81.

[64] DEBORAH DAVIES e ELIZABETH LOFTUS, "Internal and External Sources of Misinformation in Adult Witness Memory", in LINDSAY, R. C. L./Ross, David F./READ, J. Don/TOGLIA, Michael, P. (eds.), *The Handbook of Eyewitness Psychology*, Vol. 1, *Memory For Events*, Lawrence Erlbaun Associates Publishers, Londres, 2007 , p. 209.

PROVA TESTEMUNHAL

sico da testemunha, mais fácil será conseguido o efeito; (iii) forçar os sujeitos a responder rapidamente (v.g., três segundo) leva a uma maior aceitação da informação enganosa; (iv) a forma como se formulam as perguntas (cfr., desenvolvidamente, *infra* 6.3. *Perguntas sugestivas*).[65]

Segundo LEO *et al.*, para que um indivíduo crie uma falsa recordação é necessário que:

a) O evento sugerido seja plausível, devendo tratar-se de algo que uma pessoa estime que possa ter acontecido;
b) O sujeito deverá construir uma imagem da recordação e uma narração. As recordações são construções que combinam o conhecimento prévio proveniente de várias fontes com experiência pessoal, sugestão e um pedido atual;
c) Ocorra um erro na apreciação da fonte que induz o sujeito a crer que a recordação não é uma imagem por si criada mas algo de pessoal. Múltiplos estudos demonstraram que as pessoas têm dificuldade em precisar a fonte da qual provém a sua informação sobre um facto (monitorização da fonte). Dito de outra forma, quando se esquadrinha a memória, são ativados traços mnésicos que se sobrepõem em parte quanto à informação que contêm, sendo ativadas memórias de várias fontes. Perante isto, o indivíduo decide qual a fonte em função da informação que a mesma contém. Contudo, existe a possibilidade real do indivíduo identificar erradamente a fonte com o consequente relato de factos doutro evento que não daquele sobre o que o sujeito foi interrogado.[66]

As memórias sugeridas em decorrência de informação pós-evento podem ser detetadas designadamente com os seguintes indicadores:

– Maior quantidade de palavras e inclusão de elementos irrelevantes, incluindo bordões;

---

[65] OVEJERO BERNAL, *Fundamentos de Psicologia Jurídica e Investigación Criminal*, Universidade de Salamanca, 2009, pp. 84-86.
[66] ALAN BADDELEY *et al.*, *Memory*, Psychology Press, New York, 2009, pp. 322-323.

- Maior quantidade de alusões a processos mentais do sujeito com indicadores de "elaboração cognitiva da recordação" como resultado do processo de incorporação de informação falsa;
- Maior quantidade de autorreferências;
- Menor inclusão de detalhes sensoriais na medida em que estes são mais difíceis de modificar e complexos de inventar.[67]

A influência da informação errada pós-evento constitui um exemplo da interferência retroativa, a qual designa o fenómeno que consiste no esquecimento causado pela codificação de novos traços na memória no período que medeia entre a codificação original e a sua recuperação. Ou seja, o processo de armazenamento de novas experiências reduz a capacidade de recordar outras mais antigas no tempo.[68]

Sucessivos estudos têm demonstrado o denominado **efeito de conformidade** (*"memory conformity"* ou *"social contagion of memory"*) segundo o qual a informação errada veiculada durante a discussão com uma co-testemunha é, frequentemente, incorporada na memória do evento pela outra testemunha, moldando o seu depoimento. Esta informação é resiliente às tentativas da sua erradicação: é muito difícil à testemunha recuperar a memória original na precisa medida em que acredita que a informação errada faz parte do evento original. Mesmo que a testemunha seja advertida para não reproduzir informação não presenciada, a mesma tenderá a reportar a informação errada por um erro de atribuição da fonte.

Um estudo de Paterson e Kemp evidenciou que a informação errada obtida desta forma é particularmente influente, e será mais provavelmente recordada do que a informação resultante de perguntas enganosas ou de reportagens da comunicação social.[69] Outras investigações concluem que os sujeitos têm tanta confiança na realidade das suas memórias verdadeiras

---

[67] Cfr. Manzanero Puebla, *Psicología del Testimonio, Una Aplicación de los Estudios Sobre la Memoria*, Ediciones Pirámide, Madrid, 2008, pp. 128-130.
[68] Alan Baddeley *et al.*, *Memory*, Psychology Press, New York, 2009, pp. 202 e 322.
[69] Helen Paterson *et al.* , "Combating co-witness Contamination: Attempting to Decrease the Negative Effects of Discussion on Eyewitness Memory", in *Applied Cognitive Psychology*, Vol 25, 2011, p. 43.

como nas suas memórias sugeridas, chegando a crer que a informação sugerida procede realmente da situação original.[70]

Este efeito negativo é exponenciado na medida em que as primeiras declarações da testemunha tendem a modelar as suas declarações subsequentes. Dito de outra forma, após a testemunha ter dado a sua versão do acontecimento, tenderá a ater-se a essa versão no futuro (*"freezing effect"*).

A influência da informação errada da co-testemunha estende-se não só ao conteúdo do relato como à própria confiança da testemunha, passando a inflacionar a confiança da testemunha na informação "confirmada" pela outra testemunha.

Esta influência das testemunhas sobre as outras pode explicar-se também pela propensão para a criação de distorções da memória derivada do desejo da testemunha evitar rejeição, apoiar ou ajudar as partes do caso ou as outras testemunhas (fatores sociais). DANIEL WRIGHT *et al.* identificam três prováveis causas para o efeito de conformidade: o desejo de não discordar da outra testemunha para ganhar aceitabilidade e evitar desaprovação; a convicção de que a outra testemunha está certa porque (i) evidencia maior confiança, (ii) esteve em melhores condições de codificação do evento ou (iii) tem um conhecimento mas fidedigno; e a construção de uma memória com base no que disse a outra pessoa. Neste último caso, a informação invade a testemunha como um cavalo de Tróia, precisamente porque não se deteta a sua influência. Mais tarde, quando a testemunha recupera o facto incorre num erro de monitorização, não conseguindo identificar a sua fonte de conhecimento.[71]

Os efeitos da informação errada são maiores nas crianças do que nos adultos bem como nos adultos mais velhos por contraposição aos mais novos. Os adultos mais velhos são mais suscetíveis à distorção da memória por efeito de perguntas sugestivas ou por informação errada pós-evento.[72]

Os efeitos da informação errada são acrescidos quando se recupera informação sob condições de stresse, com pouca atenção, com esforço cognitivo, em pessoas com pouca capacidade de memória de trabalho ou com pouca

---

[70] MANZANERO PUEBLA, *Memoria de Testigos, Obtención y Valoración de la Prueba Testifical*, Ediciones Pirámide, Madrid, 2010, p. 71.

[71] DANIEL WRIGHT *et al.*, "When Eyewitnesses Talk", in *Current Directions in Psychological Science*, 2009, Vol. 18, Nº3, pp. 175-176.

[72] ALAN BADDELEY *et al.*, *Memory*, Psychology Press, New York, 2009, pp. 324-325.

recordação da informação original.[73] DANIEL YARMEY assinala que: "A sugestionabilidade pós-acontecimento tem mais probabilidade de ocorrer quando o acontecimento crítico é muito complexo ou ambíguo e a observação ocorreu apressadamente e sem atenção acurada. Além disso, as testemunhas são mais sugestionáveis se a pessoa que transmite a informação errada é percebida como sendo uma autoridade ou alguém muito bem informado (...)".[74] Do mesmo modo, a informação pós-evento é melhor aceite se proveniente do parceiro sentimental ou de um amigo do que proveniente de um estranho.

A reiteração da informação falsa incrementa a probabilidade de que seja aceite pela testemunha. "Quando várias pessoas contribuem com a mesma informação falsa, ou uma mesma pessoa o faz em várias ocasiões, é mais fácil que o sujeito a incorpore nas suas recordações como parte do evento original."[75]

A testemunha pode também criar falsas recordações por autossugestão. O sujeito, a partir da hipótese sobre o que deve ter acontecido, completa as lacunas da memória, incorporando detalhes do que crê que deve ter acontecido nesse contexto, detalhes esses que são muito plausíveis de ocorrer num contexto equivalente. Prova disso é o facto de que, se uma narração pós-evento inclui informação sugerida plausível e pouco plausível, os sujeitos tendem a reconhecer como visto originariamente o detalhe plausível em maior proporção (cerca de 49% das vezes) do que o detalhe pouco plausível (cerca de 24% das vezes).[76] Para tornar o seu relato mais coerente e unir os fragmentos mnésicos, o sujeito vê-se obrigado a utilizar o seu conhecimento prévio, produzindo inferências sobre o desenrolar do evento. Estas situações ocorrem com frequência quando se insiste com a testemunha para recuperar mais detalhes

---

[73] DEBORAH DAVIES e ELIZABETH LOFTUS, "Internal and External Sources of Misinformation in Adult Witness Memory", in LINDSAY, R. C. L./ROSS, David F./READ, J. Don/TOGLIA, Michael, P. (eds.), *The Handbook of Eyewitness Psychology*, Vol. 1, Memory For Events, Lawrence Erlbaun Associates Publishers, Londres, 2007, p. 213.

[74] DANIEL YARMEY, "Depoimentos de Testemunhas Oculares e Auriculares", in A. C. FONSECA, M. R. SIMÕES, M. C. TABORDA-SIMÕES & M. S. PINHO (Eds.), *Psicologia forense*, Coimbra, Almedina, 2006, p. 233.

[75] MANZANERO PUEBLA, *Memoria de Testigos, Obtención y Valoración de la Prueba Testifical*, Ediciones Pirámide, Madrid, 2010, p. 75.

[76] OVEJERO BERNAL, *Fundamentos de Psicologia Jurídica e Investigación Criminal*, Universidade de Salamanca, 2009, p. 91.

e o traço mnésico original está deteriorado. A este propósito, MANZANERO faz uma distinção entre a informação sensorial (v.g., existência de óculos, cicatriz) e a informação inferencial (v.g., altura, peso, idade), afirmando que a informação inferencial é mais suscetível de ser afetada pelo conhecimento pós-evento do que a informação sensorial. Acresce que, em termos globais, a informação irrelevante do evento é mais facilmente modificável do que a informação mais relevante uma vez que aquela tende a estar mais apagada.[77]

4.4.3. Outras caraterísticas do intervalo de retenção

Existem outros fenómenos já estudados que podem ocorrer nesta fase e que são susceptíveis de afetar o rendimento e exatidão da memória. Entre tais fenómenos destacamos:

- A **transferência de memória ou inconsciente** (*"unconscious transference"*) nos termos da qual diferentes imagens da memória são combinadas ou confundidas entre si. Assim, uma testemunha pode identificar como agressor uma pessoa que apenas estava na cena do crime ou mesmo num local diferente. Ocorre, de forma inconsciente, uma associação que leva a testemunha a transferir para aquele memórias inicialmente associadas ao culpado, ou seja, opera-se a transferência da identidade de um indivíduo para outro, encontrado num contexto, local e tempo diferentes (*familiaridade percetiva*).[78] A explicação para este fenómeno assenta na própria natureza da memória, no sentido de que o facto de vermos brevemente uma pessoa pode fazer com que nos pareça familiar se a virmos novamente na medida em que a cara pode ser mais fácil de recordar do que o lugar onde foi vista. A cara do espetador inocente será integrada pela testemunha na memória do evento e confundida, posteriormente no âmbito de tentativas de recuperação dessa informação, com a do sujeito original (agressor). O fenómeno de transferência inconsciente acontecerá

---

[77] OVEJERO BERNAL, *Fundamentos de Psicologia Jurídica e Investigación Criminal*, Universidade de Salamanca, 2009, pp. 129-130.
[78] Cf. MARIA SALOMÉ PINHO, "Factores que Influenciam a Memória das Testemunhas Oculares", in ANTÓNIO CASTRO FONSECA (Ed.), *Psicologia e Justiça*, Almedina, 2008, pp. 299-326, p. 311 e ALAN BADDELEY *et al.*, *Memory*, Psychology Press, New York, 2009, p. 332.

mais provavelmente quando o espetador inocente seja visto ao mesmo tempo que o agressor, ou quase ao mesmo tempo.[79]

- **Sombreamento verbal** que ocorre "quando a descrição do rosto do responsável pela infração, feita pela testemunha ocular, pode prejudicar o seu reconhecimento subsequente por essa mesma testemunha"[80], embora esse efeito seja estatisticamente pequeno. Uma explicação para este fenómeno assenta no facto de que a descrição verbal prévia torna a testemunha relutante e cautelosa em identificar alguém numa subsequente linha de identificação.[81]

5. Memória das crianças

As crianças, mesmo em idade pré-escolar, são capazes de fornecer relatos rigorosos acerca de determinado evento desde que não sujeitas a procedimentos sugestivos.[82] Recordam-se e relatam menos informação do que um adulto (são mais comuns os erros de omissão) mas aquilo de que se recordam é exato. A recordação livre de crianças muito pequenas, por exemplo de quatro anos, pode ser tão exata como a dos adultos.[83]

---

[79] Ovejero Bernal, *Fundamentos de Psicologia Jurídica e Investigación Criminal*, Universidade de Salamanca, 2009, pp. 132-133.

[80] Maria Salomé Pinho, "Factores que Influenciam a Memória das Testemunhas Oculares", in António Castro fonseca (Ed.), *Psicologia e Justiça*, Almedina, 2008, pp. 299-326, p. 311.

[81] Alan Baddeley *et al.*, *Memory*, Psychology Press, New York, 2009, p. 332.

[82] Cfr. Alexandra Quintã Cunha, *A Sugestionabilidade Interrogativa em Crianças: O Papel da Idade e das Competências Cognitivas*, Universidade do Minho, Escola de Psicologia, Junho de 2010, p. 33; Daniel Yarmey, "Depoimentos de Testemunhas Oculares e Auriculares", in A. C. Fonseca, M. R. Simões, M. C. Taborda-Simões & M. S. Pinho (Eds.), *Psicologia forense*, Coimbra, Almedina, 2006, p. 231; Livia Gilstrap *et al.*, "Child Witnesses: Common Ground And Controversies in the Scientific Community", in *William Mitchell Law Review*, Vol. 32, p. 66. Gaetano De Leo et al., *La Testimonianza, Problemi, metodi e strumenti nella valutazione dei testimoni*, Il Mulino, Bolonha, 2005, p. 43, afirmam que: "Apesar da diferença de idade, a maior parte das crianças possui a capacidade cognitiva necessária para prestar um depoimento exato".

[83] Giuliana Mazzoni, *Se Puede Creer a un Testigo? El Testimonio y las Trampas de la Memoria*, Editorial Trotta, Madrid, 2010, p. 87. Livia Gilstrap *et al.*, "Child Witnesses: Common Ground And Controversies in the Scientific Community", in *William Mitchell Law Review*, Vol. 32, p. 65, afirmam que, aos dois anos e meio, uma criança é capaz de formar uma memória duradoura de eventos salientes. Por sua vez, Helen Westcott, "Child Witness Testimony: What Do We Know and Where Are We Going?", in *Child and Family Law Quartely*, Vol. 18, Nº 2, 2006, p. 177, reporta-se a estudos que revelam que percentagens de exatidão nos depoimentos na ordem dos 80 ou noventa por

Na fase da codificação, as crianças codificam preferencialmente detalhes relativos a pessoas, ações e objetos que chamem a sua atenção. Lembram-se melhor: (i) de experiências pessoais (eventos que viveram na primeira pessoa) do que de acontecimentos meramente observados; (ii) dos aspetos centrais do evento (na sua perspetiva, ou seja, aspetos chamativos) do que dos detalhes periféricos. As crianças nem sempre se focam nos mesmos aspetos do evento como um adulto, ou seja, o que os adultos vêm como um detalhe importante pode não assumir esse estatuto para a criança e, por isso, a criança não o recorda. O que se compreende na medida em que o conhecimento e compreensão da criança estão em desenvolvimento a par da forma como a criança representa e organiza a sua memória a longo prazo.

A organização e o conteúdo das memórias da infância são determinados pelo conhecimento da criança e pelo seu entendimento ao tempo do evento. Daqui decorre uma consequência importante, qual seja a de que as memórias da infância evocadas pelas crianças não devem conter conhecimentos que a criança não teria ao tempo do evento. Por exemplo, a memória de se sentir culpado, aos três anos, é quase por certo falsa porquanto as crianças com esta idade ainda não desenvolveram este sentimento. Do mesmo modo, a evocação da duração dos acontecimentos, raciocínios e pensamentos complexos são pouco verosímeis em acontecimentos ocorridos abaixo dos cinco a sete anos de idade, sem prejuízo de tais detalhes serem aditados pela criança mais tarde com base em inferências.[84]

As crianças mais novas têm uma dificuldade acrescida em precisar detalhes de tempo, ordem temporal dos factos ou estimar distâncias e velocidade. Estes aspetos podem não ter sido codificados ou ter sido já esquecidos. Em particular no que respeita ao tempo, aos cinco anos a criança compreende os conceitos de *antes* e *depois*, aos sete internaliza a hora do dia, enquanto a capacidade para situar os eventos de acordo com as datas só se desenvolve por volta dos nove anos.

---

cento não são incomuns entre crianças, desde que interrogadas sem delongas e de forma apropriada, isto é, sem incorrer nas condutas que serão analisadas infra em 5.1..

[84] "Guidelines on Memory and the Law, Recommendations from the Scientific Study of Human Memory", The British Psychological Society, 2008, http://www.policecouncil.ca/reports/BPS%20Guidelines%20on%20Memory.pdf, acedido em 23.10.2012, p. 15.

Por volta dos seis anos, a criança é capaz de pedir explicações sobre termos da pergunta que não percebe e adquire a capacidade de expressar-se com outras palavras quando percebe que o seu interlocutor não a compreendeu.

Na recordação de uma criança de dez/onze anos não se detetam diferenças face a um adulto, enquanto outros autores apontam que, a partir dos 12 anos, a capacidade de memória fica igualada à de um adulto.

No que tange a eventos repetidos, a pesquisa demonstra que quando os mesmos são muito semelhantes, as crianças desenvolvem representações do evento (*"scripts"*) que propiciam uma forma de organizar e recuperar a informação comum aos eventos, ocorrendo um reforço da memória. Esta memória para eventos repetidos melhora à medida que a criança cresce mas declina com a passagem do tempo. A exposição a eventos repetidos é uma espada de dois gumes na medida em que a criança consegue recordar mais informação para detalhes que são consistentes (v.g. fixos) ao longo dos eventos por contraposição a detalhes únicos ou menos frequentes. Todavia, quando os eventos repetidos contêm detalhes inconsistentes (v.g., variáveis), a capacidade das crianças para recordar esses detalhes e de inseri-los no episódio em causa é relativamente pobre.[85] Nos eventos repetidos, ao contrário do que sucede em eventos únicos, é menos provável que a criança importe informação doutro episódio para o relato que não corresponde a essa informação.

Sob certas circunstâncias, as crianças não têm a mesma capacidade que os adultos para distinguir entre facto e fantasia. As crianças têm um desempenho tão bom como um adulto quando questionadas sobre quem de duas pessoas fez algo, mas o seu desempenho piora quando inquiridas sobre o que as crianças fizeram efetivamente e sobre o que simplesmente imaginaram que fizeram. Isto pode ser explicado pela imaginação mais rica da criança e pela menor capacidade de monitorização da fonte.[86] Esta inserção de elementos de fantasia e de invenções ocorre quando as crianças apreendem que o que

---

[85] Jason Dickinson et al., "Children's Recall and Testimony", in Neil Brewer (ed.), Kipling D. Williams (ed.), *Psychology and Law, An Empirical Perspective*, The Guilford Press, Londres, 2005, p. 161.

[86] Aldert Vrij, *Detecting Lies and Deceit, Pitfalls and Opportunities*, John Wiley & Sons, Ltd, West Sussex, 2008, p. 264.

se lhes pede é para relatarem o sucedido como um jogo de fantasia.[87] Ou seja, quando as crianças em idade pré-escolar são repetidamente encorajadas para imaginar ou visualizar eventos falsos, as mesmas são levadas a acreditar que tais eventos ocorreram efetivamente e dão descrições do contexto emocional e contextual de tais eventos.[88]

No caso de serem feitas sucessivas entrevistas à criança, é expetável que ocorram inconsistências nas declarações, correspondendo isso a um fenómeno natural da memória que recorda diferentes aspetos do evento em diferentes ocasiões. Pelo facto de a criança selecionar diferentes aspetos do evento para relatar em diferentes entrevistas não significa que as novas informações sejam incorretas.[89]

A distinção entre os conceitos de verdade e de mentira releva para avaliar a capacidade da criança testemunhar. Por volta dos quatro anos, a criança adquire a capacidade de julgar a verdade de acordo com a sua correspondência com a realidade objetiva. Nessa idade, a criança pode ser deliberadamente decetiva.[90] A capacidade de julgar a verdade melhora em curva ascendente e, aos 8 ou 9 anos, a criança consegue perceber a diferença entre a mentira intencional e a acidental ou por erro.

---

[87] GIULIANA MAZZONI, *Se Puede Creer a un Testigo? El Testimonio y las Trampas de la Memoria*, Editorial Trotta, Madrid, 2010, p. 88.

[88] Neste sentido, cfr. CECI, HUFFMAN, SMITH e LOFTUS, "Repeated Thinking About a Non--event: Source Misattribuitions Among Preschoolers", in *Consciousness and Cognition*, 1994, 3, 388-407.

[89] HELEN WESTCOTT, "Child Witness Testimony: What Do We Know and Where Are We Going?", in *Child and Family Law Quartely*, Vol. 18, Nº 2, 2006, p. 178.

[90] HELEN WESTCOTT, "Child Witness Testimony: What Do We Know and Where Are We Going?", in *Child and Family Law Quartely*, Vol. 18, Nº 2, 2006, p. 179.

A cronologia do desenvolvimento do conceito de verdade e mentira na criança é expressa por De Leo *et al.* no seguinte quadro[91]:

IDADE	HABILIDADE
3-4 anos	Sabe enganar manipulando os comportamentos mas com pouca habilidade
4 anos	Sabe distinguir os erros da mentira, mas tende ainda a caracterizar as falsas declarações como mentira
4-5 anos	Sabe distinguir a mentira com intuito de enganar da mentira inocente ou por brincadeira Sabe enganar manipulando as convicções do interlocutor acerca das afirmações de quem fala
6 anos	Sabe compreender o conceito de mentira
7 anos	Sabe distinguir as mentiras piedosas da ironia, se questionado sobre as intenções de quem fala Sabe mentir habilmente
8 anos	Sabe distinguir o sarcasmo de outras formas de falsidade

5.1. Sugestionabilidade das crianças

A sugestionabilidade foi definida por Gudjonsson como "o grau segundo o qual os sujeitos aceitam e, subsequentemente, incorporam informação após o acontecimento, como se tratasse de recordações ou memórias".[92] A sugestionabilidade é uma característica básica, natural e universal da memória humana e não apenas da memória infantil, consoante já vimos *supra* sob 4.4.2.. Numa perspetiva não estritamente cognitiva, a sugestionabilidade abrange fatores sociais e cognitivos visando determinar até que ponto, nas crianças, a codificação, armazenamento, recuperação e comunicação dos acontecimentos podem ser influenciadas por múltiplos fatores sociais e psicológicos.

Com efeito, existe uma variedade de influências que contaminam o depoimento das crianças, incluindo informação enganosa, transmissão de estere-

---

[91] Gaetano De leo *et al.*, *La Testimonianza, Problemi, metodi e strumenti nella valutazione dei testimoni*, Il Mulino, Bolonha, 2005, p. 46.
[92] Yookin Chae e Stephen Ceci , "Diferenças Individuais na sugestionabilidade das crianças", in A. C. Fonseca, M. R. Simões, M. C. Taborda-Simões & M. S. Pinho (Eds.), *Psicologia forense*, Coimbra, Almedina, 2006, p. 471.

ótipos no contexto da entrevista, perguntas sugestivas na entrevista, reforço social em certas perguntas, entre outros. A conjugação destas manipulações sugestivas potencia os relatos falsos pelas crianças.

As crianças são mais suscetíveis a informação enganosa atinente a detalhes periféricos do evento (v.g., cor da camisa, tipo de carro) do que a detalhes centrais. A hipótese de CHRISTIANSON do estreitamento da atenção (*"attentional narrowing hyphotesis"*) pode explicar este fenómeno. Segundo esta teoria, a pessoa foca a sua atenção nos aspetos centrais do evento quando é confrontada com um evento relevante. Em resultado disso, a memória para os aspetos centrais pode ser boa enquanto a memória para os detalhes periféricos pode revelar-se pobre. A diferença entre a sugestionabilidade entre os aspetos periféricos e centrais aumenta com a idade porque as crianças mais velhas são menos vulneráveis à informação enganosa sobre os aspetos centrais.[93]

A sugestionabilidade das crianças não ocorre sempre nem de forma uniforme. Refere a este propósito ALEXANDRA CUNHA que:

> "(...) apesar do corpo significativo de estudos que aponta as crianças mais novas como muito sugestionáveis, não é seguro assumir esta indicação de forma definitiva, uma vez que também há evidências que sustentam a possibilidade de, mesmo crianças muito novas, poderem ser testemunhas fiáveis. A existência de múltiplas evidências no sentido da precocidade da idade como fator de maior vulnerabilidade à sugestão, não deve, de facto, levar-nos a assumir de forma linear que as crianças mais velhas e os adultos não são sugestionáveis, até porque, como já vimos, muitos estudos têm comprovado que adolescentes e adultos evidenciam um grau considerável de sugestionabilidade, para estímulos e acontecimentos diversos."[94]

A sugestionabilidade das crianças reflete fatores sociais e motivacionais (fatores externos) e fatores cognitivos (fatores internos).

---

[93] INGRID CANDEL *et al.*, "Children's Suggestibility for Peripheral and Central Details", in *The Journal of Credibility Assessment and Witness Psychology*, 2004, Vol. 5, Nº1, p. 16.

[94] *A Sugestionabilidade Interrogativa em Crianças: O Papel da Idade e das Competências Cognitivas*, Universidade do Minho, Escola de Psicologia, Junho de 2010, p. 19.

Entre os fatores externos ressaltam os seguintes:

- O **viés do entrevistador** que ocorre "quando este tem determinadas convicções prévias e, em função destas, molda a entrevista de forma a obter respostas que sejam consistentes com aquilo que acredita ser verdadeiro ou correto. Por outras palavras, todo o processo de interrogatório é orientado por evidências ou crenças, evitando-se os procedimentos que possam gerar informações inconsistentes".[95] O tipo de informações e conhecimentos prévios do entrevistador bem como as suas expetativas refletem-se não só na formulação de questões mas também em toda a arquitetura da entrevista, "(...) introduzindo um conjunto de componentes e caraterísticas no processo de interrogatório com um potencial sugestivo elevado".[96] Se trabalha só a partir de uma hipótese, o entrevistador tenderá a colocar perguntas que visam confirmar essa hipótese.
- O **estatuto do entrevistador** na medida em que o estatuto e o poder que o entrevistador transmite à criança torna-a vulnerável à sugestão. Com efeito, as crianças – especialmente as muito novas – "(...) têm especial tendência para confiar em figuras adultas ou com estatutos de autoridade, mostrando-se geralmente colaborantes e tentando corresponder às suas expetativas".[97] O elevado grau de confiança que o adulto suscita na criança chega ao ponto de a criança colaborar e dar resposta concreta mesmo a perguntas bizarras, v.g, *o que pesa mais: a água ou o leite?*. A perceção que a criança tem da autoridade, conhecimento e credibilidade do entrevistador faz com que tente ir ao encontro das suas expetativas.

---

[95] ALEXANDRA DA QUINTÃ CUNHA, *A Sugestionabilidade Interrogativa em Crianças: O Papel da Idade e das Competências Cognitivas*, Universidade do Minho, Escola de Psicologia, Junho de 2010, p. 24.

[96] ALEXANDRA DA QUINTÃ CUNHA, *A Sugestionabilidade Interrogativa em Crianças: O Papel da Idade e das Competências Cognitivas*, Universidade do Minho, Escola de Psicologia, Junho de 2010, p. 24.

[97] ALEXANDRA DA QUINTÃ CUNHA , *A Sugestionabilidade Interrogativa em Crianças: O Papel da Idade e das Competências Cognitivas*, Universidade do Minho, Escola de Psicologia, Junho de 2010, p. 25.

- A **desejabilidade social** "refere-se à tendência para as pessoas fornecerem respostas falaciosas com o intuito de darem uma imagem positiva e culturalmente aceite, evitando a crítica em situação de teste."[98] Também aqui, o entrevistado tende a emitir respostas concordantes com as expetativas que tem relativamente ao entrevistador.
- O **tom emocional da entrevista e a postura do entrevistador** refletem-se no grau de aceitação da sugestão durante o interrogatório. Quando o entrevistador "(...) assume uma postura distante, pautada por comportamentos agressivos ou por atitudes confrontativas, gera uma pressão social mais forte e uma maior distância interpessoal com o entrevistado (...) inflacionando, consequentemente, os seus níveis de sugestionabilidade interrogativa".[99] O tom emocional da entrevista é rapidamente percebido pela criança que tenderá a moldar-se a agir de acordo com o que perceciona ser esperado. Também o uso de reforços, v.g., *"não tenhas medo de dizer"*, *" és muito corajoso, se contares"*, se introduzidos com frequência e veiculados com um tom insistente ou mesmo ameaçador, leva a criança a confirmar e a fornecer informação falsa.
- O **tipo de perguntas e a sua repetição** podem também induzir distorções nas respostas das crianças. As perguntas abertas são as que geram maior número de informações corretas, ocorrendo um aumento de informações falsas quando se recorre a perguntas capciosas (contêm premissas, expetativas e sugerem as resposta pretendidas), afirmativas (orientam para uma resposta afirmativa ou de aceitação, v.g. *Ele sentou-te no colo, não sentou?*) e alternativas falsas quando nenhuma das alternativas é verdadeira. O viés do entrevistador pode propiciar o recurso sistemático a este tipo de perguntas. Por sua vez, a repetição da pergunta gera sugestionabilidade, sobretudo nas crianças mais novas, porque a criança pensa que se o entrevistador está a repetir a pergunta é porque não deu a resposta certa.

---

[98] André Costa e Maria Salomé Pinho, "Sugestionabilidade Interrogativa em Crianças de 8 e 9 Anos de Idade", in *Análise Psicológica* (2010), 1(XXVIII), pp. 196-197.
[99] Alexandra Da Quintã Cunha , *A Sugestionabilidade Interrogativa em Crianças: O Papel da Idade e das Competências Cognitivas*, Universidade do Minho, Escola de Psicologia, Junho de 2010, pp. 27-28.

PSICOLOGIA DO TESTEMUNHO – NOÇÕES GERAIS

– A **indução de estereótipos** "que consiste em criar uma determinada imagem de uma pessoa, que é repetidamente transmitida às crianças (por exemplo, dizer-lhes que alguém faz coisas más) "[100] tem uma influência visível nos relatos subsequentes das crianças, gerando uma maior tendência para distorcer os seus julgamentos em relação a ela. Conforme adverte ALEXANDRA CUNHA, "este tipo de influência é frequente nos contextos reais de avaliação, em que os entrevistadores, nos casos de suspeita de agressões físicas ou sexuais, de crime ou de roubo tendem a transmitir às crianças uma opinião negativa, ou pelo menos de desconfiança, acerca do eventual suspeito."[101]

Deste conjunto de fatores infere-se que "(...) se queremos promover a veracidade dos testemunhos das crianças, devemos evitar questionar repetidas vezes a mesma criança, ao longo de períodos de tempo extensos, tentando manter uma postura o mais neutra possível, e utilizando preferencialmente perguntas do tipo aberto, que não devem conter qualquer sugestão ou expetativa de resposta."[102]

Articulando o que acabamos de enunciar sobre a metodologia do entrevistador com o que ficou dito *supra* em 5 (Memórias das crianças), confluímos com OVEJERO BERNAL na asserção de que a credibilidade do testemunho infantil dependerá mais da perícia do entrevistador do que propriamente das caraterísticas do menor.[103]

Entre os fatores internos que se repercutem na sugestionabilidade destacam-se a memória, a inteligência, a monitorização da fonte e o conhecimento.

---

[100] ALEXANDRA DA QUINTÃ CUNHA , *A Sugestionabilidade Interrogativa em Crianças: O Papel da Idade e das Competências Cognitivas*, Universidade do Minho, Escola de Psicologia, Junho de 2010, p. 31.

[101] ALEXANDRA DA QUINTÃ CUNHA, *A Sugestionabilidade Interrogativa em Crianças: O Papel da Idade e das Competências Cognitivas*, Universidade do Minho, Escola de Psicologia, Junho de 2010, pp. 31-32.

[102] ALEXANDRA DA QUINTÃ CUNHA , *A Sugestionabilidade Interrogativa em Crianças: O Papel da Idade e das Competências Cognitivas*, Universidade do Minho, Escola de Psicologia, Junho de 2010, p. 33.

[103] *Fundamentos de Psicologia Jurídica e Investigación Criminal*, Universidade de Salamanca, 2009, p. 207.

A *teoria da força do traço de memória* preconiza que traços mais fortes seriam mais resistentes perante informação falaciosa oriunda de fontes exteriores, informação essa proferida depois da ocorrência de um determinado acontecimento. Dito de outra forma, as crianças que tendem a ter dificuldade em recordar com precisão um acontecimento são mais facilmente sugestionáveis. Conforme refere ANDRÉ COSTA "Acresce ainda que se a codificação mnésica de um dado acontecimento começar a sofrer um processo de desagregação e, por este motivo, se a sua retenção não foi suficientemente preservada, a informação de conteúdo sugestionável pode concorrer com a representação da informação original, sendo favorecida a sua recuperação mnésica em detrimento desta última."[104]

A inteligência tem sido indicada como um possível preditor da sugestionabilidade infantil de modo que as crianças tidas como mais inteligentes seriam menos vulneráveis à sugestão. Segundo ALEXANDRA CUNHA, as crianças com défices cognitivos ao nível da inteligência (sejam eles verbais ou não verbais) evidenciam maior sugestionabilidade.[105] Em sentido não totalmente coincidente, YOOJIN CHAE *et al* entendem que os estudos até agora efetuados sugerem que a inteligência verbal é, provavelmente, um melhor preditor da sugestionabilidade de crianças do que a inteligência não verbal.[106]

A capacidade da monitorização da fonte constitui um processo de atribuição, através do qual se tomam decisões acerca da forma como determinadas memórias ou conhecimentos foram adquiridos, com base em caraterísticas qualitativas das memórias ativadas, v.g., a quantidade ou tipo de detalhes percetivos. Deste modo, as crianças que têm uma boa capacidade de monitorização da fonte terão menor vulnerabilidade à sugestão. A monitorização da fonte aumenta a resistência à sugestão porque permite contextualizar a própria memória dos acontecimentos, reforçando o traço mnésico original.

---

[104] ANDRÉ COSTA e MARIA SALOMÉ PINHO, "Sugestionabilidade Interrogativa em Crianças de 8 e 9 Anos de Idade", in *Análise Psicológica* (2010), 1(XXVIII), p. 196.

[105] ALEXANDRA DA QUINTÃ CUNHA , *A Sugestionabilidade Interrogativa em Crianças: O Papel da Idade e das Competências Cognitivas*, Universidade do Minho, Escola de Psicologia, Junho de 2010, p. 49.

[106] YOOJIN CHAE e STEPHEN CECI , "Diferenças Individuais na sugestionabilidade das crianças", in A. C. FONSECA, M. R. SIMÕES, M. C. TABORDA-SIMÕES & M. S. PINHO (Eds.), *Psicologia forense,* Coimbra, Almedina, 2006, p. 475.

A monitorização da fonte permite também o uso de critérios rígidos de decisão que diminuem a sugestionabilidade.

Conforme já vimos a propósito da análise da operacionalidade dos esquemas, os conhecimentos prévios que as crianças têm para acontecimentos semelhantes são utilizados pelas crianças para complementar as suas memórias para um determinado evento. Todavia, esse maior conhecimento só melhora a qualidade do testemunho quando a situação apresentada é congruente com o conhecimento e informação já existente na memória da criança. Se a informação a memorizar for incongruente com o conhecimento prévio da criança, esta tenderá a cometer erros na evocação da informação na medida em que vai ao encontro do seu conhecimento geral prévio. Em suma, "conhecimentos prévios melhoram a evocação de determinadas informações, mas apenas se forem congruentes com estas. Por outro lado, conhecimentos anteriores congruentes com as informações sugeridas geralmente inflacionam a sua aceitação, aumentando o grau de sugestionabilidade."[107]

A sugestionabilidade é maior em crianças em idade pré-escolar (menos de seis anos), sendo que adolescentes de doze anos são capazes de resistir a questões enganosas, na qualidade de testemunhas, ao mesmo nível que estudantes universitários.[108]

Existem estudos que apontam no sentido de que, depois de uma criança ser sujeita a uma entrevista sugestiva, é virtualmente impossível distinguir entre relatos exatos e contaminados.[109]

5.2. Denúncias de abuso sexual de menor

São cada vez mais frequentes as denúncias feitas por crianças de falsos abusos sexuais, relevando na investigação destas o contexto em que ocorre a denúncia.

---

[107] Alexandra da Quintã Cunha , *A Sugestionabilidade Interrogativa em Crianças: O Papel da Idade e das Competências Cognitivas*, Universidade do Minho, Escola de Psicologia, Junho de 2010, p. 59.

[108] Cfr. Manzanero Puebla, *Psicología del Testimonio, Una Aplicación de los Estudios Sobre la Memoria*, Ediciones Pirámide, Madrid, 2008, p. 122; Alan Baddeley *et al.*, *Memory*, Psychology Press, New York, 2009, pp. 286-287.

[109] Amina Memon *et al.*, *Psychology and Law, Second Edition*, Wiley, West Sussex, 2003, p. 96, citando estudos de Bruck, Ceci & Hembrooke de 2002.

PROVA TESTEMUNHAL

Uma das situações típicas propiciadoras de falsas memórias nas crianças é a alienação parental e o subsequente síndrome de alienação parental.[110] Quando ocorre a separação dos progenitores, a criança pode ser vítima de manipulações por parte de um dos progenitores cuja finalidade é atingir o outro progenitor. Normalmente, o detentor da custódia tenta programar o filho para que odeie o outro progenitor, sem justificação bastante, criando uma campanha de desmoralização deste com base em avaliações negativas, desqualificadoras e mesmo injuriosas com o objetivo de dificultar os encontros da criança com o progenitor não guardião, sempre sob o desígnio final de destruir a relação da criança com o outro progenitor.

Mesmo que a situação de conflito parental não atinja este nível patológico do síndroma de alienação parental, a falsa denúncia de abuso sexual é utilizada como estratégia para interferir ou lograr obter uma posição mais vantajosa a propósito das disputas conjugais. Esta falsa denúncia é utilizada como instrumento para isolar a criança e destruir o vínculo que esta tem com o outro progenitor. Refere SANDRA FEITOR que "Após o planeamento e execução de toda uma campanha denegridora da imagem do outro progenitor, do endoutrinamento e manipulação emocional, a falsa acusação de abuso sexual é o acento tónico da Alienação Parental, a qual para se tornar convincente implica também a indução de falsas memórias de atos de caráter e relevância sexual na criança."[111]

MANZANERO, citando SINK, enuncia quatro teorias que, separada ou cumulativamente, podem explicar falsas denúncias de abuso sexual em situações de disputas parentais:

- **Pais hiperansiosos** cujo stresse que acompanha a separação pode provocar um aumento da responsabilidade sobre o bem-estar dos filhos. Este aumento de responsabilidade pode degenerar em condutas apreensivas sobre a relação dos filhos com o outro progenitor. Neste con-

---

[110] Sobre a caraterização da síndrome de alienação parental, cfr. SANDRA FEITOR, *A Síndrome de Alienação Parental e o Seu Tratamento à Luz do Direito de Menores*, Coimbra Editora, 2012, maxime a fls. 35 a 45 com a análise dos comportamentos que evidenciam a síndrome, a caraterização dos alienadores com as categorias de ingénuo, ativo e obcecado.

[111] *A Síndrome de Alienação Parental e o Seu Tratamento à Luz do Direito de Menores*, Coimbra Editora, 2012, p. 61.

texto, o progenitor pode interpretar, sem má intenção, a conduta do filho associada com a visita ao outro progenitor como tendo caraterísticas de uma criança vítima de abuso sexual.

–   **Crenças partilhadas entre um dos progenitores e a criança**: o progenitor e a criança desenvolvem a crença compartilhada de que poderiam produzir-se agressões sexuais durante o decurso das visitas ao outro progenitor.

–   **Crianças sugestionadas**: a criança é submetida a uma "lavagem cerebral" mediante perguntas insistentes feitas pelo outro progenitor ou outra pessoa e que podem induzir a criança a confirmar que ocorreram agressões sexuais.

–   **Reforço de condutas**: ocorrem naquelas situações em que as crianças têm um comportamento sexual que poderia sugerir um abuso sexual, mesmo que não tenha ocorrido nunca. Quando a criança realiza uma destas condutas, v.g, tocar nos genitais, isso desperta a atenção dos pais, a qual propicia uma repetição de tal conduta.[112]

PEDRO PAZ-ALONSO *et al.* afirmam que a criança pode aquiescer com uma figura de autoridade de quem depende, física e emocionalmente. A ignorância da criança sobre as consequência da alegação falsa, o medo de consequências negativas e a má interiorização das regras do interrogatório podem conduzir a criança a denunciar falsos abusos.[113] As crianças estão sujeitas, mais do que os adultos, a que lhes sejam implantadas ideias e recordações falsas de eventos que não ocorreram (cfr. o que ficou dito *supra* em 5.1.).

O *timing* da acusação de abuso sexual, o lugar e o contexto jurídico em que é feita, deixam entrever a sua motivação. Acompanhando SANDRA FEITOR, "O objetivo consiste em instalar a dúvida do Tribunal e familiares a respeito da dignidade e credibilidade do progenitor alienado, com o propósito de, tendo o Tribunal de promover a proteção da criança e proceder à realização de meios de prova, dilatar os prazos, protelar a decisão do Tribunal, e

---

[112] MANZANERO PUEBLA, *Memoria de Testigos, Obtención y Valoración de la Prueba Testifical*, Ediciones Pirámide, Madrid, 2010, p. 81.

[113] "Children's Memory in "Scientific Case Studies" of Child Sexual Abuse: A Review", in BARRY S. COOPER (ed.), DOROTHEE GRIESEL (ed.), MARGUERITE TERNES (ed.), *Applied Issues in Investigative Interviewing, Eyewitness Memory, and Credibility Assessment*, Springer, London, 2013, p. 157.

impedir as visitas durante esse período, criando um fosso ainda maior entre o progenitor alienado e a criança, rompendo, assim, definitivamente, os laços afetivos da criança com o pai alienado."[114]

No intuito de distinguir entre um falso abuso sexual e uma situação típica decorrente de síndrome de alienação parental, pode propor-se o seguinte quadro:

ABUSO SEXUAL	SÍNDROME ALIENAÇÃO PARENTAL
A criança recorda os factos sem intervenção de terceiro	A criança necessita de apoio de terceiros para recordar os factos
O relato aparece como credível, devido à presença de maior quantidade e qualidade de detalhes	O relato carece de detalhes e pode mesmo apresentar elementos contraditórios
Os conhecimentos sexuais que manifesta não são adequados ao seu nível de desenvolvimento	Não apresenta registos mnésicos sensoriais associados à situação relatada
Presença de condutas sexualizadas	Ausência
Frequentemente aparecem indicadores físicos	Ausência
Frequentemente aparecem alterações funcionais	Ausência
Frequentemente apresenta dificuldades escolares	Ausência
Alterações no padrão de interação habitual	Ausência
Presença de sentimentos de culpa, estigmatização, baixa autoestima	Ausência
A criança sente culpa ou vergonha pelo que declara	Sentimentos de culpa ou vergonha escasso ou inexistente
Denúncia prévia à separação	A denúncia é posterior à separação
O progenitor vislumbra a destruição de vínculos que a denúncia provocará no sistema familiar	O progenitor ignora ou desconsidera a importância da destruição dos vínculos familiares
O progenitor que denuncia geralmente também acusa o outro de abuso sobre o denunciante	Um progenitor programador só denuncia o dano causado à criança

[114] *A Síndrome de Alienação Parental e o Seu Tratamento à Luz do Direito de Menores*, Coimbra Editora, 2012, pp. 60-61.

As consequências de uma falsa acusação de abuso sexual poderão deixar marcas tão graves na vida de uma criança quanto as de um abuso sexual verdadeiro.[115] Na verdade, a criança submetida a esta mentira e manipulação pode passar a acreditar que foi, realmente, molestada pelo progenitor. Levar uma criança a acreditar que foi abusada, "além de perverso, consiste no quebrar da inocência própria da idade, e traduz-se num maltrato psicológico extremamente gravoso."[116] Mais tarde, descobrindo o que aconteceu, a criança experimenta sentimentos de culpa e traição.

Fora do contexto da disputa parental, uma falsa denúncia pode derivar do desejo de vingança ou de controlo de certas situações, sobretudo com adolescentes que nutrem sentimentos hostis face ao denunciado abusante ou perante outro adulto implicado - de qualquer modo - na vicissitude.[117] A acusação de abuso sexual pode também ser utilizada por crianças ou adolescentes para fazer cessar outras formas de violência física, psicológica ou negligência. "A posição de vítima de abuso sexual pode oferecer à criança a atenção, o respeito e os cuidados necessários ao desenvolvimento do ser humano que lhe estavam sendo negados."[118]

Nos casos de reais abusos sexuais, a maioria das crianças não os denuncia imediatamente e cerca de um terço só o faz quando atinge a maioridade.[119] A falta da denúncia dos abusos pode dever-se a vários fatores, tais como: a idade, esquecimento[120], culpa, embaraço, medo de represália, pacto de

---

[115] Jordana Santos Araújo, "Síndrome da Alienação Parental: Verdadeiros Relatos ou Falsas Denúncias de Abuso Sexual?", http://www3.pucrs.br/pucrs/files/uni/poa/direito/graduacao/tcc/tcc2/trabalhos2010_2/jordana_araujo.pdf, p. 23.

[116] Sandra Feitor, *A Síndrome de Alienação Parental e o Seu Tratamento à Luz do Direito de Menores*, Coimbra Editora, 2012, p. 66.

[117] Gaetano De Leo *et al.*, *La Testimonianza, Problemi, metodi e strumenti nella valutazione dei testimoni*, Il Mulino, Bolonha, 2005, p. 49.

[118] Osnilda Pisa, *Psicologia do Testemunho; Os Riscos na Inquirição de Crianças*, Pontifícia Universidade Católica do Rio Grande do Sul, Faculdade de Psicologia, Porto Alegre, pp. 29-30 *apud* Carlos Alberto Barbosa Dias Ribas, *A Credibilidade do Testemunho, A Verdade e a Mentira nos Tribunais*, Instituto de Ciências Biomédicas Abel Salazar, Universidade do Porto, 2011. p. 43.

[119] Deborah Connolly e Heather Price, "Repeated Interviews About Repeated Trauma From the Distant Past: A Study of Report Consistency", in Barry S. Cooper (ed.), Dorothee Griesel (ed.), Marguerite Ternes (ed.), *Applied Issues in Investigative Interviewing, Eyewitness Memory, and Credibility Assessment*, Springer, London, 2013, p. 191.

[120] Uma das caraterísticas da memória infantil é a "amnésia da primeira infância" nos termos da qual as recordações infantis dificilmente remontam ao período anterior aos dois ou três

silêncio. Quando existe um relacionamento da criança com o agressor, a criança é mais relutante em revelar o abuso, quer tal relacionamento seja intrafamiliar quer extrafamiliar. A inexistência de apoio parental também produz um efeito prejudicial no relato que a criança faz da agressão.[121]

Diversos estudos realizados nesta área indicam que as crianças são capazes de fornecer relatos exatos de agressões sexuais que sofreram. A exatidão dos relatos não é necessariamente afetada pela idade ou pelo intervalo de tempo entre a última agressão e a entrevista, embora o relato possa ser menos completo em razão da demora. Os relatos das crianças sobre a própria vitimização não incluem níveis elevados de erros por comissão, embora contenham erros de omissão relativamente frequentes. Os relatos fornecidos tendem a ser menos completos quanto a informação sensitiva e relacionada com o abuso do que quanto a informação neutral. A explicação para este fenómeno poderá radicar nos já mencionados sentimentos de medo, vergonha ou embaraço.[122]

Os estudos sobre eventos stressantes (v.g, memórias cintilantes) sugerem que as memórias da infância sobre eventos salientes e de consequências pessoais importantes são relativamente bem retidas por períodos longos, podendo subsistir vívidas até à idade adulta, desde que a criança não seja muita nova (com dois ou menos anos) aquando da ocorrência dos eventos. Todavia, tal não significa que estas memórias traumáticas estejam imunes a imprecisões. Com efeito, as crianças podem interpretar mal alguns detalhes dos eventos stressantes, como certos atos, datas, duração dos eventos, incorporando estas inexatidões de forma consistente nos relatos que fazem.[123]

---

anos. Entre as explicações avançadas para este fenómeno avulta a de que a memória precoce não está codificada em termos linguísticos e, por isso, não pode ser recuperada – cfr. OVEJERO BERNAL, *Fundamentos de Psicologia Jurídica e Investigación Criminal*, Universidade de Salamanca, 2009, p. 205.

[121] PEDRO PAZ-ALONSO *et al.*, "Children's Memory in "Scientific Case Studies" of Child Sexual Abuse: A Review", in BARRY S. COOPER (ed.), DOROTHEE GRIESEL (ed.), MARGUERITE TERNES (ed.), *Applied Issues in Investigative Interviewing, Eyewitness Memory, and Credibility Assessment*, Springer, London, 2013, p. 148.

[122] PEDRO PAZ-ALONSO et al., "Children's Memory in "Scientific Case Studies" of Child Sexual Abuse: A Review", in BARRY S. COOPER (ed.), DOROTHEE GRIESEL (ed.), MARGUERITE TERNES (ed.), *Applied Issues in Investigative Interviewing, Eyewitness Memory, and Credibility Assessment*, Springer, London, 2013, pp. 154-155.

[123] PEDRO PAZ-ALONSO et al., "Children's Memory in "Scientific Case Studies" of Child Sexual Abuse: A Review", in BARRY S. COOPER (ed.), DOROTHEE GRIESEL (ed.), MARGUERITE TERNES

Comparadas com crianças em idade escolar, as crianças em idade pré-escolar tendem a produzir um maior número de erros por omissão, a fornecer relatos menos completos e detalhados, bem como relatos menos consistentes do eventos emocionais e stressantes. Estas limitações podem explicar-se pelo limitado entendimento do abuso, pelo menor desenvolvimento linguístico, pela menor aptidão de recuperação da informação.

A quantidade de informação revelada pelas crianças aumenta substancialmente na segunda e na terceira entrevista. Existe um padrão oposto no que tange à negação do abuso e às respostas evasivas na medida em que a negação é mais frequente na primeira entrevista do que nas subsequentes.

Entre os fatores que influenciam a completude do relato feito pelas crianças de abusos, bem como a sua exatidão e consistência destacam-se:

- O **tempo de demora da revelação**. No geral, as crianças podem esquecer aspetos de experiências distantes mas a proporção de informação lembrada pode ser notavelmente exata e detalhada, mesmo depois de passados anos sobre o evento.
- A **distintividade e relevância pessoal do evento**. Um evento é distintivo quando se carateriza pela violação da expetativa que a pessoa tinha e é singular face ao conhecimento e experiência da pessoa. Os eventos traumáticos são, frequentemente, mais únicos e pessoalmente salientes e, por isso, são recordados com maior vividez, depois de intervalos de retenção maiores ou menores, do que experiências menos emocionais. A duração e repetição do evento podem conduzir a um *script*.
- O **envolvimento pessoal**. Quem vive uma experiência de um evento tem tendencialmente um relato mais exato do que quem meramente o observa.
- **Apoio parental** na medida em que as crianças amparadas por apoio paternal evidenciam relatos mais exatos dos abusos mesmo anos após a sua cessação, em contraste com as crianças que não recebem esse apoio.

(ed.), *Applied Issues in Investigative Interviewing, Eyewitness Memory, and Credibility Assessment*, Springer, London, 2013, p. 160.

Na apreciação da (in)veracidade dos relatos de menores sobre pretensas situações de abuso sexual é essencial recorrer ao *Statement Validity Assessment* que será analisado desenvolvidamente *infra* sob 8.1.

6. O interrogatório da testemunha

6.1. O formato de recuperação

O interrogatório da testemunha visa por definição obter uma declaração o mais completa e exata possível. Todavia, esse resultado não depende inteiramente da testemunha mas também do comportamento do entrevistador e do modo como se formulam as perguntas. Ou seja, as condições de recuperação da memória influem nesta.

Existem dois tipos genéricos de perguntas, as abertas e as fechadas. A pergunta aberta deixa a possibilidade de dar qualquer tipo de resposta, sem limitação alguma, e não introduz nenhum tipo de informação por parte do entrevistador, v.g., *Conte-me o que aconteceu nesse dia*. Geralmente são introduzidas pelas expressões quem, o que, onde, como, quando.

É importante que o entrevistador mantenha o silêncio ou se limite a intervenções pontuais nos hiatos do relato da testemunha, dando um *feedback* positivo e singelo. A interrupção da narração livre com perguntas específicas poderá fazer com que a testemunha pense que os factos que relatou não são importantes. Isto é, pode transmitir implicitamente uma mensagem do tipo *"não me interessa o que estás a dizer mas estou interessado no que quero ouvir"* ou *"já sei o que queria, o resto não me interessa, quero que só fales do que quero ouvir"*. A interrupção quebra a concentração da testemunha, rompe o processo reconstrutivo da memória e desmotiva a testemunha a fazer um efetivo esforço de memória. Acresce que a interrupção pode revelar involuntariamente a desconfiança do entrevistador, permitindo ao mentiroso que ajuste a sua estratégia, dando-lhe mais tempo para configurar a história.

Acresce que o facto de se iniciar o interrogatório com perguntas específicas/fechadas pode influenciar o teor do depoimento, sabido que é que a testemunha pode incorrer no viés de desejabilidade social, isto é, de dar a resposta que se lhe apresente como desejada pelo inquiridor. Com efeito, os estudos da psicologia social demonstram a existência de um efeito denominado *"compliance"* (traduzível como complacência, aquiescência) que pode ser descrito como a tendência para dizer o que se considera que o interlocutor quer ouvir. Como refere GIULIANA MAZZONI, trata-se de uma situação diferente da mentira intencional que "(...) pelo contrário, até se poderá definir como uma forma extrema de colaboração. Uma pessoa que quer comprazer diz o que crê que o outro quer ouvir, e capta os pequenos sinais que o outro lhe envia para fazer entender o que é que espera da resposta. Tratar de comprazer o outro leva, pois, implícita uma modificação da declaração testemunhal".[124]

As perguntas fechadas obrigam em regra a escolher uma resposta entre as alternativas veiculadas na própria pergunta, permitindo uma resposta em poucas palavras.

Dentro das perguntas fechadas, podemos identificar designadamente três subcategorias:

- **Perguntas Sim/Não** que só poderão ser respondidas por uma destas opções.
- **Perguntas seletivas** que integram alternativas múltiplas, das quais a testemunha deve escolher uma resposta, v.g., *O ladrão tinha uma pistola ou uma navalha?*.
- **Perguntas identificadoras** que requerem a descrição de pessoas, lugares, momentos, grupos, v.g., *A que horas foi o assalto?*.

Cada um destes tipos de perguntas contém os seus próprios riscos.

A categoria sim/não comporta o que se denomina na psicologia o *viés afirmativo*, ou seja, o entrevistado tende a responder *sim*, independentemente do conteúdo da pergunta. [125]

Já ALBERTO DOS REIS se insurgia de forma clara contra este tipo de perguntas, afirmando de forma perentória: "Há um tipo de inquirição absolutamente reprovável: a inquirição que suprime toda a iniciativa e a liberdade da testemunha, a inquirição conduzida de modo a que o depoente se limite

---

[124] GIULIANA MAZZONI, *Se Puede Creer a un Testigo? El Testimonio y las Trampas de la Memoria*, Editorial Trotta, Madrid, 2010, p. 76.

[125] MARIA ALONSO-QUECUTY, "Psicologia y Testimonio", in *Fundamentos de la Psicologia Jurídica*, MIGUEL CLEMENTE (Coord.), Ediciones Pirámide, 1998. p. 175. Este viés afirmativo é acrescido com as crianças – cfr. OVEJERO BERNAL, *Fundamentos de Psicologia Jurídica e Investigación Criminal*, Universidade de Salamanca, 2009, p. 198.

a dizer sim ou não às perguntas formuladas. A testemunha converte-se num autómato perfeito; quem afinal depõe é o inquiridor, insinuando ou impondo à testemunha a mera adesão a determinada versão dos factos."[126]

Por contraposição às perguntas abertas, as perguntas sim/não propiciam menos indicadores da mentira. Isto porque, em geral, mentir em resposta a uma pergunta sim/não constitui uma tarefa cognitivamente menos exigente do que mentir em resposta a uma pergunta aberta. Mentir em resposta a uma pergunta aberta exige maior esforço cognitivo o qual faculta mais indicadores da mentira. Quanto menos forçada for a resposta, maiores serão as oportunidades de se manifestarem indicadores da mentira.[127]

As perguntas seletivas contêm o risco de contaminação da resposta. Assim ao perguntar-se *O veículo era azul, preto ou vermelho?* está a induzir-se uma resposta que pode ser incorreta por o veículo ser verde.

Por sua vez, a pergunta identificadora pode conter informação pós-evento que contamine a memória da testemunha. Assim, a pergunta *Como era a pistola?* pode induzir uma resposta com a descrição de uma arma que a testemunha nunca viu, cuja existência apenas foi afirmada erradamente por outras testemunhas.

As perguntas abertas integram o formato de recuperação narrativa e as perguntas fechadas constituem o formato de recuperação interrogativa. Cada um destes formatos tem as suas próprias vantagens e desvantagens.

O formato de recuperação narrativa apresenta como vantagem que as respostas dadas não costumam conter distorções, apresentando pouco erros de comissão.[128] Contudo, estas respostas costumam ser pobres quanto à quantidade de detalhes proporcionada, ficando-se por uma descrição geral do ocorrido, são mais incompletas. Ou seja, apresentam muitos erros de omissão.[129]

---

[126] *Código de Processo Civil Anotado*, IV Vol., Coimbra Editora, 1987, p. 441.

[127] JEFFREY WALCZYK *et al.*, "Lie Detection by Inducing Cognitive Load, Eye Movements and other Cues to the False Answers of "Witnesses" to Crimes", in *Criminal Justice and Behavior*, Vol. 39, Nº 7, Julho 2012, p. 903.

[128] Os erros de comissão ocorrem quando a testemunha introduz informação falsa, deliberadamente (mentira) ou devido a indução autogerada ou gerada por outros, v.g., informação pós-evento.

[129] Estes ocorram quando ao relato da testemunha faltam detalhes importantes, seja por esquecimento seja por ocultação.

PSICOLOGIA DO TESTEMUNHO – NOÇÕES GERAIS

Conforme explica Antonio Manzanero,

> "(...) com uma prova de narração livre obteremos informação esquemática e aproximada do sucedido, devido a que, quando presenciamos um facto selecionamos dele certa informação esquemática e ficamos com a ideia, que será o que armazenamos na nossa memória. Este esquema ajusta-se ao esquema prévio que temos do tipo de facto a recordar, e conterá os elementos próprios de um acontecimento – introdução, nó e desenlace – como elementos estruturais mais gerais. Ao recuperar o evento usando uma narração livre, o que recuperamos é o guião tipo da classe de acontecimentos a que pertence o evento, e vamos preenchendo-o até dar um relato o mais completo possível com a informação que nesse momento seja acessível."[130]

O formato interrogativo tem a vantagem de proporcionar uma grande quantidade de informação, mas com mais distorções e mais erros de comissão. Esta caraterística do formato interrogativo decorre do efeito que as perguntas têm sobre a memória. Nesta abordagem, proporcionam-se ao entrevistado pistas para a recuperação ou mesmo uma tarefa de reconhecimento (na qual se facultam os elementos para recordar, devendo o entrevistado procurar o contexto apropriado da resposta). Este formato de recuperação é mais suscetível de ser influenciado por informação prestada durante o interrogatório. Essa informação, a par de outra existente na memória sobre factos similares, vai ser utilizada para preencher as lacunas da memória.

Articulando as vantagens e desvantagens dos dois formatos, o procedimento recomendável será o proceder *em funil*: pedindo, em primeiro lugar, à testemunha uma evocação livre e, progressivamente, formular perguntas menos abertas. Com esta sequência consegue-se otimizar as vantagens de cada uma das fases, minimizando os limites de cada formato.[131] Por outro

---

[130] Manzanero Puebla, *Psicología del Testimonio, Una Aplicación de los Estudios Sobre la Memoria*, Ediciones Pirámide, Madrid, 2008, p. 137.

[131] Gaetano De Leo *et al.*, *La Testimonianza, Problemi, metodi e strumenti nella valutazione dei testimoni*, Il Mulino, Bolonha, 2005, p. 63. Maria Nunes dos Reis defende que "O relato livre, sem interrogatórios é sempre melhor que o interrogatório e melhor ainda se um especialista (mediante técnicas de recuperação de memória e sem a realização de perguntas sugestivas)

lado, nas sucessivas perguntas mais apertadas só devem inserir-se elementos que foram anteriormente relatados pela testemunha de modo que o entrevistador não deve sugerir nada.

A narração feita pela testemunha tem, normalmente, uma estrutura tripartida: uma primeira parte que serve para emergir a ação principal do acontecimento; uma segunda parte que descreve o incidente em si; uma terceira parte em jeito de epílogo, na qual o sujeito relata o que fez depois do evento ou centra-se em aspetos mais pessoais como as emoções que sentiu.

DE LEO *et al.* assinalam que estas três partes evidenciam usualmente um equilíbrio no emprego de detalhes e de informações. Todavia, um relato inventado tenderá a suprimir uma dessas partes ou a apresentar um desequilíbrio entre elas. Dito de outra forma, a falta de homogeneidade na distribuição dos detalhes ao longo do relato, a sua variabilidade desproporcionada nas três fases do relato, designadamente detendo-se em alguns aspetos e omitindo ou sobrevoando outros, constituirão um indicador de mentira.[132]

6.2. As regras para evitar equívocos

O entrevistador deve assumir uma postura neutra, tendo como primordial propósito reunir toda a informação disponível sobre o evento e não confirmar alguma versão do acontecimento que já lhe tenha sido transmitida. Deve atuar da mesma forma que um cientista, ou seja, testando sucessivas hipóteses alternativas.

---

pedir o relato. Não se deve descartar a realização de perguntas, mas sempre posteriormente." - *A Avaliação Psicológica do Testemunho em Contexto Judiciário: A Influência do Tempo e das Emoções nos Componentes Mnemónicos do Testemunho*, Faculdade de Medicina de Lisboa, Lisboa, 2006, p. 82. Também ALBERTO DOS REIS, *Código de Processo Civil Anotado*, IV Volume, Coimbra Editora, 1987, p. 441, confluía na afirmação de que "É de aconselhar, pois, que, indicado à testemunha o fato sobre o qual pretende obter-se o seu depoimento, o inquiridor a convide a dizer o que sabe sobre esse facto, sem fazer qualquer pergunta; o interrogatório começará propriamente depois de a testemunha fazer a sua narração espontânea, com vista a completarem-se ou esclarecerem-se as declarações feitas."

[132] GAETANO DE LEO *et al.*, *La Testimonianza, Problemi, metodi e strumenti nella valutazione dei testimoni*, Il Mulino, Bolonha, 2005, pp. 68-69.

Com efeito, o entrevistador está sujeito a um viés (*"bias"*), qual seja, o de obter informação prévia sobre o evento de outrem *e* de assumir que essa informação está correta. O entrevistador que assim atua tende a:

i. registar o conteúdo da entrevista nos segmentos em que estes são consistentes com as suas convicções prévias;
ii. deixar passar ou ignorar informação relevante e vital;
iii. afeiçoar os relatos das testemunhas (v.g., restringindo as hipóteses de resposta) para serem consistentes com as suas hipóteses sobre o que aconteceu.[133]

A atuação de um entrevistador desta forma incorreta deteta-se pelos seguintes indicadores: reúne preferentemente informação confirmadora da sua versão e evita relatos contrários ou inconsistentes; adota uma forma rígida de interrogar e interrompe a resposta da testemunha; desencoraja a testemunha a responder *"Não sei"*; ignora que as respostas da testemunha podem ser determinadas pelo propósito de agradar ao interlocutor ou que podem estar condicionadas por dificuldades de expressão; não se preocupa em averiguar se o relato é direto ou por ouvir dizer; faz perguntas sugestivas ou implícitas que dão como adquiridos factos que estão sob disputa.

Uma entrevista que se guie por estes parâmetros não fomenta a credibilidade do entrevistador nem abona o rigor da informação obtida.

A testemunha deve ser instruída para fornecer toda a informação que lhe estiver acessível, não omitindo nada por lhe parecer irrelevante ou por potencialmente entrar em contradição com afirmações anteriores. Deve advertir-se a testemunha para os perigos decorrentes da mesma se pôr a adivinhar ou a inventar. Outras regras relevantes prendem-se com a necessidade da testemunha precisar quando não sabe a resposta e de corrigir o inquiridor quando este diz algo errado.

---

[133] O viés do entrevistador já foi anteriormente enunciado a propósito da sugestionabilidade das crianças, cfr. 5.1.

O quadro destes equívocos[134] e do modo de os suprir pode assim formular-se:

EQUÍVOCO	INSTRUÇÃO PARA SUPERAR O EQUÍVOCO
Os entrevistados (particularmente crianças e pessoas com défice inteletual) podem hesitar em corrigir o inquiridor porque acham que este tem um conhecimento mais exato	O entrevistador tem de sublinhar que não sabe o que aconteceu e, por isso, se disser algo incorreto, o entrevistado deve corrigi-lo
O entrevistado, com frequência, não sabe qual o nível de detalhe que lhe é exigido na entrevista e crê que os detalhes não são importantes	O entrevistador deve dizer expressamente que não estava presente quando ocorreu o evento pelo que quanto mais for relatado, melhor. Qualquer coisa que o entrevistado se lembre pode ser útil, mesmo aspetos que o entrevistado pense que não são importantes e mesmo que não sejam uma resposta completa
O entrevistado pode pensar que é aceitável forjar uma resposta	O entrevistado deve ser encorajado a dizer *"Eu não sei"* ou *"Não me lembro"* quando for pertinente
Quando uma pergunta, ou parte dela, é repetida numa entrevista, o entrevistado pode assumir que a sua resposta inicial estava incorreta e que deve ser alterada	O inquiridor deve explicitar que *"Se eu repetir uma pergunta, isso não quer dizer que eu quero que mude a sua resposta. Relate-me apenas aquilo de que se lembrar melhor."*
O entrevistado pode pensar que é inaceitável usar calão, palavrões ou linguagem sexual explícita, mesmo quando essas palavras são as únicas disponíveis para descrever a ofensa	O entrevistado deve ser informado que pode utilizar quaisquer palavras para descrever o evento, sem que o entrevistador fique chocado ou zangado
Algumas vezes, o entrevistado responde que não sabe responder a uma pergunta quando, de facto, simplesmente não a percebeu	O entrevistador deve explicitar que, se o entrevistado não perceber a pergunta, aquele não se importará de a reformular
O entrevistado pode omitir informação se estiver convicto que o inquiridor já está a par da mesma	O entrevistador deve dizer: *"Mesmo que ache que eu já sei alguma coisa, conte-mo na mesma"*

---

[134] Tendo como fonte POWELL, Martine B./FISCHER, Ronald P./WRIGHT, Rebecca, "Investigative Interviewing", in *Psychology And Law, An Empirical Perspective*, Neil BREWER (ed.), Kipling D. WILLIAMS (ed.), The Guilford Press, Londres, 2005, p. 18.

6.3. As perguntas sugestivas

Em sede o regime do depoimento da testemunha, o Artigo 516, nº3 do Código de Processo Civil impõe ao juiz o dever de obstar a que sejam formuladas à testemunha perguntas ou considerações impertinentes, sugestivas, capciosas ou vexatórias. Também o Artigo 138º, nº2, do Código de Processo Penal, determina que às testemunhas não devem ser feitas perguntas sugestivas ou impertinentes.

Alberto dos Reis ensinava que pergunta sugestiva "(...) é a pergunta formulada por maneira que nela vai já insinuada a resposta que o inquiridor pretende obter. Pergunta capciosa é a pergunta astuciosamente preparada para induzir em erro, para enganar aquele que há de responder."[135] Lebre de Freitas *Et al* consideram como sugestiva "(...) a pergunta que só formalmente o é, porquanto a sua formulação contém já a resposta que da testemunha se pretende. É capciosa a pergunta que visa obter uma resposta com base em erro provocado na testemunha por quem a faz."[136] Por sua vez, Muñoz Sabaté afirma que as perguntas sugestivas são todas aquelas que *exigem uma decisão*, às quais se tem de responder simplesmente com um *sim* ou um *não*. Finalmente, é vexatória a questão que, pela forma ou pela substância, tende a amesquinhar ou a cobrir de ridículo a testemunha, "vício especialmente perigoso quando se procura determinar a razão de ciência invocada pelo depoente".[137]

O regime do Artigo 516º, nº3, do Código de Processo Civil colhe inteira razão de ser desde logo porque, após a formulação de uma pergunta com estas caraterísticas e a sua resposta subsequente, fica sempre no espírito do julgador a dúvida sobre o modo como valorar a resposta dada na medida em que será sempre muito difícil determinar onde acabou a influência do inquiridor e começou o conhecimento genuíno da testemunha.

Todavia, os estudos na área da psicologia evidenciam que a sugestionabilidade da testemunha pela inquirição pode ser acionada de forma mais sibilina, não carecendo de atingir o grau de ostentação prevenido pelo Artigo 516º, nº3 do Código de Processo Civil.

---

[135] *Código de Processo Civil Anotado*, IV Vol., Coimbra Editora, 1987, p. 440.
[136] Lebre de Freitas *et al.*, *Código de Processo Civil Anotado*, 2º Vol., Coimbra Editora, 2001, p. 579.
[137] Antunes Varela *et al.*, *Manual de processo civil*, Coimbra Editora, 2ª Ed., 1985, p. 626.

No que tange à influência do modo como se formulam as perguntas, as palavras empregues podem ter efetiva repercussão no teor da resposta. Numa experiência realizada por Palmer e elizabeth Loftus (1974), que constitui referência incontornável neste âmbito, foi exibido a várias pessoas um filme com uma colisão de veículos. Após, as pessoas foram divididas em vários grupos, sendo colocada a cada um uma pergunta distinta. A cada grupo foi colocada uma pergunta deste teor:

1. A que velocidade seguia o veículo A quando *embateu* no veículo B?
2. A que velocidade seguia o veículo A quando *colidiu* com o veículo B?
3. A que velocidade seguia o veículo A quando *abalroou* o veículo B?

Os resultados demonstraram que, apesar de a questão ser essencialmente a mesma, as palavras empregues na pergunta influenciaram a perceção da velocidade por parte das testemunhas, ocorrendo diferenças até 10 Km/h nas respostas em função da pergunta formulada conter implicitamente uma ideia de maior violência.[138] Ou seja, quanto mais "forte" foi o verbo utilizado na pergunta, maior foi a velocidade que as testemunhas recordaram.

Uma semana depois, foi perguntado aos participantes da mesma experiência se tinham visto o vidro partido, quando inexistia vidro partido no acidente que tinham visto. Todavia, 32% dos que haviam sido questionados com a pergunta 3 ("abalroou") responderam que tinham visto vidro partido enquanto só 14% dos interrogados com a pergunta 1 afirmaram que tinham visto vidro partido. Daqui pode inferir-se que a memória para eventos é frágil ao ponto de poder ser distorcida com a alteração de uma palavra na pergunta.[139]Na própria interpretação de Loftus e Palmer, estas experiências demonstram uma alteração na memória. Após ver o filme, o sujeito tem uma representação do acidente mas, se depois recebe informação sobre o acidente (no caso , através de uma pergunta), é possível que – a longo prazo – as duas informações

---

[138] Deborah Davies e Elizabeth Loftus, "Internal and External Sources of Misinformation in Adult Witness Memory", in LINDSAY, R. C. L./ROSS, David F./READ, J. Don/TOGLIA, Michael, P. (eds.), *The Handbook of Eyewitness Psychology*, Vol. 1, Memory For Events, Lawrence Erlbaun Associates Publishers, Londres, 2007 , p. 212.

[139] Alan Baddeley *et al.*, *Memory*, Psychology Press, New York, 2009, p. 322.

se integrem formando uma representação única na memória, uma representação que já é uma alteração da representação original.

Também não são situações equivalentes perguntar à testemunha se viu *o* sinal vermelho ou se viu *um* sinal vermelho.

Os estudos realizados por GUDJONSSON sobre *interrogative suggestibility* demonstram que um indivíduo adota e insere na própria memória conteúdos não verdadeiros que formam parte das perguntas formuladas.

Numa experiência singela, foi lida uma história de um assalto a uma senhora. Passada meia hora, formularam-se perguntas específicas, sendo que parte das perguntas continha informações enganosas que nem sequer constavam da história, v.g., sobre qual a cor da carteira roubada (castanha ou preta?) quando não há qualquer referência à cor da carteira na história original. GUDJONSSON demonstrou que este tipo de perguntas modifica a declaração da pessoa que, amiúde, acaba por declarar que a carteira é castanha ou preta quando tal não constava do relato. Este tipo de respostas é classificado como de "cedência" ("*yield*") e mede a tendência para uma pessoa ceder à pressão durante o interrogatório.[140]

Pensemos no interrogatório de um julgamento de acidente de viação com a seguinte sequência:

P – Conte-me, então, o que aconteceu.

R – Ia a andar no passeio e vi os veículos vermelho e preto já embatidos depois do semáforo.

P – Então você viu o carro preto passar o semáforo vermelho? [Esta informação não foi dada por esta testemunha sendo apenas relatada por um testemunha anterior]. Ia com muita velocidade?

Esta pergunta opera como uma pergunta enganosa porque introduz, de maneira incidental, uma informação que não se sabe se está correta e nem foi relatada pela testemunha. Não tendo o inquiridor assistido ao julgamento, o mesmo não pode asseverar se o que disse a primeira testemunha está correto. A pergunta é idónea a introduzir na memória da testemunha uma informação

---

[140] GIULIANA MAZZONI, *Se Puede Creer a un Testigo? El Testimonio y las Trampas de la Memoria*, Editorial Trotta, Madrid, 2010, p. 73.

enganosa e, assim sugestionada, a testemunha pode acabar por "recordar" o que a pergunta lhe sugeriu e não o que efetivamente viu.

ALTAVILLA classifica este tipo de perguntas como *implícitas* na medida em que se pergunta um pormenor, dando como certo um ponto ou uma circunstância que era preciso apurar. Na síntese deste autor, "A pergunta deve, portanto, ser um estímulo para excitar uma recordação, não uma sugestão que imponha a própria convicção."[141]

Esta técnica é tão comum quanto errada.

Por esta mesma ordem de razões, é de rejeitar a situação sucedânea que será a de, no exemplo, se relatar à testemunha que já foi dito em julgamento por outra testemunha que o veículo preto passou o semáforo vermelho. Esta abordagem mais não visa do que criar pressão no sentido da conformidade, ou seja, ativar a conduta da testemunha no sentido de adaptar o seu depoimento de molde a que seja consistente com o das outras pessoas (*desejabilidade social*).

A formulação deste tipo de perguntas é sugestiva porque contém uma premissa, ou seja, formula-se a pergunta recorrendo ao conhecimento prévio do inquiridor. Por exemplo, recorre a uma premissa a pergunta: *O seu marido continua a beber muito antes de conduzir?* Assume-se que o inquiridor tem conhecimento dos hábitos alcoólatras do marido da testemunha. Todavia, esse conhecimento pode estar incorreto. A pergunta será mais tendenciosa quanto mais incorreto for esse conhecimento.

Outro tipo de pergunta sugestiva é a *pergunta expetante* em que o inquiridor indica num segmento da pergunta (pelas palavras empregues ou pela própria entoação) qual a resposta que deseja receber. Assim, ao perguntar-se a uma vítima de um roubo: *Ele empurrou-a depois de entrar na porta da sua casa?* não se gera qualquer expetativa de resposta. Pelo contrário, tal ocorre se se acrescentar à mesma pergunta "(...), *não é assim?*".

Os trabalhos de GUDJONSSON também evidenciam o efeito nefasto na testemunha dos comentários negativos feitos pelo inquiridor. Se, perante uma resposta da testemunha, o inquiridor formular um comentário negativo designadamente no sentido de que a resposta formulada está equivocada, o sujeito que recebe tal *feedback* negativo tende a modificar a resposta mesmo que a sua primeira resposta esteja correta. O *feedback* negativo pode ser explícito

---

[141] *Psicologia Judiciária, Personagens do Processo Penal*, II Vol., Almedina, 2003, p. 255.

ou implícito pela conduta do inquiridor ou pela repetição da pergunta que tem como implícito para a testemunha que a primeira resposta foi errada.[142]

Em resultado dos estudos realizados por ELIZABETH LOFTUS e outros investigadores pode inferir-se que o efeito da sugestão se produz com maior probabilidade quando a testemunha não deteta as discrepâncias entre o que lhe é sugerido e o que percecionou diretamente (princípio da deteção de discrepâncias). Este princípio assinala que "(...) a susceptibilidade ao efeito de informação enganosa está relacionada com a nossa capacidade para detetar discrepâncias entre o evento percebido e a informação enganosa que nos é dada depois do acontecimento. À medida que diminui a capacidade para detetar a discrepância, incrementa-se a probabilidade de aceitar a informação enganosa como real – como previamente percebida – de maneira que um fator chave para que a discrepância passe despercebida é que a testemunha ou a vítima tenha uma *memória pobre* do que presenciou."[143]

A memória pobre pode derivar designadamente do decurso do tempo o qual acarreta o esquecimento de detalhes, a adição de outros não vistos nem ouvidos através de inferências ou deduções da própria testemunha "(...) de maneira que à medida que nos afastamos no tempo, a memória torna-se mais breve, menos detalhada, mas também com maior consistência interna, pois os detalhes que desaparecem antes são os menos congruentes com a interpretação que se deu à cena".[144] Uma segunda ordem de razões que tornam a memória mais pobre deriva da falta de atenção à cena pelo facto de a testemunha estar a fazer outra tarefa enquanto vê o evento, por exemplo, a conversar com outra pessoa. Mesmo que os olhos da testemunha não se afastem do evento (a recapitular), os seus recursos de atenção diminuem e não permitem recolher de forma adequada os detalhes da situação, razão pela qual a reconstrução posterior do evento será mais pobre.

---

[142] "Guidelines on Memory and the Law, Recommendations from the Scientific Study of Human Memory", The British Psychological Society, 2008, http://www.policecouncil.ca/reports/BPS%20Guidelines%20on%20Memory.pdf, acedido em 23.10.2012, p. 30.

[143] MARGARITA DIGES JUNCO, "La Utilidad de la Psicologia del Testimonio en la Valoración de Pruebas de Testigos", in *Jueces Para La Democracia*, Nº 68, Julio 2010, p. 54.

[144] MARGARITA DIGES JUNCO, "La Utilidad de la Psicologia del Testimonio en la Valoración de Pruebas de Testigos", in *Jueces Para La Democracia*, Nº 68, Julio 2010, p. 54.

A sugestionabilidade da testemunha pode derivar também da relação que estabelece com o inquiridor. Numa entrevista, o entrevistado tende a ir além do sentido imediato das questões que lhe são formuladas, tentando descobrir qual o intuito do discurso do inquiridor. Este propósito é, porém, condicionado por convenções sociais e pelo contexto da inquirição. Entre essas convenções encontra-se o denominado *"principle of co-operativity"* que postula que o ouvinte interpreta as declarações do interlocutor como verdadeiras, relevantes e claras. As relações sociais, as crenças dos interlocutores e o contexto concreto da entrevista podem ter influência no entendimento formulado pelo entrevistado sobre o sentido pretendido pelas declarações do inquiridor.

Assim, quando uma testemunha é inquirida por uma figura da autoridade como um polícia, a testemunha pode conceber o polícia como sendo cooperativo, verdadeiro e não enganador. Por isso, uma informação enganosa dada pelo polícia pode ser inadvertidamente ser aceite como factual e tornar-se parte da memória da testemunha. A autoridade pode resultar em aquiescência e esta pode estar conexa com a ânsia de agradar e/ou com a vontade de evitar conflito.[145] Em manifesto contraponto, quando a testemunha desconfia de quem faz a pergunta (v.g., advogado da parte contrária), esquadrinhará com cuidado o que este diz e detetará com mais facilidade a discrepância com o que viu.

A distância psicológica entre o inquiridor e o inquirido pode criar uma pressão que torne este mais suscetível à sugestão. Uma conduta neutral ou abrupta e rude do inquiridor reflete-se diferentemente na sugestionabilidade da testemunha. A postura abrupta do inquiridor pode levar o inquirido a interiorizar uma falta de poder e de controlo da relação com o inquiridor, o que – por sua vez - pode também aqui conduzir a uma aquiescência com as perguntas formuladas (*"acquiescence bias"*). Em razão do desequilíbrio de poderes e das expetativas que estão implícitas dentro do formato desta relação inquiridor/inquirido, este pode não divisar o direito de corrigir o inquiridor. Outra explicação que pode aqui ocorrer é a de que a postura abrupta pode causar uma redução da autoestima do inquirido e aumentar a sua ansiedade.

---

[145] Vanita Sondhi, "The Role of Interviewer Behavior in Eyewitness Suggestibility", in *The Journal Of Credibility Assessment and Witness Psychology*, 2005, Vol. 6, Nº1, p. 2.

PSICOLOGIA DO TESTEMUNHO – NOÇÕES GERAIS

Existem estudos que evidenciam que a testemunha consegue recordar com mais detalhe e exatidão quando é entrevistada por um inquiridor com postura neutral.[146]

6.4. Os efeitos de interrogatórios repetidos

Num processo cível ou crime é corrente que as testemunhas sejam sujeitas a sucessivos interrogatórios por diferentes intervenientes no processo, sendo também questionadas mesmo por outras testemunhas ou por familiares. A questão que aqui emerge é a de saber em que medida isso se repercute na exatidão do próprio testemunho.

Os estudos sobre esta matéria não são unívocos.

Existem vários estudos que concluem que a repetição de interrogatórios conduz, de forma consistente, a um aumento da confiança da testemunha porque a repetição aumenta a facilidade de recuperação ou a fluência da resposta[147], sem que isso implique mudanças correspondentes na exatidão do depoimento. Daqui decorre que a simples repetição das questões não conduz a uma melhor memória.

Estudos de SHAW e McCLURE evidenciaram que as testemunhas que foram repetidamente inquiridas sobre um evento demonstraram mais índices globais de confiança face a testemunhas que foram inquiridas apenas uma vez.[148]

Há quem assinale os efeitos positivos das sucessivas tentativas de recapitulação decorrentes da recuperação de informação que não havia sido relatada anteriormente. Outros autores efetuaram estudos em que se conclui que a repetição pode ter efeitos paradoxais, nomeadamente com a incorporação de informação errada nos sucessivos atos de recuperação.[149]

---

[146] VANITA SONDHI, "The Role of Interviewer Behavior in Eyewitness Suggestibility", in *The Journal Of Credibility Assessment and Witness Psychology*, 2005, Vol. 6, Nº1, p. 15.

[147] GERALDA ODINOT, *Eyewitness Confidence, The Relation Between Accuracy and Confidence in Episodic Memory*, Universidade de Leiden, 2008, p. 39.

[148] JOHN SHAW, "Eyewitness Confidence from the Witnessed Event Through Trial", in LINDSAY, R. C. L./Ross, David F./READ, J. Don/TOGLIA, Michael, P. (eds.), *The Handbook of Eyewitness Psychology*, Vol. 1, *Memory For Events*, Lawrence Erlbaun Associates Publishers, Londres, 2007 , pp. 382 e 391.

[149] CHRISTIAN MEISSNER *et al.*, "Person Descriptions as Eyewitness Evidence", in LINDSAY, R. C. L./Ross, David F./READ, J. Don/TOGLIA, Michael, P. (eds.), *The Handbook of Eyewitness Psychology*, Vol. 2, *Memory For People*, Lawrence Erlbaun Associates Publishers, Londres, 2007, pp. 18-19.

GERALDA ODINOT assinala que uma das caraterísticas geradas pela repetição da recuperação é a de que aumenta os vários tipos de inconsistências que podem ocorrer. "A informação lembrada na primeira vez pode não ser recordada mais tarde (erro de omissão) ou vice-versa (erro de comissão). Ou informação lembrada na primeira vez pode ser recordada diferentemente numa segunda vez (erro de distorção). Especialmente a última situação, mas em alguma medida também os anteriores tipos de inconsistências nos testemunhos são consideradas como fortes indicadores de inexatidão."[150]

A explicação para este fenómeno reside, para esta autora, no facto de que a recuperação não é um processo neutral, que deixa a memória intocada. Pelo contrário, o esforço de memória e a reativação do traço mnésico constituem em si mesmos uma experiência de aprendizagem. Trata-se de um processo ativo que, de forma seletiva, fortalece ou altera o conteúdo da memória e dessa maneira afeta irrevogavelmente a retenção futura.

Em sede de recuperações múltiplas, MANZANERO afirma que não é por muito perguntar que se vai obter melhores declarações da testemunha. Cada vez que se recorda o evento o traço mnésico que o representa reconstrói-se, o que implica que com cada recuperação a memória se vai transformando mediante a incorporação de novos dados e a reinterpretação dos já existentes. Deste modo, as recuperações múltiplas têm um efeito pernicioso que não deve ser ignorado pelos profissionais da justiça, variando a declaração em exatidão, espontaneidade e qualidade entre o momento da denúncia e do julgamento.[151]

JOHN YARBROUGH afirma que a natureza reconstrutiva da memória, associada às vicissitudes que lhe são inerentes, não permite geralmente que as sucessivas lembranças sejam coincidentes, embora ocorram exceções designadamente quando o indivíduo recontou o relato inúmeras vezes ou tem uma memória persistente. HUGUES HERVÉ *et al.* afirmam que, embora o núcleo central do evento se mantenha inalterado em grande parte, é normal que, depois de várias recapitulações, sejam adicionados novos detalhes e omitidos detalhes

---

[150] *Eyewitness Confidence, The Relation Between Accuracy and Confidence in Episodic Memory,* Universidade de Leiden, 2008, p. 40.

[151] MANZANERO PUEBLA, *Memoria de Testigos, Obtención y Valoración de la Prueba Testifical,* Ediciones Pirámide, Madrid, 2010, pp. 49-50.

anteriores.[152] Quando não ocorrem divergências nas sucessivas recapitulações, tal facto deverá ser encarado com desconfiança na medida em que pode revelar uma memória aprendida, ou seja, que o relato deriva de um conhecimento meramente adquirido por repetição de uma história fabricada.[153]

Entre nós, MARIA ANABELA NUNES DOS REIS concluiu que as posteriores repetições pioram a recuperação da informação armazenada e evocada, gerando distorções que não apareciam na narração livre. Na suas palavras,

> "(...) a realização de perguntas, produz uma interiorização da informação devido à aparição de uma maior quantidade de informação idiossincrática alusiva a processos mentais. Esta interiorização da informação provocada pelo questionário poderá ser uma das causas do surgimento de mais dúvidas e mais correções nos relatos iniciais. Até porque, como defendem vários autores, toda a introdução de informação que não provenha diretamente do facto original, fará com que as marcas da memória das testemunhas se desloquem da marca inicial com cada nova recuperação e, provocará, que estas tenham mais problemas de discriminação do que realmente presenciaram e do que não presenciaram."

E, mais adiante:

> "(...) a pressão exercida com as perguntas, levam a um maior esforço de memória e necessariamente a maiores inferências e, portanto, uma maior quantidade de inferências implica mais distorções".[154]

---

[152] "Biopsychosocial Perspectives on Memory Variability in Eyewitnesses", in BARRY S. COOPER (ed.), DOROTHEE GRIESEL (ed.), MARGUERITE TERNES (ed.), *Applied Issues in Investigative Interviewing, Eyewitness Memory, and Credibility Assessment*, Springer, London, 2013, p. 103.

[153] JOHN YARBROUGH *et al.*, "The Sins of Interviewing: Errors Made by Investigative Interviewers and Suggestions for Redress", in BARRY S. COOPER (ed.), DOROTHEE GRIESEL (ed.), MARGUERITE TERNES (ed.), *Applied Issues in Investigative Interviewing, Eyewitness Memory, and Credibility Assessment*, Springer, London, 2013, p. 69.

[154] *A Avaliação Psicológica do Testemunho em Contexto Judiciário: A Influência do Tempo e das Emoções nos Componentes Mnemónicos do Testemunho*, Faculdade de Medicina de Lisboa, Lisboa, 2006, pp. 200-201.

PROVA TESTEMUNHAL

Estes ensinamentos da investigação na área da psicologia devem mitigar a abordagem tradicional dos operadores judiciários que consiste em classificar, pressurosamente, um depoimento como inconsistente quando se detetam disparidades nas sucessivas declarações prestadas.

6.5. A entrevista cognitiva

A entrevista cognitiva constitui um procedimento desenvolvido por dois psicólogos americanos, Ron Fischer e Ed Geiselman, tendo em vista a obtenção de declarações mais produtivas e exatas por parte das testemunhas, partindo de princípios psicológicos que regulam a recordação e a recuperação da informação da memória. Assenta em dois princípios teóricos: a *teoria do traço múltiplo*, segundo a qual existem vários modos para recuperar a memória de um evento, sendo que a memória é pensada enquanto rede de associações; e o *princípio da codificação específica*, segundo o qual "a recuperação depende do grau de sobreposição existente entre as caraterísticas da pista da recuperação e aquelas que foram codificadas no traço mnésico".[155] Isto é, para que a pista de recuperação seja útil a mesma tem de estar presente na codificação e de ser codificada com o traço desejado.[156]

A entrevista cognitiva comporta várias fases com procedimentos específicos que se passam a enunciar.

Fase 1 – Introdução

Nesta fase, o entrevistador procura criar um ambiente propício onde se faça sentir à testemunha que o seu depoimento é importante. Assim, o entrevistador esforçar-se-á por:

(i) Organizar o relacionamento com a testemunha;
(ii) Transmitir à testemunha que é necessário que esta faculte uma informação extensa e detalhada. A testemunha deve transmitir o mais pos-

---

[155] Maria Salomé Pinho, "A Entrevista Cognitiva em Análise", in A. C. Fonseca, M. R. Simões, M. C. Taborda-Simões & M. S. Pinho (Eds.), *Psicologia forense,* Coimbra, Almedina, 2006, p. 260. Este princípio for formulado por Endel Tulving e D. Thompson, em 1973, no artigo " Encoding specificity and retrieval processes in episodic memory", *Psychological Review,* 80, 352-373.

[156] Alan Baddeley *et al., Memory,* Psychology Press, New York, 2009, p. 165.

sível, informando de tudo o que recorda, independentemente da sua convicção sobre a importância dessa informação;

(iii) Encorajar a testemunha a assumir um papel ativo através da partilha de informação. O controlo é transmitido à testemunha no sentido de que esta deve relatar o evento com as suas próprias palavras, ao seu ritmo e pela ordem que entender.

Fase 2 – Narrativa aberta

Estabelecido o ambiente idóneo, é pedido à testemunha que relate livremente o evento, relatando tudo o que se recorda com o maior detalhe possível e nas suas próprias palavras. Esta narrativa não deve ser interrompida e propicia a transmissão alargada do conhecimento global da testemunha sobre o evento. Depois da testemunha terminar, quando muito far-se-á perguntas abertas, v.g., *Como iam vestidos?*, e não perguntas fechadas.

Nesta fase, recorre-se à técnica da **reinstauração do contexto**, solicitando-se à testemunha que proceda à reinstauração mental do ambiente externo (físico) e dos seus estados afetivo, cognitivo e somático (contexto interno) que acompanharam a perceção do evento em causa. Consiste em pedir à testemunha que se coloque de novo no momento do evento que está a relatar, tentando recordar todos os aspetos possíveis relacionados com esse momento: o que fez momentos antes, durante e após o evento; em que lugar se encontrava; quem mais estava com ela; o que viu, pensou e sentiu, antes durante e após o evento. Deve pedir-se mesmo à testemunha que exponha em voz alta quando recorda.[157]

A reinstalação mental do contexto é uma mnemónica que pode proteger o inquirido contra a subsequente contaminação da memória, ou seja, inocula-o parcialmente contra a informação errada pós-evento e protege o traço mnésico.[158]

---

[157] GIULIANA MAZZONI, *Se Puede Creer a un Testigo? El Testimonio y las Trampas de la Memoria*, Editorial Trotta, Madrid, 2010, p. 171.

[158] KEVIN COLWELL *et al.*, "Assessment Criteria Indicative of Deception: An Example of the New Paradigm of Differential Recall Enhancement", in BARRY S. COOPER (ed.), DOROTHEE GRIESEL (ed.), MARGUERITE TERNES (ed.), *Applied Issues in Investigative Interviewing, Eyewitness Memory, and Credibility Assessment*, Springer, London, 2013, p. 275.

Recorre-se subsequentemente à **focalização da recordação** através da formulação de perguntas abertas sem que se interrompa a testemunha e permitindo a realização de pausas alargadas. Pretende-se assim evitar que a testemunha se perca no seu relato e se centre no que poderá ser relevante para a averiguação.

Fase 3 – Sondagem

Nesta fase, o entrevistador deverá guiar a testemunha de molde a que esta aceda a fontes mais ricas de conhecimento ("imagens mentais") e, a partir destas, exaurir as suas fontes de conhecimento. Pode mesmo pedir-se à testemunha que feche os olhos e se recorde da descrição do agressor e que o descreva em detalhe. É essencial que não se interrompa a testemunha enquanto esta proceda à busca da informação na memória.[159] Deverão seguir-se perguntas abertas para extrair mais informação.

As questões colocadas devem adequar-se à representação mental que a testemunha formou do evento presenciado. Ou seja, uma vez que cada testemunha armazena e organiza a informação sobre o evento de um modo específico, devem formular-se questões que sejam apropriadas à representação mental ativada num determinado momento. Por exemplo, quando a testemunha descreve o agressor, as demais questões sobre o que se seguiu devem ser proteladas.

Fase 4 – Recuperação extensiva

Nesta fase, procura ajudar-se a testemunha a recordar com detalhe o sucedido com o recurso a várias técnicas, a saber:

- Solicitar à testemunha que evoque várias vezes o evento adotando a perspetiva de outra pessoa ou como se estivesse em lugar diferente

---

[159] Como explica SALOMÉ PINHO, "A Entrevista Cognitiva em Análise", in A. C. FONSECA, M. R. SIMÕES, M. C. TABORDA-SIMÕES & M. S. PINHO (Eds.), *Psicologia forense*, Coimbra, Almedina, 2006, p. 264, a necessidade de não interromper decorre de que "(...) a execução em simultâneo de mais do que uma tarefa (realizar a busca mnésica de informação e escutar as perguntas do entrevistador ou registar as respostas da testemunha e articular questões seguintes) conduz à partilha de recursos de processamento, o que poderá comprometer o desempenho das tarefas."

(noutro posto de observação) do que estava no momento do evento (**alteração da perspetiva**), v.g. *Coloque-se no lugar dessa pessoa e diga-me o que teria visto nesse momento*. Com esta técnica pretende-se que a testemunha preste atenção a informação que pode estar na sua mente mas que de outra forma não seria explicitada, havendo estudos que evidenciam que a recordação de informação sob perspetiva diferentes da existente no momento da codificação é idónea a propiciar mais detalhes. A alteração da perspetiva pretende afastar os esquemas da testemunha sobre o evento alvo. É necessário vincar à testemunha que não se trata de se pôr a adivinhar.

– Pedir à testemunha que relate os factos partindo de vários pontos momentos diferentes no tempo, relatando os factos a partir de determinado momento para a frente ou para trás (**sucessões cronológicas diferentes**). Também aqui se pressupõe que quanto mais vias de acesso à informação, maior será a possibilidade de se aceder à informação. O relato por ordem inversa reduz o efeito de conhecimentos prévios, das expetativas e esquemas da testemunha, permitindo ainda a obtenção de detalhes adicionais. Acresce que as declarações falsas proferidas neste contexto propiciam mais indicadores da mentira em razão do maior esforço cognitivo imposto à testemunha.

Fase 5 – Revisão

Nesta fase, a informação fornecida pela testemunha é recapitulada com o propósito de confirmar a sua exatidão e de proporcionar a ocorrência de evocação de informação adicional sobre o evento.[160]

O entrevistador poderá ler as suas notas à testemunha e pedir-lhe que (i) corrija os erros ou omissões de tais notas e (ii) que dê conta de novas evocações que lhe tenham entretanto ocorrido durante a entrevista. O entrevistador poderá também, de uma forma não desafiante nem provocadora, apontar eventuais ambiguidades ou contradições do depoimento e pedir à testemu-

---

[160] Maria Salomé Pinho, "A Entrevista Cognitiva em Análise", in A. C. Fonseca, M. R. Simões, M. C. Taborda-Simões & M. S. Pinho (Eds.), *Psicologia forense*, Coimbra, Almedina, 2006, p. 262.

nha que as clarifique, mesmo que isso implique consignar que a testemunha não está segura quanto a tais matérias.[161]

Fase 6 – Desfecho

O entrevistador cumpre as formalidades legais decorrentes das imposições processuais sobre aquele interrogatório e, sobretudo, encoraja a testemunha para contatá-lo futuramente caso venha a recordar informação não referida durante o interrogatório.

A entrevista cognitiva constitui mais uma coleção de instrumentos para conduzir a entrevista do que propriamente uma receita ou guião fixo. Cabe ao entrevistador determinar quais os que devem usar concretamente.

A generalidade dos estudos sobre a entrevista cognitiva aponta no sentido de que a mesma permite evocar uma quantidade superior[162] de informação correta sobre o evento em comparação com as técnicas tradicionais de entrevista. Os depoimentos de testemunhas obtidos com recurso à entrevista cognitiva obtêm melhores resultados no CBCA do que os depoimentos obtidos com outras técnicas.[163]

---

[161] RONALD FISHER e NADJA SCHREIBER, "Interview Protocols do Improve Eyewitness Memory," in LINDSAY, R. C. L./Ross, David F./READ, J. Don/TOGLIA, Michael, P. (eds.), *The Handbook of Eyewitness Psychology*, Vol. 1, Memory For Events, Lawrence Erlbaun Associates Publishers, Londres, 2007 , p. 63.

[162] GAETANO DE LEO *et al.* refere um estudo de 1994 que afirma que com a entrevista cognitiva se consegue mais 58% de informação correta face a um interrogatório normal - *La Testimonianza, Problemi, metodi e strumenti nella valutazione dei testimoni*, Il Mulino, Bolonha, 2005, p. 84. Numa meta-análise de 53 estudos realizada em 1999, KOHNKEN conclui que, em média, a entrevista cognitiva aumenta a informação obtida em 34% - RONALD FISHER e NADJA SCHREIBER, "Interview Protocols do Improve Eyewitness Memory," in LINDSAY, R. C. L./Ross, David F./READ, J. Don/TOGLIA, Michael, P. (eds.), *The Handbook of Eyewitness Psychology*, Vol. 1, *Memory For Events*, Lawrence Erlbaun Associates Publishers, Londres, 2007, p. 65. GROEGER afirma que a entrevista cognitiva é mais idónea a aumentar a recordação de detalhes periféricos do que centrais – cfr. ALAN BADDELEY *et al.*, *Memory*, Psychology Press, New York, 2009, p. 336.

[163] ALDERT VRIJ, *Detecting Lies and Deceit, Pitfalls and Opportunities*, John Wiley & Sons, Ltd, West Sussex, 2008, pp. 237-238.

A técnica mais eficaz da entrevista cognitiva é a da reinstauração mental do contexto com a ressalva de que, se se tratar de um evento com grande impacto traumático, a sua utilização poderá inibir a recordação.[164]

Todavia, existem diversas investigações quem apontam certos inconvenientes à entrevista cognitiva. É o caso das técnicas de pedir às testemunhas que recuperem informação em múltiplas ocasiões (mudança de ordem temporal) e de várias formas, a qual poderá implicar (i) a elaboração extra de informação com o preenchimento de lacunas da memória com material procedente de outros episódios e (ii) a realização de mais inferências, sendo estas suscetíveis de afetar a qualidade e quantidade da informação recordada. Outros autores desaconselham a técnica da mudança de perspetiva porque poderá deteriorar a memória na medida em que implica uma reorganização da informação.[165] Há ainda autores que pugnam pela denominada *entrevista cognitiva modificada* que prescinde destas duas técnicas.

Ao incremento de erros devem ser contrabalançadas as vantagens decorrentes do aumento de informação correta a fim de se aquilatar da conveniência, em concreto, da entrevista cognitiva.[166] Assim, se o objetivo da entrevista for o de obter o máximo de informação possível, v.g., entrevista no início de uma investigação, a quantidade de informação incorreta é compensada pela superioridade da informação correta.[167] Diversamente, se o objetivo for o de

---

[164] MARIA SALOMÉ PINHO,"A Entrevista Cognitiva em Análise", in A. C. FONSECA, M. R. SIMÕES, M. C. TABORDA-SIMÕES & M. S. PINHO (Eds.), *Psicologia forense*, Coimbra, Almedina, 2006, p. 267.

[165] MANZANERO PUEBLA, *Psicología del Testimonio, Una Aplicación de los Estudios Sobre la Memoria*, Ediciones Pirámide, Madrid, 2008, pp. 75 e 143 e *Memoria de Testigos, Obtención y Valoración de la Prueba Testifical*, Ediciones Pirámide, Madrid, 2010, p. 57.

[166] A meta-análise feita por AMINA MEMON *et al.* revelou que a entrevista cognitiva aumenta os detalhes corretos em 1,20 quando comparada com uma entrevista de controle. Quanto aos detalhes incorretos, o aumento foi de 0,24 - "The Cognitive Interview. A Meta-Analytic Review and Study Space Analysis of the Past 25 Years", in *Psychology, Public Policy and Law*, 2010, Vol. 16, Nº4, p. 354.

[167] Comparando a entrevista cognitiva com a Step-Wise Interview, KEVIN COLWELL sustenta que aquela é melhor para as situações em que interessa maximizar a quantidade de informação a obter, enquanto a última é melhor para a situação em que a exatidão da informação é o fator que mais releva – "Assessment Criteria Indicative of Deception: An Example of the New Paradigm of Differential Recall Enhancement", in BARRY S. COOPER (ed.), DOROTHEE GRIESEL (ed.), MARGUERITE TERNES (ed.), *Applied Issues in Investigative Interviewing, Eyewitness Memory, and Credibility Assessment*, Springer, London, 2013, p. 272.

obter informação exata, v.g., casos em que não é possível cruzar informação, então o risco de obter informação incorreta pode ser desproporcionado face às vantagens da entrevista cognitiva.

6.6. O interrogatório de crianças

As crianças apresentam um nível de desenvolvimento linguístico, de concentração e de maturidade diverso que implicam especiais cuidados no seu interrogatório, designadamente pela sugestionabilidade acrescida a que estão sujeitas, já analisada.

A técnica da entrevista cognitiva não deve ser empregue sem mais com crianças, embora alguns dos seus procedimentos sejam recomendáveis para este efeito.[168] RÁMON ARCE assinala que a entrevista cognitiva não deve ser utilizada *tout court* com crianças de idade inferior a sete anos e que, em idades superiores a sete anos, corre-se o risco de as respostas estarem mediatizadas pelas caraterísticas da pergunta.[169]

Outros autores pugnam pela aplicação da entrevista cognitiva a crianças desde que estas sejam devidamente instruídas para utilizarem as respostas *"Não sei"*, *"Não compreendo"* sempre que apropriado bem como para não inventarem. Outros pugnam pela supressão das técnicas de alteração da perspetiva e do relato por ordem inversa.[170] Estudos de MILNE e BULL evidenciaram que, para crianças de 5-6 anos e 8-9 anos, a utilização combinada da reinstauração do contexto com o relato de tudo o que ocorrer à memória propiciam mais recordações do que o uso individual de outras técnicas.[171]

---

[168] MANZANERO PUEBLA, *Memoria de Testigos, Obtención y Valoración de la Prueba Testifical*, Ediciones Pirámide, Madrid, 2010, p. 205.

[169] RAMÓN ARCE E FRANCISCA FARIÑA, "Psicologia del testimonio: Evaluación de la Credibilidad y de la Huella Psíquica en el Contexto Penal", in *Psicologia del Testimonio y Prueba Pericial*, Consejo General del Poder Judicial, Madrid, 2006, p. 53.

[170] AMINA MEMON *et al.*, "The Cognitive Interview. A Meta-Analytic Review and Study Space Analysis of the Past 25 Years", in *Psychology, Public Policy and Law*, 2010, Vol. 16, Nº4, pp. 347-348, 358-359..

[171] AMINA MEMON *et al.*, "The Cognitive Interview. A Meta-Analytic Review and Study Space Analysis of the Past 25 Years", in *Psychology, Public Policy and Law*, 2010, Vol. 16, Nº4, p. 360.

A metodologia proposta pelos estudos para a entrevista de crianças conflui no estabelecimento de quatro fases:

i. Estabelecimento de relacionamento;
ii. Narrativa livre;
iii. Interrogatório direcionado;
iv. Encerramento.

Fase 1 – Estabelecimento de relacionamento.

O estabelecimento de uma relação entre o inquiridor e a testemunha pode incrementar tanto a quantidade como a qualidade da informação a obter. Os objetivos desta fase inicial são os de (i) criar um contexto que otimize a concentração da criança, a sua memória, comunicação e motivação e (ii) desenvolver um relacionamento suficiente de molde a promover uma participação total e honesta por parte da criança.

Deverá privilegiar-se um cenário que fomente a concentração, com mesas e cadeiras apropriadas ao tamanho da criança. Devem evitar-se objetos que fomentem a distração de modo que papel e lápis de colorir poderão ser suficientes para evitar distrações acrescidas.[172]

Há que reduzir a ansiedade da testemunha, nomeadamente através da formulação de várias perguntas neutras não relacionadas com o evento em causa (v.g., sobre os programas de televisão preferidos), criando um ambiente positivo e descontraído tanto quanto possível. A formulação destas questões propicia também indicações sobre o nível de desenvolvimento linguístico da criança.

---

[172] KAREN SAYWITZ e LORINDA CAMPARO, "Interviewing Child Witnesses: A Developmental Perspective", in *Child Abuse & Neglect*, Vol. 22, Nº 8, 1998, p. 835.
RUI DO CARMO *et al.* referem que "o contexto físico e pessoal da inquirição deve ser cuidadosamente trabalhado. Deve ser um espaço aconchegante e confortável, longe da agitação e da conotação policial, que não favoreça o encontro e o cruzamento com o agressor, podendo o menor estar acompanhado de um adulto da sua confiança, por ele escolhida para a audição, embora esta pessoa tenha de ser neutra." – RUI DO CARMO, ISABEL ALBERTO e PAULO GUERRA, *O Abuso Sexual de Menores: Uma Conversa Sobre Justiça entre o Direito e a Psicologia*, Almedina, 2ª Ed., 2006, p. 81.

PROVA TESTEMUNHAL

A entrevista deverá ser conduzida só com a presença do entrevistador a não ser que a criança seja demasiado nova para ser separada do progenitor. Este, mesmo inadvertidamente, pode dar indicações à criança e contaminar a entrevista. Acresce que a presença de mais do que um entrevistador pode aumentar a pressão que a criança sente para dizer o que acha que entrevistador pretende ouvir.[173]

É essencial nesta fase a fixação de regras básicas sob as quais decorrerá a entrevista. Com efeito, as crianças – sobretudo as mais novas – tendem responder a todas as questões formuladas pelo adulto mesmo que estas sejam irrespondíveis, v.g. *O leite é mais pesado do que a água?*. Daí que haja que explicitar de forma clara as normas básicas da entrevista, designadamente as seguintes:

- O inquiridor não esteve presente e não sabe a resposta e, por isso, a criança pode responder *"Eu não sei"* ou *"Eu não me lembro"*, não devendo adivinhar. Pode exercitar-se esta recomendação perguntando à criança, v.g. qual o nome do cão pertencente ao entrevistador;
- A criança deve corrigir o entrevistado se este disser algo incorreto;
- A criança pode não se lembrar de tudo e, como tal, responder que não se lembra;
- Se o entrevistador compreender mal alguma coisa dita pela criança, esta deve corrigi-lo (*"Quero perceber tudo o que tu dizes"*);
- É importante falar sobre coisas que aconteceram realmente e não sobre suposições ou *fazer de conta*;
- É importante relatar tudo o que se lembra mesmo que não pareça importante;
- Se o entrevistador disser alguma coisa que a criança não perceba, esta pode dizer que não percebeu que o entrevistador reformulará a questão com outras palavras;
- A criança pode pedir que se faça um intervalo.

---

[173] HOLLIDA WAKEFIELD, "Guidelines on Investigatory Interviewing of Children: What is the Consensus in the Scientific Community?, in *American Journal of Forensic Psychology*, 24(3), 2006, p. 60.

Deve reforçar-se o pedido da criança relatar factos verídicos e de uma forma exata, formulando-se algumas questões – em função da idade e experiência da criança- que exemplifiquem a verdade e a mentira, v.g. *Vieste para aqui de avião?*. Pode mesmo pedir-se à criança que explique as diferenças entre verdade e mentira e dê exemplos.

Fase 2 – Narrativa livre

A parte substantiva da entrevista deve ser introduzida como um convite em aberto para a testemunha se concentrar no assunto sob investigação, v.g. *Agora que já te conheço melhor, eu quero falar contigo sobre a razão porque estás aqui. Diz-me porque é que vieste falar comigo* ou *Sabes porque é que vieste falar comigo?* Recorde-se que os estudos confluem na asserção de que as perguntas abertas levam o entrevistado a evocar informação da memória enquanto as perguntas fechadas, frequentemente, exigem ao entrevistado que reconheça uma ou mais opções que são sugeridas pelo entrevistador.[174]

O entrevistador devem encorajar uma narrativa livre, sem interrupções, sem redirecionar o depoimento e sem aprovar e/ou desaprovar o que a criança for dizendo. Há que escutá-la ativamente, por exemplo repetindo o que a criança disse em último lugar, v.g. *Eu não gostei que ele fizesse aquilo* (testemu-

---

[174] E. Garrido e J. Masip, "La Obtención de Información Mediante Entrevistas", in E. Garrido, J. Masip e M. C. Herrero (Eds.), *Psicologia Jurídica*, Madrid, Pearson, 2005, p. 48, *apud* Ovejero Bernal, *Fundamentos de Psicologia Jurídica e Investigación Criminal*, Universidade de Salamanca, 2009, pp. 198-199, afirmam que: "A regra fundamental a seguir durante o interrogatório que se faz à criança que alega ter sido abusada sexualmente consiste em fazer perguntas o mais abertas possível, com o fim de não enviesar as suas respostas. Começa-se, pois, tratando de obter uma narração livre do sucedido, em que a criança conte todos os factos do princípio ao fim com as suas próprias palavras. Depois desta fase inicial, se persistem assuntos por esclarecer ou há contradições, etc., introduzem-se perguntas orientadas a clarificar estes aspetos, ainda que estas devam culminar também com uma questão aberta. Esta estratégia baseia-se nos estudos prévios sobre a memória e sugestionabilidade, tanto em crianças como adultos, que demonstram que a introdução de perguntas cuja resposta admite poucos graus de liberdade pode alterar a recordação subsequente dos factos, assim como gerar aquiescência ao interrogado... a superioridade das perguntas abertas apoia-se no facto de que estas exigem uma tarefa de recordação livre, com a qual o entrevistado recorda melhor e proporciona muitos detalhes, enquanto as perguntas fechadas implicam tarefas de reconhecimento e, além disso, exercem mais pressão sobre o interrogado quanto ao que deve responder, inclusive se não está seguro da resposta. Em consequência, as perguntas abertas dão lugar a mais informação e menos erros do que as fechadas."

nha), *Tu não gostaste daquilo* (entrevistador). Quando a criança formular pausas, poderão quanto muito ser-lhe formuladas questões abertas para propiciar mais informação, v.g., *E depois o que é que aconteceu?, Conta-me mais sobre isso.*

Caso a criança se mostre relutante em relatar os factos, isso poderá ser ultrapassado com a tranquilização da testemunha, v.g., *Eu sei que isto é pode ser difícil para ti. Posso fazer alguma coisa para ajudar?.* Todavia, não devem ser utilizadas expressões de afeto ou que impliquem contacto físico.

À medida que o relato vai progredindo, devem ser formuladas questões que impliquem clarificação e justificação das respostas, v.g., *Estou confuso. Porque é que pensas isso?.*

Fase 3 – Interrogatório direcionado

Depois de ficar claro que a criança não fornecerá mais informação adicional em resposta a perguntas abertas, o entrevistador deve avançar para perguntas mais específicas tendo em vista esclarecer e clarificar o que a criança disse na fase anterior bem como para tratar de aspetos importantes que não foram mencionadas pela criança. Será pertinente relembrar à criança as regras básicas da entrevista já anteriormente mencionadas.

Não se devem introduzir nas perguntas informação que não tenha sido trazida pela própria criança sob pena de se estar a formular uma pergunta sugestiva. Há que também ter presente que a criança, perante a repetição da pergunta, tenderá a modificar a resposta de modo a proporcionar ao entrevistador o que ela acha que este quer ouvir. Assim, quando se repete uma pergunta convirá explicitar que se pretende apenas verificar se o entrevistador percebeu a resposta da testemunha.

Na formulação das perguntas nesta fase (bem como na anterior) há que atentar no desenvolvimento linguístico, vocabulário e maturidade da testemunha, sendo recomendáveis os seguintes procedimentos:

- Usar frases curtas;
- Usar construções gramaticais simples, evitando duplas negativas, orações condicionais, no conjuntivo e hipotéticas;
- Usar termos concretos em vez de termos abstratos;
- Usar a palavra corrente e não no seu sentido jurídico;
- Usar os nomes próprios em vez de os pronomes, v.g. *João* em vez de *ele;*

PSICOLOGIA DO TESTEMUNHO – NOÇÕES GERAIS

- Usar a voz ativa e evitar a voz passiva;
- Usar termos estáveis em vez de palavras cujo sentido varie com o tempo e o espaço, v.g. *aqui, hoje, ontem*;
- Evitar expressões de relação como *mais do que* ou *menos do que*;
- Decompor uma pergunta longa em várias perguntas pequenas;
- Evitar a formulação de perguntas que impliquem aglutinar muita informação já dada pela criança, v.g., *Quando tu estavas em casa, nesse domingo e o João entrou no quarto, a Maria (...)*;
- Deve evitar-se a formulação da pergunta na negativa porque isso sugere uma resposta negativa, v.g. *Não te lembras de mais nada, pois não?*.
- Deve evitar-se as perguntas sim/não, reformulando-as. Assim : *O que é que ele fez com as mãos?* em vez de *Ele bateu-te?*

Há que ter presente que existem conceitos que vão sendo progressivamente dominados pela criança, nomeadamente os atinentes a datas, horas, duração e frequência dos eventos, estimativas de peso, altura e idade. Estas dificuldades podem ultrapassar-se com a comparação do peso, altura e idade do entrevistador ou de um familiar, com a referência às aulas, férias ou aniversários. A altura do dia do evento ou a sua duração pode ser referenciada com o recurso a programas de televisão que a criança vê ou com as suas rotinas diárias.

O entrevistador deve manter uma postura neutra, evitando assumir condutas de apoio ou rejeição às respostas dadas pela criança porque isso pode influenciar o sentido do depoimento. Assim, não deve o entrevistador:

- elogiar as respostas da criança;
- dizer que a criança está a ser muito útil ou a mostrar inteligência com as suas respostas;
- criticar as afirmações, reputando-as como inadequadas ou erradas;
- dar-lhe recompensas físicas como comida à medida que são feitas revelações;
- limitar a mobilidade da criança até que ela fale sobre um tópico de interesse para a entrevista, v.g. *Podes ir à casa de banho depois de me responderes a esta pergunta.*

Fase 4 – Encerramento.

Nesta fase, o entrevistador pode recapitular sumariamente o que a testemunha disse e com as palavras desta, permitindo à testemunha que aponte qualquer omissão ou indique qualquer correção.

Mesmo que a criança não tenha propiciado qualquer informação relevante, dever agradecer-se-lhe o esforço de colaboração em si, sem menção ao conteúdo do que foi dito. Se a criança se apresentar perturbada, há que lhe dar tempo para se recompor.

Deverá ser dada uma explicação sobre o que poderá acontecer seguidamente sem que isso implique estabelecer compromissos sobre o que acontecerá futuramente.

6.6.1. A step-wise interview (entrevista passo-a-passo)

A *step-wise interview* foi desenvolvida por JOHN YUILLE, da Universidade de British Columbia, tendo grande implantação designadamente no Canadá. Tal como a metodologia geral atrás analisada, visa minimizar os relatos inexatos por parte das crianças nos casos de abuso sexual, comungando muitos dos procedimentos e recomendações já enunciados.

Este procedimento desenvolve-se nas seguintes fases:

- **Construção do relacionamento** com o estabelecimento de conversa com a criança, adaptada ao seu nível etário, sobre assuntos neutros até que a criança pareça relaxada.
- **Descrição de dois eventos** pela criança que foram significativos para esta, v.g. festa de aniversário. Este exercício permite mostrar interesse nas experiências da criança e aprofundar a relação, bem como permite aferir a quantidade e qualidade de informação que a criança pode prestar e modela as fases subsequentes da entrevista no sentido de que encoraja a criança a evocar detalhes na sequência de perguntas abertas.
- **Dizer a verdade**. O entrevistador vinca a necessidade de responder com verdade às questões formuladas.
- **Introdução do assunto em investigação** através de perguntas abertas gerais (v.g, *Sabes porque é que estás a falar comigo hoje?*), prosseguindo para perguntas mais específicas para fazer surgir informação. Se estas per-

guntas não forem produtivas, podem introduzir-se perguntas gerais sobre pessoas. Podem utilizar-se desenhos do corpo se as questões gerais não obtiveram respostas indicativas de abuso sexual.

- **Narração livre**. Logo que o assunto do abuso seja introduzido, o entrevistador encoraja a criança a relatar livremente o evento. Pede-se à criança que conte desde o início sem deixar detalhes de fora. O inquiridor não interrompe nem corrige.
- Seguem-se **perguntas gerais** com base na informação carreada pela criança e na terminologia desta, de modo a obter mais detalhes.
- **Perguntas específicas**. Nesta etapa, procura-se clarificar e exaurir as respostas da fase anterior, analisando delicadamente as inconsistências verificadas. Devem evitar-se tanto quanto possível perguntas com resposta alternativa múltipla e, se necessárias, deverão conter apenas duas alternativas. Este tipo de perguntas deve ser repetido com as alternativas por ordem inversa de molde a verificar se a resposta dada em primeira mão se deve apenas à ordem da enunciação das alternativas.
- **Conclusão da entrevista** com agradecimento ao menor, independentemente da produtividade da entrevista. Dá-se uma explicação breve sobre os passos seguintes e responde-se às questões que a criança queira formular.

Quer este protocolo quer as regras gerais anteriormente referidas podem não conseguir prevenir a suscetibilidade à sugestão da criança. Estes protocolos não garantem a imunidade da entrevista à influência das caraterísticas próprias do entrevistador, à necessidade sentida por este de obter revelações e, nessa medida, à pressão que acaba por exercer sobre a criança ou mesmo a fatores sociais e emocionais que vulnerabilizam a criança.

7. A deteção da mentira

7.1. Deteção da mentira pelo comportamento não verbal

Os estudiosos da comunicação não verbal confluem na asserção de que "não é possível comunicar fingindo a linguagem corporal: podemos mentir através das palavras, contudo os nossos gestos corporais serão o nosso maior incriminador."[175] A ideia subjacente é a de que o corpo tem uma linguagem própria, muda, mas que é tão expressiva que pode comunicar mais do que as palavras.

A linguagem corporal revela de modo inconsciente as intenções de um indivíduo, sendo a forma de comunicação mais difícil de controlar e alterar. Com efeito, o facto de as palavras serem mais importantes na troca de informação do que a linguagem não verbal faz com que o indivíduo esteja mais ciente do que verbaliza do que do seu comportamento não verbal. Pela mesma ordem de razões, quando um indivíduo mente, sendo previamente instruído sobre os comportamentos que tendencialmente distinguem os mentirosos dos verazes, terá mais sucesso no recurso a medidas defensivas em sede de comportamento verbal do que em sede de comportamento não verbal.[176]

7.1.2. Estereótipos sobre a mentira

Em 2006, foi realizado um estudo em setenta e cinco países (incluindo Portugal), visando saber se existe um estereótipo comum do mentiroso ou se, em alternativa, existem estereótipos culturais específicos sobre o mentiroso.

Esse estudo demonstrou que a convicção mais comum é a de que o mentiroso evita o contacto visual com o seu interlocutor, seguindo-se por ordem decrescente os seguintes indicadores: os mentirosos apresentam-se nervosos; as suas declarações são incoerentes; os movimentos do corpo do mentiroso permitem detetar a mentira, designadamente as expressões faciais; inconsistências verbais; expressões para encher o discurso ("Ah´S, Uh´s"); a cor do rosto e as pausas durante o discurso; movimentos do braço, mão e dedos; a velocidade da fala; ruídos que fazem tais como suspiros; o tom de voz; pelos olhos, além da aversão à fixação do olhar; os mentirosos suam; mexem em objectos, na cabeça e na roupa; usam fracos argumentos e lógica.

O estudo demonstrou que existe um padrão pancultural de concordância quanto às crenças prevalentes sobre a mentira, designadamente quanto à aversão à fixação do olhar, ao nervosismo, às perturbações no discurso e aos

---

[175] MARIA ALEXANDRA ANASTÁCIO, *Psicologia das Motivações Ajurídicas do Sentenciar: O Lado Invisível da Decisão*, Universidade Lusófona de Humanidades e Tecnologias, Lisboa, 2009, p. 97.
[176] LETIZIA CASO *et al.*, "Deceptive Responses: The Impact of Verbal and Non-Verbal Countermeasures", in *Legal and Criminological Psychology*, 2006, 11, p. 107.

movimentos do tronco. Em termos de diferenças culturais, a aversão à fixação do olhar é o indicador em que mais as mesmas se demonstraram.[177]

Consoante veremos *infra*, a grande maioria destes indicadores não constituem indicadores objetivos, genuínos, da conduta de um mentiroso pelo que se coloca a questão de saber porque estão tão difundidas estas convicções erróneas.

O estudo avança a seguinte explicação:

> "Os estereótipos sobre a mentira visam desencorajar a mentira. Eles não pretendem ser descritivos; mais exactamente, eles incorporam uma norma universal. As crianças devem ter vergonha de mentir aos pais e os mentirosos devem sentir-se mal. Mentir não deve ser compensado e os mentirosos devem ser apanhados. Os estereótipos de descoberta do mentiroso promovem estas prescrições. Como veículos de controlo social, estes estereótipos são transmitidos de uma geração para outra. (...) Vilipendiando a mentira, os estereótipos sobre o mentiroso são concebidos para estender o alcance das normas sociais a ações que não são observadas."[178]

Dentro desta lógica, o mentiroso deve sentir-se envergonhado e deve exibir sinais de sonegação, retraimento e submissão.

LEIF STRÖMWALL *et al* enunciam os estereótipos subjetivos mais comuns sobre os indicadores não verbais da mentira assim:

Os mentirosos:

- Têm aversão à fixação do olhar
- Mudam de posição com mais frequência
- Fazem mais movimentos do braço e da mão para modificar ou completar o que é dito verbalmente
- Fazem mais automanipulações (tocar no próprio corpo)

---

[177] "A World of Lies, The Global Deception Research Team", http://peter.banton.perso.esil. univmed.fr/Papers/Aworldoflies2006.pdf, pp. 60, 65, 66.

[178] "A World of Lies, The Global Deception Research Team", http://peter.banton.perso.esil. univmed.fr/Papers/Aworldoflies2006.pdf, pp. 69-70.

- Fazem mais movimentos das mãos e dos braços
- Fazem mais movimentos das pernas e dos pés
- Pestanejam mais
- Elevam o tom de voz*
- Têm mais perturbações na fala*
- Falam mais devagar
- Apresentam maior latência nas respostas
- Fazem mais pausas e mais duradouras *

*Estes indicadores subjetivos são também indicadores objetivos como se verá *infra*.

No que tange aos estereótipos mais comuns sobre os indicadores verbais da mentira, os mesmos autores resumem-nos no seguinte quadro:

- As mentiras parecem menos plausíveis*
- As mentiras são menos consistentes
- As mentiras são menos detalhadas*
- As mentiras são mais curtas*
- As mentiras contêm mais afirmações negativas*
- As mentiras contêm mais informação irrelevante
- Os mentirosos dão mais respostas indiretas*
- Os mentirosos fazem menos autorreferências *

*Estes indicadores são também indicadores objetivos como se verá *infra*.

A maioria dos estereótipos (enunciados no estudo e na tabela dos estereótipos sobre os indicadores não verbais que antecede) são contraproducentes na medida em que, centrando-se em grande parte em indicadores errados, diminuem a probabilidade do interlocutor detetar efectivamente a mentira, sendo ainda certo que subvalorizam a capacidade do mentiroso de racionalizar e de atuar preordenadamente. Note-se que os erros no discurso, aversão à fixação do olhar, incremento dos movimentos das mãos, braços, pernas e pés são genericamente apreendidos como indicadores de nervosismo, ou seja, as pessoas creem que uma pessoa nervosa evidencia esses comportamentos.

Todavia, a aversão à fixação do olhar não está relacionada com a mentira. A fixação do olhar tem um grande potencial comunicativo na medida em que o

PSICOLOGIA DO TESTEMUNHO – NOÇÕES GERAIS

contacto visual é utilizado como técnica de persuasão do interlocutor, donde deriva que as pessoas estão habituadas a usar e controlar o olhar. As pessoas tendem a olhar o seu interlocutor nos olhos quanto tentam persuadi-lo, mesmo que seja um polícia, caso em que o contacto visual opera como um esforço para produzir uma impressão credível. Por outro lado, a fixação do olhar está relacionada com muitos outros fatores que nada têm a ver com a mentira. Assim, o contacto visual é mais frequente com um interlocutor de que se gosta do que na situação inversa; o contacto visual ocorre mais em interação com pessoas de estatuto superior do que com pessoas de estatuto inferior.[179]

O mentiroso não está necessariamente mais nervoso do que o declarante veraz.[180]

O mentiroso pode controlar com sucesso o seu discurso e comportamento de modo a não exibir nervosismo. Da mesma maneira que um suspeito mentiroso receia que a autoridade que o interroga não acredite na sua versão, um suspeito inocente experimenta o mesmo receio perante as consequências negativas que poderá sofrer, caso não consiga convencer o interlocutor da sua versão. Em virtude desse receio, este último pode exibir as mesmas reações nervosas do impostor que receia ser apanhado.[181] Quer um quer outro tentarão convencer o interlocutor de que estão inocentes através da exibição de comportamentos que têm por persuasivos ou verdadeiros. Como consequência, "(...) a acusação tem um impacto mais forte no comportamento não verbal do que o ato de mentir e, consequentemente, as diferenças no comportamento não verbal entre o declarante verdadeiro e o mentiroso diminuem quando são acusados".[182]

A propósito do binómio mentira-nervosismo, é comum a enunciação da teoria denominada *erro de Otelo*, baseado na conhecia peça de Shakespeare em que Desdémona, mulher de Otelo, é acusada por este de o trair com

---

[179] ALDERT VRIJ, *Detecting Lies and Deceit, Pitfalls and Opportunities*, John Wiley & Sons, Ltd, West Sussex, 2008, pp. 60, 61, 84, 129.

[180] PÄR ANDERS GRANHAG e MARIA HARTWIG, "Detecting Deception", in GRAHAM DAVIES (ed.), Forensic Psychology, John Wiley & Sons, Ltd, 2008, p. 138.

[181] ALDERT VRIJ , *Detecting Lies and Deceit, Pitfalls and Opportunities*, John Wiley & Sons, Ltd, West Sussex, 2008, pp. 46, 61, 88, 386.

[182] Cfr. ALDERT VRIJ , *Detecting Lies and Deceit, Pitfalls and Opportunities*, John Wiley & Sons, Ltd, West Sussex, 2008, p. 88 e AMINA MEMON *et al.*, *Psychology and Law*, Second Edition, Wiley, West Sussex, 2003, p. 29.

Cácio. Otelo informa Desdémona que Cácio foi executado por ordem daquele. Perante tal situação, Desdémona – ao aperceber-se que não vai conseguir provar a sua inocência uma vez que Cácio está morto – mostra angústia e temor, interpretados (erroneamente) por Otelo como reação à morte do presumido amante e confirmação da suspeita de infidelidade. Otelo não interiorizou que Desdémona, mesmo inocente, exibiria os mesmos sinais. Do mesmo modo, não deve interpretar-se o nervosismo como sinal automático de falta de veracidade na declaração.[183]

O que nos diz a teoria do erro de Otelo é que uma pessoa sincera, sob condições de stresse, pode parecer que está a mentir. Não deve confundir-se a conduta do declarante com a verdade-falsidade da sua declaração, ou seja, o erro produz-se ao confundir-se um sinal de medo com um sinal de mentira. O medo de ser descoberto não pode diferenciar-se do medo de ser falsamente acusado e condenado.

Em suma, este exemplo demonstra como as ideias preconcebidas podem provocar erro na perceção de uma expressão que pode aparecer em contextos totalmente diferenciados, com um significado radicalmente oposto.[184]

7.1.3. Os processos cognitivos e emocionais do mentiroso

Que processos cognitivos e emocionais é que devemos esperar que o mentiroso experimente de modo a que o seu comportamento divirja dos declarantes verazes?

Para responder a esta questão têm sido formuladas várias teorias que analisaremos de seguida.

7.1.3.1. Teoria do processo emocional

Esta teoria afirma que o ato de mentir causa emoções que diferem das experimentadas pelos declarantes verazes. Assim, o mentiroso pode sentir designadamente culpa, medo e deleite.

---

[183] ALDERT VRIJ, *Detecting Lies and Deceit, Pitfalls and Opportunities*, John Wiley & Sons, Ltd, West Sussex, 2008, pp. 381-382 e JAUME MASIP E EUGENIO GARRIDO, "La Evaluación de la Credibilidad del Testimonio en Contextos Judiciales a Partir de Indicadores Conductuales", in *Anuario de Psicologia Jurídica*, 2000, pp. 116-117.

[184] Cfr., *infra*, em 10.4. o que se dirá sobre o erro de idiossincrasia.

O grau de culpa varia em função da personalidade e caraterísticas do mentiroso. Este pode revelar-se imune ao padrão social e moral que rejeita e vilipendia a mentira.

O medo de ser descoberto opera como causa de apreensão do mentiroso, variando em função do contexto e da importância da mentira. Não são situações equivalentes inventar uma desculpa para um atraso ou arranjar um álibi para ocultar a prática de um ato ilícito.

O mentiroso pode também sentir-se excitado com a perspetiva de enganar o interlocutor, o que foi designado por Ekman como "*duping delight*" (deleite de ludibriar), o que é mais plausível em situações em que o insucesso do declarante não implicará consequências severas.

O medo e a culpa refletir-se-ão no comportamento do mentiroso, designadamente num aumento da ativação emocional refletida num aumento de pestanejar dos olhos, tocar na própria roupa, cara, cabelo, hesitações no discurso, erros no discurso (v.g. repetição de palavras e omissão de palavras), num tom de voz mais alto, em suar. As emoções negativas podem também refletir-se em menor orientação do corpo em direção ao interlocutor e diminuição dos gestos das mãos e da cabeça que acompanham o discurso.

A excitação pode causar um aumento de movimentos e sorriso.[185]

Os estudos desenvolvidos por Ekman demonstram que existem certos movimentos corporais que são controláveis e outros que são automáticos, não podendo ser suprimidos pela própria vontade. O rosto é a parte do corpo mais controlável, podendo a deteção da mentira operar por expressões microfaciais que delaterão o mentiroso. As pessoas conseguem suprimir estas microexpressões rapidamente num 1/25 segundo após o seu surgimento. A expressão está presente por um curto período de tempo e poderá ser detetada por um observador treinado.[186] Dentro desta linha de raciocínio, os pés, as pernas e

---

[185] Aldert Vrij , *Detecting Lies and Deceit, Pitfalls and Opportunities*, John Wiley & Sons, Ltd, West Sussex, 2008, p. 39, e Maria Hartwig, *Interrogating to Detect Deception and Truth: Effects of Strategic Use of Evidence*, Universidade de Gotemburgo, 2005, pp. 3-4.

[186] Aldert Vrij, *Detecting Lies and Deceit, Pitfalls and Opportunities*, John Wiley & Sons, Ltd, West Sussex, 2008, p. 65. Em 2008, Porter e Brinke efetuaram um estudo sobre as expressões faciais associadas a emoções genuínas e falsas, tendo concluído que algumas das microexpressões traíram a emoção escondida mas que, por vezes, também surgem durante expressões genuínas – cfr. Aldert Vrij *et al.*, "Pitfalls and Opportunities in Nonverbal and Verbal Lie Detection", in *Psychological Science in the Public Interest*, 11 (3), 2010, p. 104.

as mãos (por esta ordem) deverão merecer mais atenção do observador que o rosto quando se pretende detetar a mentira.[187]

Segundo EKMAN, há que distinguir entre os sorrisos que são expressão autêntica de alegria dos sorrisos fingidos ou dissimulados. Aqueles implicam o movimento do músculo orbital ocular (de movimento involuntário), revelam--se na parte superior do rosto e implicam pressão dos lábios. Pelo contrário, os sorrisos dissimulados não registam movimento do músculo orbital ocular, são demasiado expeditos ou tardios e de difícil extinção.[188] Um sorriso falso será ligeiramente assimétrico, mais marcado no lado esquerdo da cara de pessoas dextras. O mentiroso pressiona os lábios, levanta o lábio inferior ou tem os cantos da boca tirantes para suprimir a expressão de emoções genuínas.[189]

Os falsos sorrisos e as microexpressões constituirão exceções à alta controlabilidade facial.

Quando as pessoas mentem propositadamente, sobretudo os homens, sorriem menos do que vulgarmente.[190]

Também detetaram as microexpressões de EKMAN mas apenas em 2% dos casos, verificando que as emoções fingidas continham mais expressões inconsistentes e eram acompanhadas de mais pestanejar – LEANNE TEN BRINKE E STEPHEN PORTER, "Discovering Deceit: Applying Laboratory and Field Research in the Search for Truthful and Deceptive Behavior", in BARRY S. COOPER (ed.), DOROTHEE GRIESEL (ed.), MARGUERITE TERNES (ed.), *Applied Issues in Investigative Interviewing, Eyewitness Memory, and Credibility Assessment*, Springer, London, 2013, p. 227.

[187] JAUME MASIP E EUGENIO GARRIDO, "La Evaluación de la Credibilidad del Testimonio en Contextos Judiciales a Partir de Indicadores Conductuales", in *Anuario de Psicologia Jurídica*, 2000, pp. 109 e 112.

[188] JUAN MUÑOZ GARCIA *et al.*, "Evaluación de la Credibilidad Mediante Indicadores Psicofisiologicos, Conductuales y Verbales", in *Anuario de Psicologia Jurídica*, Vol. 13, 2003, pp. 72-73.

[189] JAUME MASIP E EUGENIO GARRIDO, "La Evaluación de la Credibilidad del Testimonio en Contextos Judiciales a Partir de Indicadores Conductuales", in *Anuario de Psicologia Jurídica*, 2000, p. 111.

[190] MARIA ALEXANDRA ANASTÁCIO, *"Psicologia das Motivações Ajurídicas do Sentenciar: O Lado Invisível da Decisão*, Universidade Lusófona de Humanidades e Tecnologias, Lisboa, 2009, p. 106, citando estudo de PEASE de 2004.

7.1.3.2. A teoria da complexidade do conteúdo

Esta abordagem foi desenvolvida inicialmente por ZUCKERMAN, o qual enfatizou o esforço cognitivo que está ínsito no ato de mentir.[191]

Mentir é uma tarefa mais difícil do que dizer a verdade porquanto o mentiroso tem de fornecer uma história que seja consistente com os factos conhecidos pelo interlocutor, suficientemente detalhada para parecer baseada numa experiência vivida e – como tal – plausível, mas singela de tal modo que possa ser repetida, posteriormente, sem riscos de contradições.[192] O mentiroso não pode cometer deslizes e deve abster-se de dar novas indicações.

O esforço cognitivo é acrescido também por outras ordens de razões. Ao contrário de um declarante veraz, o mentiroso não tem por adquirida a sua credibilidade perante o interlocutor. Em primeiro lugar, as consequências negativas que lhe podem advir de ser descoberto são mais gravosas do que aquelas a que está sujeito um declarante veraz. Em segundo lugar, os declarantes verazes assumem tipicamente que a sua inocência acabará por sobressair, o que pode explicar-se com a denominada *ilusão da transparência*, ou seja, com a convicção de que os sentimentos interiores se manifestarão no exterior e na confiança num mundo justo (as pessoas obterão o que merecem, e merecem o que alcançam).[193] Como não têm a respetiva credibilidade por adquirida, os mentirosos têm maior apetência por monitorizar o respetivo comportamento no sentido de propiciar uma aparência de honestidade ao interlocutor. Esta monitorização do próprio comportamento também aumenta o esforço cognitivo.

---

[191] O estudo seminal é de M. ZUCKERMAN, B. DePAULO E R. ROSENTHAL, "Verbal and Non--Verbal Communication of Deception", in L. BERKOWITZ (Ed.), *Advances in Experimental Social Psychology*, Vol. 14, 1981, New York, Academic Press, pp. 1-57.

[192] Como dizem MILLER e SHIFT, *apud* JAUME MASIP E EUGENIO GARRIDO, "La Evaluación de la Credibilidad del Testimonio en Contextos Judiciales a Partir de Indicadores Conductuales", in *Anuario de Psicologia Jurídica*, 2000, pp. 114-115, "(...) os mentirosos devem construir mensagens que sejam consistentes com os factos reais e que sejam por isso substitutos plausíveis da verdade. Além disso, as mensagens subsequentes devem controlar-se com atenção para se assegurarem que são consistentes [com o anteriormente dito] e que extendam e clarifiquem as declarações prévias com plausibilidade".

[193] ALDERT VRIJ , *Detecting Lies and Deceit, Pitfalls and Opportunities*, John Wiley & Sons, Ltd, West Sussex, 2008, p. 40.

O mentiroso tem também de monitorizar as reações do interlocutor para verificar se a sua mensagem está a passar, sendo que tal monitorização também agrava o esforço cognitivo.

O mentiroso tem de suprimir o relato veraz enquanto mente, o que também constitui tarefa exigente do ponto de vista cognitivo. Enquanto o relato veraz ocorre à mente de forma instantânea, a formulação da mentira é mais intencional e deliberada, requerendo maior esforço mental.

Conforme refere SIEGFRIED SPORER, uma pessoa que relata um evento genuíno socorre-se de estruturas existentes na memória, o que lhe permite formular uma história mais elaborada, mais longa, com discurso mais rápido e respostas mais expeditas. Um mentiroso habilidoso poderá também ter tal comportamento se recorrer a um relato bem programado. Contudo, quando não dispõe de tal guião ou de um esquema a que possa recorrer, a capacidade de processamento da memória fica mais sobrecarregada, o que conduz a uma menor capacidade para falar, com mais pausas e erros no discurso.[194]

O esforço cognitivo depende da inteligência da pessoa de forma que será maior em pessoas menos inteligentes e vice-versa.

Todo este esforço cognitivo implica um negligenciar do controlo corporal, reduzindo a vivacidade, e reflete-se na conduta do declarante, nomeadamente:

- Menor pestanejar
- Maiores hesitações e erros no discurso
- Fala mais lenta, com pausas maiores e maior latência nas respostas
- Menos movimentos da mão e do braço
- Diminuição de movimentos agitados
- Aversão à fixação do olhar porquanto a fixação do olhar no interlocutor pode funcionar como fator de desconcentração.

7.1.3.3. A teoria da tentativa de controlo

Conforme acabámos de ver, os processos emocionais e cognitivos associados ao ato de mentir podem propiciar indicadores do engano. Ciente de tal risco, o mentiroso tentará minimizar tais indicadores com o propósito de não ser

---

[194] SIEGFRIED LUDWIG SPORER e BARBARA SCHWANDT, "Paraverbal Indicators of Deception: A Meta-analytic Synthesis", in *Applied Cognitive Psychology*, 2006, 20, pp. 426-427.

descoberto, tentando exibir comportamentos que crê que serão entendidos como credíveis.

De forma paradoxal, a tentativa de controlo do próprio comportamento – tendo em vista prevenir o surgimento de indicadores da mentira – pode redundar ela própria num novo indicador da mentira. Como existe o estereótipo de que o mentiroso fica mais agitado (o que pode acontecer de facto, embora não necessariamente), o mentiroso tentará suprimir movimentos que possam suscitar tal interpretação, acabando por assumir uma postura artificialmente rígida e pouco espontânea uma vez que as pessoas fazem normalmente movimentos com o corpo, mãos, pés, dedos, quando estão a falar.[195]

Existem aspetos do comportamento que dificilmente serão subjugados por esta tentativa de controlo. É o caso da raiva que se traduz normalmente por um apertar dos lábios.[196] Também o tom de voz é de domínio difícil porque o sistema nervoso é que controla a voz em momentos de elevado stresse.

Face ao estereótipo de que o mentiroso tem aversão à fixação do olhar, no intuito de evitar este falso indicador (mas que o mentiroso tem como efetivo), o mentiroso tenderá a olhar o seu interlocutor nos olhos porque – desse modo – estará a assumir uma conduta mais credível e convincente.

Perante o estereótipo de que o mentiroso incorre em maiores hesitações no discurso, erros e pausas, também o mentiroso tenderá a adoptar uma conduta que previna tais ocorrências. O que pode redundar num padrão de discurso que soa invulgarmente fluido na medida em que é normal que a maioria das pessoas incorra em hesitações, erros e pausas na fala.

7.1.3.4. A perspetiva da autoapresentação

As teorias que acabámos de analisar têm como pressuposto comum o de que a atividade de mentir difere qualitativamente da de falar com verdade. Todavia, pode argumentar-se que nem sempre assim é. Conforme já referimos ante-

---

[195] Pär Anders Granhag e Maria Hartwig, "Detecting Deception", in *Forensic Psychology*, Graham Davies (ed.), John Wiley & Sons, Ltd, 2008 , pp. 135-136; Aldert Vrij , *Detecting Lies and Deceit, Pitfalls and Opportunities*, John Wiley & Sons, Ltd, West Sussex, 2008, p. 42.

[196] Comparativamente ao declarante veraz, o mentiroso mais facilmente comprime os lábios – cfr. Bella DePaulo e Wendy Morris, "Discerning Lies From Truths: Behavioural Cues to Deception and the Indirect Pathway of Intuition", in Granhag, Pär Anders/Strömwall, Leif A. (eds.), *The Detection of Deception in Forensic Contexts*, Cambridge University Press, 2004, p. 23.

riormente, um declarante veraz pode sentir medo das consequências de não ser devidamente interpretado. Por outro lado, uma mentira ensaiada pode não exigir mais esforço cognitivo do que dizer uma singela verdade.

BELLA DEPAULO desenvolveu a teoria denominada perspetiva da autoapresentação, a qual pretende enfatizar – em primeira linha – as similitudes entre os mentirosos e os declarantes verazes. Esta teoria nota que o ato de mentir e de falar com verdade têm um objetivo comum: quer o mentiroso quer o não mentiroso têm como propósito final parecer honestos, razão pela qual as verdades e as mentiras podem ser conformadas com tal propósito. Apesar de tal propósito comum, o mentiroso com maior probabilidade fará um esforço deliberado para assegurar o sucesso do seu intento. Pelo contrário, o declarante veraz normalmente espera ser acreditado pelo que o seu comportamento será mais natural e menos planeado.[197] O que os diferencia é que enquanto os declarantes verazes têm motivos genuínos para as suas asserções, o mesmo já não sucede com os mentirosos.

Em decorrência disto, as declarações enganosas são menos assumidas/abraçadas pelo declarante do que as verdadeiras. O mentiroso está ciente de que a sua pretensão de honestidade é infundada, e dessa consciência pode derivar a expressão de mais sentimentos negativos, uma aparência menos agradável e mais tensa. Como o mentiroso pode estar menos familiarizado com o acontecimento ou matéria que relata, tenderá a dar menos informação.

Em segundo lugar, ao ter de relatar um acontecimento que não viveu, o mentiroso tem de se esforçar na representação. O mentiroso vai consumir os seus recursos cognitivos na tentativa de não exibir emoções nem pensamentos que o traiam. Conforme refere BELLA DEPAULO, "Mesmo quando a actuação é a mesma (v.g. transmitir entusiasmo), as exigências de auto-regulação podem ser maiores para os mentirosos. O entusiasmo flui sem esforço daqueles que verdadeiramente o sentem, mas os fingidores têm que organizar o seu. Os mentirosos podem estar preocupados com a tarefa de se recordarem que têm que representar a parte que os declarantes verazes não estão a representar mas a viver".[198]

---

[197] BELLA DEPAULO e WENDY MORRIS, "Discerning Lies From Truths: Behavioural Cues to Deception and the Indirect Pathway of Intuition", in GRANHAG, Pär Anders/STRÖMWALL, Leif A. (eds.), *The Detection of Deception in Forensic Contexts*, Cambridge University Press, 2004, p. 18.
[198] BELLA DEPAULO *et al.*, "Cues do Deception", in *Psychological Bulletin*, 2003, Vol. 129, Nº1, p. 78.

As tentativas do mentiroso para controlar o seu comportamento podem implicar que as suas ações pareçam menos convincentes, menos assumidas e mais tensas bem como que pareça que o mesmo está a refrear-se.

7.1.3.5. Teoria do engano interpessoal

Esta teoria deve-se a BULLER E BURGON e preconiza que quando o emissor mente não só dá informação falsa mas, ao mesmo tempo, emite outras comunicações auxiliares pela via verbal e não verbal assim como indicadores de que está mentindo e filtrando informação.[199]

Quando alguém está a tentar enganar outrem está absorto em várias atividades simultâneas: está a tentar fazer passar a sua mensagem e monitoriza continuamente se o recetor emite sinais de desconfiança, adaptando o seu comportamento concordantemente. Se o impostor se aperceber de um *feedback* negativo, tentará responder com um comportamento tido por honesto, tal como olhar o interlocutor nos olhos ou evitar agitar-se.

Com o decorrer do tempo, o impostor vai obtendo mais *feedback* e ganhando maior controle sobre o seu desempenho. De tal modo que é previsível que, num contexto interativo, exiba crescente proximidade e envolvimento, afabilidade, compostura, fluência, assumindo o controlo da interação.[200]

As teorias que acabámos de analisar evidenciam que a relação entre o ato de mentir e o comportamento não verbal é complexa, não linear. As ilações propostas pelas mesmas chegam a ser mesmo pontualmente contraditórias. Assim, por exemplo, as teorias do processo emocional e da complexidade do conteúdo propugnam um aumento nos erros e hesitações do discurso derivadas do nervosismo e do esforço cognitivo enquanto a teoria da tentativa de controlo preconiza que o mentiroso tentará suprir os distúrbios do discurso, parecendo atipicamente uniforme. As teorias do processo emocional e da complexidade de conteúdo predizem um aumento na aversão à fixação do olhar em consequência do nervosismo e do esforço cognitivo, enquanto a

---

[199] O estudo seminal denomina-se "Interpersonal Deception Theory", estando publicado na *Communication Theory*, 1996, 6, pp. 203-242.
[200] BELLA DEPAULO et al., "Cues do Deception", in *Psychological Bulletin*, 2003, Vol. 129, Nº1, p. 76.

teoria da tentativa de controlo prediz que o mentiroso será tão bom como o veraz a dominar a aversão à fixação do olhar.[201]

KEVIN COLWELL *et al.* sintetizam os processos cognitivos e emocionais, bem como a estratégia dos mentirosos, de forma clara e que merece a nossa adesão:

> "(...) os mentirosos esforçam-se por não cometer erros nas suas histórias e, para esse efeito, combinam determinadas estratégias específicas. Os mentirosos estão preocupados em certificar-se que não fazem nada que possa chamar a atenção para a sua história, tais como inconsistências ou cometer erros patentes. Eles também desenvolvem e ensaiam as suas histórias antes da entrevista. Eles acreditam que este é um método útil, "manter-se no guião", tendo em vista não facultar qualquer informação que os possa implicar. Este método permite-lhes sentirem-se mais preparados para responder às questões com base no guião fabricado e não com base no evento real. Os mentirosos querem assegurar-se que apresentam informação verbal e não verbal de uma forma controlada. Eles acreditam que se controlarem a informação, provavelmente não serão vistos com suspeição. Os mentirosos também acham que é importante serem tidos, tanto quanto possível, como cooperativos bem como evitar chamar a atenção sobre si. Isto consegue-se parecendo calmo e sincero e exibindo convicção sobre a informação que transmitem. Estratégias tais como parecer relaxado, parecer seguro de si e estabelecer contacto visual direto são vistas como métodos importantes para evitar serem delatados."[202]

7.2. Os indicadores paraverbais

Os indicadores paraverbais são indicadores vocais que acompanham o discurso tais como o tom de voz, a latência das respostas, o preenchimento (v.g. *ah, uh, hum*) ou não preenchimento das pausas.

---

[201] ALDERT VRIJ, *Detecting Lies and Deceit, Pitfalls and Opportunities*, John Wiley & Sons, Ltd, West Sussex, 2008, p. 49.

[202] "Assessment Criteria Indicative of Deception: An Example of the New Paradigm of Differential Recall Enhancement", in BARRY S. COOPER (ed.), DOROTHEE GRIESEL (ed.), MARGUERITE TERNES (ed.), *Applied Issues in Investigative Interviewing, Eyewitness Memory, and Credibility Assessment*, Springer, London, 2013, p. 266.

De acordo com os pressupostos da teoria do processo emocional, a sensação de culpa decorrente da mentira deve conduzir a um velocidade de fala mais lenta e a uma maior latência das respostas. Se o sentimento dominante for o medo, então a velocidade da fala, o preenchimento das pausas e a alteração do tom de voz serão maiores.

Segundo a teoria da tentativa de controlo, o mentiroso tende a evitar certos comportamentos que podem ser tidos socialmente como sinais da mentira, designadamente dar respostas curtas, falar e responder devagar. Nessa medida, o mentiroso tentará dar respostas mais elaboradas, falar mais depressa e dar respostas rápidas. Como o tom de voz é difícil de controlar, o seu aumento pode trair o mentiroso.

A teoria da complexidade do conteúdo, ao realçar o esforço cognitivo, destaca que uma pessoa que relata um evento com sinceridade pode descrevê-lo prontamente com base em estruturas existentes na memória, o que lhe permite elaborar uma história mais longa, com discurso mais rápido e respostas mais expeditas. Um mentiroso preparado ou habilidoso poderá também obter alguns destes registos. Todavia, quando o mentiroso não dispõe de uma guião ou de um esquema, a sua capacidade da memória de trabalho fica mais sobrecarregada, o que conduz a menor capacidade discursiva, mais pausas e erros de discurso. Note-se que, na construção da mentira, o mentiroso não parte geralmente do zero, construindo-a a partir de pedaços e parcelas de experiências passadas.[203]

SPORER e SCHWANDT realizaram um estudo sobre os indicadores paraverbais no qual concluíram que os indicadores mais seguros associados à mentira são o tom de voz alto e a latência das respostas. A alteração do tom de voz releva especialmente na mentira sobre sentimentos, sem preparação e quando ocorre uma motivação elevada para que a mentira vingue.

Também detetaram uma tendência para as declarações inverídicas produzidas sob motivação intensa serem mais curtas e para conterem mais erros de discurso (v.g., erros gramaticais de concordância, começos de frase incompletos, repetição). A brevidade da declaração poder-se-á dever ao propósito do mentiroso não falar muito para não incorrer em contradições. Detetaram

---

[203] SIEGFRIED LUDWIG SPORER e BARBARA SCHWANDT, "Paraverbal Indicators of Deception: A Meta-analytic Synthesis", in *Applied Cognitive Psychology*, 2006, 20, p. 427.

PROVA TESTEMUNHAL

também que um mentiroso bem preparado apresenta menor latência de resposta e respostas mais longas.[204]

7.3. Os estilos linguísticos do mentiroso

Diversos estudos têm confluído na conclusão de que a invenção de uma narrativa difere de um relato verídico em vários níveis linguísticos desde o nível global do discurso até à concreta escolha das palavras empregues. O que se propugna é que o mentiroso pode ser identificado pelas suas palavras, não pelo que diz mas pelo *modo como o diz*.

Os principais indicadores linguísticos que têm sido detectados são os seguintes.

Em primeiro lugar, o mentiroso revela falta de convicção, de compromisso com a sua declaração. Usa expedientes linguísticos para evitar fazer uma declaração direta do facto. Para tal efeito, pode recorrer a palavras cujo sentido implícito envolve imprecisão, v.g. *talvez, eu acho, uma espécie de*. Recorre a verbos não descritivos de ação como *penso, creio*, a nominais como *o meu entendimento, a minha lembrança* e a advérbios como *possível, aproximadamente*. Este tipo de expressões varia em função do estatuto sócio-económico do declarante.[205]

Utiliza referência a lapsos de tempo inexplicados, v.g., *mais tarde nesse dia*. Recorre a expressões demasiado entusiásticas, v.g. *Juro por Deus*.

GAETANO DE LEO *et al* reportam-se a um estilo ambíguo e prolixo, dirigido a um interlocutor pouco inquisitório. Este estilo carateriza-se por frases longas e complexas, compostas de um elevado número de modificadores com valor dubitativo (v.g. *talvez, cerca de*) e de niveladores (v.g. *todos, ninguém*).[206]

---

[204] SIEGFRIED LUDWIG SPORER e BARBARA SCHWANDT, "Paraverbal Indicators of Deception: A Meta-analytic Synthesis", in *Applied Cognitive Psychology*, 2006, 20, pp. 436-439. No mesmo sentido, cfr. ainda BELLA DEPAULO e WENDY MORRIS , "Discerning Lies From Truths: Behavioural Cues to Deception and the Indirect Pathway of Intuition", in GRANHAG, Pär Anders/STRÖMWALL, Leif A. (eds.), *The Detection of Deception in Forensic Contexts*, Cambridge University Press, 2004, p. 31.

[205] JOAN BACHENKO *et al.*, "Verification and Implementation of Language-Based Deception Indicator in Civil and Criminal Narratives", *Proceedings of the 22nd International Conference on Computational Linguistic* (Coling 2008), pp. 42-44.

[206] GAETANO DE LEO *et al.*, *La Testimonianza, Problemi, metodi e strumenti nella valutazione dei testimoni*, Il Mulino, Bolonha, 2005, p. 53.

PSICOLOGIA DO TESTEMUNHO – NOÇÕES GERAIS

Esta falta de convicção, de compromisso pode advir da experiência de desconforto ou culpa associada ao ato de mentir ou mesmo da inexistência da experiência pessoal dos factos relatados, sendo que esta propicia o recurso a generalizações e a menores autorreferências.

Em segundo lugar, prefere utilizar expressões negativas na escolha das palavras, na estrutura sintática e na semântica. Prefere as formas negativas como *nunca* ou *inconcebível*. Expressa emoções negativas, v.g., *Eu estava com uma crise nervosa, ódio, medo.* Invoca perda de memória, v.g. *Eu esqueci-me.* Também mais facilmente fará comentários depreciativos sobre o seu interlocutor.

A explicação para esta preferência decorre do seu estado de espírito de desconforto e culpa durante e após a mentira. Este estado de espírito reflete-se na linguagem empregue pelo que nas palavras empregues acabam por transparecer mais emoções negativas.

Em terceiro lugar, incorre em inconsistências quanto aos tempos verbais e à forma dos substantivos. Assim, entende-se que o pretérito perfeito constitui a forma verbal normal para o relato de eventos genuínos. A mudança do tempo verbal para o pretérito imperfeito pode estar correlacionada com a mentira.[207] As frases são sintaticamente incompletas, estando frequentemente o sujeito e o predicado apenas implícitos.

O mentiroso tende a usar frases com ações implícitas em vez de narrar o evento de forma directa, v.g. *Eu pensava que, Ele começou a.*[208]

Sapir defende que a mentira caracteriza-se por introduções mais largas, por mais conjunções desnecessárias (v.g., *e, então, depois disso*) e desvios significativos no uso dos pronomes, v.g., *Tu poderias ver* em vez de *Eu pude ver.*[209]

---

[207] Nos Estados Unidos ficou famoso o caso de Susan Smith que destravou o carro com dois filhos menores lá dentro e que acabaram por morrer afogados. A mesma declarou:"I just **feel** hopeless". "I can't do enough. My children wanted me. They **needed** me. And now I can't help them. I just feel like such a failure." – cfr. Joan Bachenko *et al.*, "Verification and Implementation of Language-Based Deception Indicator in Civil and Criminal Narratives", Proceedings of the 22nd International Conference on Computational Linguistic (Coling 2008), p. 43.

[208] Gaetano De leo *et al.*, *La Testimonianza, Problemi, metodi e strumenti nella valutazione dei testimoni,* Il Mulino, Bolonha, 2005, p. 69.

[209] Ramón arce e Francisca fariña, "Psicologia del testimonio: Evaluación de la Credibilidad y de la Huella Psíquica en el Contexto Penal", in *Psicologia del Testimonio y Prueba Pericial,* Consejo General del Poder Judicial, Madrid, 2006, p. 79.

105

Estudos de laboratório demonstraram que os mentirosos tendem a utilizar poucas expressões de autorreferência, v.g., *Eu, meu,* em comparação com os declarantes genuínos. A explicação para esta ocorrência pode advir do facto de que o mentiroso tenta *dissociar-se* da mentira: as autorreferências indicam que o indivíduo está a ser *honesto* consigo próprio.[210] A tendência para dissociar-se da afirmação pode redundar em afirmações que são indiretas, distantes e evasivas.[211]Uma outra ordem de explicação reside no facto de que o indivíduo, que responde defensivamente quando discute assuntos pessoais, tende a distanciar-se das suas histórias e a evitar assumir responsabilidade pelo seu comportamento.[212]

Gaetano de Leo refere a este propósito que este estilo se caracteriza pelo uso da terceira pessoa e a forma impessoais, v.g., *diz-se.*

Em quarto lugar, como o processo de inventar uma história consome recursos cognitivos, isso tende a levar o mentiroso a contar histórias menos complexas.

Nesta perspetiva cognitiva, os que falam verdade com maior probabilidade dirão o que fizeram *e* o que não fizeram, utilizando expressões excludentes (v.g. *excepto, mas, sem que*) para frisar distinções nas suas histórias, ou seja, para marcar a distinção entre o que entra numa categoria e o que não entra nessa categoria. Para o mentiroso, acrescentar informação acerca do que não aconteceu pode requerer recursos cognitivos que o mesmo já não dispõe.[213]

Outra vertente em que se revela a simplificação da história é o recurso mais frequente a verbos que indicam movimento (v.g. *andar, ir, levar*) em detrimento de relatos em que se efectuem avaliações ou juízos (v.g. *normalmente vou de autocarro, mas como estava um dia bonito (...)*), o que se justifica porquanto

---

[210] Mathew Newman *et al.*, "Lying Words: Predicting Deception From Linguistic Styles", in *Personality and Social Psychology Bulletin*, Vol. 29, Nº 5, Maio 2003, p. 672.

[211] Bill Clinton, quando questionado sobre se tinha mantido relações sexuais com Monica Lewinsky, respondeu: "It's certainly not the truth. It will not be the truth" – cfr. Aldert Vrij, *Detecting Lies and Deceit, Pitfalls and Opportunities*, John Wiley & Sons, Ltd, West Sussex, 2008, p. 104.

[212] Mathew Newman *et al.*, "Lying Words: Predicting Deception From Linguistic Styles", in *Personality and Social Psychology Bulletin*, Vol. 29, Nº 5, Maio 2003, p. 666.

[213] Mathew Newman *et al.*, "Lying Words: Predicting Deception From Linguistic Styles", in *Personality and Social Psychology Bulletin*, Vol. 29, Nº 5, Maio 2003, p. 666.

(i) aqueles são mais acessíveis e encaixam com maior facilidade numa história expedita e (ii) propiciam descrições simples e concretas.

Há estudos que defendem que o mentiroso tende a ser mais estereotipado nas suas respostas, o que conduz a uma menor diversidade lexical, medida segundo o critério *Type-token ratio* (TTR).[214] A explicação para este fenómeno decorrerá do facto de que o comportamento linguístico sob pressão torna-se mais estereotípico.[215] Também se invoca que quando alguém se esforça por passar uma mensagem acaba por repetir a informação fornecida, o que conduz a menor diversidade lexical. Segundo HOLLIEN, a menor diversidade lexical correlaciona-se com a grande motivação que move o mentiroso no sentido de parecer honesto, o que redunda numa linguagem mais estereotipada.[216] Também DePaulo assinala que os mentirosos, com maior probabilidade, repetem frases e palavras.[217]

Como já assinalaram vários autores, aqueles que mentem estão cientes do segmento da sua declaração que é falso e, consequentemente, expressam-no mais cuidadosamente.[218]

Naturalmente que a presença de algum destes indicadores, só por si, não é suficiente para determinar se a declaração é falsa ou não. A presença assídua destes indicadores em segmentos da declaração pode apontar no sentido de que a declaração nessa parte é uma mentira acabada ou uma declaração evasiva e vice-versa. Na interpretação dos indicadores linguísticos, há que

---

[214] O TTR corresponde ao número de palavras distintas (*types*), divididas pelo número total de palavras (*tokens*) numa frase. Assim, a frase *"One small step for man, one giant leap foi mankind"* tem um TTR de 0,80, ou seja, oito palavras não repetidas num total de dez.

[215] STEPHEN PORTER E JOHN YUILLE, "The Language of Deceit: An Investigation of the Verbal Clues do Deception in the Interrogation Context", in *Law and Human Behavior*, Vol. 20, Nº 4, 1996, p. 466.

[216] RAMÓN ARCE E FRANCISCA FARIÑA, "Psicologia del testimonio: Evaluación de la Credibilidad y de la Huella Psíquica en el Contexto Penal", in *Psicologia del Testimonio y Prueba Pericial*, Consejo General del Poder Judicial, Madrid, 2006, p. 79.

[217] BELLA DePAULO e WENDY MORRIS, "Discerning Lies From Truths: Behavioural Cues to Deception and the Indirect Pathway of Intuition", in GRANHAG, Pär Anders/STRÖMWALL, Leif A. (eds.), *The Detection of Deception in Forensic Contexts*, Cambridge University Press, 2004, p. 25.

[218] KEVIN COLWELL ET AL.,"Interviewing Techniques and the Assessment of Statement Credibility",in *Applied Cognitive Psychology*, 16, 2002, pp. 296-297.

atentar ao contexto em que são proferidas as declarações e ao grau de motivação do declarante.[219]

7.4. Síntese dos indicadores objetivos da mentira

BELLA DEPAULO e outros realizaram, em 2003, uma meta-análise de cento e vinte estudos sobre a deteção da mentira em busca dos seus indicadores objetivos, verbais e não verbais.[220] Também ALDERT VRIJ realizou o mesmo tipo de meta-análise na sua obra de 2008.

Com maior frequência e intensidade, tais autores encontraram os seguintes indicadores objetivos da mentira, por contraposição aos indicadores subjetivos ou sociais. Alguns dos indicadores a enunciar já foram assinalados nos capítulos precedentes pelo que a respectiva explicação será abreviada.

Os mentirosos são menos próximos do que os declarantes verazes, ou seja, não atingem a mesma proximidade interpessoal. Manipulam estrategicamente a sua atuação com falta de imediatismo, reticência e distanciamento. Estas estratégias visam distanciar-se do outro e impedir o escrutínio por parte do observador/interrogador.

Usam construções linguísticas que parecem distanciá-los dos seus ouvintes ou do conteúdo do que dizem. Parecem mais evasivos, confusos e impessoais.

Estão menos envolvidos, verbal e vocalmente, com as suas autoapresentações do que os não impostores, mostrando menos gestos para acompanhar o seu discurso. A este propósito são particularmente claras as explicações fornecidas por BELLA DEPAULO, quando afirma:

"Quando os atores sociais estão a apresentar com verdade aspetos de si próprios que lhes são particularmente importantes, eles têm um investimento emocional que não é facilmente simulado por aqueles que fingem ter essas qualidades pessoais. Eles têm também o apoio de uma vida de experiências a viver o papel. O desempenho do mentiroso será comparativamente pálido. Consistente com esta formulação está a nossa descoberta de que os mentirosos foram geralmente menos próximos/comunicativos

[219] JUDEE BURGOON *et al.*, "Predicting Veracity From Linguistic Indicators", *2012 European Intelligence And Security Informatics Conference*, p. 327.
[220] BELLA DEPAULO *et al.*, "Cues do Deception", in *Psychological Bulletin*, 2003, Vol. 129, Nº1, pp. 91-106.

do que os que falavam verdade e os seus relatos foram menos persuasivos. Por exemplo, os mentirosos proporcionam menos detalhes do que os declarantes verdadeiros. Em contraste, estes pareceram mais envolvidos, mais seguros, mais diretos e mais pessoais."[221]

São menos plausíveis e mais propensos a ser internamente discrepantes ou a transmitir ambivalência, ou seja, os seus relatos fazem menos sentido e são menos estruturados logicamente.[222]

Fornecem menos detalhes nos seus relatos, trabalhando sobre um guião com os elementos essenciais do evento ao qual ficam presos. Agarram-se à sua história no intuito de serem credíveis e, por isso, dão menos detalhes e fazem menos alterações ou aditamentos. Procedem assim para evitar dar muitos detalhes que, mais tarde, podem revelar-se inconsistentes e podem pôr em risco a sua versão.[223] Mais facilmente um declarante veraz descreve o cenário da sua história do que um mentiroso.

O ato de ensaiar um guião e de responder com base no mesmo gera uma perda de informação na memória original. "As pessoas que mentem para dizer que fizeram algo que efetivamente não fizeram podem vir a acreditar que fizeram essa coisa, enquanto aqueles que mentem para omitir uma ação que praticaram podem vir a acreditar que não praticaram essa ação. ( ) Por conseguinte, uma pessoa que passa um período de tempo a ensaiar cuidadosamente uma mentira para ludibriar o interrogador pode nunca mais ser capaz de se lembrar com exatidão da informação verdadeira que é procurada pelos investigadores."[224]

---

[221] BELLA DEPAULO et al., "Cues do Deception", in Psychological Bulletin, 2003, Vol. 129, Nº1, p. 102.

[222] Subscrevendo estas ilações, cfr. PÄR ANDERS GRANHAG e MARIA HARTWIG, "Detecting Deception", in Forensic Psychology, Graham Davies (ed.), John Wiley & Sons, Ltd, 2008, p. 137.

[223] CHARLES MORGAN III et al., "Efficacy of Forensic Statement Analysis in Distinguishing Truthful form Deceptive Eyewitness Accounts of Highly Stresseful Events", in Journal of Forensic Sciences, 2011, p. 6.

[224] KEVIN COLWELL et al., "Assessment Criteria Indicative of Deception: An Example of the New Paradigm of Differential Recall Enhancement", in BARRY S. COOPER (ed.), DOROTHEE GRIESEL (ed.), MARGUERITE TERNES (ed.), Applied Issues in Investigative Interviewing, Eyewitness Memory, and Credibility Assessment, Springer, London, 2013, p. 269.

Os mentirosos são menos comunicativos e abertos. Fazem menos correções espontâneas ao seu discurso e admitem menos que não se lembram de algo, atuando desta forma porque pretendem evitar comportamentos que possam pôr em causa a sua construção. Conforme refere BELLA DEPAULO, "As pessoas que se corrigiram espontaneamente e que admitiram não conseguir recordar-se de tudo acerca da história que relatavam, mais facilmente estavam a dizer a verdade do que a mentir. Também se apurou que os declarantes verazes é que contaram, de alguma forma, histórias mais ricas em inserção contextual e em detalhes inusuais."[225]

Os mentirosos falam por períodos de tempo mais curtos porque (i) se distanciam das suas declarações, (ii) porque essa tarefa é cognitivamente exigente ou (iii) porque atuam deliberadamente com o intuito de dar respostas curtas para não propiciarem ao interlocutor pistas de deteção da mentira.[226]

Fazem mais afirmações negativas do que os declarantes verazes e parecem mais tensos, o que se revela designadamente na dilatação da pupila e no tom de voz mais alto. A impressão de tensão que transmitem pode explicar-se pelo receio de serem descobertos.[227]

O tom de voz dos mentirosos revelou-se – deste modo - significativamente mais alterado e agudo, sendo menores os respectivos movimentos das mãos para ilustrar o que estão a dizer[228], dos pés e das pernas. A este propósito, refere GIULIANA MAZZONI que:

---

[225] BELLA DEPAULO *et al.*, "Cues do Deception", in *Psychological Bulletin*, 2003, Vol. 129, Nº1, p. 104.

[226] Uma pessoa que está a mentir fala durante uma percentagem do tempo total menor do que uma pessoa que está a dizer a verdade – cfr. BELLA DEPAULO e WENDY MORRIS, "Discerning Lies From Truths: Behavioural Cues to Deception and the Indirect Pathway of Intuition", in GRANHAG, Pär Anders/STRÖMWALL, Leif A. (eds.), *The Detection of Deception in Forensic Contexts*, Cambridge University Press, 2004, p. 22.

[227] BELLA DEPAULO e WENDY MORRIS, "Discerning Lies From Truths: Behavioural Cues to Deception and the Indirect Pathway of Intuition", in GRANHAG, Pär Anders/STRÖMWALL, Leif A. (eds.), *The Detection of Deception in Forensic Contexts*, Cambridge University Press, 2004, p. 17.

[228] BELLA DEPAULO e WENDY MORRIS, "Discerning Lies From Truths: Behavioural Cues to Deception and the Indirect Pathway of Intuition", in GRANHAG, Pär Anders/STRÖMWALL, Leif A. (eds.), *The Detection of Deception in Forensic Contexts*, Cambridge University Press, 2004, p. 25.

"As pessoas não estão bem adestradas para controlar eficazmente os movimentos do corpo, ao contrário do que acontece com a mímica facial, e até um hábil mentiroso pode ser descoberto neste terreno. Trata-se de movimentos subtis, não funcionais, como os movimentos dos pés e das pernas, os movimentos das mãos: o mentiroso experimentado move as mãos e as pernas de *maneira mais pausada* que quem diz a verdade. Tende a controlar esses movimentos mas o seu controle é tal que suprime os movimentos, ao contrário do que fazem os que não mentem. Os mentirosos são mais rígidos nos seus movimentos que as pessoas sinceras."[229]

Jeffey Walczyk realizou um estudo sobre deteção de indicadores objetivos, no âmbito do qual concluiu que o tempo de resposta, a inconsistência e os movimentos de olhos podem discriminar os declarantes verazes dos mentirosos, ensaiados e não ensaiados.

Assim, os mentirosos são frequentemente mais inconsistentes, provavelmente devido a não terem desenvolvido suficientemente relatos coerentes e detalhados antes de deporem. A inconsistência agrava-se à medida que se formulam perguntas que interrelacionam questões que são logicamente dependentes.

Ocorre também maior latência na resposta do mentiroso, sobretudo se não for ensaiado. Vrij propõe como explicação para este fenómeno a seguinte: "Os mentirosos poderão não dar respostas imediatas porque sentem emoções negativas acerca da sua mentira e querem dissociar-se dela, porque não conseguem pensar rapidamente numa resposta apropriada, ou porque não querem revelar informação importante."[230]

Os declarantes verazes apresentam mais movimentos dos olhos do que os mentirosos, sobretudo os mentirosos não ensaiados. A explicação para este fenómeno assenta no facto de que o mentiroso está concentrado num processo interno, pretendendo evitar distrair-se com o contexto ambiental em que está inserido. Esta conclusão contradiz o estereótipo de que o mentiroso

---

[229] Giuliana Mazzoni, *Se Puede Creer a un Testigo? El Testimonio y las Trampas de la Memoria*, Editorial Trotta, Madrid, 2010, p. 139.
[230] Aldert Vrij, *Detecting Lies and Deceit, Pitfalls and Opportunities*, John Wiley & Sons, Ltd, West Sussex, 2008, p. 106.

mexe muito os olhos. Pelo contrário, o declarante veraz tem uma necessidade mínima de reduzir o esforço cognitivo, daí que movimente mais os olhos.[231]

ALDERT VRIJ propõe o seguinte quadro-síntese sobre os indicadores objetivos da mentira, resultante de múltiplos estudos e meta-análises, em contraposição com os indicadores subjetivos ou sociais, predominantes no senso comum mas sem suporte científico.

Quadro dos indicadores subjetivos e objetivos da mentira[232]

	Indicadores Objetivos (1)	Indicadores Subjetivos (crenças) (2)
INDICADORES VOCAIS		
Hesitações	−	>
Erros no discurso	−	>
Alterações no tom de voz	>	>
Ritmo da fala	−	−
Período latência	>	−
Duração das pausas	>	−
Frequência das pausas	−	>
INDICADORES VISUAIS		
Fixação do olhar	−	<
Sorriso	−	−
Automanipulações[233]	−	−
Gestos ilustradores[234]	<	−
Movimentos mão/dedo	<	>
Movimentos perna/pé	<	>

---

[231] JEFFREY WALCZYK et al., "Lie Detection by Inducing Cognitive Load, Eye Movements and other Cues to the False Answers of "Witnesses" to Crimes", in *Criminal Justice and Behavior*, Vol. 39, Nº 7, Julho 2012, pp. 904-905.

[232] Extraído de ALDERT VRIJ, *Detecting Lies and Deceit, Pitfalls and Opportunities*, John Wiley & Sons, Ltd, West Sussex, 2008, p. 124.

[233] O declarante mexe ou toca em partes do corpo.

[234] Movimentos funcionais de braços e mãos dirigidos a repetir, substituir, modificar ou reforçar o que se está a dizer verbalmente.

Movimentos tronco	–	>
Movimentos cabeça	–	–
Mudanças posição	–	>
Pestanejar	–	>
INDICADORES VERBAIS		
Afirmações negativas	>	–
Autorreferências	–	<
Imediatismo	<	<
Extensão resposta	<	–
Respostas plausíveis	<	<
Consistências	–	<
Contradições	–	>

(1) Explicação dos símbolos: < exibidos menos frequentemente por mentirosos do que por declarantes verazes; > exibidos mais frequentemente por mentirosos do que por declarantes verazes; – sem relação com a mentira.

(2) Explicação dos símbolos: < observadores acreditam que os mentirosos exibem os indicadores menos frequentemente do que os declarantes verazes; > observadores acreditam que os mentirosos exibem o indicador mais frequentemente do que os verazes; – observadores não associam o indicador com a mentira.

Dos vinte e quatro critérios enunciados, verifica-se que apenas seis são assumidos corretamente pelo cidadão comum (tom de voz alto, ritmo da fala, sorriso, movimentos da cabeça, imediatismo e plausibilidade). No caso dos movimentos dos dedos, mãos, pernas e pés, a convicção comum é mesmo contrária à científica: os mentirosos tendem a diminuir estes movimentos enquanto as pessoas pensam que os aumentam. Esta falsa convicção assenta na ideia simplista de que o mentiroso está nervoso e, como tal, mais agitado.

LEIF STRÖMWALL *et al* sintetizam os indicadores não verbais mais fidedignos de deteção da mentira no seguinte quadro.[235]

INDICADORES NÃO VERBAIS MAIS FIDEDIGNOS NA DETEÇÃO DA MENTIRA:
– Mentirosos falam num tom de voz mais alto/agudo – Mentirosos fazem menos movimentos com os dedos, mãos e braços – Mentirosos fazem menos movimentos do braço e da mão para modificar ou completar o que é dito verbalmente – Mentirosos fazem pausas maiores – Mentirosos fazem menos movimentos com as pernas e pés

No que tange aos indicadores verbais na deteção da mentira, os mesmos autores resumem-nos no seguinte quadro.

INDICADORES VERBAIS MAIS FIDEDIGNOS NA DETEÇÃO DA MENTIRA:
– As respostas dos mentirosos são menos plausíveis e convincentes – As histórias dos mentirosos contêm menos detalhes – Os mentirosos dão mais respostas indiretas – Os mentirosos dão respostas mais curtas – Os mentirosos fazem menos autorreferências – Os mentirosos contam a história de forma cronologicamente correta/sequencial – As mentiras contêm mais afirmações negativas – As mentiras contêm menos informação temporal – As mentiras contêm menos informação espacial – As mentiras contêm menos informação percetual

Pese embora a relevância dos indicadores não verbais, paraverbais e verbais que foram analisados *supra*, há que ter presente que não existe um indicador seguro e infalível da mentira à semelhança do nariz de Pinóquio. Inexiste um comportamento típico que seja associado incontornavelmente à mentira.[236] Dito de outra forma, inexiste um comportamento que ocorra sempre

---

[235] PÄR ANDERS GRANHAG *et al.*, "Practitioner's Beliefs About Deception", in GRANHAG, Pär Anders/STRÖMWALL, Leif A. (eds.), *The Detection of Deception in Forensic Contexts*, Cambridge University Press, 2004, p. 232.

[236] ALDERT VRIJ, *Detecting Lies and Deceit, Pitfalls and Opportunities*, John Wiley & Sons, Ltd, West Sussex, 2008, pp. 4 e 115.

quando se mente e que nunca ocorra quando se está a falar com verdade. A presença de um indicador particular da mentira não garante que esta ocorra do mesmo modo que a ausência de um indicador particular não significa que a declaração é verdadeira.

O sentido útil e a operacionalidade dos indicadores é o de destacar que alguns comportamentos se manifestam mais durante declarações decetivas do que durante declarações verazes. Assumem, deste modo, um valor sintomático e de despiste, embora não taxativo.

Há que valorar a individualidade de cada pessoa e dispor de tempo para detectar as mudanças da mímica, nos gestos e na postura, que possam revelar o propósito de suprimir uma emoção ou de controlar expressões inicialmente involuntárias.

Por irónico que pareça, se existisse um indicador da mentira tipo nariz de Pinóquio, tal causaria o caos em muitas relações sociais uma vez que a mentira opera no dia-a-dia como um lubrificante social.

8. Sistemas de avaliação do conteúdo da declaração

Existem diversos métodos que, sempre no intuito de distinguir a verdade da mentira, partem do pressuposto que o conteúdo da mensagem, só por si, contém certo indícios que podem revelar se a mensagem é verdadeira. Pretende-se mensurar a validade da declaração em si, sem entrar na avaliação da pessoa que declara, podendo-se mesmo efectuar tal medição sem a presença do declarante.

Façamos uma análise das principais formulações assentes neste pressuposto.

8.1. Statement Validiy Assessment (Avaliação da Validade de Depoimentos)

O *Statement Validity Assessment* (SVA) foi desenvolvido na Suécia e na Alemanha por TRANKELL e UDO UNDEUSTSCH, sobretudo a partir dos anos sessenta. Foi concebido originariamente para valorar as declarações de menores vítimas de abuso sexual. Todavia, tem sido repetidamente defendida a sua aplicação a adultos por também ser fiável quando aplicado a estes.[237] O SVA é aceite

---

[237] Cfr. RAMÓN ARCE *et al.*, "Contrastando la Generalización de los Métodos Empíricos de Detección del Engaño", in Psicologia: Teoria, Investigação e Prática, 2002, Vol. 7, Nº1, p. 85, ALDERT VRIJ, *Detecting Lies and Deceit, Pitfalls and Opportunities*, John Wiley & Sons, Ltd,

PROVA TESTEMUNHAL

nos tribunais de vários países europeus, designadamente Áustria, Alemanha, Suécia, Suíça e Holanda.[238]

O SVA assenta na *hipótese de Undeutsch*, segundo a qual um testemunho baseado numa experiência real difere em qualidade e conteúdo face a um testemunho baseado num acontecimento imaginado. A invenção de uma história convincente sobre uma suposta experiência pessoal requere, do ponto de vista cognitivo, outras e maiores exigências que a narração de uma história sobre um evento realmente experimentado.[239]

O SVA compõe-se de três fases, a saber:

(i)   Uma entrevista estruturada com a vítima que é gravada e transcrita;
(ii) a avaliação da credibilidade do testemunho utilizando o *Criteria-Based Content Analysis* (CBCA, Análise de Conteúdo Baseada em Critérios), o qual é composto de dezanove critérios e constitui o âmago do SVA e
(iii) a integração do CBCA com a informação derivada de um conjunto de perguntas denominada *Validity Checklist*, o qual combina a informação extraída da análise do conteúdo da declaração com outra informação relevante do caso e com a informação obtida a partir da exploração da entrevista ou entrevistas previamente realizadas.

A entrevista visa obter a maior quantidade possível de informação, começando por uma narração livre na qual se evita, tanto quanto possível, a

---

West Sussex, 2008, pp. 222, 228, 256, e RAMÓN ARCE E FRANCISCA FARIÑA, "Psicologia del testimonio: Evaluación de la Credibilidad y de la Huella Psíquica en el Contexto Penal", in *Psicologia del Testimonio y Prueba Pericial*, Consejo General del Poder Judicial, Madrid, 2006, p. 87, citam vários autores – além deles próprios - que defendem o SVA como técnica para valorar o testemunho de adultos uma vez que a hipótese de Undeutsch não se restringe às crianças nem aos abusos sexuais: LANDRY e BRIGHAM em 1992, SPORER em 1997, ZAPARNUIK em 1995, PORTER e YUILLE, em 1996. Também PÄR ANDERS GRANHAG e MARIA HARTWIG, "Detecting Deception", in *Forensic Psychology*, Graham Davies (ed.), John Wiley & Sons, Ltd, 2008, p. 141, defendem que a hipótese de Undeutsch não se limita às declarações das crianças.

[238] ALDERT VRIJ, *Detecting Lies and Deceit, Pitfalls and Opportunities*, John Wiley & Sons, Ltd, West Sussex, 2008, p. 201.

[239] HEINZ OFFE, "El Dictamen Sobre la Credibilidad de las Declaraciones de Testigos", in *Anuario de Psicologia Jurídica*, 2000, p. 14.

interrupção pelo entrevistador. A narração livre é a forma que propicia um testemunho mais exato, com menos contaminação e, por isso, mais válido. Depois do relato livre, devem realizar-se perguntas abertas e focalizadas para precisar maiores detalhes no que foi narrado (focalização progressiva), concluindo-se com perguntas fechadas para explicitar informação que não foi explicitada adequadamente. Deve estabelecer-se um ambiente de confiança e interação entre o entrevistador e a vítima.

Perante o relato da entrevista transcrito, segue-se a aplicação dos dezanove critérios de credibilidade, a saber:

CRITÉRIOS DO CBCA	
CARATERÍSTICAS GERAIS	1.Estrutura lógica 2. Produção inestruturada 3. Quantidade de detalhes
CONTEÚDOS ESPECÍFICOS	4. Enquadramento contextual 5. Descrições de interações 6. Reprodução de conversações 7. Complicações inesperadas durante os incidentes
PECULIARIDADES DOS CONTEÚDOS	8. Detalhes inusuais 9. Detalhes supérfluos 10. Relato de detalhes mal interpretados 11. Associações externas relacionadas 12. Alusões ao estado mental subjetivo 13. Atribuições ao estado mental do perpetrador
CONTEÚDOS RELACIONADOS COM A MOTIVAÇÃO	14. Correções espontâneas 15. Reconhecimento de falta de memória 16. Levantamento de dúvidas sobre o próprio testemunho 17. Autodepreciação 18. Perdão ao perpetrador
ELEMENTOS ESPECÍFICOS DO DELITO	19. Detalhar caraterísticas do delito

Os critérios podem avaliar-se como presentes ou ausentes ou ser pontuados em função da força ou grau com que estão presentes numa declaração concreta.

As caraterísticas gerais referem-se ao testemunho global, à declaração tomada na sua totalidade.

O testemunho deve examinar-se quanto à sua consistência lógica e/ou homogeneidade espácio-temporal (coerência contextual). O testemunho é homogéneo, coerente e com consistência interna quando os detalhes contextuais podem combinar-se como um todo, sem nenhuma discrepância ou inconsistência, ou seja, os detalhes independentes de uma declaração descrevem o mesmo curso de eventos (1. **Estrutura lógica**). Existe um fio condutor ao longo de todo o relato que permite combinar os segmentos do relato num todo compreensível e com coerência interna.

Os relatos de detalhes inusuais (critério 8) e a aparição de complicaçoes inesperadas (critério 7) não interferem necessariamente com a consistência lógica.

Os testemunhos inventados caraterizam-se normalmente por uma forma de apresentação contínua, estruturada, em geral cronológica, com claros intentos do declarante em demonstrar conexões causais.

Diversamente, um declarante genuíno pode relatar os elementos factuais do caso de forma desordenada e não cronológica, com digressões temporais: a informação é apresentada sem uma ordem cronológica. Todavia, o relato efetuado permite unir fragmentos da declaração formando um todo unificado que indica a consistência lógica do conteúdo do testemunho (2. **Produção inestruturada**). Deste modo, um estilo expressivo e espontâneo que produz uma apresentação inestruturada deve ser tido como indício da validez da declaração. Porém, se a declaração evidenciar inconsistências que não podem suprir-se no contexto da declaração tomada no seu todo, incorre em violação da estrutura lógica, o que indica a falta de credibilidade da declaração.

Com efeito, os relatos verdadeiros tendem a ser mais inestruturados e menos cronológicos do que os relatos falsos ensaiados, os quais tendem a ser excessivamente programados e cronológicos (v.g., "*Eu fiz isto (...) depois aconteceu aquilo (...) e eu fiz isto*" e assim sucessivamente). Um mentiroso quer manter a sua história precisa ("*impression management*") e, por isso, memoriza os detalhes da história por ordem.[240]

---

[240] Aldert VRIJ et al., "Pitfalls and Opportunities in Nonverbal and Verbal Lie Detection", in *Psychological Science in the Public Interest*, 11(3), 2010, p. 106. Também DE LEO et al. assinalam

PSICOLOGIA DO TESTEMUNHO – NOÇÕES GERAIS

A produção inestruturada emerge por duas ordens de razões. Em primeiro lugar, o declarante honesto está ciente da sua honestidade e acredita que as outras pessoas poderão apreender tal situação. Nesta medida, o declarante honesto não está preocupado em fazer uma narrativa linear do princípio ao fim, sentindo-se livre para facultar informação à medida que se vai lembrando, falando de improviso. Em segundo lugar, se o interrogatório for conduzido corretamente, o mesmo conduzirá à recordação de informação adicional. Deste modo, à medida que são formuladas novas perguntas, o declarante honesto acede a informação adicional em decorrência quer da ativação de deixas quer de mnemónicas. Ou seja, o ato de lembrar propicia novas deixas e pistas, as quais conduzem a recordações adicionais.[241] Daqui resulta cada vez mais informação do declarante honesto à medida que a entrevista progride. Em contraste, as declarações decetivas são menos detalhadas e são-lhe adicionados menos palavras e detalhes à sua formulação inicial livre. Isto acontece porque a maioria dos decetores crê que, acrescentar novas palavras e detalhes depois de uma narração livre, causará desconfiança aos entrevistadores.[242]

Um grande número de detalhes (v.g. descrições específicas do local, tempo, pessoas, objeto, acontecimento passo a passo) numa declaração constitui uma indicação da sua credibilidade porquanto é impossível para a maioria das testemunhas adornar as suas declarações com falsos detalhes (**3. Quantidade de detalhes**). O pressuposto aqui subjacente é o de que os relatos baseados em perceções (estímulos externos) apresentam geralmente maior quantidade de detalhes designadamente de origem sensorial (v.g. visual, auditiva, tátil). Dito de outra forma, um sujeito não é capaz de inventar relatos falsos

---

que um relato exposto com uma sequência cronológica perfeita mais facilmente é inventado e planificado – *La Testimonianza, Problemi, metodi e strumenti nella valutazione dei testimoni*, Il Mulino, Bolonha, 2005, p. 69.

[241] KEVIN COLWELL *et al.*, "Assessment Criteria Indicative of Deception: An Example of the New Paradigm of Differential Recall Enhancement", in BARRY S. COOPER (ed.), DOROTHEE GRIESEL (ed.), MARGUERITE TERNES (ed.), *Applied Issues in Investigative Interviewing, Eyewitness Memory, and Credibility Assessment*, Springer, London, 2013, pp. 262-263.

[242] KEVIN COLWELL *et al.*, "Assessment Criteria Indicative of Deception: An Example of the New Paradigm of Differential Recall Enhancement", in BARRY S. COOPER (ed.), DOROTHEE GRIESEL (ed.), MARGUERITE TERNES (ed.), *Applied Issues in Investigative Interviewing, Eyewitness Memory, and Credibility Assessment*, Springer, London, 2013, p. 271.

com uma qualidade de conteúdo similiar aos que são resultado de um evento vivido ou observado.[243]

Os eventos reais têm uma base temporal e espacial, sendo que as ações descritas no testemunho relacionam-se com outras atividades habituais ou diárias da testemunha. Os enlaces estabelecidos entre os factos essenciais de um evento com as circunstâncias externas, variáveis, também apoiam a credibilidade do testemunho. Essas inter-relações espácio-temporais podem decorrer, v.g., de hábitos diários, dinâmicas familiares, relações de vizinhança. Quando uma testemunha falaz descreve eventos periféricos, não é expectável que na sua declaração ocorra essa fusão de eventos importantes com detalhes irrelevantes ou que a mesma evidencie influências mútuas (4. **Enquadramento contextual**). Está aqui em causa a aferição da informação atinente às coordenadas espácio-temporais em que ocorreu o evento, informação essa prestada de acordo com as capacidades do menor.

A descrição de uma cadeia de ações mútuas e reações da testemunha e da pessoa a quem ela se refere, mesmo que de forma torpe ou estranha, constitui indicador de credibilidade da declaração (5. **Descrição de interações**).[244] Se os relatos de interações contiverem erros de perceção, este critério sai reforçado.

A descrição do diálogo estabelecido com o perpetrador, sobretudo quando o declarante inclui vocabulário específico do perpetrador que seja atípico para a idade do declarante ou se relatam conversas que revelam as distintas atitudes do autor e da vítima, constitui também um indicador de credibilidade (6. **Reprodução de conversações**). A pessoa descreve uma sequência complexa de conversações, com perguntas e respostas entrelaçadas. O relato deve criar a impressão que o declarante experimentou, efetivamente, o contexto verbal da situação ao fazer a declaração (interacção verbal específica).

---

[243] A presença deste critério, a par da estrutura lógica, consitiui o requisito mínimo para que a declaração possa ser julgada credível. Todavia, a decisão quanto ao número de detalhes necessários é complexa (v.g. quem, onde, quando, como), dependendo de fatores que influenciam a qualidade do testemunho, tais como a idade, competência verbal, treino, familiaridade com o evento – DOROTHEE GRIESEL et al. "The ABC's of CBCA: Verbal Credibility Assessment in Practice", in BARRY S. COOPER (ed.), DOROTHEE GRIESEL (ed.), MARGUERITE TERNES (ed.), Applied Issues in Investigative Interviewing, Eyewitness Memory, and Credibility Assessment, Springer, London, 2013, p. 304.

[244] Exemplo: "No momento em que a minha mãe entrou no quarto, ele deixou de sorrir."

PSICOLOGIA DO TESTEMUNHO – NOÇÕES GERAIS

O aparecimento de complicações inesperadas durante o incidente apoia a credibilidade de uma declaração. Essas complicações podem consistir numa interrupção imprevista ou numa dificuldade na finalização espontânea do evento antes do seu fim previsível (**7.Complicações inesperadas**). Em princípio, quem inventa uma história é menos capaz de inserir no relato caraterísticas relevantes, como complicações ou reproduções do discurso.[245]

Como os detalhes inusuais (mas que não são claramente irreais) têm uma baixa probabilidade de ocorrência, não é expectável que apareçam em acusações inventadas (**8. Detalhes inusuais**). Estão aqui em causa descrições atinentes ao espaço físico, ao agressor, à presença de objetos estranhos no local, etc. Aqui põe-se a enfase na concreção e viveza do testemunho.

A pessoa que mente provavelmente não pensa em inventar detalhes irrelevantes, supérfluos, que não contribuem diretamente (por serem periféricos e pouco relevantes) para a afirmação do evento alegado (9. **Detalhes supérfluos**). Dito de outra forma, ao mentir normalmente não se inventam detalhes irrelevantes que não contribuem para demonstrar o evento, quer pela sua irrelevância quer pelo grau de dificuldade que implica este exercício para a memória. Deste modo, se os mesmos surgem em conexão com o demais relato podem ser considerados como um indicador da credibilidade da declaração.

O menor pode relatar ações e descrever detalhes cujo alcance não compreende, acabando por interpretar incorretamente uma observação corretamente descrita (**10. Relato de detalhes mal interpretados**). Será o caso de descrever o esperma como ranho.

A associação externa relacionada ocorre quando a testemunha relata conversações que se referem a outros eventos (que não o principal em causa) mas vinculadas com este (11. **Associações externas relacionadas**). Pense-se numa relação incestuosa em que a filha descreve uma conversação com o pai (acusado) em que falaram de experiências sexuais daquela com terceiros ou em conversações prévias com o agressor que sejam de índole sexual. A associação é externa ao evento mas está associada a este pelo seu conteúdo.

O relato do estado mental do menor durante o acontecimento também releva, designadamente com a descrição de sentimentos (v.g. medo, asco) ou

---

[245] Gaetano De leo et al., *La Testimonianza, Problemi, metodi e strumenti nella valutazione dei testimoni,* Il Mulino, Bolonha, 2005, p. 120.

PROVA TESTEMUNHAL

pensamentos (v.g. pensar em como escapar durante a ocorrência). Abrangem-se também aqui relatos sobre a evolução das emoções durante o curso dos acontecimentos (**12. Alusões ao estado mental subjetivo**).

UNDEUTSCH destacou que os estados mentais e motivos que o menor atribui ao suposto autor durante o incidente são também indicadores da credibilidade de uma declaração (**13. Atribuição de estados mentais ao perpetrador**). O critério verifica-se quando a testemunha relata reações emocionais do acusado, descrevendo processos físicos e fisiológicos.

Os conteúdos relacionados com a motivação visam avaliar a probabilidade de que a testemunha, que depõe com falsidade, mencione detalhes do tipo descrito nestes critérios.

Quem presta um testemunho deliberadamente falso sente-se obrigado a dar uma boa impressão e, por isso, evita colocar-se em dúvida com alterações e/ou correções às suas declarações pelo que não é expectável que ocorram correções espontâneas em declarações inventadas (**14. Correções espontâneas**).

Conforme refere ALDERT VRIJ, "Comparados com quem fala com verdade, os falazes estão interessados em tentar construir um relato que eles crêem que criará uma impressão credível nos outros, e deixarão de fora informação que, na sua perspetiva, prejudicará a sua imagem de serem pessoas sinceras."[246] Ou seja, um relato fictício mais provavelmente será rígido e mecanizado na medida em que uma pessoa que mente, tendencialmente, não varia o seu depoimento nem sequer para melhorá-lo. Pelo contrário, o declarante veraz corrige-se de forma espontânea e acrescenta informação, o que abona a sua credibilidade ou, pelo menos, é de molde a demonstrar que não se trata de uma relato completamente fictício ou encomendado por terceiro.[247]

---

[246] ALDERT VRIJ, *Detecting Lies and Deceit, Pitfalls and Opportunities*, John Wiley & Sons, Ltd, West Sussex, 2008, p. 211. No mesmo sentido, LETIZIA CASO *et al.*, "Deceptive Responses: The Impact of Verbal and Non-Verbal Countermeasures", in *Legal and Criminological Psychology*, 2006, 11, p. 100.

[247] Também DEPAULO enfatiza que numa conversa comum, quando uma pessoa conta uma história verdadeira, fá-lo de uma forma que não é perfeita. Pode começar por contar um aspecto e depois aperceber-se de que se esqueceu de um detalhe e admitir tal esquecimento expressamente ou bem pode chegar à conclusão que relatou algo de forma incorreta e corrigi-lo. Quem não tem nada a esconder não se perturba em admitir que se esqueceu de um detalhe ou que afirmou algo de forma errada – cfr. BELLA DEPAULO e WENDY MORRIS, "Discerning Lies From Truths: Behavioural Cues to Deception and the Indirect Pathway of

PSICOLOGIA DO TESTEMUNHO – NOÇÕES GERAIS

Neste circunspecto, há que distinguir entre as correções espontâneas propriamente ditas e as correções que são o produto do interrogatório ou de perguntas sugestivas do entrevistador. O critério só se preenche se a correção é espontânea e melhora a declaração, acrescentado precisão a uma ação que já foi mencionada.[248]

Quando admite a sua falta de memória, a testemunha incorre numa situação similar à das correções espontâneas. Quem presta um depoimento falso tenderá a responder sempre a todas as perguntas, esquivando-se a admitir falta de memória quanto a certos detalhes (**15. Reconhecimento de falta de memória**). O declarante veraz não se aferra tenazmente a um discurso aprendido.

Na mesma linha de raciocínio, uma pessoa que está a tentar parecer credível ao mesmo tempo que faz uma declaração falsa dificilmente vacilará, colocando dúvidas sobre a credibilidade da própria alegação (**16. Levantamento de dúvidas sobre o próprio testemunho**).

Estes três últimos critérios já foram classificados como critérios contrários aos estereótipos porquanto prevalece no senso comum a ideia de que estas condutas são mais facilmente indicadoras de uma postura de quem está a mentir do que o inverso. Todavia, a explicação dos mesmos assenta na circunstância de que a pessoa que responde com verdade não está tão preocupada em controlar a impressão que suscita perante o seu declaratário.[249]

Não é expectável que a testemunha, que pretende incriminar falsamente o acusado, confesse uma conduta imprópria ou errada de modo que, se tal ocorrer, essa atitude autocrítica sobre a própria conduta da testemunha frente ao perpetrador favorecerá a credibilidade do testemunho (**17. Autodepreciação**).

Se uma declaração tende a favorecer o acusado (v.g. por explicações ou justificações para a sua conduta) ou se a testemunha não faz incriminações

---

Intuition", in Granhag, Pär Anders/Strömwall, Leif A. (eds.), *The Detection of Deception in Forensic Contexts*, Cambridge University Press, 2004, p. 26.

[248] Dorothee Griesel *et al.* "The ABC's of CBCA: Verbal Credibility Assessment in Practice", in Barry S. Cooper (ed.), Dorothee Griesel (ed.), Marguerite Ternes (ed.), *Applied Issues in Investigative Interviewing, Eyewitness Memory, and Credibility Assessment*, Springer, London, 2013, p. 315.

[249] Aldert Vrij *et al.*, "Let Me Inform You How to Tell a Convincing Story: CBCA and Reality Monitoring Scores as a Function of Age, Coaching, and Deception", in *Canadian Journal of Behavioural Science*, 2004, 36: 2, p. 114.

que até podia fazer, tal conduta poderá também constituir um indicador da veracidade da declaração (18. **Perdão ao perpetrador**). Este critério é muito compreensível sobretudo numa dinâmica de abuso sexual intrafamiliar em que o agressor é uma figura significativa para o menor, sendo que este aspira a manter o vínculo familiar apesar do sucedido. Conforme referem Rui do Carmo *et al*, "O abusador é, simultaneamente, agressor e protetor, o que implica uma vinculação forte, lealdade e sentimentos de culpabilidade por parte da vítima (Furniss, 1992). A ambivalência de sentimentos e de atitudes por parte da menor, que quer que o abuso acabe, quer que o pai abusador a deixe em paz, mas não quer o pai preso, condenado, é gerida, para para garantir o silêncio."[250]

Há que aferir se o relato feito pelo menor corresponde e se enquadra com as situações típicas e dinâmicas psicológicas associadas àquele tipo de delito em particular (segundo uma abordagem profissional) ou se, pelo contrário, corresponde ao estereótipo social associado a uma situação de abuso, v.g., ilícito cometido por estranho e com recurso a violência (**19. Elementos específicos do delito**). A testemunha relata factos ao longo do depoimento que não expectáveis face ao seu conhecimento e, todavia, tais factos correspondem aos padrões de atuação do agressor. Assim, no caso de incesto, pode ser indevidamente questionada a credibilidade da vítima uma vez que as descrições podem incluir a falta de resistência por parte da vítima, o que está de acordo com a investigação empírica mas contradiz a crença comum do leigo.

A presença de cada um destes critérios aumenta a qualidade do relato e reforça a hipótese de que o que é relatado não é fruto da fantasia ou sugestão. Uma só afirmação pode preencher vários destes critérios.

Os critérios CBCA não constituem um teste estandardizado, suficiente para a valoração da credibilidade do testemunho. Com efeito, o modo como é conduzida a entrevista pode influir no resultado obtido. O entrevistador pode ter influenciado o entrevistado, v.g., com preenchimento de espaços em branco ou com perguntas sugestivas. Perante este cenário, até um mentiroso pode dar respostas ricas e detalhadas. Pode também suceder o inverso:

---

[250] Rui do Carmo *et al.*, *O Abuso Sexual de Menores: Uma Conversa Sobre Justiça entre o Direito e a Psicologia*, Almedina, 2ª Ed., 2006, p. 81.

o entrevistado dar poucos detalhes porque não lhe foi dado tempo suficiente ou porque o entrevistador é inexperiente.

A terceira fase (Validity Checklist) tem precisamente o propósito de, através de uma lista de perguntas, controlar os aspetos contextuais e motivacionais conexos com o relato feito pela testemunha. Quanto mais positivo for o resultado obtido através da lista de controlo maior será a dúvida sobre como foi conduzida a indagação. No fundo, através desta lista de perguntas, o avaliador pondera e explora se poderão existir interpretações alternativas aos resultados obtidos através do CBCA.

VALIDITY CHECKLIST	
CARATERÍSTICAS PSICOLÓGICAS	Linguagem e conhecimento inapropriados Inadequação das emoções Sugestionabilidade
CARATERÍSTICAS DA ENTREVISTA	Perguntas sugestivas, orientativas ou coercivas Inadequação global da entrevista
MOTIVAÇÃO	Motivo pelo qual foi feita a denúncia Contexto da revelação Pressão para denunciar falsamente
QUESTÕES DA INVESTIGAÇÃO	Consistência com as leis da natureza Consistência com outras declarações Consistência com outras provas

No que tange ao critério 1, o mesmo ocorre quando o sujeito se exprime com uma linguagem que vai além da sua capacidade ou maturidade, deixando entrever que isso se deve à influência de um adulto que terá preparado o menor para a entrevista.

A inadequação das emoções ocorre quando as emoções expressas pela testemunha não são coerentes com o conteúdo do relato. É expectável que uma vítima de crime sexual se apresente emocionalmente perturbada e exiba emoção durante a entrevista. As vítimas que relatam a sua experiência de uma forma emotiva e agitada são mais facilmente acreditadas do que as que relatam a experiência de uma forma controlada, neutral ou entorpecida (*"emotio-*

nal victim effect").[251] Dito de outra forma, uma vítima emotiva tem um impacto emocional mais forte no observador, o que pode explicar, em parte, porque é tida como mais persuasiva do que uma vítima entorpecida. A conduta emotiva da vítima suscita resposta compassivas mais fortes, as quais – por seu turno – sustentam juízos de veracidade. No limite, pode configurar-se aqui uma *heurística do afeto* no sentido de que as limitações cognitivas podem conduzir o julgador a confiar mais na sua reação afetiva à declaração da vítima e, desta forma, aumentar o efeito da exposição emocional da vítima.[252]

Há que aferir se a testemunha é suscetível à sugestão durante a entrevista. Os estudos demonstram que existem diferenças individuais à sugestionabilidade e que a mesma varia em função da idade, sendo as crianças mais sugestionáveis que os adultos e, dentro das crianças, as mais jovens são mais sugestionáveis.[253] As crianças mostram mais resistência à sugestionabilidade relativamente aos aspetos centrais do evento do que relativamente aos aspetos periféricos.[254] Uma boa técnica de despiste poderá consistir em, já no encerramento da entrevista, fazer algumas perguntas enganadoras sobre aspetos periféricos do evento (v.g. insinuando que existia um objeto incomum no local) para valorar a sugestionabilidade do entrevistado.

---

[251] Cf. ALDERT VRIJ, *Detecting Lies and Deceit, Pitfalls and Opportunities*, John Wiley & Sons, Ltd, West Sussex, 2008, p. 244; KARL ASK e SARA LANDSTRÖM, "Why Emotions Matter: Expectancy Violation and Affective Response Mediate the Emotional Victim Effect", in *Law Human Behavior*, 2010, 34, pp. 392, 398.
CRISTINA QUEIRÓS, "A Influência das Emoções em Contexto de Julgamento ou de Testemunho", in *Manual de Psicologia Forense e da Exclusão Social*, CARLOS ALBERTO POIARES (ed.), Lisboa, Edições Universitárias Lusófona, 2012, p. 56, cita estudos que "referem que a vítima que exprime menos emoção ou emoções menos adequadas ao crime de que foi alvo, leva os jurados a atribuírem menos culpa ao arguido, independentemente do sexo da vítima. É como se o seu comportamento fosse desajustado e por isso, em parte, aliviam a culpa do arguido. Esta avaliação da vítima parece ser um estereótipo que afeta toda a sociedade, pois até os polícias avaliam como menos credível uma vítima que seja neutra ou exprima emoções positivas, do que uma vítima que chore ou se mostre desesperada."
[252] KARL ASK e SARA LANDSTRÖM, "Why Emotions Matter: Expectancy Violation and Affective Response Mediate the Emotional Victim Effect", in *Law Human Behavior*, 2010, 34, pp. 394 e 398. Sobre a noção de heuristica e sua operacionalidade, cfr. 11.
[253] ALDERT VRIJ, *Detecting Lies and Deceit, Pitfalls and Opportunities*, John Wiley & Sons, Ltd, West Sussex, 2008, p. 215.
[254] ALDERT VRIJ ,*Detecting Lies and Deceit, Pitfalls and Opportunities*, John Wiley & Sons, Ltd, West Sussex, 2008, p. 242.

As caraterísticas da entrevista visam apurar qual o estilo comunicativo que foi adotado porquanto este pode influenciar as respostas. Deste modo, deve averiguar-se se, no decurso da entrevista, foram formuladas perguntas tendenciosas ou que veiculem elas próprias informação para a resposta, tudo no intuito de influenciar o teor da resposta.

As crianças, e por vezes também os adultos, não interiorizam que lhes é permitido responder simplesmente *"Não sei"*, tendo tendência para responder mesmo quando não estão seguros quanto à resposta. Nessa medida, é importando que, logo no início da entrevista, o entrevistador esclareça que essa é uma resposta admissível e que não deve ser evitada (5. Inadequação global da entrevista).

Importa apurar qual a relação entre a testemunha e o acusado e estar atento às possíveis consequências decorrentes da acusação para todas as pessoas envolvidas. No caso das disputas do poder paternal em caso de divórcio, é frequente que um dos progenitores incite o menor a inventar agressões sexuais alegadamente cometidas pelo outro progenitor no intuito daquele ganhar vantagem na atribuição do poder paternal.[255]

O momento e modo como surgiu a denúncia podem ser significativos. Assim, a denúncia pode ter partido do menor, de alguém à sua volta (v.g., professor) ou, diversamente, de algum adulto que possa beneficiar do evento (veja-se o que ficou dito sobre os casos de regulação do poder paternal).

Pode a denúncia ser produto de influência adrede dirigida sobre o menor. Tal como se referiu, há que apreciar variáveis atinentes ao contexto e momento da revelação.

No que respeita à consistência com as leis da natureza, pretende-se ver se os acontecimentos relatados são realistas ou fantasiosos.

Normalmente, a testemunha não é única, sendo inquiridas outras testemunhas e existindo outros meios de prova, v.g, pericial. Este critério estará preenchido se ocorrer uma inconsistência ou contradição substancial, na descrição do âmago do evento, com outras provas ou testemunhos.

O poder discriminativo dos critérios CBCA não é uniforme. Há autores que assinalam que os critérios que têm um poder discriminativo mais ele-

---

[255] Gaetano De Leo *et al.*, *La Testimonianza, Problemi, metodi e strumenti nella valutazione dei testimoni*, Il Mulino, Bolonha, 2005, p. 122.

vado são: produção inestruturada; quantidade de detalhes; enquadramento contextual; descrição de interações; detalhes supérfluos; correções espontâneas e detalhes particulares do evento.[256] Vrij e outros autores assinalam que os critérios mais eficazes para diferenciar testemunhos verazes e falsos são a estrutura lógica, a quantidade de detalhes, o enquadramento contextual, a descrição de interações e a reprodução de conversações.[257]

Diversos estudos realizados evidenciam que os critérios CBCA estiveram mais frequentemente presentes em declarações verdadeiras do que em declarações falsas.[258] Ou seja, esta técnica resulta melhor a detetar verdades do que mentiras. Dito de outra forma: a presença dos critérios CBCA aumenta a probabilidade do relato ser genuíno mas a ausência dos critérios CBCA não indica necessariamente que o relato é falso. Nesta eventualidade, há que considerar outras explicações, v.g., a pessoa pode não ter querido facultar um relato desenvolvido para proteger alguém.[259]

As investigações demonstram também que quanto mais velha for a criança, maiores serão os resultados obtidos com o CBCA. Para as crianças que ainda não atingiram a idade verbal (quatro anos) e para as crianças que apresentem um deficit linguístico, a aplicação do CBCA resulta problemática.[260]

O CBCA apresenta várias limitações.

Umas das principais é a existência de divergência entre vários autores sobre o modo como devem ser ponderados quantitativamente os critérios CBCA, individualmente ou agrupados. Assim, há quem defenda que as declarações que preencham mais de cinco critérios devem ser tida como credíveis,

---

[256] GAETANO DE LEO et al., La Testimonianza, Problemi, metodi e strumenti nella valutazione dei testimoni, Il Mulino, Bolonha, 2005, p. 126.

[257] VERÓNICA GODOY-CERVERA e LORENZO HIGUERAS, "El Analisis de Contenido Basado en Criterios (CBCA) en la Evaluación de la Credibilidad del Testimonio", in Papeles del Psicólogo, 2005, Vol. 26, p. 95.

[258] ALDERT VRIJ, Aldert, Detecting Lies and Deceit, Pitfalls and Opportunities, John Wiley & Sons, Ltd, West Sussex, 2008, pp. 222-227.

[259] DOROTHEE GRIESEL et al. "The ABC's of CBCA: Verbal Credibility Assessment in Practice", in BARRY S. COOPER (ed.), DOROTHEE GRIESEL (ed.), MARGUERITE TERNES (ed.), Applied Issues in Investigative Interviewing, Eyewitness Memory, and Credibility Assessment, Springer, London, 2013, p. 296.

[260] GAETANO DE LEO et al., La Testimonianza, Problemi, metodi e strumenti nella valutazione dei testimoni, Il Mulino, Bolonha, 2005, p. 129.

suscitando esta regra geral de decisão a oposição de outros autores.[261] Em sentido inverso, há quem defenda que a decisão sobre se um relato é credível deve basear-se num juízo qualitativo mais do que numa soma de critérios.[262]

Por outro lado, existem fatores que podem influenciar de forma negativa e modificar os resultados dos critérios CBCA.

O relato de um evento familiar mais facilmente dará azo ao preenchimento dos critérios CBCA porque a testemunha terá mais à vontade para criar uma história assente na sua experiência. A explicação para este fenómeno é a seguinte:

> "A experiência de um evento específico não é guardada na memória como uma unidade isolada. Pelo contrário, quando um evento específico é gravado na memória, são ativados conhecimentos relacionados relevantes que ajudam a compreender o evento. Estes conhecimentos relacionados relevantes incluem informação genérica sobre o evento, sendo a informação genérica proveniente de conhecimentos e experiências anteriores, e são guardados na memória junto da informação atinente à vivência direta do evento. Por definição, os indivíduos têm mais conhecimentos relevantes na memória relativos a eventos familiares do que a eventos não familiares. Daí que os relatos das crianças sobre eventos familiares contenham com maior probabilidade mais informação e evidenciam uma estrutura mais coerente por contraposição aos relatos de eventos não familiares."[263]

Entre os fatores que podem influenciar os resultados do CBCA estão as diferenças individuais, a atitude do entrevistador e o conhecimento prévio da prova. Uma testemunha que prepare um depoimento falso propiciará um relato mais rico em detalhes e noutros critérios de conteúdo que podem indu-

---

[261] ALDERT VRIJ, *Detecting Lies and Deceit, Pitfalls and Opportunities*, John Wiley & Sons, Ltd, West Sussex, 2008, p. 232.

[262] DOROTHEE GRIESEL *et al.* "The ABC's of CBCA: Verbal Credibility Assessment in Practice", in Barry S. COOPER (ed.), Dorothee GRIESEL (ed.), Marguerite TERNES (ed.), *Applied Issues in Investigative Interviewing, Eyewitness Memory, and Credibility Assessment*, Springer, London, 2013, p. 298.

[263] KATHY PEZDEK *et al.*, "Detecting Deception in Children: Event Familiarity Affects Criterion-Based Content Analysis Ratings", in *Journal of Applied Psychology*, 2004, Vol., nº 89, Nº 1, p. 124.

zir a valoração da declaração como credível quando não o é.[264] Também o número de entrevistas/interrogatórios pode afetar a qualidade da declaração. Existem estudos que defendem que uma criança pode fornecer mais detalhes na segunda entrevista do que na primeira, designadamente porque está desconfortável na primeira entrevista ou não consegue logo construir uma relação de confiança com o entrevistador.[265]

Há critérios que, manifestamente, não se aplicam ao testemunho de adultos como é o caso do 10. *Relato de factos mal interpretados.*

Há que estar atento a estes fatores e controlá-los na medida do possível quando se utiliza a técnica do CBCA.[266]

ALDERT VRIJ efetuou uma revisão de 37 estudos de laboratório sobre o SVA, concluindo que este método revela uma precisão média de 70% na deteção de relatos verdadeiros e falsos.[267] Numerosos estudos demonstraram que alguns dos critérios do CBCA, designadamente produção inestruturada, quantidade de detalhes, enquadramento contextual e reprodução de conversações constituem frequentemente indicadores fiáveis da deteção da mentira.

Em conclusão, cremos que o CBCA constitui um importante instrumento de apoio para a tomada de decisões judiciais, embora não constitua ferramenta única e suficiente para tal efeito.

---

[264] Cf. LÓPEZ CUADRADO E ZALDIVAR BASURTO,"Diferencias en Criterios de Contenido en Declaraciones Verdaderas y Falsas: El Papel de La Preparación, La Parte de la Historia Considerada y la Modalidad de Presentación de los Hechos", in *Anuario de Psicologia Jurídica*, Vol 12, 2002, pp. 109 e 101; DOROTHEE GRIESEL *et al.*, "The ABC's of CBCA: Verbal Credibility Assessment in Practice", in BARRY S. COOPER (ed.), DOROTHEE GRIESEL (ed.), MARGUERITE TERNES (ed.), *Applied Issues in Investigative Interviewing, Eyewitness Memory, and Credibility Assessment*, Springer, London, 2013, p. 298.

[265] ALDERT VRIJ, *Detecting Lies and Deceit, Pitfalls and Opportunities*, John Wiley & Sons, Ltd, West Sussex, 2008, p. 246.

[266] VERÓNICA GODOY-CERVERA e LORENZO HIGUERAS, "El Analisis de Contenido Basado en Criterios (CBCA) en la Evaluación de la Credibilidad del Testimonio", in *Papeles del Psicólogo*, 2005, Vol. 26, p. 97.

[267] PÄR ANDERS GRANHAG e MARIA HARTWIG, "Detecting Deception", in *Forensic Psychology*, Graham Davies (ed.), John Wiley & Sons, Ltd, 2008 , p. 141 e ALDERT VRIJ, *Detecting Lies and Deceit, Pitfalls and Opportunities*, John Wiley & Sons, Ltd, West Sussex, 2008, pp. 255-256.

8.2. A teoria do controle da realidade (Reality Monitoring).

A teoria subjacente ao método *Reality Monitoring* assenta nos estudos de MAR-CIA JOHNSON e CAROL RAYE que, em 1981, analisaram a questão da diferenciação entre uma experiência realmente vivida e um relato fruto da imaginação.[268]

Segundos JOHNSON e RAYE, o que nos permite distinguir entre as recordações que correspondem a factos que realmente percecionámos (factos gerados externamente) e factos que apenas imaginámos (gerados internamente) é que são qualitativa e quantitativamente diferentes segundo vários critérios. As recordações que são fruto da perceção incluem mais informação contextual (espacial e temporal, v.g. duração do evento), mais detalhes sensoriais (v.g., de cheiro, gosto, visuais e de som) e mais informação afetiva (detalhes sobre os sentimentos das pessoas durante os eventos).

Diversamente, os relatos imaginados (gerados internamente) resultam de processos mentais e, como tal, incluem informação idiossincrática do sujeito relativa a operações cognitivas e mentais, tais como pensamentos e raciocínios, ou informação sobre os seus processos de metamemória. Estes são mais vagos, menos concretos e contêm mais autoreferências.

A perceção e a imaginação diferem principalmente no facto de que o objeto da perceção é mais forte e mais vívido do que o objeto da imaginação, que tende a ser mais esquemático. Recuperar o traço mnésico de um acontecimento autêntico é mais automático do que ocorre com os processos imaginativos.

O pressuposto teórico do qual parte o modelo *Reality Monitoring* assenta na distinção entre três tipos de ações cognitivas ligadas à memória:

(i)   re-representação;
(ii) pensamentos situados (*cotemporal thoughts*) e
(iii) fantasia.

A primeira reporta-se à recordação de qualquer coisa ocorrida no passado, em que a informação que desapareceu da consciência ou da memória se reativa mais tarde na ausência de um estímulo original externo. A segunda categoria trata aquele tipo de processo elaborativo e associativo que argumenta e cons-

---

[268] O estudo seminal foi publicado na *Psychological Review*, 1981, 88, pp. 67-85, sob o título "Reality Monitoring."

trói pensamentos sobre a experiência percetiva que não são necessariamente parte de uma representação real da experiência percetiva. Abrange-se aqui grande parte do labor da memória sobre processos imaginativos. Finalmente, a fantasia desenvolve a combinação de informação diversa que se conjuga na produção de eventos que só ocorrem, por definição, na imaginação.[269]

Com base no modelo operativo do *Reality Monitoring*, SPORER individualizou, em 1997, oito critérios, sendo que os critérios do primeiro ao sétimo deverão estar mais presentes num testemunho credível e o oitavo é mais expectável num relato não genuíno.

Os critérios são os seguintes:

- **Clareza**. Reporta-se à compreensibilidade e à intensidade do testemunho, estando presente quando o relato é claro e vívido, por contraposição a um relato vago e indistinto.
- **Informação percetiva** que está presente quando a testemunha inclui no seu relato informação sensorial, sensações físicas e detalhes visuais.
- **Informação espacial** que ocorre se a testemunha inclui informação sobre a colocação das pessoas e dos objectos.[270]
- **Informação temporal** quando a testemunha esclarece sobre o "quando" do evento ou descreve a sequência dos eventos.
- **Afetos** quando a testemunha descreve o estado emotivo do sujeito durante o evento.
- **Reconstrutibilidade da história** quando se pode reconstituir o evento com base na informação propiciada pela testemunha.[271]
- **Realismo** se a história é plausível e tem sentido lógico.
- **Operações cognitivas** reporta-se à existência de descrições de inferências feitas pelo participante durante o evento ou descrições de inferências feitas pelo participante quando, mais tarde, descreve o evento (v.g., *eu pensei, sentia-me nervoso*).[272]

---

[269] GAETANO DE LEO *et al.*, *La Testimonianza, Problemi, metodi e strumenti nella valutazione dei testimoni*, Il Mulino, Bolonha, 2005, pp. 105-106.

[270] Este critério e o anterior estão relacionados com o critério 4 do CBCA.

[271] Este critério relaciona-se com os critérios 1 a 3 do CBCA.

[272] GAETANO DE LEO *et al.*, *La Testimonianza, Problemi, metodi e strumenti nella valutazione dei testimoni*, Il Mulino, Bolonha, 2005, pp. 111-112 e ALDERT VRIJ, *Detecting Lies and Deceit, Pitfalls*

Não existe unanimidade científica quanto ao âmbito das operações cognitivas. Na versão original de JOHNSON e RAYE, as operações cognitivas são definidas como "qualquer coisa dentro da cabeça do entrevistado que envolve prévia memória idiossincrática tal como *"isso aconteceu-me uma vez"* e inferências seja sobre o próprio ou sobre outros, v.g. *"Eu não tinha pensado nisso até agora""*.[273] Ou seja, as operações cognitivas referem-se a memórias internas assentes no raciocínio e em processos de pensamento. Na proposta alargada de ALDERT VRIJ, as operações cognitivas abrangem suposições sobre experiências sensoriais (v.g., *"Ela pareceu-me bastante esperta"*) e inferências feitas pelo entrevistado na descrição que fazem do evento (v.g., *"Ela estava a usar o seu casaco pelo que devia estar frio"*). Aqui, as operações cognitivas abrangem referências subjetivas atinentes a detalhes visuais, referências a emoções e sentimentos.

O *Reality Monitoring* tem limitações porquanto também não constitui um teste estandardizado. Pode não resultar com crianças mais novas porque estas, sob certos condicionalismos, não distinguem com a mesma facilidade dos adultos entre facto e fantasia, o que pode ser explicado, por exemplo, pelo facto das crianças terem uma imaginação mais fértil. Por outro lado, à medida que o tempo passa, se a pessoa pensa ou fala num evento, as recordações externas tornam-se mais internas enquanto as recordações internas se tornam mais externas. As pessoas agregam à sua recordação raciocínios e inferências para lhes facilitar o processo de reminiscência.[274]

Os resultados do *Reality Monitoring* podem ser também influenciados por traços de personalidade de modo que uma pessoa socialmente ansiosa obterá resultados inferiores face a uma pessoa socialmente não ansiosa.[275]

O tempo que o entrevistado dispõe para preparar a entrevista pode também falsear os resultados do RM porquanto essa preparação pode inflacio-

---

and Opportunities, John Wiley & Sons, Ltd, West Sussex, 2008, pp. 267-268. Sirvam como exemplos: *"Pareceu-me que ele não tinha lido o documento"*, *"Ele pareceu-me muito esperto"*, *"Devia ter o meu casado vestido porque estava frio nessa noite"*.

[273] AMINA MEMON *et al.*,"Distinguishing Truthful From Invented Accounts Using Reality Monitoring Criteria", in *Legal and Criminological Psycholgy*, Vol. 15, 2010, p. 179.

[274] GAETANO DE LEO *et al.*, *La Testimonianza, Problemi, metodi e strumenti nella valutazione dei testimoni*, Il Mulino, Bolonha, 2005, p. 115.

[275] ALDERT VRIJ *et al.*, "Let Me Inform You How to Tell a Convincing Story: CBCA and Reality Monitoring Scores as a Function of Age, Coaching, and Deception", in *Canadian Journal or Behavioural Science*, 2004, 36:2, p. 115.

nar o número de detalhes visuais relatados. Note-se que os relatos falsos são frequentemente assentes parcialmente em factos verídicos combinados com factos inventados e, nestes casos, o poder discriminativo do RM fica também reduzido.

ALDERT VRIJ reviu dez estudos, realizados entre 1996 e 2006, sobre o *Reality Monitoring* dos quais resultou que a precisão do RM na deteção da verdade foi de 71,70% e na deteção da mentira foi de 66,10%.[276] Daí infere que se trata de um método que pode ser utilizado na vida real porquanto a sua precisão está bem acima do acaso (50%). Propugna a sua combinação com o CBCA porquanto este baseia-se mais em fatores cognitivos e motivacionais enquanto o *Reality Monitoring* assenta mais em aspetos da memória, o que se nos afigura inteiramente pertinente.

SPORER também defende que o CBCA e o RM são métodos complementares e não alternativos, devendo os mesmos ser integrados numa única estrutura para estudar a mentira em eventos complexos.[277]

8.3. O sistema de avaliação global

RAMON ARCE propõe um sistema de mensuração do engano para efeitos forenses, designadamente para no âmbito da realização de prova pericial, baseado em nove passos. A fiabilidade global do procedimento em causa assenta no entrevistador/avaliador que deve ter um treino exaustivo e ser capaz de avaliar com objetividade.

Os passos são os seguintes:

– **Obtenção da declaração** segundo o procedimento da entrevista cognitiva melhorada (FISHER e GESELMAN, 1992).
– **Repetição da obtenção da declaração** num período pouco superior a uma semana. A existência de mais de uma declaração é essencial para o estudo da consistência temporal das declarações. Este hiato temporal diminui os efeitos stressantes do evento. A mentira é, em regra, plani-

---

[276] ALDERT VRIJ, *Detecting Lies and Deceit, Pitfalls and Opportunities*, John Wiley & Sons, Ltd, West Sussex, 2008, pp. 273-275.

[277] SIEGFRIED SPORER, "Reality Monitoring and Detection of Deception", in GRANHAG, Pär Anders/STRÖMWALL, Leif A. (eds.), *The Detection of Deception in Forensic Contexts*, Cambridge University Press, 2004, pp. 81 e 92.

ficada e aprendida e, por isso, consistente no tempo. Pelo contrário, o sujeito que fala com verdade "narra imagens pelo que, apesar da descrição dos factos ser ainda semelhante, será de construção distinta ao não responder a esquemas episódicos."[278]Ou seja, o mentiroso narra histórias aprendidas pelo que basicamente as repetirá nos mesmos termos guiado por um esquema episódico.

– **Contraste com as declarações recolhidas no processo**. O valor das declarações obtidas no processo é relativo porquanto designadamente: (i) o tipo de interrogatório pode ter mediatizado a respostas, (ii) podem existir enviesamentos provenientes dos métodos utilizados no interrogatório para obter confissões, nomeadamente com o conhecido método de desenvolver uma relação com o suspeito com um entrevistador a desempenhar um papel hostil e outro a desempenhar um papel protetor.

– **Análise do conteúdo das declarações atinentes aos factos** feita segundo o método SVA/CBCA, sendo que a produtividade dos critérios SVA/CBCA depende do tipo de caso, das particularidades da ação a examinar e do perfil cognitivo-social do entrevistado. Ramon Arce também defende a combinação dos critérios SVA/CBCA com o *Reality Monitoring* por ser efetiva e poder somar os seus efeitos.

– **Análise da fiabilidade da medida** do objeto pericial de modo que tenha uma consistência inter e intra-medidas, interavaliadores e intercontextos. A fiabilidade intercontexto obtém-se recorrendo a um avaliador que tenha intervindo em perícias similares anteriores. Como ferramenta estatística de análise da consistência interavaliadores socorre-se do índice de concordância [IC =Acordo/(acordos + desacordos), tomando como ponto de partida 0.80. Ou seja, só se consideram os resultados fiáveis quando os avaliadores separadamente apresentam um índice de concordância de >.80 nas categorias da avaliação.[279]

---

[278] Ramón arce e Francisca fariña, "Psicologia del testimonio: Evaluación de la Credibilidad y de la Huella Psíquica en el Contexto Penal", in *Psicologia del Testimonio y Prueba Pericial*, Consejo General del Poder Judicial, Madrid, 2006, p. 86.

[279] RAMÓN ARCE E FRANCISCA FARIÑA, "Psicologia del testimonio: Evaluación de la Credibilidad y de la Huella Psíquica en el Contexto Penal", in *Psicologia del Testimonio y Prueba Pericial*, Consejo General del Poder Judicial, Madrid, 2006, p. 89.

- **Medida das consequências clínicas do facto traumático** em que a medida do stresse pós-traumático constitui a chave para a deteção do rasto psicológico do ilícito, sendo certo que nem todo o delito produz stresse pós-traumático na vítima e que a ausência desta não significa necessariamente que o delito não tenha ocorrido. Neste circunspecto, há que estar atento à simulação do stresse pós-traumático cujos índices são designadamente: evitação de respostas, sintomas raros, combinação de sintomas, sintomas óbvios, (in)consistência de sintomas, sintomas improváveis, agrupação indiscriminada de sintomas e severidade de sintomas.[280]
- **Avaliação da declaração do autor implicado,** ou seja, do suposto perpetrador que permite tirar ilações sobre a validação convergente dos dados.
- **Análise da personalidade do autor implicado** que releva para explicar a agressão ou qualquer alteração mental com implicações jurídicas. ARCE sugere que se aplique aqui o protocolo clínico de deteção da simulação uma vez que esta é frequente entre os agressores.
- **Apresentação do relatório** em que a mensuração dos resultados da perícia não deve ser por graus perentórios de certeza mas por "provavelmente certo", "provavelmente não certo" e "indeterminado". Deve privilegiar-se a descrição de ações de conjunto porquanto o sistema é mais robusto na identificação da verdade do que na identificação da mentira.

8.4. O Assessment Criteria Indicative of Deception (ACID)

O ACID é um sistema de avaliação da credibilidade que combina alguns critérios do CBCA com critérios do *Reality Monitoring*, por um lado, com a teoria da manipulação da informação e com a entrevista investigativa, por outro, sendo esta num modelo concebido para maximizar as diferenças entre relatos verdadeiros e decetivos. A combinação dos critérios CBCA com o Reality Monitoring reporta-se designadamente à extensão das respostas e ao número

---

[280] RAMÓN ARCE E FRANCISCA FARIÑA, "Psicologia del testimonio: Evaluación de la Credibilidad y de la Huella Psíquica en el Contexto Penal", in *Psicologia del Testimonio y Prueba Pericial, Consejo General del Poder Judicial*, Madrid, 2006, p. 91.

de detalhes internos, externos e contextuais distribuídos durante a fase mnemónica da entrevista.

Conforme já vimos, a teoria da manipulação da informação (*Information Manipulation Theory*) deve-se a McCornack, em 1992, o qual sustenta que o mentiroso tem de equilibrar a necessidade de produzir informação suficiente para satisfazer o entrevistador, por um lado, com a necessidade de controlar e esconder factos que são potencialmente incriminativos ou adversos, por outro. Para conseguir este equilíbrio, o mentiroso prepara-se mentalmente e ensaia um *guião do relato* no qual baseia as suas respostas durante a entrevista, em vez de recorrer à sua memória episódica. O guião visa minimizar a ansiedade do mentiroso e maximizar a sua habilidade de controlar a informação.

Esta metodologia leva a que, em regra, as respostas dadas pelo mentiroso sejam mais curtas, mais programadas e expressas com mais cuidado do que as respostas de um declarante veraz.[281] Este está liberto para aceder à sua memória episódica para relatar o evento, ao contrário daquele que tem de se concentrar no seu guião e reproduzi-lo com primor. O ACID destaca a vividez e espontaneidade do declarante honesto e realça o frasear cuidado e o controlo da informação por parte do mentiroso.

A Entrevista Investigativa é uma variante da Entrevista Cognitiva que aumenta o esforço cognitivo exigido ao entrevistado e enfatiza as tentativas deste para manipular a informação. As múltiplas tarefas de recordação que são pedidas aumentam as exigências sobre o impostor que tenta manter as respostas consistentes com o seu guião.

A tarefa básica subjacente a certo tipo de mentiras consiste em inibir a memória do evento original enquanto, concomitantemente, se fornece informação de um guião inventado de uma forma que parece confiante e evita contradições. A introdução de inferências alternativas forçadas entre as estratégias de mnemónica da Entrevista Investigativa interfere com a inibição da memória do evento original de duas formas: (i) facultando informação do evento original como uma das respostas sempre que possível e (ii) obrigando o interrogado a um processamento mais profundo do que a simples recapitulação do guião e, dessa forma, força-o a pensar e a reconstruir o evento original.

---

[281] Amina Memon *et al.*, "Distinguishing Truthful From Invented Accounts Using Reality Monitoring Criteria", in *Legal and Criminological Psycholgy,* Vol. 15, 2010, p. 189.

A situação referida em (i) causa um dilema entre a tendência automática para processar informação do evento original e a atuação esforçada para ocultar tal informação e a segunda hipótese (ii) opera como uma forma de pergunta não antecipada, interrompendo o uso do guião.[282]

Em contraste, as múltiplas tarefas de recordação e o processamento mais profundo que são exigidos ao declarante veraz propiciam-lhe indicadores eficazes de recordação. Este beneficiará desta metodologia, produzindo declarações mais longas e mais detalhadas à medida que a entrevista progride. Pelo contrário, o declarante decetivo sente-se estorvado e tenderá a produzir declarações mais curtas e menos detalhadas.[283]

No fundo, as estratégias específicas desta entrevista são concebidas para facilitar a recordação a quem responde honestamente e, em sentido oposto, para aumentar o esforço cognitivo e a necessidade de gestão da informação por parte do decetor.

A título exemplificativo desta metodologia, recuperamos o exemplo do estudo realizado por KEVIN COLWELL com universitários.

Os participantes entraram num gabinete de um professor onde subtraíram um exame ou substituíram uma grelha de correção de um exame. Foi-lhes dito que o professor em causa não sabia da experiência e que, se soubesse da subtração, formularia queixa policial e perante as autoridades académicas. Havia uma câmara de filmar à entrada do gabinete. Os participantes foram inquiridos uma semana depois, tendo-lhes sito dito que foram vistos a entrar através da câmara de filmar e que, quando fossem entrevistados, teriam de contar uma história convincente sobre o que fizeram enquanto estiveram no gabinete do professor.

---

[282] KEVIN COLWELL *et al.*,"Assessment Criteria Indicative of Deception: An Example of the New Paradigm of Differential Recall Enhancement", in BARRY S. COOPER (ed.), DOROTHEE GRIESEL (ed.), MARGUERITE TERNES (ed.), *Applied Issues in Investigative Interviewing, Eyewitness Memory, and Credibility Assessment*, Springer, London, 2013, p. 278.

[283] KEVIN COLWELL *et al.*, "Assessment Criteria Indicative of Deception (ACID): An Integrated System of Investigative Interviewing and Detecting Deception", in *Journal of Investigative Psychology And Offender Profiling*, 2007, 4, p. 170.

No contexto desta experiência, a grelha da entrevista investigativa foi a seguinte:

TAREFA DE RECORDAÇÃO	FRASE DA TAREFA DE RECORDAÇÃO
1. Linha de base e relacionamento	"Última refeição"
2. Recordação livre	"Por favor, descreva com o maior detalhe possível, tudo o que aconteceu no gabinete"
3. Reinstauração mental do contexto	"Pense em todas as vistas, sons, cheiros, emoções, pensamento ou qualquer outro aspecto do evento"
4. Bloco inferencial 1	a. "Se um polícia estivesse presente, ele teria notado alguma coisa errada?" b. "Foi cometido um crime?" c. "Alguém falou com sotaque?"
5. Recordação de outra perspetiva	" Se estivesse presente outra pessoa no gabinete, o que teria visto?"
6. Bloco inferencial 2	a. "Alguém quis magoar outrem?" b. "Tratou-se de um ato de violência?" c. "Houve armas envolvidas?"
7. Recordação por ordem inversa	"Começando pelo último e acabando no primeiro, descreva os eventos pela ordem inversa"
8. Bloco inferencial 3	a. "Notou alguma coisa fora do comum no gabinete?" b. "Alguém pensaria que você fez algo que não deveria fazer enquanto esteve no gabinete?" c. "Acha possível que se possa ter enganado em alguma coisa que disse até agora?"
9. Recontar o evento	"Por favor, descreva com o detalhe possível tudo o que aconteceu no gabinete."

Esta grelha dá azo a nove critérios de pontuação: a extensão da resposta e número de detalhes externos, contextuais e internos relatados durante a tarefa de recordação livre (quatro) ; a extensão da resposta e o número de detalhes externos, contextuais e internos relatados durante a secção mnemónica da entrevista (pontos 3, 5, 7 e 9); e saber se o entrevistado admite, ou não, que possa ter cometido um erro.

A secção mnemónica da entrevista é a que propicia mais preditores, aumentando a recordação do entrevistado honesto e, por isso, conduz a respostas mais longas, com mais detalhes e mais espontâneas. Ou seja, o entrevistado honesto tira partido do caráter espontâneo e automático da recordação livre. Em sentido oposto, os decetores dão prevalentemente respostas com base no seu guião e não tentam responder com base no evento real pelo que não beneficiam das pistas para a recuperação. O impostor tem de ter presente o seu guião e não está liberto para ministrar toda a informação que lhe ocorre durante a fase livre da narrativa. Em suma, os decetores tendem a proporcionar o mesmo guião básico em resposta a cada questão, enquanto os declarantes verazes desenvolvem e evoluem nas suas respostas em resultado da secção mnemónica.

A experiência confirmou os pressupostos do ACID e revelou uma percentagem de acerto entre 79% e 87%.[284] O ACID não visa a deteção de erros de memória mas da mentira deliberada.[285]

Este sistema de avaliação põe o acento tónico em dois fatores associados à credibilidade dos depoimentos: a sua contextualização e a sua espontaneidade. Estes dois fatores são muito operativos e são acolhidos na práxis judiciária positivamente em sede de valoração da prova testemunhal.

9. Hierarquia dos canais na deteção da mentira

Na sequência da exposição que antecede quanto à deteção do engano pelo comportamento não verbal e pelo conteúdo verbal da declaração, coloca-se a questão de saber qual o canal mais profícuo, se o não verbal ou se o verbal.

MASIP e GARRIDO afirmam que o conteúdo verbal é a fonte mais rica de informação para saber se uma pessoa está a mentir ou a dizer a verdade. Toda-

---

[284] Existem outros estudos que replicaram esta metodologia com resultados equivalentes, designadamente RYAN ANSARRA *et al.*, "Augmenting Acid With Affective Details to Assess credibility", in *The European Journal of Psychology Applied do Legal Context*, 2011, 3(2), pp. 141-158.
[285] KEVIN COLWELL *et al*, "Assessment Criteria Indicative of Deception: An Example of the New Paradigm of Differential Recall Enhancement", in BARRY S. COOPER (ed.), DOROTHEE GRIESEL (ed.), MARGUERITE TERNES (ed.), *Applied Issues in Investigative Interviewing, Eyewitness Memory, and Credibility Assessment*, Springer, London, 2013, p. 287.

via, também fazem ressaltar que, ao efectuarmos juízos sobre outras pessoas, temos mais em consideração a informação visual.[286]

ALDERT VRIJ assinala que "(...) todos os estudos mostraram virtualmente que, para detectar mentiras, é necessário ouvir cuidadosamente o que é dito, e que prestar apenas atenção ao comportamento tolhe a deteção da mentira. Estas constatações estão em alinhamento com as conclusões já referidas no sentido de que os observadores que só vêem o emissor têm pior desempenho face aos observadores que só conseguem ouvir, ou dos que conseguem ver e ouvir o emissor."[287]

O mesmo autor noutro passo, ao comparar os critérios CBCA com os índices decorrentes do comportamento não verbal, realça que os critérios CBCA são mais consistentes. Os indicadores do comportamento não verbal revelam padrões mais erráticos na medida em que nuns estudos os mentirosos exibem um concreto comportamento de forma mais frequente do que os honestos e noutros estudos os mentirosos exibem o mesmo concreto comportamento com menos frequência do que os declarantes verazes.[288]

Todavia, mais adiante, defende que, com base na pesquisa do próprio e de outros autores que cita, poderão ser tomadas decisões mais precisas em sede de deteção da verdade e da mentira quando se toma em atenção, simultaneamente, o comportamento não verbal e o verbal em vez de nos focarmos só no comportamento não verbal ou verbal, separadamente.[289]

Uma meta-análise realizada por BOND e DEPAULO conclui que as pessoas têm mais precisão na discriminação da verdade e da mentira em apresentações audiovisuais, em apresentações áudio ou transcrições do que em apresentações só de vídeo. Existem também meta-análises de programas de treino

---

[286] JAUME MASIP E EUGENIO GARRIDO, "La Evaluación de la Credibilidad del Testimonio en Contextos Judiciales a Partir de Indicadores Conductuales", in *Anuario de Psicología Jurídica*, 2000, p. 106.

[287] ALDERT VRIJ, *Detecting Lies and Deceit, Pitfalls and Opportunities*, John Wiley & Sons, Ltd, West Sussex, 2008, p. 173.

[288] ALDERT VRIJ, *Detecting Lies and Deceit, Pitfalls and Opportunities*, John Wiley & Sons, Ltd, West Sussex, 2008, p. 227. Noutro local, cita múltiplos estudos que demonstram que as melhores classificações de verdades e de mentiras se alcançam quando se utilizam os dois tipos de indicadores – ALDERT VRIJ *et al.*, "Pitfalls and Opportunities in Nonverbal and Verbal Lie Detection", in *Psychological Science in the Public Interest*, 11 (3), 2010, p. 103.

[289] ALDERT VRIJ, *Detecting Lies and Deceit, Pitfalls and Opportunities*, John Wiley & Sons, Ltd, West Sussex, 2008, p. 401.

para deteção da mentira que demonstram a superioridade dos programas que atendem só ao conteúdo verbal face aos que se focam apenas no comportamento não verbal.[290] BOND e DEPAULO assinalam que: "O meio através do qual se tenta detetar a mentira afeta a probabilidade de deteção – as mentiras são mais detetáveis quando podem ser ouvidas. Em contraste, os comportamentos faciais não fornecem indicadores da veracidade de quem fala, o que corrobora a teoria de que face é bem controlável (...)".[291]

AMINA MEMON *et al* assinalam que:

> "Uma crença popular é a de que a deteção da mentira é mais fácil quando o detetor tem acesso ao retrato completo do potencial mentiroso, e que só ler um texto ou ouvir a voz diminui a deteção. Todavia, a pesquisa demonstrou que não é assim. As pessoas são melhores detetores da mentira quando apenas leem um texto ou ouvem a voz do que quando têm acesso a todos os canais de comunicação de uma pessoa. De facto, tornam-se piores detetores logo que são expostos à cara de alguém ( ). A razão para isto acontecer é que os detetores da mentira estão inclinados para se fixar nos movimentos dos olhos quando estes estão ao seu alcance, sendo certo que, consoante já vimos antes, os movimentos dos olhos não estão relacionados com a mentira."[292]

Neste mesmo sentido, conflui VRIJ quando nota que as regras conversacionais ditam que devemos olhar o nosso interlocutor nos olhos , sendo que estes geralmente não revelam informação fiável sobre a mentira.[293]

---

[290] MARC-ANDRÉ REINHARD *et al.*, "Listening, Not Watching: Situational Familiarity and the Ability to Detect Deception", in *Journal of Personality and Social Psychology*, 2011, Vol. 101, p. 468.

[291] BOND JR., Charles F./DEPAULO, Bella M., "Accuracy of Deception Judgments", in *Personality and Social Psychology Review*, 2006, Vol. 10, Nº 3, p. 231.

[292] AMINA MEMON *et al.*, *Psychology and Law, Second Edition*, Wiley, West Sussex, 2003, p. 32. JUDEE BURGOON *et al.*, "Cognitive Biases and Nonverbal Cue Availability in Detecting Deception", in *Human Communication Research*, Volume 34, Nº 4, Outubro 2008, p. 576, também enfatiza que os observadores seguem mais de perto os indicadores faciais do que os corporais ou da voz apesar de estudos consolidados confluírem na conclusão de que os indicadores faciais são os que têm menor capacidade de diagnóstico na identificação da mentira.

[293] ALDERT VRIJ, *Detecting Lies and Deceit, Pitfalls and Opportunities*, John Wiley & Sons, Ltd, West Sussex, 2008, p. 378.

CATALDO NEUBURGER afirma que "(...) o descobrimento da mentira é mais fácil se o observador tem acesso unicamente à explicação verbal da comunicação , quer dizer, quando se prescinde da explicação visual".[294]

O facto de a maioria das pessoas serem cognitivamente preguiçosas pode fazer com que tentem resolver as discrepâncias com recurso ao canal pelo qual o entrevistado é mais responsável: as palavras.[295]

A *hipótese da familiaridade situacional* consiste numa teoria criada por STIFF, em 1989, nos termos da qual os juízes usam o conteúdo verbal da informação na formação dos seus juízos de credibilidade só nas situações que lhe são familiares porque se sentem capazes de avaliar a validez do conteúdo verbal. Nas situações que não lhe são familiares, quando se sentem incapazes de avaliar o conteúdo dos indicadores verbais, as pessoas utilizam a heurística para a deteção daquilo que parece corresponder ao conceito social do comportamento do mentiroso, v.g., frequência dos movimentos, para tomar uma decisão.

Esta tese foi testada num estudo realizado por REINHARD e SPORER, os quais concluíram que, quando ouvimos alguém falar de factos (v.g, lugares, atividades ou tarefas) com os quais estamos familiarizados (ou cremos subjetivamente que estamos familiarizados), aumentamos a expetativa de conseguir uma avaliação correta mediante a plausibilidade e lógica do conteúdo da informação veiculada. Pelo contrário, quando não estamos familiarizados com a situação, podemos ter como melhor estratégia direcionar a atenção para o comportamento não verbal do emissor e não para o conteúdo verbal veiculado pelo mesmo. A justificação para este enfoque decorre da convicção de que o comportamento típico dos mentirosos e honestos é independente da sua motivação, da situação em que o emissor faz a declaração e do tipo de incidente que está a ser investigado.[296]

Outro contributo relevante nesta sede resulta do estudo realizado por ALDERT VRIJ *et al* sobre a comparação das diferentes estratégias de um par de mentirosos e de um par de declarantes verazes.

---

[294] Esame e controesame nel processo penal, Cedam, Padova, 2000, p. 13 apud ANDRÉS IBAÑEZ, *Valoração da Prova e Sentença Penal*, Lumen Juris, Rio de Janeiro, 2006, p. 18.

[295] MAUREEN O'SULLIVAN, "Is Le Mot Juste? The Contextualization or Words by Expert Lie Detectors", in BARRY S. COOPER (ed.), DOROTHEE GRIESEL (ed.), MARGUERITE TERNES (ed.), *Applied Issues in Investigative Interviewing, Eyewitness Memory, and Credibility Assessment*, Springer, London, 2013, p. 246.

[296] MARC-ANDRÉ REINHARD *et al.*, "Listening, Not Watching: Situational Familiarity and the Ability to Detect Deception", in *Journal of Personality and Social Psychology*, 2011, Vol. 101, p. 469.

Os pares de mentirosos pensaram nos detalhes que iam incorporar nas suas histórias tendo em vista assegurar-se de que as histórias condiziam. Decidiram não dar muitos detalhes porque isso pode propiciar a oportunidade de incorrerem em contradições ou se dizerem algo que o entrevistador sabe que é incorreto. Por seu turno, os declarantes honestos preocuparam-se essencialmente em relatar o que tinha acontecido, sem se preocuparem em preparar a entrevista (cfr. o que já ficou dito *supra* sobre a *ilusão da transparência*).

Todavia, no que tange à estratégia sobre a sua conduta não verbal, quer uns quer outros utilizaram a mesma estratégia, qual seja a de suprimir sinais de nervosismo/agitação que podem ser interpretados com desconfiança, sendo que os mentirosos revelaram mais intensivamente esta tendência.

Daqui conclui VRIJ que o facto de os declarantes verazes e os mentirosos empregarem diferentes estratégias verbais, mas a mesma estratégia não verbal, explica, em parte, porque que é que os indicadores verbais da mentira são mais operativos do que os não verbais.[297]

De toda a análise até agora efectuada, concluímos que a utilização do canal não verbal e do canal verbal, conjuntamente, amplia as possibilidades de formulação de um juízo de credibilidade mais seguro. Todavia, o peso relativo do canal verbal suplanta notoriamente o do canal não verbal. Esta ilação releva sobretudo para efeitos do correto enquadramento do princípio da imediação e do âmbito da reapreciação do juízo de facto em segunda instância (cfr. Parte II, 15.).

10. Estratégias para aperfeiçoar a deteção da mentira

As estratégias para melhorar a deteção da mentira reconduzem-se essencialmente a evitar os erros que normalmente ocorrem, por um lado, e a explorar as diferenças dos processos mentais dos mentirosos e dos sinceros, por outro.

10.1. Evitar os indicadores errados e centrar-se nos genuínos indicadores verbais e não verbais da mentira

Conforme já foi amplamente enunciado, os observadores baseiam frequentemente as suas decisões em indicadores que não diagnosticam de forma

---

[297] ALDERT VRIJ *et al.*, "Getting Into the Minds of Pairs of Liars and Truth Tellers: An Examination of Their Strategies", in *The Open Criminology Journal*, 2010, 3, p. 21.

PSICOLOGIA DO TESTEMUNHO – NOÇÕES GERAIS

correta o engano. É necessário que se atenham aos indicadores genuínos e operativos, sendo relevante para tal efeito a realização de treino que também funciona como motivador.

10.2. Evitar o emprego apenas de indicadores não verbais

Diversos estudos realizados confluíram na conclusão de que a deteção da verdade/mentira é mais eficaz quando se toma em consideração o conteúdo verbal por contraposição à concentração apenas no comportamento não verbal. Dito de outra forma, é imprescindível ouvir cuidadosamente o que é dito e prestar atenção só ao comportamento do entrevistado prejudica a deteção.

Todavia, a dissonância entre o discurso oral e a expressão física do entrevistado deve ser interpretada com cuidado, não se assumindo que tal divergência enuncia automaticamente uma mentira. Um juízo definitivo sobre se a pessoa está a mentir não deve ser precipitado, tendo-se em consideração possíveis explicações alternativas. Recorde-se a este propósito o que já ficou explicado a propósito do erro de Otelo.

A indução de esforço cognitivo ao entrevistado não é exclusiva dos mentirosos, ou seja, um entrevistado genuíno pode experimentar esforço cognitivo quando responde a perguntas num contexto complexo sob o ponto de vista cognitivo e emocional. O declarante veraz pode aumentar o seu esforço cognitivo enquanto faz o seu relato porque está ávido de facultar o maior número possível de detalhes. É natural que nessa altura evidencie sinais do esforço cognitivo, v.g., menor pestanejar. Deste modo, cabe ao entrevistador questionar-se se a pergunta formulada não provoca por si própria esforço cognitivo, independentemente de o entrevistado estar a responder com verdade ou não.

10.3. Não confiar na heurística e recorrer a múltiplos indicadores de uma forma flexível

Conforme já foi referido, inexiste um indicador da mentira que opere como o nariz do Pinóquio, isto é, que apenas esteja relacionado com a mentira. Diversos entrevistados exibem indicadores diferentes numa mesma situação (diferenças interpessoais) e o mesmo entrevistado mostra diferentes indicadores da mentira em diferentes situações (diferenças intrapessoais).

Deste modo, constitui uma prática incorreta recorrer apenas a regras fixas com base heurística (v.g., os mentirosos desviam o olhar logo, se o entrevistado desvia o olhar, é porque está a mentir) na deteção da mentira. Pelo contrário, deverá recorrer-se a grupos de múltiplos indicadores, sendo certo que mesmo estes podem não ser oportunos para todas as situações.

10.4. Considerar as diferenças interpessoais e intrapessoais e atentar nas divergências de reação do declarante veraz em situações similares

A questão fundamental que o entrevistador deve colocar é a de saber se os padrões de comportamento verbal e não verbal, adotados pela testemunha durante o interrogatório, divergem da conduta da mesma testemunha quando dá respostas verdadeiras. Com efeito, uma pessoa reage de forma diversa consoante está (i) numa situação formal e numa situação informal, (ii) está numa situação em que tem muito a perder se não for convincente, (iii) discute uma questão que a embaraça ou que lhe é indiferente.

Deste modo, quando o entrevistador deseja comparar a resposta não verbal de uma pessoa com a resposta não verbal verdadeira da mesma pessoa, o entrevistador tem de se assegurar que as respostas obtidas e as verdadeiras foram obtidas numa entrevista com cenário similar, que a pessoa fala acerca de assuntos equivalentes nas respostas dadas e nas verdadeiras. Há que comparar o comportamento padrão ou comum com o que é obtido no interrogatório. Para este efeito, pode ser muito útil uma fase preambular do interrogatório em que são formuladas perguntas neutras à testemunha.

Há que evitar o denominado *erro de idiossincrasia*, expressão que designa a situação em que algumas pessoas apresentam estilos de comportamento muito particulares (v.g., nunca estabelecer contato visual, esfregar muito o nariz, mexer muito as sobrancelhas), os quais podem coincidir eventualmente com indicadores objetivos e/ou subjetivos da mentira, sem que – todavia – as pessoas estejam a mentir. A conduta do sujeito tem de ser interpretada em função do que é o seu comportamento comum, sendo certo que as razões subjacentes a estes tipos de comportamentos são múltiplas, podendo inclusivamente ser de índole cultural (v.g., contacto visual).[298]

---

[298] John Yarbrough *et al.*, "The Sins of Interviewing: Errors Made by Investigative Interviewers and Suggestions for Redress", in Barry S. Cooper (ed.), Dorothee Griesel (ed.), Marguerite Ternes (ed.), *Applied Issues in Investigative Interviewing, Eyewitness Memory, and Credibility Assessment*, Springer, London, 2013, p. 75.

10.5. Explorar os diferentes processos mentais dos mentirosos e dos não mentirosos

A estratégia verbal mais comum de um declarante verdadeiro é a de relatar os factos tais como os viveu, que pode ser resumida no mote "*keep it real*". Esta postura explica-se pela ilusão da transparência e pela crença num mundo justo, já referenciadas a propósito da teoria da complexidade do conteúdo.

Diversamente, o mentiroso está focado em criar uma história que seja plausível e sem contradições pelo que a respectiva estratégia pode ser resumida no mote "*Keep it simple*".

Na sucinta expressão de Vrij *Et al.*, "(...) os que falam verdade usam a sua memória para tentar reconstruir a realidade, enquanto os bons mentirosos usam a sua memória para recordar os ingredientes de uma boa história."[299]

Estas diferentes estratégias refletem-se no teor dos depoimentos no caso de interrogatórios repetidos. Nesta eventualidade, "(...) os bons mentirosos tentarão repetir o que disseram no interrogatório prévio, enquanto os que falam a verdade tentarão reconstruir o que viveram, estando menos preocupados com o que disseram previamente. Os mentirosos que consigam seguir a sua estratégia produzirão declarações com um grau de consistência mais alto e, por conseguinte, têm uma probabilidade de não ser detetados, enquanto o trabalho evocativo dos que falam a verdade podem debilitar o grau de consistência do respetivo depoimento (o que pode lançar dúvidas sobre o depoimento)."[300]

Consoante já foi anteriormente referido, as diferenças de comportamento entre mentirosos e não mentirosos tendem a esbater-se, o que pode ser explicado (i) pelo facto da mentira ser uma situação comum e, como tal, a pessoa adquirir aptidão para a mesma e (ii), como é enfatizado pela perspetiva da autoapresentação, convencer o declaratário de que se está a dizer a verdade impõe tarefas similares quer para os mentirosos quer para os verazes. Ambos partilham a motivação básica de criar uma impressão credível e desenvolverão esforços nesse sentido.

---

[299] Aldert Vrij *et al.*, "Good Liars", in *The Journal of Psychology & Law*, 38/Spring-Summer 2010, p. 92.
[300] Aldert Vrij *et al.*, "Good Liars", in *The Journal of Psychology & Law*, 38/Spring-Summer 2010, p. 93.

Neste contexto, uma estratégia mais eficaz na deteção da mentira passa pela tentativa de ampliar as diferenças comportamentais entre os mentirosos e os verazes no sentido de aperfeiçoar as hipóteses de sucesso em tal deteção.

A ampliação de tais diferenças pode lograr-se designadamente com:

i. Utilização de uma entrevista que privilegie a recolha de informação;
ii. A formulação de perguntas não antecipadas;
iii. A formulação de perguntas temporais;
iv. O uso estratégico da prova;
v. O método do "advogado do diabo";
vi. Pedido para contar a história ao contrário (do fim para o princípio);
vii. Pedido para contar a história mantendo contato visual com o entrevistador.

10.5.1. Entrevista que privilegie a recolha de informação

A entrevista deve visar reunir a maior informação possível sobre o acontecimento através de perguntas abertas, extraindo respostas tão longas quanto possível. Deste modo, obtém-se um número de detalhes superiores e propiciam-se mais oportunidades de identificar inconsistências e contradições entre as respostas e a prova já disponível. Por outro lado, quanto mais tempo falar o entrevistado maiores serão as probabilidades do mesmo incorrer em indicadores não verbais da mentira bem como em indicadores verbais da mentira uma vez que as palavras são os mensageiros destes.[301]

O entrevistador deve pedir ao entrevistado que explique mais desenvolvidamente a versão dos factos que deu perante as perguntas abertas iniciais. Este pedido pode causar dificuldades ao mentiroso porque este preparou-se para fazer o seu relato segundo um guião mas, em regra, não aprofunda tal preparação com tantos detalhes como os que lhe são pedidos. Confrontado com tal pedido, o mentiroso enfrenta um dilema: se responder, terá que improvisar o que é, por vezes, difícil; em alternativa, pode afirmar que não se lembra de mais nada. Todavia, esta última opção pode suscitar desconfiança sobretudo se o mentiroso facultou um relato circunstanciado na primeira resposta.

---

[301] ALDERT VRIJ, *Detecting Lies and Deceit, Pitfalls and Opportunities*, John Wiley & Sons, Ltd, West Sussex, 2008, pp. 405-406.

PSICOLOGIA DO TESTEMUNHO – NOÇÕES GERAIS

Na gíria dos nossos tribunais, há quem apelide esta conduta da testemunha como demonstrando a existência de uma "memória seletiva".

A deteção da mentira será provavelmente mais fácil no primeiro interrogatório porquanto o mentiroso pode não ter ainda ensaiado bem a sua história e não ter delineado cabalmente a sua estratégia nas respostas a dar. Ademais e em geral, a primeira resposta oferecida costuma ser mais espontânea e veraz do que quando a questão é recolocada, altura em que o interrogado – instintivamente – adota uma atitude de prevenção, meditando e medindo mais qualquer nova resposta.

10.5.2. Formulação de perguntas inesperadas

O mentiroso planifica o seu interrogatório mediante uma estratégia que passa necessariamente pela antecipação das perguntas que lhe serão formuladas e das respostas que dará às mesmas. E, com tal propósito, formula o seu guião que , normalmente, se cinge à atividade central do evento.[302]

O entrevistador pode explorar esta limitação, formulando perguntas que o mentiroso não antecipou, v.g., relativas ao espaço, ou com um formato que também não foi antecipado, v.g., com recurso a desenhos ou esquemas. Como o mentiroso não antecipou as questões, tem de inventar uma resposta no momento o que lhe gera maior instabilidade e aumenta a probabilidade de contradições. O risco é acrescido quando, por exemplo, o suspeito combinou com outro uma versão comum para dar no interrogatório. Pelo contrário, o veraz codificou a informação em mais dimensões do que o mentiroso. Daí que, em contraposição ao mentiroso, o veraz é capaz de recordar o evento de uma forma mais flexível e em várias dimensões.[303]

Esta estratégia sairá reforçada se, mais tarde no interrogatório, o entrevistador formular novamente a mesma pergunta inesperada. Como o mentiroso teve de construir a resposta no momento, provavelmente incorrerá em

---

[302] RONALD FISCHER *et al.*, "Does Testimonial Inconsistency Indicate Memory Inaccuracy and Deception? Beliefs, Empirical Research, and Theory", in BARRY S. COOPER (ed.), DOROTHEE GRIESEL (ed.), MARGUERITE TERNES (ed.), *Applied Issues in Investigative Interviewing, Eyewitness Memory, and Credibility Assessment*, Springer, London, 2013, p. 184.

[303] ALDERT VRIJ *et al.*, "Pitfalls and Opportunities in Nonverbal and Verbal Lie Detection", in *Psychological Science in the Public Interest*, 11(3), 2010, p. 106.

contradição com o que disse antes ou, no mínimo, terá uma latência de resposta superior.

Num artigo denominado "Lembra-se do que é que tinha no bolso quando foi picado por uma abelha?", PÄR ANDES GRANHAG *et al* propõem mesmo que as perguntas inesperadas versem sobre questões periféricas do evento e, como tais, difíceis mas não impossíveis de responder. Segundo estes autores, este tipo de perguntas colocam o mentiroso num dilema sobre as consequências de responder ou de não responder: se não responder, pode ser visto como evasivo e, nessa medida, suscitar desconfiança; respondendo, pode não o fazer nos mesmos termos que um declarante veraz e, por isso, suscitar desconfiança. Propugnam que o propósito do mentiroso de se comportar de forma convincente (v.g. respondendo a questões difíceis) invalidará o seu intuito de atuar como um declarante veraz. Isto porque não é fácil imitar a declaração de um veraz sem preparação, com invenção da resposta no momento. O mentiroso tenderá a resolver o dilema no sentido de responder à questão porque, se não o fizer, corre o risco de (i) não manter uma aparência honesta e (ii) de não se assimilar a um declarante veraz. Respondendo, apenas corre este último risco.[304]

10.5.3. Formulação de perguntas temporais

Uma estratégia frequentemente utilizada pelos mentirosos na criação de uma história é a de recorrer a uma experiência real mas que localizam noutro período temporal que não o real. O suspeito pode invocar como alibi que naquele momento estava num ginásio, o que lhe facilitar o relato do que alegadamente fez porque se trata de uma situação que lhe é familiar.

Esta estratégia pode ser desmontada com perguntas incidentes sobre aquele período concreto de tempo, v.g., sobre quem era o instrutor que trabalhou naquele dia ou sobre quem mais estava lá naquele momento.

10.5.4. O uso estratégico da prova

Um suspeito inocente e um suspeito culpado abordam um interrogatório de formas distintas. Este tem como propósito essencial o de se assegurar que o entrevistador não logre conhecer as ações do suspeito aquando do momento

---

[304] MEILING LIU *et al.*, "Can You Remember What Was in Your Pocket When You Were Stung by a Bee?": Eliciting Cues do Deception by Asking the Unanticipated", in *The Open Criminology Journal*, 2010, 3, p. 32.

do evento. Aquele enfrenta um problema diametralmente oposto, qual seja o do entrevistador não vir a saber o que fazia o suspeito no momento do evento.

Em consequência, o suspeito culpado tenderá a usar estratégias de evasão (v.g. evitando mencionar que estava num certo local num dado momento) ou de negação (v.g., negando que estava num certo local num dado momento). Pelo contrário, o suspeito inocente tenderá a ser mais aberto e comunicativo, relatando os factos como ocorreram. O resultado é que os relatos do suspeito inocente tendem a ser mais consistentes com a prova disponível.

O uso estratégico da prova assenta nestas diferentes estratégias, tentando desenvolver técnicas de entrevista que distingam entre declarações verdadeiras e falsas. Assim, quando o entrevistador dispõe de informação que pode ser incriminadora pode introduzi-la no interrogatório de uma forma estratégica num dado momento, que não o início da entrevista.

Retomando o exemplo de VRIJ *et al*, um homem deixa uma pasta numa livraria em cima de uma caixa de artigos de papelaria e, quando regressa para a buscar, descobre que a carteira que estava no interior foi furtada. A pasta apresenta impressões digitais que não pertencem ao dono mas são de outro cliente que esteve na livraria. Este cliente torna-se, por isso, suspeito mas não é necessariamente culpado. O mesmo pode apenas ter afastado a pasta para ver algo sob a mesma.[305]

Aplicando a técnica do uso estratégico da prova, a entrevista a este suspeito deve ser conduzida em três passos. No primeiro, pede-se-lhe que relate as suas atividades na livraria mas sem fazer qualquer menção à existência da impressão digital. Perante tal pergunta, é mais provável que um suspeito inocente relate a presença da pasta do que um suspeito culpado na medida em que aquele não tem nada a esconder e relatará o que se passou, incluindo que tocou na pasta. Como o mentiroso deseja dissociar-se do crime, não mencionará a pasta.

No segundo passo, o entrevistador coloca perguntas incluindo sobre a pasta, continuando sem mencionar a existência da impressão digital do entrevistado. Também nesta fase, mais facilmente o declarante veraz dirá que tocou na pasta e, com maior probabilidade, o mentiroso negará que tocou na pasta.

---

[305] ALDERT VRIJ *et al.*, "Pitfalls and Opportunities in Nonverbal and Verbal Lie Detection", in *Psychological Science in the Public Interest*, 11(3), 2010, p. 108.

O terceiro passo consiste em revelar a existência da prova (impressão digital) e pedir ao entrevistado que explique as eventuais contradições entre o que relatou e a existência da impressão digital. Naturalmente, há que ter em consideração que a existência de qualquer contradição não deve ser valorada automaticamente como indicador de mentira porquanto aquela pode dever-se a outros fatores, v.g. fraca recordação do evento.

Esta técnica apresenta várias vantagens. Do ponto de vista do entrevistador, obriga-o a não mostrar qualquer suspeita e a iniciar a entrevista sem ideias feitas sobre a culpabilidade do entrevistado. Em segundo lugar, a demonstração de desconfiança pelo entrevistador pode colocar o suspeito inocente numa posição desconfortável, o que – por sua vez – pode conduzir ao denominado erro de Otelo. Em terceiro lugar, para o suspeito efetivamente culpado, a demonstração de desconfiança pode facilitar-lhe a vida no sentido de que se poderá recusar a continuar a responder, argumentando que o entrevistador não acredita nele.

10.5.5. Técnica do "advogado do diabo"

O método do "advogado do diabo" serve para detetar a verdade e a mentira na expressão de opiniões. Num primeiro momento, coloca-se ao entrevistado uma pergunta sobre a sua opinião acerca de uma questão, sendo que a pergunta o induz a argumentar em prol da opinião que sustenta (v.g., *Quais são as suas razões para apoiar a intervenção militar em* (...)?). Num segundo momento, coloca-se-lhe uma pergunta cuja resposta implica que argumente contra a opinião própria (v.g., *Fazendo de advogado do diabo, há alguma coisa que possa dizer contra a intervenção militar em* (...)?).

Normalmente, a pessoa pensa a fundo e tem mais facilidade em encontrar razões para apoiar a sua opinião do que encontrar argumentos contra a sua opinião. Daí que quem fala verdade mais facilmente proporcionará informação na resposta à primeira questão do que à segunda (pergunta advogado do diabo). Este padrão não se replica com o mentiroso porquanto para este a pergunta do advogado do diabo compatibiliza-se mais com as suas convicções.

Num estudo realizado sobre este método, verificou-se que as respostas dos declarantes verazes à primeira questão eram mais imediatas e plausíveis, demonstrando mais envolvimento emocional, o mesmo não sucedendo com as respostas à segunda questão. Diversamente, nas respostas dos mentirosos às duas questões não emergiram diferenças substanciais.[306]

10.5.6. Contar a história ao contrário e mantendo contacto visual com o entrevistador

O pedido para contar a história ao contrário e para contar a história mantendo permanente contacto visual com o entrevistador assentam no pressuposto já anteriormente enunciado de que mentir exige um maior esforço cognitivo. Além do que foi dito a este propósito sob 7.1.3.2., o mentiroso – em princípio – está preocupado com a dupla tarefa de responder e de representar o seu papel o que exige um esforço cognitivo adicional. Enquanto a ativação da verdade ocorre frequentemente de forma automática, a ativação de uma mentira é mais intencional e deliberada, requerendo mais esforço mental.

O facto de o mentiroso ficar com menos recursos cognitivos torna-o vulnerável e, se lhe forem exigidas tarefas adicionais, o mentiroso poderá não ter um desempenho tão bom na superação dessas dificuldades como terá um declarante veraz.

Um dos métodos para aumentar o esforço cognitivo é pedir ao entrevistado que conte a história em ordem inversa, do fim para o princípio. Este tipo de relato aumenta o esforço cognitivo porque (i) se contrapõe à codificação natural dos acontecimentos por ordem sequencial e (ii) quebra a reconstrução dos eventos a partir de um esquema. O relato da história ao contrário propicia mais indicadores da deceção.[307]

Outro método para aumentar o esforço cognitivo é pedir ao entrevistado que relate os factos mantendo contacto visual com o entrevistador (olhos nos olhos). A explicação reside no seguinte: quando um entrevistado se tem de concentrar no relato da sua história, v.g. como quando se lhes pede que relate o que aconteceu, tem propensão para desviar o olhar do entrevistador (tipicamente para um ponto imóvel) porque manter contacto visual distrai.

---

[306] ALDERT VRIJ *et al.*, "Pitfalls and Opportunities in Nonverbal and Verbal Lie Detection", in *Psychological Science in the Public Interest*, 11(3), 2010, p. 108.

[307] ALDERT VRIJ e PÄR ANDERS GRANHAG, "Eliciting Cues to Deception and Truth: What Matters are the Questions Asked", in *Journal of Applied Research in Memory and Cognition*, 2012, 1, p. 113.

11. As heurísticas

A denominada *teoria do duplo processo* preconiza que existem duas modalidades de pensamento e de decisão: a intuição e o raciocínio. Num primeiro modelo, de processos intuitivos, o processo de decisão ocorre de forma espontânea, automática, associativa, com base em heurísticas, não consumindo muita atenção, sendo expedito (*Sistema 1*). Num segundo modelo, recorre-se a processos deliberativos, assentando-se em operações mentais que requerem esforço, motivação, concentração, dedução e a execução de regras aprendidas, sendo lento (*Sistema 2*). Os dois modelos operam paralelamente, funcionando ao mesmo tempo.

No que tange à atividade judicial, esta construção propugna que o juiz começa por efetuar juízos ao abrigo do sistema 1 e que depois pode, ou não, superá-los com o recurso a deliberação (sistema 2). O sistema 1 propõe respostas intuitivas para os problemas que surgem e o sistema 2 monitoriza a qualidade dessas respostas, as quais podem ser corrigidas ou mesmo anuladas.[308]

A intuição é o trilho pelo qual podem aceder ao sistema judiciário influências indesejáveis tais como as atinentes ao género (v.g. associando mais os homens a certas carreiras profissionais e as mulheres a outras), raça (v.g., conotando certa raça com a prática de atos violentos), atratividade, etc. A necessidade de justificar e explicar as decisões leva a que, em regra, o modo deliberativo corrija os erros da intuição, incluindo os exemplificados.

O julgamento humano recebe influências mesmo inconscientes que se repercutem naquele. Quando as pessoas fazem escolhas complexas, tendem comummente a confiar em regras simples ou atalhos que os psicólogos denominam heurísticas. As heurísticas "são atalhos que nos ajudam a chegar rapidamente a uma solução."[309] Estas heurísticas são típicas do sistema 1 acima enunciado.

As heurísticas são regras cognitivas que, inconscientemente, o ser humano aplica ao processar informação que recebe do exterior e que permitem reduzir a operações de raciocínio mais simples tarefas complexas de atribuir pro-

---

[308] CHRIS GUTHRIE *et al.*, "Judicial Intuition", www.law.vanderbilt.edu/...download.as... , pp. 5 e seguintes.
[309] HENRY GLEITMAN *et al.*, *Psicologia*, 6ª Edição, Fundação Calouste Gulbenkian, Lisboa, 2003, p. 433.

babilidade e predizer valores.[310] Quando as pessoas operam de uma forma heurística, focam-se num subconjunto de informação que lhes permite usar regras simples de decisão para tomar uma resolução em vez de avaliarem cuidadosamente toda a informação disponível. A premissa aqui subjacente é a de que as pessoas são avaros cognitivamente e que empregarão o mínimo esforço cognitivo possível em determinadas situações, salvo se tiverem motivações para proceder de outra forma. Ou seja, a capacidade de processamento de informação é limitada face à sobrecarga de informação. Assim e por defeito, os recetores de uma mensagem operarão de um modo heurístico, considerando na sua decisão só alguns indicadores de informação, baseando o seu juízo neles em vez de exaurirem todos os indicadores contidos na mensagem.[311]

A literatura nesta área tem identificado diversas heurísticas que se podem reflectir nas decisões judiciais, mesmo na fixação dos factos e na avaliação da prova testemunhal.

O *viés da verdade* (*"truth bias"*) diz-nos que, com maior probabilidade, uma pessoa considera uma afirmação verdadeira como tal do que julga uma afirmação falsa como uma mentira, mesmo que tal exercício ocorra em condições experimentais em que haja boas razões para não presumir a veracidade da afirmação.[312] VRIJ avança várias explicações para este fenómeno, designadamente: (i) no dia-a-dia, a maioria das afirmações produzidas são verdadeiras

---

[310] O estudo seminal sobre as heurísticas é de AMOS TVERSKY e DANIEL KAHNEMAN, "Judgement Under Uncertainty: Heuristics and Biases",in *Science*, 1974, 185, pp, 1124-1134. KAHNEMAM viria a ser galardoado com o Prémio Nobel da Economia em 2002.

[311] JUDEE BURGOON *et al.*, "Heuristic and Modalities in Determining Truth Versus Deception" in *38th Hawaii International Conference on System Sciences (HICSS-38 2005)*, Abstracts Proceedings, 3-6 January 2005, Big Island, HI, USA , p. 1.

[312] Cf. CHARLES BOND JR. e BELLA DEPAULO,"Accuracy of Deception Judgments", in *Personality and Social Psychology Review*, 2006, Vol. 10, Nº 3, p. 231; JUDEE BURGOON *et al.*, "Cognitive Biases and Nonverbal Cue Availability in Detecting Deception", in *Human Communication Research*, Volume 34, Nº 4, Outubro 2008, p. 575.

FRAMARINO DEL MALATESTA, *Lógica de las Pruebas en Matéria Criminal*, Vol. II, p. 18, *apud* RIVERA MORALES, *La Prueba: Un Análisis Racional y Práctico*, Marcial Pons, Madrid, 2011, p. 261, afirma que: "A presunção consiste em que os homens em geral percebem e relatam a verdade, a qual serve de base a toda a vida social, e é fundamento da credibilidade genérica de toda a prova pessoal e do testemunho em particular."

Afirma ANDRÉS PÁEZ, "Una Aproximación Pragmatista al Testimonio Como Evidencia", in CARMEN VÁSQUEZ (ed.), *Estándares de Prueba y Prueba Científica*, Marcial Pons, Madrid, 2013, pp. 216, que "A nossa confiança nas palavras dos demais é um requisito para a interação

o que despoleta a heurística da disponibilidade; (ii) cortesia social porquanto não podemos estar constantemente a interpelar o nosso interlocutor para fazer prova do que diz. Visto como uma heurística, o viés da verdade reflete um atalho cognitivo que emerge de expetativas e crenças convencionais que são usadas nos processos de interação diários.

EKMAN identifica entre os profissionais da polícia o *viés da mentira ("lie bias")*, revelando os polícias tendência para presumir que os entrevistados mentem, mesmo quando são informados que tal não ocorre.[313]

A *heurística da disponibilidade ou acessibilidade* consiste em julgar a frequência de uma classe ou a probabilidade de um evento com base na facilidade com que os casos atinentes ocorrem à mente. O termo disponibilidade refere-se aqui a dois processos: a facilidade de recuperação da informação da memória e a facilidade na imaginação de casos similares. Na heurística da disponibilidade, a apreciação recorre à disponibilidade como base para avaliar a frequência, ou seja, valora-se a probabilidade de que se produza um acontecimento em função da facilidade que se tem para recordar um acontecimento similar. Em suma, o sujeito toma a decisão em função da situação análoga que recorda melhor, a qual não coincide – necessariamente – com a mais frequente, ao contrário da heurística da representatividade.

Por exemplo, se nos perguntarem qual a maior causa de morte, se o cancro ou as doenças cardiovasculares, tenderemos a recuperar casos de pessoas que conhecemos que faleceram por estas razões, criando uma heurística de disponibilidade e a responder em conformidade. Todavia, a facilidade da recuperação de um evento ou da sua imaginação nada tem a ver com a sua frequência estatística, v.g, porque faleceu recentemente alguém nosso conhecido com uma dessas causas de morte tal não significa que estatisticamente esta causa seja superior. Ou seja, a heurística da disponibilidade pode conduzir a um erro sistemático. Eventos facilmente recuperáveis ou imagináveis tendem a

---

social em geral, e é essencial com o fim de alcançar o nível de cooperação necessário para a sobrevivência da espécie humana."

[313] MAUREEN O'SULLIVAN, "Is Le Mot Juste? The Contextualization or Words by Expert Lie Detectors", in BARRY S. COOPER (ed.), DOROTHEE GRIESEL (ed.), MARGUERITE TERNES (ed.), Applied Issues in *Investigative Interviewing, Eyewitness Memory, and Credibility Assessment*, Springer, London, 2013, p. 245.

ser sobrestimados enquanto eventos difíceis de recuperar ou de imaginar tendem a ser subestimados.[314]

A heurística da acessibilidade repercute-se na avaliação da prova sobretudo quando existe uma situação de escassez probatória. Num contexto dessa índole, o juiz tenderá a recordar situações similares. Conforme refere NIEVA FENOLL, se os factos que o juiz tem de valorar são excecionais, é possível que o juiz valore como credível uma versão insólita dos factos apenas porque tem presente uma outra situação que já julgou anteriormente.[315] A heurística da acessibilidade pode ainda conduzir a uma condenação de "pessoas de modo quase preventivo, sobretudo em função dos seus antecedentes e da enorme gravidade do facto julgado."[316]

A *heurística da representatividade* preconiza que se julga a probabilidade ou a frequência com base na similaridade, assumindo-se que cada caso é representativo da sua classe. A confiança nesta heurística é manifestada quando alguém fornece ou é convencido por argumentos do tipo *"conheço um homem que"* ou *"conheço uma mulher que"*. O sujeito toma uma decisão em função daquilo que apreende como tendo mais frequentemente êxito porque está convicto que essa opção resultou com uma maior número de pessoas.

Um tipo de juízo que se baseia nesta heurística é a previsão categorial, que pretende estimar a probabilidade de uma pessoa com certas caraterísticas perante uma categoria ou classe alvo. O exemplo mais conhecido é o *caso de Linda*. Os participantes foram confrontados com um texto sobre Linda,

---

[314] De uma forma mais pormenorizada, a heurística da representatividade pode conduzir nomeadamente aos seguintes erros e enviesamentos: a)ignorância ou insensibilidade às probabilidades prévias: na resolução de uma questão, o sujeito descura a evidência empírica prévia, atendo-se aos dados que lhe são fornecidos; b) ignorância do tamanho da amostra: por exemplo, temos mais receio de morrer num acidente de avião do que num acidente de automóvel quando este é muito mais provável que aquele; c) falso conceito de azar: o sujeito espera que uma sequência de eventos gerada por um processo ao acaso represente as caraterísticas essenciais desse processo mesmo que a sequência seja curta (v.g., sequência de cara ou coroa no lançamento de uma moeda, presumindo-se que o número de resultados será equivalente); d) ilusão de validez: confiança injustificada nas nossas predições mesmo quando estamos conscientes das limitações das nossas predições – cf. OVEJERO BERNAL, *Fundamentos de Psicologia Jurídica e Investigación Criminal*, Universidade de Salamanca, 2009, pp. 228-232.

[315] *La Valoración de la Prueba*, Marcial Pons, Madrid, 2010, p. 124.

[316] NIEVA FENOLL, *La Duda en el Proceso Penal*, Marcial Pons, Madrid, 2013, p. 55.

sendo-lhes subsequentemente pedido que escolhessem qual a descrição mais adequada de Linda.

Assim, o texto era: *Linda tem 31 anos, é solteira, sincera e muito brilhante. Tem uma licenciatura em filosofia. Quando era estudante, era muito interessada nos temas da discriminação e da justiça social e participou mesmo em manifestações antinucleares.*

Qual é a sequência mais adequada desta descrição entre as oito seguintes: Linda ensina numa escola primária; Linda trabalha numa livraria e tem lições de ioga; Linda é ativista do movimento feminista; Linda trabalha em psiquiatria social; Linda é membro da União das mulheres eleitoras; Linda trabalha num banco; Linda vende seguros; Linda é empregada num banco e é ativista no movimento feminista?

Oitenta e nove por cento dos participantes escolheram esta última hipótese como sendo mais provável que Linda é empregada num banco. Esta opção constitui uma violação de um dos princípios fundamentais da teoria da probabilidade, qual seja, o da extensionalidade, consubstanciando um erro conhecido como a *falácia da conjunção*. Segundo esta, um acontecimento mais específico ("Linda é empregada num banco e é ativista num movimento feminista") não pode ser mais provável que um evento menos específico ("Linda é empregada num banco").[317]

Ao confiarem na heurística da representatividade as pessoas tendem a subvalorizar a importância da informação estatística.

A inclinação já estudada das pessoas interpretarem comportamentos nervosos como indicador de mentira é uma forma de heurística da representatividade. Na explicação de Muñoz Aranguren, "os estudos empíricos sugerem que, quando os sujeitos fazem *juízos categóricos* – por exemplo, ponderar a probabilidade de que um arguido seja culpado – , *concluem que a evidência concreta analisada* (por exemplo, o comportamento do arguido durante o julgamento) *é representativa da categoria* (culpabilidade ou inocência do arguido). Quando a mostra ou evidência parecer ao tribunal representativa ou similar à categoria (por exemplo, o arguido mostra-se nervoso durante o julgamento), tende a julgar a probabilidade da categoria na mesma medida – prova da culpabi-

---

[317] Constantinos Hadjichristidis, "Euristiche ed Errori Sistematici nel Giudizio", in Nicola Bonini, Fabio Del Missier, Rino Rumiati (Eds.), *Psicologia del Giudizio e della Decisione*, Il Mulino, Bolonha, 2008, pp. 41-52.

PSICOLOGIA DO TESTEMUNHO – NOÇÕES GERAIS

lidade –."[318] Dentro da mesma lógica, se o arguido parece estar tranquilo, a evidência não pertence à categoria pelo que se produz o fenómeno mas em sentido inverso.

Ainda em sede de valoração da prova, a heurística da representatividade pode levar a que o juiz, antes de aplicar as regras do ónus da prova, decida julgar por representatividade, imaginando situações similares que conheça. Alerta NIEVA FENOLL que esta heurística pode também conduzir o juiz "(...) a valorar dados chamativos que nada têm a ver, na realidade, com o caso concreto, como os antecedentes de uma das partes - como delinquente ou como devedor moroso, por exemplo – ou inclusivamente a sua etnia, ou ainda a sua atuação durante o processo segundo tenha sido mais ou menos rebelde."[319] Ainda sob a influência desta heurística, o juiz decide da mesma forma assuntos que são ou lhe parecem análogos, quer recorrendo à experiência própria quer recorrendo à experiência mais sistemática e geral: a jurisprudência.

Acompanhando VRIJ podem exemplificar-se outras heurísticas, designadamente:

- Heurística da sondagem (*"probing heuristic"*), a qual se refere à tendência do observador para crer mais numa fonte/testemunha depois desta ter sido esquadrinhada. Isto porque se entende que a análise minuciosa é uma estratégia efetiva de deteção da mentira pelo que, se após tal análise, não ocorrem indicadores de mentira, mais facilmente a testemunha/fonte será acreditada.
- A heurística da violação da expetativa (*"expectancy violation heuristic"*) que se reporta à tendência para julgar reações que são pouco frequentes ou estranhas (v.g., manter os olhos fechados ou, inversamente, olhar fixamente durante a conversa) como decetivas.
- A heurística da falsificabilidade (*"falsifiability heuristic"*) segundo a qual as mensagens que contêm mais detalhes falsificáveis são mais provavelmente tidas como decetivas.

[318] "La Influencia de los Sesgos Cognitivos en las Decisiones Jurisdiccionales: El Factor Humano. Una Aproximación", in www.indret.com, Abril de 2011, p. 4.
[319] *La Valoración de la Prueba*, Marcial Pons, Madrid, 2010, p. 121.

- A heurística da aparência facial (*"facial appearance heuristic"*) que se refere à tendência para julgar as pessoas com rostos atrativos ou com aparência "baby-faceness" (testa alta e olhos grandes e espaçados) como honestas.

A *heurística da ancoragem e ajustamento* constitui um processo mediante o qual as pessoas fazem cálculos/estimativas partindo de um valor inicial que é sucessivamente ajustado para produzir uma resposta final. Esse valor inicial pode ser sugerido na formulação do problema ou pode ser o resultado de um cálculo parcial. Isto significa que diferentes pontos de partida conduzem a estimativas diversas, sendo que estas tendem a ser próximas ao ponto de partida. Mesmo quando a âncora é apresentada de uma forma que não se dissocia do contexto comunicacional, a tarefa de comparar o objetivo com a âncora causa uma assimilação em direção à âncora.

Uma explicação possível para este fenómeno é a de que a âncora pode funcionar como uma das respostas possíveis para a questão equacionada. Ou seja, pode ocorrer aqui um viés confirmatório (*"confirmation bias"*) que consiste na tendência a privilegiar a procura de informação que confirme a hipótese inicial, descurando a informação que possa contradizer a hipótese inicial. O sujeito obstina-se em ir reinterpretando todos os dados que recebe a favor da correção da hipótese inicial, mesmo que tais dados desmintam tal hipótese a cada passo. Podem ser avançadas outras ordens de explicações, designadamente a de que a resolução de uma tarefa que implique a comparação com a âncora torna esta mais acessível pelo que o seu valor provavelmente influenciará o subsequente raciocínio absoluto. [320]

Assim, as referências numéricas influenciam as estimativas numéricas dos juízes, quer em casos cíveis quer em casos criminais. Essas referências numéricas atuam como âncoras que influenciam o modo como os casos são decididos, mesmo quando os números são arbitrários, irrelevantes ou absurdos.[321]

---

[320] Cfr. BIRTE ENGLICH, "Blind or Biased? Justitia's Susceptibility to Anchoring Effects in the Courtroom Based on Given Numerical Representations", in *Law & Policy*, Vol. 28, Nº4, 2006, pp. 503-504 ainda com outras ordens de explicações.
[321] JEFFREY RACHLINSKI, "Judicial Psychology", http://www.rechtspraak.nl/Organisatie/Publicaties-En-Brochures/rechtstreeks/Documents/Rechtstreeks%202012-2.pdf, p. 27.

PSICOLOGIA DO TESTEMUNHO – NOÇÕES GERAIS

Os mandatários têm consciência desta heurística sabendo que quanto maior for o pedido formulado, tendencialmente maior será a indemnização obtida.[322]

Um estudo realizado na Alemanha demonstrou que, nos julgamentos criminais, a ordem da apresentação das alegações nas quais se reclame uma pena concreta pode ser crucial para determinar a sua influência efetiva na pena fixada. Foram simulados dois julgamentos de um caso de violação, cuja única diferença foi a alteração da ordem das alegações sendo que o Ministério Público e a defesa reclamaram nas duas situações a aplicação da mesma pena. Também aqui ficou demonstrado que a primeira estimativa avançada teve mais influência na pena final, a qual foi menor quando usou da palavra em primeiro lugar a defesa e não a acusação. Na sequência desta experiência, os autores questionam – e bem – se não seria melhor dar a palavra primeiro à defesa do arguido porquanto o direito a usar da palavra em último lugar parece, em termos reais, enfraquecer a defesa.[323]

Em Espanha, foi realizado um estudo que teve como base de trabalho 555 sentenças penais proferidas entre 1980 e 1995, o qual pretendeu medir o efeito da ancoragem das sentenças quanto à fixação da pena face à posição assumida pelo Ministério Público. O resultado do estudo foi no sentido de que uma percentagem superior a 60% das sentenças estavam, em maior ou menor medida, guiadas por um efeito de ancoragem em relação à posição do Ministério Público.[324] Acresce que as decisões judiciais mais sujeitas ao efeito da ancoragem mostraram-se menos motivadas, continham menos referências aos factos concretos do litígio bem como aos meios de prova.[325]

Em sede de valoração da prova, a heurística da ancoragem traduz-se na formulação de uma ideia sobre o que aconteceu a partir de alguns indícios. Quando tal ocorre, torna-se difícil que o julgador mude de opinião mesmo

---

[322] BIRTE ENGLICH, "Blind or Biased? Justitia's Susceptibility to Anchoring Effects in the Courtroom Based on Given Numerical Representations", in *Law & Policy*, Vol. 28, Nº4, 2006, p. 500.

[323] BIRTE ENGLICH, "Blind or Biased? Justitia's Susceptibility to Anchoring Effects in the Courtroom Based on Given Numerical Representations", in *Law & Policy*, Vol. 28, Nº4, 2006, pp. 508-509.

[324] MUÑOZ ARANGUREN, "La Influencia de los Sesgos Cognitivos en las Decisiones Jurisdiccionales: El Factor Humano. Una Aproximación", in www.indret.com, Abril de 2011, p. 20.

[325] MUÑOZ ARANGUREN, "La Influencia de los Sesgos Cognitivos en las Decisiones Jurisdiccionales: El Factor Humano. Una Aproximación", in www.indret.com, Abril de 2011, p. 29

que surjam dados contraditórios com essa perceção inicial. Paradoxalmente, estes novos dados são reinterpretados de modo a que o julgador mantenha a sua opinião inicial. Desta forma, a incidência desta heurística pode conduzir a erros.[326]

Consoante se viu, as heurísticas podem, em muitas circunstâncias, conduzir a erros. Assim, seria expectável que tais erros fossem corrigidos à medida que ficasse disponível mais informação, através de uma autocorreção. Todavia, o já mencionado *viés confirmatório* trabalha contra a autocorreção. Quando é dada a possibilidade da pessoa de procurar nova informação, a mesma tenderá a procurar informação que confirme as suas crenças e não que as desafie. Perante a coexistência de informação consistente com a crença e inconsistente com esta, a pessoa tenderá a considerar as provas que apoiam o seu ponto de vista e a desconsiderar as contrárias.

As heurísticas ajudam a explicar porque é que o juiz considera que uma situação corresponde ao *id quod plerumque accidit*. Dito de outra forma, as heurísticas ajudam a explicar as razões pelas quais um juiz concede um grau de confirmação maior a uma hipótese.

11.1. A heurística da confiança

A heurística da confiança preconiza que, na maior parte das situações, o inquiridor está mais inclinado a acreditar na testemunha que esteja confiante, ou seja, em alguém que sustenta a sua posição com assertividade e não com reservas. Se a testemunha aparenta segurança sobre o que relata mais facilmente será acreditada. A confiança funciona, assim, como preditor da exatidão.

De facto, parece decorrer do senso comum que o nível de confiança expresso pela testemunha pode ser utilizado como um instrumento de diagnóstico para discriminar entre memórias exatas e incertas. Existe uma intuição generalizada, mesmo entre os profissionais do foro, no sentido de que a confiança é um preditor da exatidão do depoimento.[327]

---

[326] NIEVA FENOLL, *La Valoración de la Prueba*, Marcial Pons, Madrid, 2010, p. 124.

[327] O Supremo Tribunal dos Estados Unidos no caso *Neil vs. Biggers* (1972) reconheceu cinco critérios que devem ser seguidos na avaliação da confiabilidade da identificação de um arguido feita pela testemunha: a quantidade da atenção prestada pela testemunha; a exactidão da descrição feita pela testemunha do arguido; a visão que a testemunha teve do arguido durante o crime; **o modo como a testemunha está segura da sua identificação** e o período de tempo

A explicação para este fenómeno decorre de várias razões de índole psicológica. Assim, as pessoas são motivadas para reduzir a incerteza de modo que a expressão de um resultado com confiança reduz essa incerteza. Por outro lado, é difícil justificar perante os demais a preferência pela ambiguidade, sendo ainda certo que concordar com alguém que se mostra seguro de si próprio facilita as interações sociais.[328]

O nível de segurança exibido varia com a idade, sendo que nas crianças existe uma relação negativa entre o nível de exatidão e de segurança. Os adultos tendem a sobrestimar (a serem excessivamente seguros) a bondade do seu relato enquanto os anciãos tendem a subestimar a bondade da própria prestação.[329]

A perceção da segurança do testemunho relaciona-se com caraterísticas verbais e não verbais, tais como uma voz forte, a velocidade da fala, a ausência de evasivas e dúvidas, com perceções de consistência e intensidade na fala, com o estilo linguístico. A segurança pode estar ainda associada a avaliações de sinceridade e de nervosismo que acompanham o depoimento.

A confiança pode também ser calibrada quando se pede à testemunha que quantifique em percentagem o grau de confiança que atribui à sua própria afirmação. A calibração tem aqui o sentido de probabilidade de correspondência entre o juízo formulado pela testemunha e a frequência relativa da ocorrência. No fundo, uma testemunha calibrada é uma testemunha que é bom juiz do próprio conhecimento.

Todavia, os estudos que vêm sendo realizados a este propósito apontam para resultados não inteiramente coincidentes com tal assunção. Numa meta-análise realizada em 1995 sobre a correlação entre a confiança e a exatidão da testemunha a fazer identificações, apurou-se que tal correlação era apenas na

---

decorrido entre o evento e a identificação – cfr. KEVIN KRUG, "The Relationship Between Confidence and Accuracy: Current Thoughts of the Literature and New Area of Research", in *Applied Psychology in Criminal Justice*, 2007, 3(1). p. 9

[328] ELIZABETH TENNEY *et al.*, "The Benefits of Knowing What You Know (and What You Don't): How Calibration Affects Credibility", in *Journal Of Experimental Social Psychology*, 2008, doi:10.1016/j.jesp.2008.04.006, p. 1.

[329] Cf. GIULIANA MAZZONI, *Psicologia della Testimonianza*, Carocci, Roma, 2011, pp. 99-100; OVEJERO BERNAL, *Fundamentos de Psicologia Jurídica e Investigación Criminal*, Universidade de Salamanca, 2009, p. 138.

ordem de 0,25-0,30.[330] MANZANERO descreve vários estudos que concluíram que os sujeitos tendem a sobrestimar a sua capacidade de memória, bem como que evidenciam que a relação entre a confiança expressa pela testemunha e a exatidão é muito baixa ou nula.[331] Também MAZZONI afirma que o nível de certeza não é um bom preditor da qualidade do relato.[332]

GERALDA ODINOT assinala que uma testemunha que se lembra, de forma muito confiante, de um detalhe de um evento bem observado provavelmente estará correta mas, mesmo num contexto dessa natureza, é provável que erre em cerca de 10% dos detalhes que relata.[333] A confiança como preditor da exatidão do depoimento decresce depois de longos intervalos de retenção porquanto estes propiciam a exposição da testemunha à sugestão e à informação enganosa.

Na conclusão da sua dissertação, ODINOT conclui que a tese de que a confiança constitui um preditor da exatidão está correta em parte no que tange à memória episódica. Nos estudos que tal autora realizou, existe uma correlação entre o aumento da confiança e da exatidão. Tal relação não é perfeita,

---

[330] GERALDA ODINOT, *Eyewitness Confidence, The Relation Between Accuracy and Confidence in Episodic Memory*, Universidade de Leiden, 2008, pp. 8 e 24.

[331] MANZANERO PUEBLA, *Memoria de Testigos, Obtención y Valoración de la Prueba Testifical*, Ediciones Pirámide, Madrid, 2010, p. 98.

[332] GIULIANA MAZZONI, *Psicologia della Testimonianza*, Carocci, Roma, 2011, p. 97.
SPORER, MCQUISTON-SURRETT e IBABE, "Metamemoria de los Testigos Presenciales", in E. GARRIDO, J. MASIP E M. C. HERRERO (eds.), *Psicologia Jurídica*, Madrid, Pearson, 2006, p. 257, *apud* OVEJERO BERNAL, *Fundamentos de Psicologia Jurídica e Investigación Criminal*, Universidade de Salamanca, 2009, p. 139, afirmam que: "Em suma, a investigação indica que a confiança da testemunha pode ser bastante maleável e que não constitui um indício fiável da exatidão. Apesar disso, tanto aqueles que investigam crimes como os leigos utlizam com muita frequência esta informação ao avaliar os testemunhos. Também sabemos que, quanto mais consistentes são as testemunhas nas suas declarações, mais credíveis parecem aos olhos dos investigadores, apesar de haver provas de uma baixa relação entre a consistêntica da testemunha e a exatidão real."
Ainda de forma mais clara, R. BROWN e J. KULIK, "Flashbulb Memories", in Cognition, 1977, 5, pp. 73-99, apud OVEJERO BERNAL, *Fundamentos de Psicologia Jurídica e Investigación Criminal*, Universidade de Salamanca, 2009, p. 139, afirmam que "podemos dizer que as testemunhas que estão seguras do seu testemunho não são mais exatas do que aquelas que não estão, e a pessoas que são seguras quando estão corretas também tendem a estar seguras quanto estão equivocadas."

[333] GERALDA ODINOT, *Eyewitness Confidence, The Relation Between Accuracy and Confidence in Episodic Memory*, Universidade de Leiden, 2008, p. 52.

PSICOLOGIA DO TESTEMUNHO – NOÇÕES GERAIS

situando-se entre 0.38 e 0.63, dependendo das condições do teste. Tal correlação indica que memórias inexatas são por vezes transmitidas com um alto nível de confiança e que memórias exatas são transmitidas com um baixo nível de confiança.[334]

Na prática, isto significa que podem ocorrer condenações de pessoas inocentes com base em testemunhos férreos que, apesar de proferidos com grande convicção, não são verdadeiros e, em sentido oposto, podem ocorrer absolvições de culpados só porque nenhuma das testemunhas parece suficientemente convencida do que diz.[335]

A correlação entre a confiança e a exatidão baseia-se, em grande parte, na capacidade de recuperar detalhes da experiência original, ou seja, na força do traço mnésico. Na medida em que a testemunha se ancore na força do traço mnésico, a tese da correlação colhe fundamento. Todavia, a confiança da testemunha nas suas próprias declarações pode ter outras fontes, podendo tratar-se mesmo de um questão de personalidade, sabido que é que algumas pessoas se mostram seguras e outras não.

MANZANERO assinala quatro possíveis fatores que influenciam a formação da falsa sensação de confiança:

– A hipótese da otimização afirma que a correlação entre a exatidão e confiança depende de condições percetivas e de recuperação, de forma que uma boa oportunidade para processar os factos e um bom desempenho nas declarações facilitam os juízos de confiança;
– A hipótese da experiência, segundo a qual as nossas experiências levam-nos a estabelecer uma errónea correspondência entre confiança e exatidão, já que habitualmente não estamos conscientes dos nossos erros;
– A hipótese de autoatribuição que propõe que a confiança de uma testemunha pode ser uma inferência baseada na decisão tomada e no contexto em que se produz;

---

[334] ODINOT, Geralda, *Eyewitness Confidence, The Relation Between Accuracy and Confidence in Episodic Memory,* Universidade de Leiden, 2008, p. 91.
[335] GIULIANA MAZZONI, *Se Puede Creer a un Testigo? El Testimonio y las Trampas de la Memoria,* Editorial Trotta, Madrid, 2010, p. 27.

- A hipótese da busca cognitiva seletiva, segundo a qual quando pedimos a uma testemunha que valore a sua confiança, esta procurará seletivamente evidências favoráveis à decisão tomada, evitando a informação que não serve de apoio à sua resposta.[336]

Existem múltiplos fatores suscetíveis de influenciar a segurança evidenciada pela testemunha. Desde logo, há que ter presente as limitações e contaminações a que a memória é sujeita nas fases de codificação, armazenamento e recuperação que já foram anteriormente assinaladas. Entre estas, há que destacar a informação enganosa pós-evento e a informação das co-testemunhas, as quais podem inflacionar a confiança sem que isso signifique melhor exatidão do depoimento.[337]

No caso de reconhecimento de pessoas, as caraterísticas particulares da pessoa em causa refletem-se na segurança do reconhecimento. Existe um fenómeno conhecido denominado enviesamento pela raça (*"cross-race bias"*), segundo o qual as pessoas têm mais facilidade em reconhecer alguém da própria raça do que doutra raça, v.g., um europeu tem mais facilidade a reconhecer outro europeu do que um asiático.

Ainda nesta sede do reconhecimento de pessoas, releva a existência do *feedback* confirmativo por parte da autoridade policial. Numa experiência realizada numa linha de identificação, a autoridade policial – após a identificação feita pela testemunha – disse à testemunha que esta tinha identificado o suspeito, independentemente de a identificação ter sido correta ou não. Esse *feedback* positivo aumentou a confiança das testemunhas, sobretudo das que erraram efetivamente na identificação do suspeito.[338]

O modo como é conduzido o interrogatório também é suscetível de se refletir na segurança do depoimento. Assim, a formulação de repetidas perguntas sobre a mesma questão ou o pedido para a testemunha repensar o que disse

---

[336] MANZANERO PUEBLA, *Memoria de Testigos, Obtención y Valoración de la Prueba Testifical*, Ediciones Pirámide, Madrid, 2010, pp. 98-99 e *Psicología del Testimonio, Una Aplicación de los Estudios Sobre la Memoria*, Ediciones Pirámide, Madrid, 2008, p. 49.

[337] MICHAEL LEIPPE e DONNA EISENSTADT,"Eyewitness Confidence and the Confidence –Accuracy Relationship in Memory for People", in LINDSAY, R. C. L./ROSS, David F./READ, J. Don/TOGLIA, Michael, P. (eds.), *The Handbook of Eyewitness Psychology*, Vol. 2, Memory For People, Lawrence Erlbaun Associates Publishers, Londres, 2007 , p. 397.

[338] ALAN BADDELEY *et al.*, *Memory*, Psychology Press, New York, 2009, pp. 325-326.

PSICOLOGIA DO TESTEMUNHO - NOÇÕES GERAIS

pode, paradoxalmente, aumentar a certeza no relato embora não se reflita na exatidão do depoimento.[339] O *feedback* positivo do inquiridor (v.g., dizendo que a resposta está correta) também aumenta substancialmente o nível de segurança.[340] Em sentido inverso, o *feedback* negativo diminui a segurança no relato mas melhora ligeiramente a exatidão do que é relatado.

A própria presença de outras pessoas no decurso do depoimento em audiência interfere no grau da confiança da testemunha. Se o depoimento prestado conflui com os demais prestados, a confiança da testemunha é inflacionada. Pelo contrário, se a testemunha é informada que existem depoimentos contrários ao seu, a sua segurança decai e a testemunha tende a expressar que não está tão segura do que diz. E atuará assim para não fazer má figura e para transmitir uma imagem de pessoa credível e responsável, ou seja, a testemunha utiliza uma estratégia de autorrepresentação.[341]

Existem estudos que apontam no sentido de que o fator determinante no aumento da segurança é a quantidade de empenho que a testemunha coloca na sua tarefa de recordar, como se a testemunha dissesse a si própria que *está a fazer tudo para recordar e para ser correto e credível pelo que está certa do que recorda*. Contudo, como adverte MAZZONI, "Empenhar-se a recordar no tribunal é inútil, não aumenta a exatidão, e uma pessoa pode estar relaxada e recordar igualmente bem (ou igualmente mal): pelo que a segurança que muitas testemunhas mostram em frente ao juiz ou ao júri é, na realidade, o resultado espúrio do empenho que põem na tarefa que estão a desenvolver, e não da

---

[339] GIULIANA MAZZONI, *Psicologia della Testimonianza*, Carocci, Roma, 2011, p. 101. No mesmo sentido, cfr. JOHN SHAW *et al.*, "Eyewitness Confidence from the Witnessed Event Through Trial", in LINDSAY, R. C. L./Ross, David F./READ, J. Don/TOGLIA, Michael, P. (eds.), *The Handbook of Eyewitness Psychology*, Vol. 1, Memory For Events, Lawrence Erlbaun Associates Publishers, Londres, 2007, p. 382, os quais afirmam mesmo que uma testemunha que é repetidamente inquirida sobre um evento apresenta um nível de confiança a final superior ao de uma testemunha que é inquirida apenas uma vez sobre o evento.

[340] JOHN SHAW *et al*., "Eyewitness Confidence from the Witnessed Event Through Trial", in LINDSAY, R. C. L./Ross, David F./READ, J. Don/TOGLIA, Michael, P. (eds.), *The Handbook of Eyewitness Psychology*, Vol. 1, Memory For Events, Lawrence Erlbaun Associates Publishers, Londres, 2007 , p. 385.

[341] JOHN SHAW *et al.*, "Eyewitness Confidence from the Witnessed Event Through Trial", in LINDSAY, R. C. L./Ross, David F./READ, J. Don/TOGLIA, Michael, P. (eds.), *The Handbook of Eyewitness Psychology*, Vol. 1, *Memory For Events*, Lawrence Erlbaun Associates Publishers, Londres, 2007 , p. 387.

efetiva capacidade de examinar a bondade da própria recordação ou da objetividade da própria recordação."[342]

Há que articular os erros cometidos pela testemunha durante o depoimento com a segurança da mesma e o subsequente convencimento que tal situação é suscetível de gerar no julgador. Assim, a confiança da testemunha expressa durante um segmento erróneo do depoimento pode ser utilizada para verificar se o respetivo depoimento está bem calibrado, ou seja, se o grau de confiança da testemunha na própria declaração (expresso em percentagem, designadamente) corresponde à real probabilidade da sua afirmação ser correta.

Se a testemunha declara que não tem a certeza sobre um detalhe e se demonstra que incorreu em erro quanto a esse detalhe, o julgador poderá inferir que a testemunha reconhece as limitações do seu conhecimento. Posteriormente, se a mesma testemunha faz uma declaração com muita confiança, esta asserção tornar-se-á muito crível. Se, pelo contrário, a testemunha expressa confiança sobre tudo quanto diz e comete um erro, o julgador poderá inferir que a testemunha tem um depoimento pouco calibrado e que poderá estar errada quanto a outras afirmações que fez com a mesma convicção. Nesta última hipótese, se a testemunha se mostra muito motivada no proferimento das suas asserções, a combinação da alta confiança com o erro pode levar o julgador a inferir que a testemunha atua com o intuito de enganar.

Elizabeth Tenney *et al* propõem a hipótese de presunção de calibração (*"presumption of calibration hypothesis"*), segundo a qual o inquiridor presume inicialmente, na falta de outra informação relevante, que o declarante está bem calibrado (que ajuíza bem sobre o próprio conhecimento). Esta presunção inicial é suprimida quando surgem elementos de prova que permitem ao inquiridor avaliar a calibração do declarante. Nessa situação, as declarações proferidas com elevada confiança pelo declarante bem calibrado deverão ser muito persuasivas, independentemente da confiança geral deste. Daqui decorre que a influência efetiva do declarante não deriva apenas da sua confiança ou do facto de ter cometido um erro, mas depende – em termos finais

---

[342] Giuliana Mazzoni, *Psicologia della Testimonianza*, Carocci, Roma, 2011, p. 104.

– do modo como parece bem calibrado e de o inquiridor acreditar que as declarações proferidas sobre a própria confiança estão justificadas.[343]

De tudo o exposto, infere-se que a confiança da testemunha – de per si – não é um preditor fiável da exatidão do depoimento porquanto existem muitos fatores que podem influenciar a confiança da testemunha independentemente da precisão do testemunho.

12. Outros vieses cognitivos das decisões judiciais

Ao longo dos capítulos que antecedem, já nos referimos e fomos enunciando diversos vieses cognitivos que ocorrem quer na prestação do testemunho quer na sua valoração: viés da consistência, viés da confirmação, viés da aquiescência (*"aquiescence bias"*), viés da verdade, viés da mentira e viés da raça (*"cross-race bias"*).

Procederemos, agora, à enunciação e análise de outros vieses que se repercutem também na prestação do testemunho e, sobretudo, nas decisões judiciais.

O erro fundamental de atribuição ou *"correspondence bias"* consiste na tendência para sobrestimar as variáveis e os fatores pessoais (ou seja, fatores atinentes à personalidade) na explicação da conduta dos outros em detrimento (subestima) das variáveis situacionais. Por exemplo, se virmos um condutor a passar um semáforo vermelho, tenderemos a classificar a sua conduta como estouvada e irresponsável desconsiderando – do mesmo passo – outras hipóteses, como uma situação de marcha urgente para o hospital. Da mesma forma, o julgador (juiz ou jurado) é tentado a apreciar a conduta do arguido mais em função de traços de personalidade do que em razão de variáveis situacionais.

As explicações para este fenómeno são complementares, assentando – em primeiro lugar – em razões cognitivas. Quando atuamos, o ambiente domina a nossa atenção enquanto que, quando observamos como atua outra pessoa, essa pessoa é que ocupa o centro da nossa atenção. Noutra ordem de razões,

---

[343] Elizabeth Tenney *et al.*, "The Benefits of Knowing What You Know (and What You Don't): How Calibration Affects Credibility", in *Journal Of Experimental Social Psychology*, 2008, doi:10.1016/j.jesp.2008.04.006, p. 7.

há que ver que vivemos numa cultura individualista que enfatiza o voluntarismo e a capacidade individual de realização.[344]

O viés retrospetivo (*"hindsight bias"*, também designado por *"I-Knew-it--all-along effect"*) ocorre quando, ao valorar determinados factos passados, o sujeito não se abstrai das consequências dos mesmos de forma que incorre numa tendência para considerar – a partir das consequências da ação – que tais consequências eram previsíveis desde o início. Ou seja, uma vez que o indivíduo tem conhecimento do resultado, ocorre uma mudança da perspetiva do sujeito de forma que o resultado lhe surge como inevitável. "O sujeito projeta automaticamente o seu novo conhecimento sobre o passado, não estando consciente, nem sendo capaz, de reconhecer a influência que este processo teve no seu juízo sobre o acontecido."[345]

Existem diversos estudos sobre a influência deste viés nas decisões dos juízes e dos jurados que concluem, maioritariamente, que não existe diferença relevante quanto ao grau de afetação entre os juízes e os jurados.[346]

Este viés coloca-se com especial acuidade em matéria de patentes, face ao caráter inovador que as mesmas devem revestir. O Supremo Tribunal dos Estados Unidos no caso *Graham v. John Deere Co.*, de 1966, afirmou expressamente que os tribunais devem estar de sobreaviso para não cair no uso de uma visão retrospetiva.

Um caso em que foi evidente a utilização deste viés foi o decidido pelo Tribunal de Nova Jersey, em 1931, que responsabilizou o administrador de um *trust* por não ter vendido ações da companhia, antes da crise de 1929. No seu arrazoado, afirmou tal tribunal que: "Era do conhecimento geral, não só entre os banqueiros como entre as companhias de investimentos, senão também do público em geral, que a situação do mercado de valores no momento do falecimento do testador era insane, que os títulos estavam sobrevalorizados, e que era quase seguro que ocorreria um *crack* bolsista."[347] Numa altura em que

---

[344] Ovejero Bernal, *Fundamentos de Psicologia Jurídica e Investigación Criminal*, Universidade de Salamanca, 2009, pp. 224-225.

[345] Muñoz Aranguren, "La Influencia de los Sesgos Cognitivos en las Decisiones Jurisdiccionales: El Factor Humano. Una Aproximación", in www.indret.com, Abril de 2011, p. 6.

[346] Muñoz Aranguren, "La Influencia de los Sesgos Cognitivos en las Decisiones Jurisdiccionales: El Factor Humano. Una Aproximación", in www.indret.com, Abril de 2011, p. 7.

[347] Muñoz Aranguren, "La Influencia de los Sesgos Cognitivos en las Decisiones Jurisdiccionales: El Factor Humano. Una Aproximación", in www.indret.com, Abril de 2011, p. 8.

PSICOLOGIA DO TESTEMUNHO – NOÇÕES GERAIS

proliferam nos nossos tribunais processos por alegada má gestão de carteiras de investimento, esta questão coloca-se com toda a pertinência, novamente.

Tendo em vista a minimização do viés retrospetivo, o sujeito deve ser obrigado a questionar a inevitabilidade do resultado conhecido, ou seja, deve tentar-se convencer o julgador que o resultado poderia ser distinto, v.g., nos casos de negligência profissional. Todavia, existem estudos nos quais se exortava os sujeitos a produzir alternativas que tiveram o efeito paradoxal de ver incrementado o efeito retrospetivo.[348]

Outra medida de minimização do viés retrospetivo reside na, atenta e correta, utilização dos critérios de imputação. Com efeito, como se observa no Acórdão do Supremo Tribunal de Justiça de 15.1.2002[349] só deve ser tida em conta como causa de um dano aquela circunstância que, dadas as regras da experiência e o circunstancialismo concreto em que se encontrava inserido o agente (tendo em atenção as circunstâncias por ele conhecidas ou cognoscíveis) se mostrava como apta, idónea ou adequada a produzir esse dano. "Mas para que um facto deva considerar-se causa adequada daqueles danos sofridos por outrem, é preciso que tais danos constituam uma consequência normal, típica, provável dele, exigindo-se assim que o julgador se coloque na situação concreta do agente para emissão da sua decisão, *levando em conta as circunstâncias que o agente conhecia e aquelas circunstâncias que uma pessoa normal, colocada nessa situação, conheceria* " (*itálico nosso*). Ou seja, a valoração deve ser feita *ex ante* e não *ex post facto* tendo em consideração o resultado efetivamente ocorrido.

Este viés é também combatido pelo próprio legislador. Sirva de exemplo o regime da responsabilidade decorrente de produtos defeituosos. Nos termos do Artigo 5º, alínea b), do Decreto-lei nº 383/89, de 6.11., o produtor não é responsável se provar que, *tendo em conta as circunstâncias*, se pode razoavelmente admitir a inexistência do defeito *no momento da entrada do produto em circulação*.

O viés de grupo ("*ingroup bias*") consiste numa técnica cognitiva segundo a qual se valora, de forma injustificadamente homogénea, as atitudes, atos e opiniões das pessoas que pertencem ao mesmo grupo, pela simples razão de que pertencem a esse grupo. Trata-se de uma forma de identificação social

---

[348] Muñoz Aranguren, "La Influencia de los Sesgos Cognitivos en las Decisiones Jurisdiccionales: El Factor Humano. Una Aproximación", in www.indret.com, Abril de 2011, p. 28.
[349] Sendo relator *Silva Paixão*, CJ 2002-I, pp. 36-38.

em que o sujeito dá um tratamento preferente aos membros do grupo a que pertence.

Um exemplo do viés de grupo ocorre quando o juiz utiliza, como critério de decisão perante laudos periciais contraditórios, o argumento da imparcialidade do perito do tribunal para dar prevalência ao laudo deste, descartando o das partes.[350]

O viés da confirmação (*"confirmation bias"*), consoante já foi anteriormente referido, consiste na tendência para procurar ou interpretar a informação ou memória de uma forma que confirme as preconceções do sujeito. É patente que um juiz, sendo obrigado a repetir um julgamento na sequência de decisão anulatória, poderá incorrer neste viés quanto à apreciação da prova.

---

[350] Esta questão será apreciada mais desenvolvidamente infra sob 12.1. *Colisão da prova testemunhal com a prova pericial.*

PARTE II
A TESTEMUNHA NO PROCESSO

1. A testemunha

A prova testemunhal pode definir-se como a declaração de ciência de um terceiro que não é parte na lide, que tem por objeto a narração sob juramento de um facto pretérito ou atual de que o declarante tem conhecimento, direto ou indireto.[351]

De um modo mais circunstanciado, as notas caraterísticas da prova testemunhal são as seguintes:

- É uma declaração de ciência e não de vontade uma vez que a testemunha é obrigada a responder mesmo contra a sua vontade;
- É uma declaração de ciência e não de conhecimento pois a testemunha deve expressar a razão de ciência do seu conhecimento;
- Trata-se de uma prova representativa na medida em que a testemunha reconstrói determinados factos que percecionou sensorialmente, carreando-os para a presença judicial;
- A declaração provém de um terceiro, não de uma parte, que intervém instrumentalmente no processo no intuito de colaborar com o seu conhecimento no apuramento dos factos;

---

[351] Sobre a admissibilidade e conceito da testemunha indireta, cfr. Infra 3..

- É uma declaração infungível pois apenas a testemunha pode relatar os factos *de per si*, não podendo delegar tal missão noutra pessoa;[352]
- É uma declaração sobre factos controvertidos cuja prova (ou não prova) é decisiva para a solução final do litígio;
- É uma declaração provocada pela parte ou pelo juiz e não espontânea;
- É uma declaração prestada sob juramento de dizer a verdade, o que constitui um dever público que, por sua vez, é a concretização de um dever geral de cooperação e de solidariedade social;
- É uma declaração formal porquanto o interrogatório rege-se sob determinados requisitos formais, não podendo designadamente formular-se perguntas sugestivas, capciosas ou vexatórias ou sobre questões jurídicas *stricto sensu*;
- Em regra, é uma declaração prestada durante a pendência de um determinado processo;
- É uma declaração, em regra, oral e excecionalmente escrita;[353]
- É uma declaração prestada por uma pessoa aleatória no sentido de que as partes não predeterminam quem será testemunha, ao contrário do que sucede com os peritos, sendo que - em regra - a testemunha não o é em virtude de ser incumbida de apreender o facto, como sucede com o perito.

O depoimento versa sobre os enunciados feitos pelas partes sobre factos e não sobre os factos em si mesmos. Não se prova uma cadeira ou um contrato em si mesmos mas o enunciado que afirma a existência de uma cadeira num lugar ou a assinatura de um contrato.

---

[352] Nos termos do Artigo 138º, nº1, do CPP, o depoimento é um ato pessoal que não pode, em caso algum, ser feito por intermédio de procurador.

[353] Não é admissível a junção de documentos contendo declarações – que expressam perceções e experiências do declarante - que não passam de testemunhos sobre factos relacionados com a matéria factual discutida nos autos. Tais tipos de documentos não passam de depoimento testemunhal escrito inadmissível – cfr. Acórdãos do Tribunal da Relação de Coimbra de 22.9.98, *Garcia Calejo*, 733/98, www.colectaneadejurisprudencia.com e de 22.5.2002, *Garcia Calejo*, 1036/02.

O depoimento testemunhal escrito é admitido apenas a título excecional mediante a verificação de certos pressupostos, cfr. Artigos 518º e 519º do Código de Processo Civil .

A TESTEMUNHA NO PROCESSO

Todavia, não é possível encontrar enunciados sobre factos puros de forma que a testemunha introduz, normalmente, no seu depoimento o seu juízo sobre os enunciados fácticos. De todo o modo, o objeto da prova é, em primeira linha, os enunciados fácticos e não as valorações, as qualificações e os juízos que a testemunha formule sobre tais enunciados. Sem prejuízo do que antecede, existem situações em que esta estrutura histórico-narrativa meramente descritiva do depoimento não pode ser totalmente expurgada de juízos de valor, sendo a emissão do juízo de valor incindível da descrição do facto.[354]

2. O perito

Alberto dos Reis distingue o perito da testemunha com base nos seguintes critérios: " A função caraterística da testemunha é *narrar* o facto; a função caraterística do perito é avaliar ou *valorar* o facto (emitir, quando a ele, juízo de valor, utilizando a sua cultura e experiência especializada). (...) O verdadeiro papel do perito é captar e recolher o facto para o *apreciar* como técnico, para emitir sobre ele o *juízo de valor* que a sua cultura especial e a sua experiência qualificada lhe ditarem."[355] E, mais adiante, enfatiza que os peritos servem-se de princípios científicos, de critérios artísticos, de máximas de experiência para fazer a valoração dos factos, "valoração que constitui precisamente o ato caraterístico da prova pericial".[356] Na análise deste autor, sob o enfoque do silogismo judicial, os dados fornecidos pela testemunha constituem a premissa menor enquanto os dados normativos fornecidos pelo perito integram a premissa maior.

O traço definidor da prova pericial é, de facto, o de se chamar ao processo alguém que tem conhecimentos especializados em determinados aspetos de uma ciência ou arte para auxiliar o julgador, facultando-lhe informação sobre máximas de experiência técnica que o julgador não possui e que são relevantes para a perceção e apreciação dos factos controvertidos. Em regra, além de facultar ao julgador o conhecimento dessas máximas de experiência técnica,

---

[354] Precisamente nos termos do Artigo 130º, nº2, alínea a), do CPP, admite-se que a testemunha manifeste convicções pessoais sobre factos quando foi impossível cindir tal manifestação do depoimento sobre factos concretos.

[355] *Código de Processo Civil Anotado*, IV Vol., Coimbra Editora, 1987, p. 171.

[356] *Código de Processo Civil Anotado*, IV Vol., Coimbra Editora, 1987, p. 181.

o perito veicula a ilação concreta que se justifica no processo, construída a partir de tais máximas de experiência.

A prova pericial pode ter por objeto factos, máximas de experiência e prova sob prova.

Quando incide sobre factos, a prova pericial pode visar a afirmação de um juízo de certeza sobre os mesmos ou a valoração de factos ou circunstâncias. Como exemplos da primeira situação, temos uma perícia para determinar a área de um terreno ou a perícia sobre o ADN de alguém. Exemplos da segunda situação, serão uma perícia para determinar as causas dos defeitos de um edifício (facto passado) ou os efeitos de lesões corporais (facto futuro). A função do perito é aqul a de fazer um labor de reconstrução dos factos do passado e de estabelecer uma relação de causa-efeito ou de fazer uma projeção dos efeitos futuros dos factos de acordo com a mesma relação causa-efeito, respetivamente.

Podemos distinguir entre uma perícia cientificamente objetiva e uma perícia de opinião. A primeira ocorre quando o objeto da mesma é apenas verificar a exatidão de algum enunciado fáctico feito pela parte, operando por uma metodologia que só pode dar um resultado, v.g, medir a área de um terreno ou um exame DNA. Na perícia de opinião a regra é a da admissibilidade de resultados contraditórios que terá de ser objeto de adequada valoração.

A prova pericial tem por objeto máximas de experiência quando o labor pericial visa apenas proporcionar ao juiz regras ou princípios técnicos para que este, recorrendo aos mesmos, possa conhecer ou apreciar os factos. Atua nestes mesmos moldes o técnico que o juiz pode nomear para o elucidar sobre a averiguação e interpretação de factos que o juiz de propõe observar – cfr. Artigo 492º, nº1, do Código de Processo Civil.

A prova pericial integra uma prova sob prova quando versa sobre a valoração de outro meio de prova ou quando visa conhecer o conteúdo e sentido de outra prova. Pense-se no exame grafológico ou na tentativa de recuperar o que consta duma gravação sonora imperfeita.

Além do que já ficou dito a propósito da definição da figura da testemunha, as principais diferenças entre a testemunha e o perito são as seguintes:

- A testemunha não é escolhida pelas partes, sendo determinada pela sua concreta relação histórica com os factos controvertidos (ou seja, detém um conhecimento individual de caráter representativo), enquanto o perito é escolhido pelas partes em função dos seus conhecimentos especializados que não são exigíveis à testemunha;

- A capacidade da testemunha deriva da possibilidade de percecionar os factos pelos sentidos, de recordar essas perceções e de evocá-las, enquanto a capacidade do perito deriva da sua qualificação técnica;
- A testemunha é necessariamente uma pessoa física enquanto a função de perito pode ser atribuída a um conjunto de pessoas ou mesmo a uma pessoa coletiva, sendo certo que, neste último caso, a função de perito acaba por ser atribuída a uma pessoa física;
- A testemunha deve explicitar a sua razão de ciência enquanto a razão de ciência do perito está implícita na sua qualificação técnica;
- A testemunha presta juramento de dizer a verdade enquanto o perito presta compromisso de cumprimento consciencioso da função;
- Ambos respondem penalmente por crime de falso testemunho mas o perito responde também civilmente pelos danos derivados de um laudo pericial totalmente incorreto.

O perito está impedido de depor como testemunha em relação às perícias que tiver realizado (Artigo 133º, nº1, alínea d), do CPP). No processo civil, o perito está sujeito ao mesmo regime de impedimentos que o juiz (Artigos 470º, nº1) pelo que não pode depor como testemunha (Artigo 115º, nº1, alínea h), do Código de Processo Civil).

3. O depoimento indireto

O depoimento é direto quando a testemunha perceciona o facto pelos próprios sentidos e o relata com base em tal fonte de conhecimento. É indireto quando a testemunha tem conhecimento de um facto através do que lhe transmitiu um terceiro (através de uma representação oral, escrita ou mecânica), não provindo o conhecimento da testemunha sobre o facto da sua perceção sensorial imediata. Comummente, a testemunha que presta depoimento indireto é designada por *testemunha de ouvir-dizer*.

É frequente que, no decurso do seu depoimento, a testemunha ora preste um depoimento direto ora preste um depoimento indireto. Há que precisar melhor o âmbito das duas situações.

PROVA TESTEMUNHAL

Assim, integram a prestação de um depoimento direto (e não depoimento indireto) as seguintes situações:

– Quando a testemunha relata em tribunal aquilo que ouviu da boca de outra pessoa, incluindo o arguido, o depoimento é direto porque a testemunha captou o facto por intermédio dos seus sentidos.[357] Todavia, se por exemplo, no caso de uma agressão, a testemunha relata o que ouviu ao ofendido sobre a agressão mas não a presenciou, nesse segmento o depoimento será indireto porquanto a testemunha não possui conhecimento direto da autoria da agressão.[358]

– Quando a testemunha se limita a relatar factos e reações que presenciou de outrem. É o caso dos depoimentos que se consubstanciam no relato de impressões sobre o estado físico ou psicológico de alguém, designadamente de um suspeito ou de uma vítima, após a ocorrência do facto ilícito.[359]

---

[357] Conforme se explica de forma clara no Acórdão do Tribunal da Relação de Guimarães de 25.5.2009, *Anselmo Lopes*, 359/06, www.colectaneadejurisprudencia.com, "A melhor interpretação da formulação legal conduz a que só se considere depoimento indireto, v.g. se a pessoa que faz o relato, não assistiu ou presenciou a ocorrência. Assim se entre A e B se desenvolve uma conversa, a que C pessoalmente assiste, mas na qual não intervém, apesar de o seu depoimento «resultar do que ouviu dizer a pessoas determinadas» temos como indiscutível que não estamos perante depoimento indireto, ele esteve presente, viveu a realidade, ouviu as conversas de A e B. De outro modo chegávamos ao absurdo de não haver «depoimentos diretos puros», só o que o depoente disse era depoimento direto, já o que ouviu, mesmo em resposta à sua conversa, porque «ouviu dizer a pessoa determinada» seria depoimento indireto. Não pode ser. O critério operativo da distinção entre depoimento direto e indireto é o da vivência da realidade que se relata: se o depoente viveu e assistiu a essa realidade o seu depoimento é direto, se não, é indireto. O que o legislador quis afastar foi o «depoimento em segunda mão»: o C vem a tribunal dizer que o A lhe disse que o B fez ou aconteceu. São estes, mas não apenas estes, os depoimentos indiretos que o legislador quis vetar como meio de prova, salvo se chamar o «intermediário» a depor. Assim se estiver em causa saber se o arguido fez, ou não, a predita declaração, se teve ou não a conversa com as testemunhas, não é caso de depoimento indireto."
Também no Acórdão do Tribunal da Relação do Porto de 9.2.2011, *Eduarda Lobo*, 195/07, se afirma de forma clara que "Não constitui depoimento indireto o depoimento de uma testemunha que relata o que ouviu o arguido dizer."

[358] Acórdão do Tribunal da Relação de Guimarães de 11.2.2008, *Cruz Bucho*, 2181/07, www.colectaneadejurisprudencia.com.

[359] Cfr. Acórdão do Tribunal da Relação de Guimarães de 25.2.2009, *Carlos Barreira*, 736-08, Acórdãos do Tribunal da Relação de Coimbra de 2.2.2005, *Fernando Dias*, CJ 2005 – I, pp. 42-44, de 27.6.2007, *Inácio Monteiro*, 690/03, www.colectaneadejurisprudencia.com.

- Quando a testemunha *A* relata o que ouviu dizer a outra testemunha *B* noutra altura, sendo que este relato pode ser usado para confirmar ou invalidar o depoimento que a testemunha *B* presta perante o tribunal. Trata-se de uma forma de exercício do contraditório sobre a credibilidade de um depoimento testemunhal que pode dar origem a um novo depoimento da testemunha ou a uma acareação.[360]
- A testemunha relata um crime (v.g., sexual, violência doméstica) com base no que a vítima lhe contou. Esse depoimento "é usado para demonstrar a congruência do que a vítima narra em Tribunal como relato que fez após o crime ter sido praticado ou para corroborar a prova de que a vítima não consentiu o facto ocorrido."[361] Ao relatar a conversa que teve com a vítima em circunstâncias específicas, a testemunha relata um facto de que teve conhecimento direto. Questão diversa é a da prova da agressão em si, sobre a qual a testemunha não tem conhecimento direto pelo que tal depoimento não é idóneo para

---

[360] FREDERICO COSTA PINTO, "Depoimento Indirecto, Legalidade da Prova e Direito de Defesa", in *Estudos em Homenagem ao Prof. Doutor Jorge Figueiredo Dias*, III Vol., Coimbra Editora, 2010, p. 1063.

[361] FREDERICO COSTA PINTO, "Depoimento Indirecto, Legalidade da Prova e Direito de Defesa", in *Estudos em Homenagem ao Prof. Doutor Jorge Figueiredo Dias*, III Vol., Coimbra Editora, 2010, p. 1063.
Esta ideia é expressa de forma enfática por CARLOS ADÉRITO TEIXEIRA, "Depoimento Indirecto e Arguido: Admissibilidade e Livre Valoração versus Proibição de Prova", in *Revista do CEJ*, Nº 2, pp. 153-154, "(...) cabe indagar se não merece bastante crédito a testemunha de referência quando se mostra, reconhecidamente, bem posicionada para colher a informação da testemunha-fonte, no primeiro relato subsequente à vivência ou observação do facto criminoso, porquanto se mostra incomparavelmente mais espontâneo, genuíno, acompanhado de reações e emoções (espanto, desorganização de ideias, falta de domínio ou de compreensão dos acontecimentos, pânico, etc.), jamais susceptíveis de serem captadas através do depoimento direto em momento posterior e ambiente informal, além de ainda estar isento de processos de "reconstrução", desculpabilização ou de vindicta; ou, por qualquer forma, a testemunha indireta tinha um especial "estatuto" ou se encontrava em situação "privilegiada" relativamente à testemunha-fonte, v.g. confidente, médico que assiste a vítima, etc.). Não se vê razão para não reconhecer um valor probatório de relevo em muuitas das situações práticas com esta configuração. De resto, algumas dimensões referenciadas, designadamente, o que se ouviu e a forma como foi feito o relato e as reações comportamentais e emotivas da testemunha, sobretudo na veste de vítima, constituem depoimento direto, constituindo, nesta parte, imediação probatória não só das afirmações daquela mas também das consequências do crime e, por vezes, até de aspetos que integram elementos do tipo penal em questão."

demonstrar a agressão em si sem prejuízo de poder relevar em articulação com o depoimento da vítima.

3.1. Depoimento indireto no processo penal

Os problemas que emergem da prova testemunhal indireta assentam na aferição da sua credibilidade, na observância do princípio da imediação enquanto pressuposto da valoração da prova (Artigo 355º, nº1 do CPP) e na necessidade de garantir o exercício do contraditório (Artigos 327º, nº2 e 348º, nº4 do CPP). Com efeito, se não for chamada a testemunha-fonte, a valoração da testemunha de ouvir-dizer pode converter um conhecimento extra-processual numa prova que não é produzida em audiência.

O Artigo 129º do CPP admite condicionadamente o depoimento indireto nos seguintes termos:

1. *Se o depoimento resultar do que se ouviu dizer a pessoas determinadas, o juiz pode chamar estas a depor. Se o não fizer, o depoimento produzido não pode, naquela parte, servir como meio de prova, salvo se a inquirição das pessoas indicadas não for possível por morte, anomalia psíquica superveniente ou impossibilidade de serem encontradas.*
2. *O disposto no número anterior aplica-se ao caso em que o depoimento resultar da leitura de documento de autoria de pessoa diversa da testemunha.*
3. *Não pode, em caso algum, servir como meio de prova o depoimento de quem recusar ou não estiver em condições de indicar a pessoa ou a fonte através das quais tomou conhecimento dos factos.*

Esta norma condensa um equilíbrio de interesses entre a defesa do arguido (ao promover o acesso à fonte de conhecimento a fim de ser inquirida pelo tribunal e pela defesa), a acusação (no intuito de conseguir a "melhor prova") e o tribunal, aqui na medida em que reforça a imediação na produção da prova para propiciar uma decisão mais esclarecida.[362]

---

[362] No seu Acórdão nº 423/94 de 2.3.94, *Ribeiro Mendes*, o Tribunal Constitucional afirmou que: "A regulamentação consagrada na norma do nº1 do Artigo 129º do Código de Processo Penal revela-se como proporcionada, nela se precipitando uma adequada ponderação dos interesses do arguido em poder confrontar os depoimentos das testemunhas de acusação, os da repressão penal, prosseguidos pelo acusador público, e, por último, os do tribunal, preo-

A TESTEMUNHA NO PROCESSO

Na esteira de CARLOS ADÉRITO, identificamos neste regime quatro níveis de casos, a saber:

A. Casos de inadmissibilidade do depoimento indireto quando a testemunha de referência não está em condições de "indicar" a fonte da informação (Artigo 129º, nº3, do CPP).

B. Um segundo nível em que é admissível o depoimento indireto que ocorre quando a testemunha de referência indica a testemunha-fonte e esta é chamada, notificada para comparecer e comparece (= condições procedimentais de admissibilidade do depoimento indireto).

C. Um terceiro nível em que a testemunha de referência indica a testemunha-fonte mas a inquirição desta é inviável porquanto morreu, sofre de anomalia psíquica ou é impossível encontrá-la. Nestas eventualidades, a admissibilidade do depoimento indireto é automática, ou seja, existe uma eficácia probatória substitutiva.

D. Num quarto nível de casos, estão as situações em que ocorrem exceções atípicas ao condicionamento, ou seja, situações em que, apesar de identificada, a testemunha-fonte:

(i) Não comparece por impossibilidade "naturalística" (v.g., estado de coma, ausência no estrangeiro sem haver possibilidade de a fazer comparecer);

(ii) Comparece mas não presta declarações por "impossibilidade jurídica" (v.g., direito de recusa atenta a relação de parentesco com o arguido, sigilo profissional);

(iii) Comparece mas revela-se "indisponível", de forma voluntária ou não, para prestar depoimento (v.g., menor de tenra idade, testemunha ameaçada).[363]

---

cupado com a descoberta da verdade através de um processo regular e justo. (...) Não estando em causa a intocável dignidade da pessoa humana, não se justificava uma proibição absoluta de produção e de valoração do testemunho de ouvir dizer, sendo consentidas limitações à regra dessa proibição desde que dotadas de razoabilidade. Com isso não se põem em causa os princípios da imediação, de igualdade de armas e a regra da *cross-examination*, tendo por objeto, obviamente, a prova mediata produzida. E sendo sempre certo que tal prova, como qualquer prova, é apreciada segundo as regras da experiência e a livre convicção do tribunal."
[363] "Depoimento Indireto e Arguido: Admissibilidade e Livre Valoração versus Proibição de Prova", in *Revista do CEJ*, Nº 2, pp. 138-139.

Nas situações enunciadas sob A., existe uma proibição da valoração absoluta do depoimento indireto, não podendo o depoimento indireto prestado ser valorado.[364]

Nos casos subsumíveis à tipologia B., há – desde logo- que frisar que o juiz tem o poder-dever de convocar a testemunha em causa porquanto "é esse o estatuto do Tribunal perante a prova necessária à descoberta da verdade" (Artigo 340º, nº1 e nº4, alínea a) do CPP).[365] A omissão do dever de convocação da testemunha-fonte, sem justificação, consubstancia nulidade nos termos do Artigo 120º, nº2, alínea d) do CPP.[366]

Na situação descrita sob B, essencial é que a testemunha compareça em juízo e possa ser inquirida pelos sujeitos processuais, independentemente de responder ou não às perguntas que lhe são dirigidas. Atingido este patamar, cessa a proibição de valorar o depoimento indireto sobre o facto.[367] Conforme refere Costa Pinto, "Se assim não se entender acaba por se reconhecer à fonte um poder de controlar, com o seu depoimento ou com a sua recusa, a valoração da prova disponível. Não existe fundamento suficientemente convincente para legitimar um resultado tão iníquo numa situação controvertida de carência de prova."[368]

---

[364] Acórdão do Tribunal da Relação de Évora de 12.6.2012, *António João Latas*, 95/08.

[365] Frederico Costa Pinto, "Depoimento Indirecto, Legalidade da Prova e Direito de Defesa", in *Estudos em Homenagem ao Prof. Doutor Jorge Figueiredo Dias*, III Vol., Coimbra Editora, 2010, p. 1057.

[366] Cfr. Acórdão do Supremo Tribunal de Justiça de 27.6.2012, *Santos Cabral*, 127/10; Acórdão do Tribunal da Relação de Coimbra de 14.10.2009, *Gomes de Sousa*, 63/09.

[367] "Se o juiz chama a fonte a depor, nada obsta a que o tribunal valore esse depoimento indireto, ainda que a pessoa de quem supostamente se haja obtido a comunicada informação se recuse lícita ou ilicitamente a depor ou, mesmo, porventura não confirme – total ou parcialmente – a versão veiculada pela intermediário." – Acórdão do Tribunal da Relação de Coimbra de 18.4.2012, *Abílio Ramalho*, 431/09. "Tendo o juiz chamado a depor a fonte, o depoimento indireto pode ser valorado, mesmo nos casos em que aquela se recusa, lícita ou ilicitamente, a prestar depoimento ou, por exemplo, diz nada se recordar, porquanto nestes casos é possível o exercício do contraditório, na audiência de julgamento, através do interrogatório e do contra-interrogatório, quer da testemunha de *ouvir dizer*, quer da testemunha *fonte*." – Acórdão do Tribunal da Relação de Coimbra de 26.11.2008, *Vasques Osório*, 27/05.

[368] "Depoimento Indirecto, Legalidade da Prova e Direito de Defesa", in *Estudos em Homenagem ao Prof. Doutor Jorge Figueiredo Dias*, III Vol., Coimbra Editora, 2010, p. 1061.
Paulo Dá Mesquita, *A Prova do Crime e o que se Disse Antes do Julgamento. Estudo Sobre a Prova no Processo Penal Português, À Luz do Sistema Norte-Americano*, Coimbra Editora, 2011, p. 548, afirma que: "Sendo a testemunha de referência chamada a depor e recusando-se ilicitamente

A partir daí são aplicáveis as regras da livre apreciação da prova (Artigo 127º do CPP), inexistindo qualquer hierarquia entre os meios de prova, ou seja, entre o depoimento indireto e o direto, sendo o valor de cada um fixado pelo tribunal segundo a concreta credibilidade que suscitar.[369] "O depoimento de ouvir dizer deve ser valorado em conjunto com a restante prova produzida, de acordo com a livre convicção do tribunal e as regras da experiência comum, quer o depoimento indireto substitua o depoimento direto de prestação impossível, quer coexistam ambos os depoimentos em audiência (ou em ato processual equivalente, como sucede no caso de declaração para memória futura), pois não existem regras de hierarquização (ou exclusão) apriorísticas, entre o depoimento indireto e o depoimento direto."[370]

Nos casos enunciados sob C., inexistem restrições de fiabilidade e de valoração do depoimento indireto, sendo o mesmo utilizável como se da fonte direta se tratasse.

---

a fazê-lo, em violação do dever legal de depor, apresenta-se cumprido o dever procedimental que condiciona a admissão *ex post* podendo a asserção transmitida pelo depoimento indireto valer para o efeito de formação da convicção do tribunal."

[369] Cfr. COSTA PINTO, "Depoimento Indirecto, Legalidade da Prova e Direito de Defesa", in *Estudos em Homenagem ao Prof. Doutor Jorge Figueiredo Dias*, III Vol., Coimbra Editora, 2010, p. 1061 e CARLOS ADÉRITO TEIXEIRA, "Depoimento Indirecto e Arguido: Admissibilidade e Livre Valoração versus Proibição de Prova", in *Revista do CEJ*, Nº 2, pp. 143-147. No limite, como refere este autor, "Nada impede ainda que o tribunal não atribua eficácia probatória ou significação de relevo para o seu esclarecimento nem ao depoimento indireto nem ao direto, não obstante estes se mostrarem de sentido concordante" (p. 150).

[370] Acórdão do Tribunal da Relação de Évora de 30.1.2007, *António João Latas*, 2457/06. Em sentido equivalente, vejam-se ainda os Acórdãos do Tribunal da Relação de Coimbra de 26.11.2008, *Vasques Osório*, 27/05, "Não fixando a lei as regras de valoração do depoimento indireto, quando tal valoração é admissível, terá de entender-se, em ordem ao princípio-base da livre apreciação da prova, estabelecido no art. 127º do CPP, que o depoimento deve ser avaliado conjuntamente com a demais prova produzida, incluindo o correspondente depoimento direto, quando tenha sido prestado, tudo conforme a livre apreciação e as regras da experiência comum portanto, sem qualquer hierarquia de valoração entre um e outro." e do Tribunal da Relação de Guimarães de 5.3.2012, *Tereza Baltazar*, 376/10.
TAMBÉM PAULO DÁ MESQUITA, *A Prova do Crime e o que se Disse Antes do Julgamento. Estudo Sobre a Prova no Processo Penal Português, À Luz do Sistema Norte-Americano*, Coimbra Editora, 2011, p. 536, afirma que: "Tudo levando a crer que, na lei portuguesa, a admissibilidade determina que o depoimento indireto possa ser livremente apreciado pelo tribunal sem sujeição a quaisquer cânones genéricos com fonte legal.".

O âmbito da parte final do nº1 do Artigo 129º deve ser alargado, por interpretação extensiva, abrangendo outras situações de impossibilidade fáctica da inquirição da fonte, não previstas por deficiente previsão legislativa ou pela desatualização perante a realidade social, a saber: estado de coma com amnésia total; problema físico ou clínico absolutamente incapacitante; situação traumática que clinicamente desaconselhe a prestação do depoimento, v.g., menor vítima de crime sexual.[371] Abrangem-se aqui parte das situações enunciadas *supra* sob D (i).

Ainda no que tange à impossibilidade de ser encontrada a testemunha-fonte (Artigo 129º, nº1, parte final), a jurisprudência vem defendendo que não tem de se tratar de uma impossibilidade absoluta, no sentido de que, tendo sido esgotadas todas as diligências tendentes a encontrar a testemunha-fonte, nem mesmo assim foi possível determinar o seu paradeiro. Será suficiente uma impossibilidade relativa emergente do insucesso das diligências efetuadas para encontrar tal testemunha-fonte no local em que era suposto estar, inferindo-se desse insucesso que só a muito custo (ou nem mesmo assim) é que a testemunha-fonte será encontrada, desde que sejam efetuadas as diligências razoáveis justificadas pelos condicionalismos do caso concreto.[372]

Relativamente às situações enunciadas sob D (ii), acompanhando COSTA PINTO, entendemos que o depoimento indireto pode ser utilizado se a testemunha-fonte comparecer e invocar um fundamento legal para não responder (v.g. Artigos 132º, nº2, 14º, 135º do CPP). Se assim não fosse, estar-se-ia

---

[371] Cfr. COSTA PINTO, "Depoimento Indirecto, Legalidade da Prova e Direito de Defesa", in *Estudos em Homenagem ao Prof. Doutor Jorge Figueiredo Dias*, III Vol., Coimbra Editora, 2010, p. 1069 e CARLOS ADÉRITO TEIXEIRA, "Depoimento Indirecto e Arguido: Admissibilidade e Livre Valoração versus Proibição de Prova", in *Revista do CEJ*, Nº 2, p. 137.

[372] Acórdão do Tribunal da Relação de Lisboa de 5.4.2011, *Jorge Gonçalves*, 728/06; Acórdão do Tribunal da Relação de Coimbra de 12.4.2011, *Paulo Guerra*, 487/01; Acórdão do Tribunal da Relação de Lisboa de 24.10.2012, *Ana Paramés*, CJ 2012-IV, pp. 120-122. Neste último aresto, não se conseguiu localizar o paradeiro da testemunha após o envio de notificações pessoais e da diligência presencial da PSP junto da morada anteriormente conhecida. No Acórdão do Tribunal da Relação de Lisboa de 24.1.2012, *Neto de Moura*, 35/07, www.colectaneadejurisprudencia.com, considerou-se verificada a impossibilidade de fazer comparecer a testemunha-fonte após a realização de várias diligências tendo em vista o comparecimento da mesma, concluindo-se que a mesma regressou ao país de origem, São Tomé e Príncipe.

A TESTEMUNHA NO PROCESSO

a conferir à testemunha-fonte um poder de controlar a admissibilidade da valoração do depoimento indireto.[373]

Por fim, as situações elencadas sob D (iii) excedem o âmbito do regime do Artigo 129º, nº1, do CPP, não sendo admissível a aplicação do mesmo por analogia *legis* a estes casos que são estruturalmente diferentes dos previstos na norma.[374]

Caso seja admitido o depoimento indireto em violação do condicionalismo imposto pelo Artigo 129º, nº1, do CPP, ocorre uma ineficácia probatória permanente.[375] Todavia, daí não decorre a contaminação ou envenenamento de toda a prova subsequente (e, por maioria de razão, toda a prova produzida independentemente do depoimento indireto). Nesse caso, não terá aplicabilidade o efeito-à-distância das provas proibidas.[376]Refere a este propósito COSTA ANDRADE que:

> "Nada, com efeito, parece justificar que a proibição de valoração que inquine o testemunho de ouvir dizer tenha também de precludir a valoração das provas que ele tenha tornado possíveis. O efeito-à-distância transcende claramente o fim de proteção das normas do direito processual português que prescrevem a proibição do testemunho de ouvir dizer. E que obedecem fundamentalmente a exigências próprias dos princípios

---

[373] "Depoimento Indirecto, Legalidade da Prova e Direito de Defesa", in *Estudos em Homenagem ao Prof. Doutor Jorge Figueiredo Dias*, III Vol., Coimbra Editora, 2010, p. 1060.
PAULO DÁ MESQUITA, *A Prova do Crime e o que se Disse Antes do Julgamento. Estudo Sobre a Prova no Processo Penal Português, À Luz do Sistema Norte-Americano*, Coimbra Editora, 2011, pp. 551-552, entende que, neste caso, a defesa de um direito de confidencialidade se coloca nos mesmos termos em que se suscita quanto ao direito de salvaguarda do titular do sigilo em face da testemunha com o dever de recusa que opta por depor em julgamento apesar do disposto no Artigo 135º do CPP.

[374] COSTA PINTO, "Depoimento Indirecto, Legalidade da Prova e Direito de Defesa", in *Estudos em Homenagem ao Prof. Doutor Jorge Figueiredo Dias*, III Vol., Coimbra Editora, 2010, p. 1068; CARLOS ADÉRITO TEIXEIRA, "Depoimento Indirecto e Arguido: Admissibilidade e Livre Valoração versus Proibição de Prova", in *Revista do CEJ*, Nº 2, pp. 141-142. Este autor admite a possibilidade de considerar estes casos como modalidades específicas de um conceito mais genérico de impossibilidade de depoimento da fonte.

[375] COSTA PINTO, "Depoimento Indirecto, Legalidade da Prova e Direito de Defesa", in *Estudos em Homenagem ao Prof. Doutor Jorge Figueiredo Dias*, III Vol., Coimbra Editora, 2010, p. 1087.

[376] Neste sentido, cf. Acórdão do Supremo Tribunal de Justiça de 19.9.2012, *Isabel Pais Martins*, 438/07.

PROVA TESTEMUNHAL

da imediação, de igualdade de armas e da regra de "cross-examination". Tudo exigências cuja satisfação integral pode perfeitamente compaginar--se com a utilização processual das provas mediatamente produzidas pelo testemunho de ouvir dizer. Não subsistindo, assim e em síntese, razões de economia processual, verdade e justiça material, a reivindicarem a valoração destes meios imediatos de prova."[377]

A fonte primária do conhecimento da testemunha de referência pode ser o próprio arguido, colocando-se então a questão da admissibilidade de tal depoimento face aos direitos e ao estatuto do arguido, sabendo-se que o arguido tem o direito ao silêncio e que não é sujeito de prova.[378] A questão coloca--se com particular acuidade face às designadas conversas informais entre o arguido e os órgãos de polícia criminal.

O Tribunal Constitucional já decidiu no seu Acórdão nº 440/99[379] que o art. 129º, nº 1 (conjugado com o art. 128º, nº 1) do CPP, interpretado no sentido de que o tribunal pode valorar livremente os depoimentos indiretos de testemunhas que relatem conversas tidas com um coarguido que, chamado a depor, se recusa a fazê-lo no exercício do seu direito ao silêncio, não atinge, de forma intolerável, desproporcionada ou manifestamente opressiva, o direito de defesa do arguido. Por isso, não havendo um encurtamento inadmissível do direito de defesa do arguido, tal norma não é inconstitucional.

A prova por ouvir dizer, quando reportada a afirmações produzidas extraprocessualmente pelo arguido é passível de livre apreciação pelo tribunal quando o arguido se encontre presente em audiência e, por isso, com plena possibilidade de a contraditar, ou seja, de se defender.[380]

---

[377] *Sobre as Proibições de Prova em Processo Penal*, Coimbra Editora, 1992, pp. 316-317.

[378] Carlos Adérito Teixeira, "Depoimento Indirecto e Arguido: Admissibilidade e Livre Valoração versus Proibição de Prova", in *Revista do CEJ*, Nº 2, p. 159.

[379] Datado de 8.7.99, *Messias Bento*, DR, II Série, de 9.11.99.

[380] Cfr. Acórdãos do Supremo Tribunal de Justiça de 12.9.2007, *Pires da Graça*, 07P2596, de 19.9.2012, *Isabel Pais Martins*, 438/07, de 27.6.2012, *Santos Cabral*, 127/10.
Numa interpretação muito mais restritiva, Paulo Pinto de Albuquerque, *Comentário ao Código de Processo Penal à Luz da Constituição da República Portuguesa e da Convenção Europeia dos Direitos do Homem*, Universidade Católica Editora, 2ª Ed., 2008, p. 363, argumenta que "(...) é inconstitucional o artigo 129º, nº1, do CPP, por violação do artigo 32º, nº1, da CRP, se interpretado no sentido de permitir o depoimento indireto da testemunha sobre o que ouviu

A TESTEMUNHA NO PROCESSO

Acompanhando a doutrina do Acórdão do Supremo Tribunal de Justiça de 27.6.2012, as conversas informais mantidas entre o arguido e os órgãos de polícia criminal podem equacionar-se em três níveis:

A. Casos que dizem respeito às afirmações percecionadas pelo órgão de polícia criminal, enquanto cidadão comum, em momentos da vida quotidiana e nas exatas circunstâncias em que qualquer cidadão pode escutar tais declarações (porventura, sem saber do crime cometido ou em preparação e sem suspeita prévia do seu "interlocutor");
B. Afirmações proferidas por ocasião ou por causa de atos processuais de recolha de declarações (*maxime*, à saída, no decurso ou antes do interrogatório);
C. Casos, de índole intermédia, relativos a conversas (indicações de localização de produto do crime ou de outros suspeitos, explicações do facto, etc.) tidas com os membros de um órgão de polícia criminal no decurso de certos atos processuais de ordem material ou de investigação "no terreno" (buscas, vigilâncias, resgate de sequestrados, socorro às vítimas, etc.), bem como em ações de prevenção e manutenção da ordem pública em que os órgãos de polícia criminal são confrontados com a ocorrência de um crime, em flagrante ou não.

Quanto ao primeiro leque de casos, "não se vislumbra qualquer razão para não se considerar como válidos os argumentos expendidos a propósito da generalidade dos testemunhos indiretos em que se conclui pela inaplicabilidade da norma do Artigo 129° quando a "pessoa-fonte" seja o arguido, valorando-se o depoimento "indireto" do órgão de polícia criminal, despojado dessa qualidade, como de qualquer testemunha."[381]

As perceções dos órgãos de polícia criminal, decorrentes de conversas com o suspeito antes da abertura formal de inquérito, são valoráveis.[382]

---

dizer ao arguido depois da ocorrência do crime, quer ele tenha estado presente no julgamento e tenha feito uso do direito ao silêncio, quer ele não tenha estado presente no julgamento."
[381] Acórdão do Supremo Tribunal de Justiça de 27.6.2012, *Santos Cabral*, 127/10.
[382] Neste sentido, cf. Acórdãos do Tribunal da Relação de Coimbra de 9.5.2012, *Alberto Mira*, 118/11, de 9.5.2012, *Jorge Dias*, 12/11.

No que tange às situações enunciadas sob B, são irrelevantes e inatendíveis as conversas informais mantidas entre o arguido e o órgão de polícia criminal. Na síntese clara do mesmo acórdão,

> "A constituição de arguido constitui, assim, um momento, uma linha de fronteira na admissibilidade das denominadas "conversas informais", pois que é a partir daí que as suas declarações só podem ser recolhidas, e valoradas, nos estritos termos indicados na lei, sendo irrelevantes todas as conversas, ou quaisquer outras provas, recolhidas informalmente. Consequentemente, não é admissível o depoimento que se reporte ao contacto entre a autoridade policial e o arguido durante o inquérito, quando há arguido constituído, e se pretende "suprir" o seu silêncio, mantido em auto de declarações, por depoimentos de agentes policiais, testemunhando a "confissão" informal, ou qualquer outro tipo de declaração prestada pelo arguido à margem dos formalismos impostos pela lei processual, para os atos a realizar no inquérito."

Ou seja, a lei pretende impedir com a proibição destas conversas que se frustre o direito do arguido ao silêncio, colmatando ilegitimamente esse direito ao silêncio com o relato da testemunha. Assim, não poderá ser inquirido em audiência um órgão de polícia criminal sobre, por exemplo, o teor de um auto de interrogatório que tenha feito a um arguido no decurso da investigação, se o mesmo se remeteu ao silêncio no julgamento e não se verificar os pressupostos do artigo 357º, nº 1, alínea a) do CPP. Também o depoimento do agente policial, que nada presenciou sobre a "confissão" que ouviu do arguido, não constitui meio de prova admissível.[383]

Quando aos casos enunciados sob C, a respetiva apreciação apela à interpretação do Artigo 356º, nº7, do CPP, segundo o qual "*Os órgãos de polícia criminal que tiverem recebido declarações cuja leitura não for permitida, bem como quaisquer pessoas que, a qualquer título, tiverem participado na sua recolha, não podem ser inquiridos como testemunhas sobre o conteúdo daquelas.*"

---

[383] Acórdãos do Tribunal da Relação de Lisboa de 3.5.2011, *José Adriano*, 146/09, www.colectaneadejurisprudencia.com, de 29.5.2012, *Artur Vargues*, 53/09.

A jurisprudência tem interpretado restritivamente esta norma, sustentando que "(...) o relato de agentes dos órgãos de policia criminal sobre afirmações e contribuições informatórias do arguido - tal como de factos, gestos, silêncios, reações, etc. - de que tomaram conhecimento fora do âmbito de diligências de prova produzidas sob a égide da oralidade (interrogatórios, acareações etc.) e que não o devessem ser sob tal formalismo bem como no âmbito das demais diligências, atos de investigação e meios de obtenção de prova (atos de investigação proativa, buscas e revistas, exames ao lugar do crime, reconstituição do crime, reconhecimentos presenciais, entregas controladas, etc.) que tenham autonomia técnico-jurídica constituem depoimento válido e eficaz por se mostrarem alheias ao âmbito de tutela dos artigos 129 e 357 do Código."[384]

Os agentes da autoridade não estão, como foi progressivamente entendendo o STJ, impedidos de depor sobre factos de que possuam conhecimento direto obtido por meios diferentes das declarações que receberam do arguido no decurso do processo, sendo o caso paradigmático o da diligência de reconstituição dos factos.[385]

---

[384] Acórdão do Supremo Tribunal de Justiça de 27.6.2012, *Santos Cabral*, 127/10.

[385] Cfr. Acórdão do Tribunal da Relação do Porto de 23.5.2012, *José Carreto*, 1639.10; Acórdãos do Tribunal da Relação de Coimbra de 11.8.2010, *Paulo Guerra*, 199/09, de 16.1.2008, *Jorge Dias*, 1/04, todos acessíveis em www.colectaneadejurisprudencia.com.
No Acórdão do Supremo Tribunal de Justiça de 5.1.2005, *Henriques Gaspar*, 04P3276, tal interpretação foi clarificada nestes termos:
"1. A reconstituição do facto, autonomizada como um dos meios de prova típicos (art. 150° do Código de Processo Penal), consiste na reprodução, tão fiel quanto possível, das condições em que se afirma ou se supõe ter ocorrido o facto e na repetição do modo de realização do mesmo.
2. A reconstituição do facto, prevista como meio de prova autonomizado por referência aos demais meios de prova típicos, uma vez realizada e documentada em auto ou por outro vale como meio de prova, processualmente admissível, sobre os factos a que se refere, isto é, como meio válido de demonstração da existência de certos factos, a valorar, como os demais meios, "segundo as regras da experiência e a livre convicção da entidade competente" - art. 127° do CPP.
3. Pela sua própria configuração e natureza, a reconstituição do facto, embora não imponha nem dependa da intervenção do arguido, também a não exclui, sempre que este se disponha a participar na reconstituição, e tal participação não tenha sido determinada por qualquer forma de condicionamento ou perturbação da vontade, seja por meio de coação física ou psicológica, que se possa enquadrar nas fórmulas referidas como métodos proibidos enunciados no art. 126° do CPP.

PROVA TESTEMUNHAL

A fundamentação para esta interpretação assenta designadamente na seguinte ordem de considerações:

"(...) desde que inexista obrigação legal de redução a escrito, um conjunto de atos de investigação e as afirmações do arguido "de contextualização" - quer posteriores à perpetração do crime, quer concomitantes, quer anteriores -, não se vislumbra razão bastante para não poderem ser reproduzidas por agente de órgãos de policia criminal (ou de qualquer outra pessoa), sendo certo que não integram a proibição do nº 7 do art. 356.º do CPP. De outro modo, a inadmissibilidade de relatos sobre informações, ou afirmações, prestadas por arguidos, perante órgão de policia criminal, em sede de meio processual de prova com autonomia ou quando do depoimento de órgão de policia criminal sobre a descrição do modo como os mesmos meios de obtenção de prova decorreram - em favor, ou

4. A reconstituição do facto, uma vez realizada no respeito dos pressupostos e procedimentos a que está vinculada, autonomiza-se das contribuições individuais de quem tenha participado e das informações e declarações que tenham co-determinado os termos e o resultado da reconstituição, e as declarações (*rectius*, as informações) prévias ou contemporâneas que tenham possibilitado ou contribuído para recriar as condições em que se supõe ter ocorrido o facto, diluem-se nos próprios termos da reconstituição, confundindo-se nos seus resultados e no modo como o meio de prova for processualmente adquirido.

5. O privilégio contra a autoincriminação, ou direito ao silêncio, significa que o arguido não pode ser obrigado, nem deve ser condicionado a contribuir para a sua própria incriminação, isto é, tem o direito a não ceder ou fornecer informações ou elementos) que o desfavoreçam, ou a não prestar declarações, sem que do silêncio possam resultar quaisquer consequências negativas ou ilações desfavoráveis no plano da valoração probatória.

6. Sendo, porém, este o conteúdo do direito, estão situadas fora do seu círculo de proteção as contribuições probatórias, sequenciais e autónomas, que o arguido tenha disponibilizado ou permitido, ou que informações prestadas tenham permitido adquirir, possibilitando a identificação e a correspondente aquisição probatória, ou a realização e a prática e actos processuais com formato e dimensão própria na enumeração dos meios de prova, como é a reconstituição do facto.

7. Vista a dimensão da reconstituição do facto como meio de prova autonomamente adquirido para o processo, e a integração (ou confundibilidade) na concretização da reconstituição de todas as contribuições parcelares, incluindo do arguido, que permitiram, em concreto, os termos em que a reconstituição decorreu e os respetivos resultados, os órgãos de polícia criminal que tenham acompanhado a reconstituição podem prestar declarações sobre os modo e os termos em que decorreu; tais declarações referem-se a elementos que ganham autonomia, e como tal diversos das declarações do arguido ou de outros intervenientes no acto, não estando abrangidas na proibição do art. 356º, nº 7 do CPP."

em desfavor, da versão daqueles -, levaria a tornar o depoimento do órgão de policia criminal um delicado exercício de "gincana" verbal ou filigrana jurídica, fazendo perder a compreensão e sentido do seu depoimento. Assumiria contornos de irracionalidade a proibição de depoimento sobre elementos essenciais da realidade sociológica a que o mesmo depoimento se reporta e nas quais a informação ou a afirmação produzidas pelo arguido teve um contributo (v.g a informação do arguido sobre o local onde se encontra, em perigo de vida, o raptado; a informação do arguido sobre o local onde se encontra a bomba prestes a explodir) igualmente é exato que a mesma proibição, segmentando o conhecimento numa visão processual atomística e caótica, negaria a descoberta da verdade material a pretexto de um invocado direito ao silêncio numa dimensão negativa do mesmo que, para além de insustentável em termos constitucionais, colocaria em causa a funcionalidade do processo penal."[386]

Costa Pinto sustenta que se a fonte do conhecimento for um assistente, uma parte civil ou o arguido, a respetiva identificação pela testemunha de referência não pode converter as declarações de tais intervenientes, prestadas na sequência da sua nomeação, em meio de prova testemunhal. Isto por duas razões: (i) porque o meio de prova tem uma regulamentação específica (Artigos 140º, 145º, 343º a 347º do CPP) autónoma face à prova testemunhal e (ii) porque a tal se opõe o regime de impedimentos consagrado no Artigo 133º, nº1 do CPP (a parte civil não pode ser testemunha, etc.).[387] Nestas situações, o depoimento da testemunha de ouvir dizer é um meio de acesso à fonte de conhecimento, sendo que esta só pode valer nos termos que lhe são próprios.

---

[386] Acórdão do Supremo Tribunal de Justiça de 27.6.2012, *Santos Cabral*, 127/10. Doutrinariamente, esta posição ancora-se também na opinião de Carlos Adérito Teixeira, "Depoimento Indirecto e Arguido: Admissibilidade e Livre Valoração versus Proibição de Prova", in *Revista do CEJ*, Nº 2, pp. 165-170.

[387] "Depoimento Indirecto, Legalidade da Prova e Direito de Defesa", in *Estudos em Homenagem ao Prof. Doutor Jorge Figueiredo Dias*, III Vol., Coimbra Editora, 2010, p. 1081. Paulo Pinto de Albuquerque, *Comentário ao Código de Processo Penal à Luz da Constituição da República Portuguesa e da Convenção Europeia dos Direitos do Homem*, Universidade Católica Editora, 2ª Ed., 2008, p. , entende que "não vale como prova o depoimento indireto de uma testemunha sobre o que ouvir dizer ao arguido, ao assistente ou às partes civis, porque as "pessoas" a que a ressalva do nº1 do art. 129º se refere são apenas as testemunhas."

Esse meio de prova não dever ser ignorado se for relevante para a descoberta da verdade material nos termos do Artigo 340º, nº1 do CPP.

Na lógica desta posição, os factos assim introduzidos no processo podem ser na mesma valorados e atendidos, sendo certo que a via de acesso aos mesmos não será propriamente o depoimento testemunhal.

Em sentido divergente, PAULO DÁ MESQUITA argumenta que o princípio de equiparação do estatuto entre o assistente e a parte civil com a testemunhas enquanto fonte de prova pessoal (Artigo 145º, nº3, do CPP), atento o caráter abrangente da formulação legal, permite que o assistente e a parte civil assumam quer a posição de fonte (pessoa de quem se ouviu dizer) quer a de depoente que refere o que ouviu dizer. Sustenta tal posição ainda com base nos seguintes argumentos: (i) no caso do assistente e parte civil operam as mesmas razões que determinam o instituto do depoimento indireto, independentemente das mesmas se ancorarem nos princípios do acusatório, do contraditório ou da imediação; (ii) no que tange ao regime das declarações processuais prestadas no processo, a lei adota o mesmo sistema de transmissibilidade probatória para no caso das declarações do assistente, das partes civis ou das testemunhas (Artigo 356º, nº1, alínea b) e no.s 2 a 5, do CPP); (iii) o nº1 do Artigo 129º reporta-se a "pessoas determinadas" e não a "testemunhas".[388] Já no que tange ao arguido, sustenta que "não se aplicando ao arguido como depoente no julgamento o regime do depoimento indireto, não valem quanto a ele as proibições de prova do art. 129º, nos. 1 e 3, do CPP, ficando a matéria sujeita, por um lado, ao princípio geral da investigação (art. 340º, nº1, do CPP) e, por outro, na fase valorativa o relato de *ouvir dizer* do arguido deve ser objeto da livre apreciação do julgador."[389]

3.2.O depoimento indireto no processo civil

No processo civil inexiste norma expressa equivalente ao Artigo 129º do Código de Processo Penal.

---

[388] *A Prova do Crime e o que se Disse Antes do Julgamento. Estudo Sobre a Prova no Processo Penal Português, À Luz do Sistema Norte-Americano*, Coimbra Editora, 2011, pp. 545-546.

[389] *A Prova do Crime e o que se Disse Antes do Julgamento. Estudo Sobre a Prova no Processo Penal Português, À Luz do Sistema Norte-Americano*, Coimbra Editora, 2011, p. 548, Nota 187.

ALBERTO DOS REIS escreveu que "o juiz pode formar a sua convicção através do depoimento de testemunha auricular e em sentido contrário ao depoimento da testemunhar ocular".[390]

LEBRE DE FREITAS, a propósito da enunciação do princípio da imediação, afirma que "(...) quando esteja disponível uma fonte de prova que implique menos ilações no *iter* probatório (...), a ela se deve recorrer, em vez de a uma outra mais distante do facto fundamental a provar. Assim, por exemplo, não está excluída a inquirição da chamada "testemunha de ouvir dizer", mas o depoimento daquela de quem ela ouviu o relato dos factos a prova tem maior valor probatório."[391]

NIEVA FENOLL começa por assinalar que a desconfiança da jurisprudência em relação ao depoimento indireto é razoável, sobretudo se atentarmos que é muito difícil detetar a falsidade do depoimento porquanto a testemunha, não tendo presenciado o facto, não pode ser avaliada quanto à coerência do relato e à sua contextualização. Todavia, entende que não deve descartar-se este tipo de prova sem mais porque (i) pode tratar-se de um elemento de prova autêntico e (ii) porque num sistema de livre apreciação não podem existir exclusões apriorísticas de meios de prova.[392]

Defende que a testemunha indireta tem tremendos problemas de credibilidade e, por isso, o seu papel só pode ser corroborador no processo, salvo se existir uma pluralidade de testemunhas indiretas. Nesta última eventualidade, as testemunhas indiretas podem por si só fundar a convicção do tribunal desde que concorram os seguintes parâmetros:

1. Pluralidade de testemunhas indiretas
2. Coerência entre as declarações de cada testemunha indireta
3. Coincidência das declarações das testemunhas
4. Contextualização das circunstâncias em que a testemunha indireta teve acesso ao relato

---

[390] *Código de Processo Civil Anotado*, IV Vol., p. 358.
[391] *Introdução ao Processo Civil, Conceito e Princípios Gerais à Luz do Código Revisto*, Coimbra Editora, 1996, p 156.
[392] *La Valoración de la Prueba*, Marcial Pons, Madrid, 2010, pp. 278-279.

5. Verosimilitude do relato
6. Origem diversa das testemunhas indiretas.[393]

SERRA DOMÍNGUEZ afirma a propósito das testemunhas indiretas que "Resulta lógico que quanto mais se afaste a testemunha da fonte de conhecimento, maiores serão as probabilidades de incorrer em erro, razão pela qual, sem que possam descartar-se as testemunhas indiretas, a sua eficácia será em princípio menor do que a das testemunhas presenciais. Em todo o caso, as testemunhas indiretas são inevitáveis a respeito de factos antigos, a respeito dos quais faleceram as pessoas que os presenciaram."[394]

MONTERO AROCA assinala que o Código de Processo Civil espanhol (LEC) no seu artigo 360º não exige que a testemunha tenha que ter conhecimento direto, impondo-se apenas que a testemunha indique a sua razão de ciência. Daí infere que é admissível a testemunha indireta, questão diversa do valor a conceder-lhe.[395]

Em Itália, a doutrina e a jurisprudência maioritárias têm confluído quanto à admissibilidade e valoração da testemunha indireta nos termos que se explanam de seguida.

A testemunha indireta propicia uma narração de segundo grau, tendo uma eficácia probatória bem menor do que a que assiste a uma testemunha direta. Há que distinguir entre três situações:

a) A testemunha indireta tem como fonte um terceiro estranho à lide;
b) A testemunha indireta tem como fonte uma parte que produziu declarações favoráveis a si própria;
c) A testemunha indireta tem por fonte uma parte que produziu declarações desfavoráveis a si própria.

Na situação enunciada sob a), a testemunha indireta integra uma prova meramente indiciária, que poderá adquirir relevância através do cotejo com outras circunstâncias objetivas e concordantes que corroborem a sua credi-

---

[393] *La Valoración de la Prueba*, Marcial Pons, Madrid, 2010, pp. 282 e 284. Na proposta deste autor, estes critérios são válidos quer para o processo penal quer para o processo civil.
[394] *Estudios de Derecho Probatorio*, Communitas, Lima, 2009, pp. 435-436.
[395] *La Prueba en el Proceso Civil*, Thomson Civitas, 2007, p. 404.

bilidade de molde a influenciar o convencimento do juiz. Na expressão de Luigi Comoglio, "O depoimento feito pela testemunha indireta com base em factos apreendidos de terceiros apresenta uma perfil de relevância probatória atenuada, justamente porque indireta, mas é livremente utilizável pelo juiz, no âmbito da sua livre apreciação [*"prudente apprezzamento"*], desde que concorra com outros elementos de prova objetivos e concordantes, capazes de corroborarem a sua credibilidade global".[396]

O juiz poderá convocar o terceiro que é a fonte para inquiri-lo e, assim, conseguir um testemunho pleno (Artigo 257º, nº1 do Código de Processo Civil Italiano, equivalente ao nosso Artigo 526º, nº1 do Código de Processo Civil).

Na situação descrita sob b), denominada de testemunha *de relato ex parte*, tal testemunha por si só, sem o conforto de outros elementos, não tem valor probatório nem sequer indiciário, e a sua relevância processual é substancialmente nula. Tal testemunha só alcançará eficácia probatória na condição de concorrerem circunstâncias objetivas e subjetivas extrínsecas à testemunha que confirmem a sua credibilidade ou desde que outros resultados probatórios corroborem o seu relato, especialmente quando o depoimento versa sobre comportamentos íntimos e reservados das partes, insuscetíveis *ex se* de perceção direta por testemunhas ou até de uma investigação técnica determinada *ad hoc* pelo juiz.[397]

A testemunha indireta tem aqui o valor de fonte subsidiária de prova.[398] Na explicação de Comoglio, a testemunha indireta pode adquirir aqui uma relevância limitada, qual fonte de meros indícios (factos-base de uma presunção), e – como tal – utilizável pelo juiz na formação do seu convencimento sem qualquer hierarquia pré-constituída de fontes probatórias, desde que o testemunho indireto seja confirmado por outros elementos autónomos, pre-

---

[396] *Le Prove Civili*, Terza Edizione, UTET, 2010, p. 574. Cfr., a título exemplificativo, Cassazione civile, Sez. I, 3 aprile 2007, n. 8358 e Cassazione Civile, Sez II, 26 aprile 2012, nº 6519.

[397] É, por exemplo, o caso dos processos de divórcio em que o Supremo Tribunal de Justiça Italiano admite as testemunhas indiretas como meio de prova da culpa da separação e/ou do adultério – cfr. Acórdão nº 6697 de 19.3.2009, http://www.studiolegaleluongo.it/blog/la-testimonianza-indiretta-e-valida-quale-prova-ai-fini-della-dichiarazione-di-addebito/.

[398] Isidoro Barbagallo, *La Prova Testimoniale, Nei Procedimenti Civili e Penali: Diritto e Metodologia Probatoria*, Giuffrè Editore, Milano, 2002, p. 267.

cisos e concordantes, que vêm corroborar a credibilidade global do relato da testemunha indireta.[399]

Finalmente, a situação referida sob c), denominada *de relato ex parte contra se*, o relato feito pela testemunha importa para o processo uma confissão extrajudicial feita a terceiro, a qual é livremente valorável pelo tribunal nos termos do Artigo 2735º do Código Civil Italiano, equivalente ao nosso Artigo 358º, nº4, do Código Civil.

Na jurisprudência nacional, encontramos enunciadas várias posições a este propósito, de que destacamos, a título exemplificativo, as seguintes:

– Não releva o testemunho indireto, ou seja, o testemunho que foi obtido através de outrem e que já contém em si uma versão e interpretação dos factos feitos por este último. Neste caso, o que a testemunha pode narrar é apenas o que lhe foi revelado e já não o que terá acontecido, porque esse conhecimento não foi captado por si.[400]

– Nem sempre o depoimento indireto, produzido por uma testemunha se deve considerar inócuo para o apuramento do facto, em particular quando o que se ouviu dizer partiu das próprias partes e numa ocasião em que não era previsível a emergência de qualquer litígio entre as partes.[401]

– São de admitir depoimentos indiretos para provar a existência de um telefonema anónimo, sendo que tais depoimentos relatam conversas entre as testemunhas e um gerente de sociedade, sendo que este recebeu uma chamada anónima e depois trocou impressões com as testemunhas em causa sobre a mesma e o modo de atuar em decorrência dela. "Tais depoimentos são indiretos mas não existem quaisquer razões para não os valorar, já que da audição dos mesmos não decorre qualquer sinal no sentido da não credibilidade das referidas testemunhas."[402]

---

[399] *Le Prove Civili*, Terza Edizione, UTET, 2010, p. 575.
[400] Acórdão do Tribunal da Relação de Lisboa de 16.2.2012, *Jerónimo Freitas*, 1761/11.
[401] Acórdão do Tribunal da Relação de Lisboa de 11.1.2011, *Luís Lameiras*, 152/09.
[402] Acórdão do Tribunal da Relação do Porto de 8.9.2008, *Fernanda Soares*, 0841768.

A TESTEMUNHA NO PROCESSO

- Não deverá ser pelo facto de se tratar de testemunha "auricular" que se deverá, sem mais, pôr em causa a sua isenção, credibilidade ou força probatória.[403]
- A lei processual civil não proíbe o depoimento indireto, sendo que a força probatória dos depoimentos das testemunhas é apreciada livremente pelo tribunal – Artigo 396º do Código Civil.[404]
- A prova testemunhal não tem como limite legal o conhecimento direto dos factos. Qualquer facto enunciado por uma testemunha pode legalmente influenciar a convicção do julgador.[405]
- O valor da prova não depende da sua natureza (direta ou indireta), mas fundamentalmente da sua credibilidade. Assim, a prova testemunhal indireta, ainda que seja o único meio probatório produzido, beneficia do valor jurídico reconhecido pelos Artigos 392º e 396º do Código Civil, nada obstando, pois, à sua admissibilidade e valoração.[406]

Feito este excurso doutrinário e jurisprudencial, entendemos que não pode ser afastada a admissibilidade da testemunha indireta porquanto tal colidiria com um sistema misto mas em que livre apreciação da prova é preponderante.

Se durante o julgamento, uma testemunha relata factos tendo como fonte outra testemunha não arrolada, sendo tais factos relevantes para a apreciação de mérito, cabe ao juiz exercer o poder-dever que lhe é conferido pelo Artigo 526º, nº1 do Código de Processo Civil (não se tratando de um poder discricionário) e convocar a testemunha-fonte para ser ouvida. No processo civil, à semelhança do processo penal (Artigo 129º), o legislador faculta ao julgador um meio processual para inquirir a testemunha-fonte, sempre no intuito de exaurir o primado da melhor prova disponível.

Sendo a testemunha indireta admitida no processo penal nos termos já analisados, e sendo o processo penal mais garantístico em virtude da presunção da inocência do arguido, será admissível a testemunha indireta no pro-

---

[403] Acórdão do Tribunal da Relação do Porto de 16.12.2004, *Saleiro de Abreu*, 0436832.

[404] Acórdão do Tribunal da Relação de Guimarães de 26.1.2012, *António Sobrinho*, 373/11.

[405] Acórdão do Supremo Tribunal de Justiça de 18.12.2003, *Bettencourt de Faria*, Revista 2987/03, *Sumários do STJ* de 2003.

[406] Acórdão do Supremo Tribunal de Justiça de 22.4.2008, *Ferreira de Sousa*, Revista 878/08, *Sumários do STJ* de 2008.

cesso civil sempre que se verifiquem os requisitos da sua admissibilidade no processo penal. Opera aqui um incontornável argumento da maioria de razão.

Abaixo desse patamar de admissibilidade, cremos que devem ser acolhidas as linhas gerais da posição maioritária da doutrina e jurisprudência italianas, sem prejuízo do que segue.

De facto, existem factos com relevância processual que são, pela sua própria natureza e condicionalismo, insuscetíveis de prova testemunhal direta, de prova documental, inspeção judicial e mesmo de prova pericial. Neste tipo de condicionalismos, os únicos meios probatórios admissíveis são as declarações de parte (Artigo 466º do atual Código de Processo Civil) e as testemunhas indiretas.

A propósito da admissibilidade da declarações de parte com factos favoráveis ao declarante em situações insuscetíveis de outros meios de prova, REMÉDIO MARQUES assinala que "(...) a recusa , nestas raras eventualidades, em admitir e valorar livremente ou apenas como base de presunções judiciais as declarações favoráveis ao autor, volve-se, desde logo, numa concreta e intolerável ofensa do direito à prova, no quadro do direito de acesso aos tribunais e ao direito e de uma tutela jurisdicional efetiva (art. 20º, nºl, da Constituição)."[407] Acompanhamos sem reservas este raciocínio, sendo que – no nosso entender – esta argumentação abrange também a relevância e a atendibilidade do depoimento indireto na precisa medida em que, nas situações insuscetíveis de outros meios de prova, o julgador apenas se poderá socorrer das declarações de parte e das testemunhas indiretas.

Deste modo, e no limite, admitimos que o juiz possa fundar a sua convicção quanto a tal tipo de factualidade apenas nas declarações de parte e/ou nos depoimentos indiretos. Necessário é que a valoração dos mesmos, feita segundo as singularidades do caso concreto e as máximas da experiência convocáveis, permita ao julgador atingir o patamar da convicção suficiente, sendo a valoração plasmada numa explicitação racional e percetível da convicção construída.

---

[407] "A Aquisição e a Valoração Probatória de Factos (Des)Favoráveis ao Depoente ou à Parte Chamada a Prestar Informações ou Esclarecimentos", in *Julgar*, Nº 16, Janeiro - Abril 2012, p. 154.

4. Limitações legais ao uso da prova testemunhal no processo civil

4.1. Inadmissibilidade da prova testemunhal e por presunções (Artigo 393º do Código Civil)

Nos termos do Artigo 351º do Código Civil, as presunções judiciais só são admitidas nos casos e termos em que é admitida a prova testemunhal.

Esta exclusão da prova testemunhal fundamenta-se na exigência, para a prova de determinado facto, de um grau de segurança que as testemunhas não podem dar e, por maioria de razão, não o poderão dar as presunções.[408] A inadmissibilidade da prova testemunhal e das presunções fundamenta-se, pois, na sua particular falibilidade.

Como primeira ordem de restrições à prova testemunhal e das presunções, dispõe o Artigo 393º, nº1 do Código Civil que *"Se a declaração negocial, por disposição da lei ou estipulação das partes, houver de ser reduzida a escrito ou necessitar de ser provada por escrito, não é admitida a prova testemunhal"*. Esta norma tem de articular-se com o Artigo 364º, nº1 do Código Civil, segundo o qual *"quando a lei exigir, como forma da declaração negocial, documento autêntico, autenticado ou particular, não pode este ser substituído por outro meio de prova ou por outro documento que não seja de força probatória superior"*. E o n.º 2 acrescenta que *"se, porém, resultar claramente da lei que o documento é exigido apenas para prova da declaração, pode ser substituído por confissão expressa, judicial ou extrajudicial, contanto que, neste último caso, a confissão conste de documento de igual ou superior valor probatório"*. Pela identidade de valor probatório existente entre a admissão de factos por falta de contestação e a confissão judicial expressa, pode aquela também substituir a formalidade *ad probationem* omitida[409].

Daqui decorre que, quando a lei exige documento escrito como forma de declaração, a regra é a de que o documento escrito, autêntico, autenticado ou particular, é exigido como formalidade *ad substantiam,* pelo que apenas quando se refira, clara e expressamente, à prova do negócio, é que o documento se considera exigido como formalidade *ad probationem*. Entre os dois regimes há uma diferença considerável porquanto: a omissão da formalidade *ad substantiam* gera a nulidade do negócio (Artigo 220º), salvo se constar de

---

[408] Antunes Varela e Pires De Lima, *Código Civil Anotado*, I Vol., 4ª Ed., 1987, p. 313.
[409] Acórdão do Supremo Tribunal de Justiça de 18.3.99, *Machado Soares*, 99A658.

documento de força probatória superior; a inobservância da formalidade *ad probationem* não gera a nulidade do ato, mas este só pode provar-se por confissão expressa, judicial ou extrajudicial, devendo neste último caso constar de documento de igual ou superior valor probatório (v.g. sentença judicial).

Sem a observância da formalidade *ad substantiam*, o negócio não é válido. A formalidade é insubstituível por qualquer outro meio de prova. Diversamente, sem a observância da formalidade *ad probationem* o negócio não é propriamente nulo, só que a sua prova será mais custosa de obter, só podendo ser suprida por outros meios mais difíceis de conseguir.

Está vedado ao juiz admitir a prova da existência de tais declarações negociais (na sua qualidade de elemento constitutivo de um negócio jurídico) através de testemunhas e da formulação de presunções quando a lei, ou as partes por estipulação, exija(m) que a declaração se prove por documento. Admitir-se tal prova testemunhal ou por presunções seria contraditório com o acordo das partes no sentido de a declaração negocial ter de revestir forma específica, podendo ainda dar azo a que se provasse por testemunhas ou presunções que foi celebrado um negócio que, na realidade, não foi concluído por v.g. a negociação entre as partes se ter entretanto frustrado.

Constituem exemplos de declarações negociais sujeitas a formalidade *ad substantiam*, entre outros:

- Cessão de quota societária (Artigo 228º, nº1 do Código das Sociedades Comerciais)[410];
- Contrato de locação financeira (Artigo 3º, nº1 do Decreto-lei nº 149/95, de 24.6.)[411];
- Contrato de aluguer de veículo automóvel sem condutor (Artigo 17º, nº1 do Decreto-lei nº 354/86, de 23.10, com a redação do Decreto-lei nº 77/2009,de 1.4.)[412];

---

[410] Acórdão da Relação de Évora de 18.12.2007, *Almeida Simões*, 2026/07.

[411] Acórdão do Tribunal da Relação de Coimbra de 28.4.2010, *Francisco Caetano*, 1903/08.

[412] Acórdão do Tribunal da Relação de Lisboa de 21.1.2010, *Olindo Geraldes*, 305/07. Afirma-se neste aresto , de forma pertinente, que "Exigindo-se documento escrito para os contratos, a circunstância da Apelada não ter contestado a acção, apesar de pessoalmente citada, não implica a sua confissão. Na verdade, o efeito da revelia previsto no n.º 1 do art. 484.º do Código de Processo Civil (CPC), aplicável por remissão do disposto no art. 463.º, n.º 1, do CPC, não

- Contrato de mediação imobiliária (Artigo 19º, nº1 do Decreto-lei nº 211/2004, de 20.8.);
- Contrato de fornecimento de energia elétrica[413];
- A documentação (gravação) da prova oralmente produzida [414];
- A cláusula compromissória (Artigo 2º, nº1 da Lei nº 31/86, de 29.8)[415];
- O acordo de revogação do contrato de arrendamento quando não seja imediatamente executado ou quando contenha cláusulas compensatórias ou outras cláusulas acessórias (Artigo 1082º, nº2 do Código Civil);
- Os contratos de mútuo e desconto bancário (Decreto-lei nº 32.765, de 29 de Abril de 1943)[416];
- Alteração do título da propriedade horizontal (Artigo 1419º, nº1 do Código Civil)[417];
- A compra e venda de imóvel celebrada por transação por termo no processo[418];
- O contrato que importa a constituição do direito de uso e habitação (Artigo 1485º do Código Civil)[419];
- O contrato de edição (Artigo 87º, nº1 do CDADC)[420];
- A autorização do dono da obra para o empreiteiro efetuar alterações por sua iniciativa, havendo um preço globalmente fixado para toda a obra (Artigo 1214º, nº3 do Código Civil) [421];
- A ata societária enquanto documento necessário para a validade do ato ou da deliberação tomada[422];

se estende aos factos para cuja prova é exigido documento escrito, como expressamente se consigna na alínea d) do art. 485.º do CPC."

[413] Acórdão do Tribunal da Relação de Lisboa de 15.3.2007, *Carlos Valverde*, 1886/2007.

[414] Acórdão do Tribunal da Relação de Lisboa de 10.11.2009, *Rijo Ferreira*, 3027/08.

[415] Acórdão do Tribunal da Relação do Porto de 22.2.96, *Oliveira Vasconcelos*, 6520/99.

[416] Acórdão do Supremo Tribunal de Justiça de 12.6.96, *Nascimento Costa*, 96B162.

[417] Acórdão do Tribunal da Relação de Lisboa de 28.5.2009, *Octávia Viegas*, 9759/08.

[418] Acórdão do Supremo Tribunal de Justiça de 23.10.2007, *Alves Velho*, 07A3028;

[419] Acórdão do Tribunal da Relação do Porto de 17.2.97, *Lázaro de Faria*, 9650648.

[420] Acórdão do Tribunal da Relação do Porto de 21.10.2003, *Fernando Samões*, 0324487.

[421] Acórdão do Tribunal da Relação de Coimbra de 25.9.2007, *Jorge Arcanjo Rodrigues*, 198/98, www.colectaneadejurisprudencia.com.

[422] Acórdão do Tribunal da Relação do Porto de 22.6.98, *Ribeiro de Almeida*, 400/98, www.colectaneadejurisprudencia.com.

PROVA TESTEMUNHAL

- O contrato de seguro celebrado até 11.1.2009 (Artigo 426º do Código Comercial).

Constituem exemplos de formalidades *ad probationem*:

- A assinatura do aviso de receção numa citação postal[423];
- A autorização do senhorio para a realização de obras mesmo quando foi convencionado no contrato que a autorização tinha de ser dada por escrito[424];
- O pacto de favor na letra de câmbio [425];
- O contrato de arrendamento celebrado no âmbito do Decreto-lei nº 321-B/90, de 15.10 (Artigo 7º) [426];
- O contrato-promessa de arrendamento [427];
- A ata da assembleia de condóminos [428];
- A dação em cumprimento de bens móveis [429];
- O contrato de seguro celebrado a partir de 12.1.2009 (Artigo 32º do Decreto-lei nº 72/2008, de 16.4).

O disposto no Artigo 393º, nº1 não se aplica quanto à prova da quitação. De acordo com o Artigo 787º, nº1 do Código Civil, quem cumpre tem direito de exigir quitação daquele a quem a prestação é feita, devendo essa quitação constar de documento autêntico ou autenticado ou ser provida de reconhecimento notarial, se aquele que cumpre tiver nisso interesse legítimo. Deste preceito não resulta a obrigatoriedade da quitação ser provada por escrito, mas tão-somente um direito ou faculdade do devedor-pagador. Ou seja, a validade da declaração de quitação não depende da observância de forma

---

[423] Acórdão do Tribunal da Relação do Porto de 6.11.2003, *Pires Condesso*, 5398/03, www.colectaneadejurisprudencia.com.

[424] Acórdão do Tribunal da Relação de Évora de 25.2.99, *Granja da Fonseca*, 602/98.

[425] Acórdão do Tribunal da Relação de Lisboa de 14.11.2006, *Arnaldo Silva*, 1998/2006.

[426] Acórdão do Tribunal da Relação de Lisboa de 22.9.2005, *Silva Santos*, 3892/2005 e Acórdão do Tribunal da Relação do Porto de 15.11.2004, *Jorge Vilaça*, 0455301.

[427] Acórdão do Tribunal da Relação de Lisboa de 5.11.2009, *Catarina Manso*, 5588/093.

[428] Acórdãos do Tribunal da Relação de Lisboa de 15.2.2007, *Jorge Leal*, 9207/2006, de 8.11.2007, *Manuela Gomes*, 9687/2006.

[429] Acórdão do Tribunal da Relação do Porto de 14.12.2006, *Deolinda Varão*, 0635505.

especial, salvo se o devedor-pagador ou terceiro-pagador exigir documento ou reconhecimento notarial. De onde se infere que a quitação, em geral, não está submetida a qualquer forma especial e pode ser provada por qualquer meio de prova, nos termos do art. 219º do Código Civil.[430] Todavia, consoante veremos a propósito do Artigo 395º, a exigência da quitação escrita pode assumir particular importância.

A exclusão da prova testemunhal imposta pelo Artigo 393º, nº1 do Código Civil não vale a favor ou contra os terceiros, nem quando se trate de provar, não o contrato, mas factos que tendem a esclarecer a vontade das partes. Também não será aplicável tal exclusão quando se trate de provar "um concreto pacto contratual, que, embora celebrado em coincidência da estipulação de um negócio, para que seja exigida a forma escrita, tenha, porém, um conteúdo independente e em geral diverso do mesmo negócio" [431].

O facto material de terem sido emitidas certas declarações negociais, enquanto factualidade produtora de outros efeitos jurídicos, que não de elemento constitutivo de um negócio jurídico, como v.g. a responsabilização por culpa *in contrahendo* decorrente de se ter emitido dolosamente uma declaração nula, já pode ser provado por prova testemunhal e presunções.

Nos termos do Artigo 393º, nº2 do Código Civil, *"Também não é admitida a prova por testemunhas quando o facto estiver plenamente provado por documento ou outro meio com força probatória plena"*.

Nesta norma, a lei veda o recurso a testemunhas como meio de:

(i) alcançar a prova da existência ou do conteúdo duma declaração para a qual é exigida a forma escrita ;

(ii) ou de contrariar a prova que haja sido extraída dum documento (cfr. Artigos 370º, nº1, 371º, nº1 e 376º, nº1) ou duma declaração confessória ou aposta em documento que não é costume assinar ou doutra fonte com força probatória plena (cfr. Artigos 358º, 380º, nº1 e 381º, nº1).

---

[430] Acórdãos do Supremo Tribunal de Justiça de 5.11.1995, Cardona Ferreira, BMJ nº 451, pp. 378-386 e de 29.5.2007, João Camilo, 07A1291.

[431] Vaz Serra, *Prova, Direito Probatório Material*, BMJ nº 112, pp. 233-234, citando Ferrucci.

Todavia, como adverte LEBRE DE FREITAS, a lei ressalva sempre a possibilidade da ilisão da presunção que estabelece. A própria utilização da menção *estiver* significa que:

"(...) só *depois de estar* definitivamente assente a prova plena, por preclusão do direito de a contrariar ou por improcedência da ação contrária (vise esta, no caso dos documentos, estabelecer a sua não genuinidade ou a sua falsidade) é que não é mais admissível prova em contrário daquela. O art. 393º do Código Civil articula-se assim com o art. 653-2 do Código de Processo Civil [*este preceito tem como sucessor o atual Artigo 607º, nº4, do Código de Processo Civil*] e, contendo uma norma de prova legal negativa, é um mero *reflexo* das normas de prova legal positiva acima referidas (...): imposto como possível um único meio de prova, estão excluídos todos os outros (nº1); imposta uma decisão, está negado valor aos meios de prova que a decisões diferentes poderiam conduzir (nº2)".[432]

Vejamos em que situações ocorre a prova plena do facto e o regime daí emergente quanto à admissibilidade de prova testemunhal e por presunções.

4.1.1. A admissão

Em primeiro lugar, quando o mesmo for objeto de admissão por falta de contestação (Artigos 567º, nº1, 574º, nº2 e 587º, nº1 do Código de Processo Civil, a que correspondiam anteriormente os Artigos 484º, nº1, 490º, nº2 e 505º), sem prejuízo das exceções consignadas nos Artigos 568º, e 574º, nº2 a 4 do Código de Processo Civil (anteriores Artigos 485º, 490º, nos. 2 a 4). Em rigor, a admissão constitui mesmo uma prova pleníssima (e não apenas plena) porquanto os factos em causa ficam definitivamente provados no processo, não podendo o réu vir posteriormente negá-los. A admissão identifica-se, assim, com uma presunção inilidivel[433].

---

[432] LEBRE DE FREITAS, *A Falsidade no Direito Probatório*, Almedina, 1984, p. 183, Nota 36.
[433] LEBRE DE FREITAS, *Código de Processo Civil Anotado*, II Vol., Coimbra Editora, 2001, p. 267.

4.1.2. O documento particular

Em segundo lugar, o documento particular faz prova plena quanto à existência/materialidade das declarações de ciência (narrativas ou descritivas) ou de vontade atribuídas ao seu autor (que nele constem como feitas pelo respetivo subscritor), desde que haja um ato de reconhecimento expresso ou tácito de que o documento se considera proveniente daquele a quem é imputado (Artigos 374º e 376º nº1 do Código Civil). A prova plena estabelecida pelo documento respeita à existência das declarações, não abrangendo a exatidão das mesmas[434]. Os factos compreendidos na declaração consideram-se plenamente provados na medida em que sejam contrários aos interesses do declarante, mas a declaração é indivisível nos termos prescritos para confissão (Artigo 376º, nº2).[435]

A força probatória do documento interpartes só opera quando o documento é apresentado e invocado pelo declaratário contra o declarante. Em relação a terceiros (os não sujeitos da relação jurídica a que respeitam as declarações documentadas), a declaração vale apenas como elemento de prova a apreciar livremente pelo tribunal (Artigo 366º)[436]. Quanto aos factos que não sejam desfavoráveis ao declarante, o documento é livremente apreciado nos termos previstos para a confissão (Artigo 361º).

A declaração de IRS corresponde a um documento particular que tem como declarante o contribuinte e como declaratário o fisco, cujos factos hão de considerar-se provados apenas entre o contribuinte e o fisco. Em relação a terceiros, v.g. seguradora, a declaração vale como elemento de prova a apreciar livremente pelo tribunal. O nº7 do Artigo 64º do Regime do Seguro Obrigatório Automóvel veio dispor que *Para efeitos de apuramento do rendimento mensal do lesado no âmbito da determinação do montante da indemnização por danos patrimoniais a atribuir ao lesado, o tribunal deve basear-se nos rendimentos líquidos auferidos à data do acidente que se encontrem fiscalmente comprovados, uma vez cumpridas as obrigações declarativas relativas àquele período, constantes da legislação fiscal.* O que deriva da interpretação desta norma é que a declaração de IRS tem um valor

---

[434] Acórdãos do Supremo Tribunal de Justiça de 9.12.2008, *Urbano Dias*, 08A3665, de 28.5.2009, *Rodrigues dos Santos*, 08B1843.

[435] Sobre o significado precípuo do princípio da indivisibilidade, cfr. o que se dirá *infra* em 4.1.5.

[436] Acórdão do Supremo Tribunal de Justiça de 19.10.2004, *Ferreira Girão*, 05B4392.

reforçado, sendo utilizada como suporte de partida e componente predominante da prova do facto, mas sem que fique vedado ao tribunal conjugar esse elemento com outros meios de prova, no campo da livre apreciação, sem prejuízo do suporte de arranque mais relevante dever ser a declaração fiscal.[437]

A força probatória plena qualificada não prova que as declarações são verdadeiras ou que não estão inquinadas por vícios de vontade (Artigos 376º, nº2, 359º, no l e nº2). A força probatória plena reporta-se tão só às declarações documentadas, ficando por demonstrar que tais declarações correspondiam à realidade dos factos materiais e, sobretudo, não se excluindo a possibilidade de o seu autor demonstrar a inveracidade daqueles factos por qualquer meio de prova[438]. Saber se as declarações documentadas vinculam o seu autor é questão que não respeita à força probatória do documento mas sim à eficácia da declaração. As declarações só vinculam o seu autor se forem verdadeiras[439].

O que acaba de ser dito vale, *mutatis mutandis*, para os termos em que opera a força probatória plena do documento eletrónico com assinatura qualificada certificada por uma entidade certificadora com conteúdo que seja suscetível de representação como declaração escrita (Artigo 3º, nº1 e nº2 do Decreto-lei nº 88/2009, de 9.4).

---

[437] Cfr. Acórdão do Supremo Tribunal de Justiça de 11.1.2011, *Alves Velho*, 6026/04, CJ 2011-I, pp. 39-43.

[438] Acórdão do Supremo Tribunal de Justiça de 7.4.2005, *Araújo Barros*, 05B3318.

[439] Acórdão do Tribunal da Relação de Lisboa de 19.6.2006, *Pimentel Marcos*, 5405/2006. Nas palavras de VAZ SERRA, em anotação ao Acórdão do Supremo de 16.3.76, RLJ, ano 110º, p. 85, «Desde que o documento se limita a provar que o seu autor fez as declarações que dele constam, não prova que essas declarações correspondam à vontade do declarante; e, desde que os factos compreendidos na declaração se consideram provados na medida em que forem contrários aos interesses do declarante, não está excluído que o interessado se valha dos meios gerais de impugnação da declaração.

A regra do nº2 do artigo 376º constitui uma presunção fundada na regra de experiência de que quem afirma factos contrários aos seus interesses o faz por saber que são verdadeiros; essa regra não tem, contudo, valor absoluto, pois pode acontecer que alguém afirme factos contrários aos seus interesses apesar de eles não serem verdadeiros e que essa afirmação seja divergente da sua vontade ou se ache inquinada de algum vício do consentimento: o facto declarado no documento considera-se verdadeiro, embora não o seja, por aplicação das regras da confissão, podendo, porém, o declarante, de acordo com as regras desta, valer-se dos respectivos meios de impugnação.

Pode, por isso, provar o declarante que a sua declaração não correspondeu à sua vontade ou que foi afectada por algum vício do consentimento (cfr. Artº 359º)».

Os documentos particulares autenticados quer perante o notário (Artigos 377º do Código Civil, 150º e 151º do Código do Notariado) quer perante outras entidades (Artigos 22º a 24º do Decreto-lei nº 116/2008, de 4.7 e Artigo 38º, nº1 e nº2 do Decreto-lei nº 76-A/2006, de 29.3) têm a força probatória dos documentos autênticos pelo que fazem prova plena quanto aos factos praticados ou atestados pela entidade documentadora (Artigos 363º, nº3, 377º e 371º).

4.1.3. O documento autêntico

No que tange aos documentos autênticos, quanto aos factos praticados pela entidade documentadora (aquilo que a autoridade disse que fez), a sua força probatória material é a de prova plena. Só cede perante a prova em contrário através da demonstração de que nele foi atestado como tendo sido objeto de perceção da autoridade ou oficial público qualquer facto que na realidade não se verificou (falsidade ideológica) ou como tendo sido praticado pela entidade responsável qualquer ato que na realidade não o foi (falsidade material) (Artigos 371º, 372º, nº1 e nº2 do Código Civil e Artigos 446º, nº1, 448º e 449º do Código de Processo Civil, anteriores Artigos 546º, nº1, 548º e 549º). Note-se que o conceito de falsidade só se aplica aos factos plenamente provados pelo documento.

Recorde-se que a falsidade é a qualidade dum documento escrito genuíno consistente na desconformidade entre o facto representativo nele contido e a realidade de todos ou alguns dos factos pelo primeiro, direita ou indiretamente, presumidos, da qual resulta a ilisão dessa presunção.[440]

A genuinidade de um documento consiste na coincidência entre a pessoa que consta no documento como seu autor no momento em que o documento é apresentado (autor aparente) e aquele que materialmente o formou ou por conta de quem o documento foi materialmente formado (autor real). Nos documentos particulares, a genuinidade não se presume, havendo que provar a sua autoria para que lhes possa ser atribuída a força probatória legal plena. Pelo contrário, desde que observados certos requisitos formais mínimos, estabelece-se uma presunção de autenticidade para os documentos autênticos, podendo a parte contrária ao apresentante do documento impugnar essa genuinidade.

---

[440] LEBRE DE FREITAS, *A falsidade no direito probatório*, Almedina, 1984, p. 165.

PROVA TESTEMUNHAL

A consequência da ilisão da presunção de autenticidade de documento autêntico é a de que o documento passa a ser reconhecido como particular.[441] Para o documento particular, a consequência de não se provar a sua autoria é a de não poder valer senão como fonte de prova livre (Artigo 366º) podendo, por presunção judicial, ser dado como provado o facto nele representado.

A questão da falsidade do documento só se coloca depois de estabelecida a respetiva autoria, a sua genuinidade.

Todo o documento escrito tem um autor e representa uma sua declaração. A presunção de conformidade do teor desta declaração (ou também do que nela é atestado) à realidade só pode ser ilidida pela falsidade. Mas a presunção de que o autor real da declaração coincide com o que nele é apresentado como tal (válida só para os documentos autênticos) será ilidida por outros meios que não a falsidade, v.g. contrafação, falta de competência funcional ou territorial do autor do documento ou impedimento deste para a sua formação – cfr. Artigos 4º, 5º, 71º, nº1 e 173º, nº1, alínea b) do Código do Notariado. O documento é contrafeito quando provém dum autor real diferente do autor aparente.

As causas da falsidade documental só podem ser três:

- O autor do documento atesta nela, como verificados na sua presença ou por ele praticados, factos que na realidade não se verificaram (falsidade ideológica). Reporta-se esta ao momento da formação do documento e só é possível nos documentos autênticos narrativos ou em parte narrativa de documento dispositivo, quanto aos seus pressupostos;
- Em documento particular assinado em branco e preenchido por terceiro é inserta, também no momento da sua formação, uma declaração desconforme com a que o signatário realmente fez ao terceiro para que a inserisse no documento ou uma qualquer declaração se o documento tiver sido subtraído, depois de parcialmente preenchido pelo signatário (falsidade material);

---

[441] LEBRE DE FREITAS, *A falsidade no direito probatório*, Almedina, 1984, p. 148.

A TESTEMUNHA NO PROCESSO

– Em qualquer tipo de documento, quando o seu conteúdo é alterado, ainda que por supressão ou acrescentamento, depois de definitivamente formado e ainda que pelo seu próprio autor (falsidade material).[442]

A consequência do reconhecimento da falsidade de um documento consiste na perda da força probatória legal do documento quanto aos factos que nele são (falsamente) atestados (a consequência tem apenas a ver com a eficácia). A presunção que, a partir da prova do facto representativo (o registo ou a informação constante do documento) impõe que se considere provado o facto representando, ou outros por este representados, é afastada com a prova de não correspondência desse facto ou factos à realidade.

A força probatória plena do documento autêntico não abrange a veracidade e/ou sinceridade das declarações prestadas perante a entidade documentadora nem demonstra a inexistência de vícios de vontade. Dito de outra forma, o documento autêntico não prova a veracidade das declarações dos outorgantes mas apenas que elas foram feitas. As declarações incorporadas no documento autêntico podem, nos termos gerais, estar inquinadas por vícios de consentimento, ser simuladas, ou estar afetadas por circunstâncias que se reflitam na sua eficácia jurídica[443].

Pelo que – salvo quanto ao acordo simulatório e ao negócio dissimulado quando invocado pelos simuladores (Artigo 394º, nº2) – é admissível qualquer meio de prova, incluindo a prova testemunhal e por presunções, para atingir a vontade real dos declarantes e atacar a veracidade das afirmações contidas no documento autêntico, sem necessidade de arguição da sua falsidade: o documento não é falso no sentido precípuo do Artigo 372º, nº 2 mas o seu conteúdo não corresponde à verdade. Dito de outra forma, é desnecessária a arguição de falsidade para demonstrar que não são verdadeiras ou eficazes as declarações contidas em documento autêntico pois sobre isso não faz ele prova plena.[444]

---

[442] LEBRE DE FREITAS, *A falsidade no direito probatório*, Almedina, 1984, p. 149 e ss.
[443] Acórdão do Tribunal da Relação de Lisboa de 10.1.2008, *António Neto Neves*, CJ 2008-I, pp. 75-78.
[444] ALMEIDA COSTA, *Anotação na RLJ*, Ano 129º, Nº 3872, p. 360.

PROVA TESTEMUNHAL

Todavia, a declaração vertida no documento autêntico constitui-se como uma confissão extrajudicial (Artigos 352º, 355º, nº4) pelo que, sendo feita à parte contrária, tem força probatória plena (Artigo 358º, nº2). A força probatória dessa confissão deve ser contrariada por meio de prova do contrário, onde se mostre não ser verdadeiro o facto que dela foi objeto (Artigo 347º), sem prejuízo da arguição da falsidade ideológica do documento autêntico (Artigo 372º, nº2, 1ª parte; o confitente arguirá que não proferiu perante o notário aquelas palavras) ou da ação de declaração de nulidade ou de anulação da confissão em que argua algum vício do consentimento (Artigo 359º, nº1). Nos casos de arguição da falsidade ideológica e de ação de anulação ou declaração de nulidade, a prova pode fazer-se por qualquer meio, inclusive através da prova testemunhal e por presunções.[445]

Pense-se na celebração de um contrato de compra e venda em que o vendedor declara que recebeu determinada quantia a título de preço, dando quitação. O pagamento do preço, propriamente dito, só estaria coberto pela força probatória plena do documento autêntico se o notário tivesse atestado tal facto como perceção sua, isto é, que tal pagamento foi feito na sua presença.[446] Esta quitação escrita tem o valor de confissão extrajudicial e, tendo sido feita à parte contrária, faz prova plena que o vendedor declarou já ter recebido o preço.[447] Contudo, deverá ser permitido ao vendedor destruir a força probatória plena da confissão em causa mediante a prova da realidade do facto

---

[445] LEBRE DE FREITAS, A Confissão no Direito Probatório, 1991, Coimbra Editora, p. 758; Acórdão do Supremo Tribunal de Justiça de 3.6.1999, Sousa Inês, CJ 1999-II, pp. 136-139.

[446] Neste preciso sentido, cfr. Acórdão do Supremo Tribunal de Justiça de 4.2.2010, Álvaro Rodrigues, 4114/06.

[447] Alguma jurisprudência do Supremo, afasta aqui a figura da confissão em prol da admissão. É o caso do Acórdão do Supremo Tribunal de Justiça de 25.11.2004, Ferreira de Almeida, 05B1417 em que se afirma: (...) existe uma diferença entre a confissão e a admissão ou mera declaração de um facto (ou situação factual); esta última, queda-se no adiantamento de uma proposição ou juízo cuja veracidade se não confirma; aquela, traduz a afirmação de um facto (ou situação factual) como verdadeiro. «Assim, a declaração constante de uma escritura de cessão de quotas na qual é mencionado pelo cedente o recebimento do preço ou de um dado preço, não pode ser havida como confissão, por não conter a admissão pelo declarante da veracidade de tal recebimento; a materialidade da declaração é indiscutível, porém o respectivo conteúdo, porque não atestado pelo oficial público, é passível de demonstração/impugnação, designadamente através de prova testemunhal."

A TESTEMUNHA NO PROCESSO

contrário àquele que a confissão firmou.[448] Só que, nos termos do Artigo 393º, nº2, não poderá fazer tal prova por testemunhas ou presunções, sem prejuízo das três exceções que serão vistas *infra* (4.3.). Consoante se referiu, só é permitido ao vendedor socorrer-se de prova testemunhal e por presunções caso argua a falsidade da escritura pública ou a nulidade ou anulabilidade da confissão, por falta ou vícios da vontade.

Quanto aos factos atestados pelo documentador com base nas suas perceções (que perante ele compareceu uma determinada pessoa que fez determinadas declarações), a força probatória estende-se apenas até onde alcançam as perceções do notário ou autoridade pública, ficando de fora os factos do foro interno dos outorgantes ou factos exteriores não ocorridos no cartório (Artigo 371º, nº1). Daí que tais factos possam ser provados por qualquer meio de prova sem necessidade de arguir a falsidade do documento.

4.4.4. Atestado da Junta de Freguesia

Compete às Juntas de Freguesia passar atestados nos termos da lei, os quais devem ser assinados, em nome da Junta de Freguesia, pelo seu presidente (Artigos 34º, nº6, alínea p) e 38º, nº1, alínea n) da Lei nº 169/99, de 18.9). E, nos termos do Artigo 34º, nº1 do Decreto-lei nº 135/99, de 22.4., *Os atestados de residência, vida e situação económica dos cidadãos, bem como os termos de identidade e justificação administrativa, passados pelas juntas de freguesia, nos termos das alíneas f) e q) do artigo 27º do Decreto-lei nº 100/84, de 29 de Março* [a referência deve ter-se atualizada para as disposições já citadas], *devem ser emitidos desde que qualquer dos membros do respetivo executivo ou da assembleia de freguesia tenha conhecimento direto dos factos a atestar, ou quando a sua prova seja feita por testemunha oral ou escritos de dois cidadãos eleitores recenseados na freguesia ou, ainda, mediante declaração do próprio.*

O atestado da Junta de Freguesia é um documento autêntico que faz, assim, prova plena dos factos que refere como praticados pelo oficial público respetivo, assim como dos factos que neles são atestados com base em perceções da entidade documentadora (cfr. Artigo 371º, nº1).

---

[448] Cfr. entre outros, Acórdãos do Supremo Tribunal de Justiça de 3.6.1999, *Sousa Inês*, CJ 1999-II, pp. 136-139, de 20.2.2001, *Eduardo Baptista*, 01B2338, Acórdão do Tribunal da Relação de Lisboa de 13.9.2007. Sousa Pinto, 1903/2007.

Assim, se o subscritor do mesmo invocar expressamente o seu conhecimento direto e pessoal como razão de ciência, os factos atestados ficarão revestidos de força probatória plena porquanto estão baseados nas perceções diretas da entidade documentadora. Se o atestado declarar determinada factualidade mas com base em testemunho oral ou escrito de cidadãos ou mediante declaração do próprio interessado, o atestado só faz prova plena que os declarantes produziram aquelas afirmações perante o emitente do atestado. Não faz prova plena da veracidade, sinceridade ou eficácia de tais declarações emitidas perante o emitente.[449]

O Artigo 2º-A da Lei nº 7/2001, de 11.5, veio prever expressamente que se possa fazer a prova da união de facto por declaração emitida pela junta de freguesia, acompanha de declaração do interessado (sobrevivo) ou de ambos os interessados, sob compromisso de honra, de que vivem em união de facto há mais de dois anos (Artigo 2º-A, nº2 e nº4), consignando-se que as falsas declarações são punidas nos termos da lei penal (nº5 do mesmo artigo).

Este regime em nada bule com o que acima ficou dito, não conferindo força probatória plena à declaração emitida pela junta de freguesia. A declaração só faz prova plena que os interessados proferiram aquelas afirmações perante o emitente.

Esta declaração da junta de freguesia funciona como uma espécie de certificado administrativo, constituindo um elemento presuntivo de convicção do juiz como atestação de ciência emitida com base em declaração voluntária dos interessados. O juiz pode desatender ao que resulta da declaração com fundamento noutros elementos de prova adquiridos no processo e que mereçam maior atendibilidade. Tanto mais que a união de facto se prova por qualquer meio legalmente admissível (Artigo 2º-A, nº1) e que a entidade da segurança social que tenha fundadas dúvidas sobre a existência da união de facto, deve promover ação de simples apreciação negativa (Artigo 6º, nº2 do mesmo diploma).

---

[449] Cfr. Acórdão do Tribunal da Relação de Lisboa de 2.12.1999, *Urbano Dias*, 0066156, de 10.10.2002, *Manuela Gomes*, 00127076 e Acórdão do Tribunal da Relação de Coimbra de 28.1.2009, *Sílvia Pires*, 1038/08.

4.1.5. A confissão

A confissão judicial escrita, feita em depoimento de parte reduzido a escrito nos termos do Artigo 463º, nº1 do Código de Processo Civil ou através de mandatário judicial ou em qualquer outro ato do processo firmada pessoalmente ou por procurador especialmente autorizado para tal (Artigos 38º e 356º, nº1), e a confissão extrajudicial feita em documento dirigido à outra parte têm força probatória plena contra o confitente (Artigo 358º, nº1 e nº2).

A confissão pode assumir três modalidades:

- **Simples** em que o facto é reconhecido sem qualquer reserva ou condição ou sem a invocação de qualquer facto suscetível de afetar o seu efeito;
- **Qualificada** quando o facto é reconhecido com outra qualificação ou eficácia jurídica; o confitente adita à declaração confessória factos que alteram a significação jurídica dos factos reconhecidos;
- **Complexa** quando, conjuntamente com o reconhecimento do facto, a parte alega outro que destrói o efeito da confissão. O confitente adita ao facto reconhecido outros factos suscetíveis de consubstanciarem uma exceção ao direito do autor/reconvinte ou de sustentar uma reconvenção.

A confissão qualificada e complexa convocam a aplicação do regime da indivisibilidade da confissão, segundo o qual a parte que queira aproveitar-se da eficácia do facto confessado como prova plena tem de aceitar também como verdadeiros os outros factos ou circunstâncias, salvo se provar a sua inexatidão (Artigo 360º), ou seja, a confissão só pode ser aceite ou rejeitada na íntegra. Este princípio da indivisibilidade da confissão radica na unidade da declaração confessória.

Para que a regra da indivisibilidade se aplique é necessário que os factos declarados pelo confitente pertençam à mesma *fattispecie* (hipótese de facto prevista por determinada norma para a sua aplicação) e ainda que haja uma relação entre os efeitos de uns e outros (os factos favoráveis devem ser impeditivos, modificativos ou extintivos dos factos desfavoráveis).[450] Em segundo

---

[450] Lebre De Freitas, *A Confissão no Direito Probatório*, Coimbra Editora, 1991, pp. 221-229.

lugar, o princípio da indivisibilidade aplica-se apenas no âmbito da confissão com força probatória plena.[451] Não é observável no plano de confissão judicial espontânea em articulado porquanto os factos narrados em articulado recebem tratamento individualizado.[452]

Colocada perante uma confissão qualificada ou complexa, a contraparte pode assumir uma de três posições:

i. Rejeita a confissão na sua globalidade, não se aproveitando dela. Caso em que a declaração confessória será livremente apreciada pelo julgador (Artigo 361º).

ii. Aceita a declaração confessória na sua totalidade, considerando-se plenamente provados os factos referidos pelo confitente. Neste caso, a declaração de aceitação funciona como condição legal da eficácia da confissão e corresponde também a uma segunda confissão, em sentido inverso.

iii. Aceita a confissão sob reserva do direito de provar, por qualquer meio, a inexatidão dos factos que lhe são desfavoráveis e, consequentemente, favoráveis ao confitente. Neste caso, a confissão tem eficácia de prova plena mas a realidade dos factos desfavoráveis à contraparte apenas fica definitivamente estabelecida se esta não lograr fazer prova do contrário desses factos. Isto mesmo que o ónus da prova relativamente aos factos aditados à confissão recaísse sobre o confitente pois, nessa eventualidade, a aceitação da confissão tem por efeito a inversão do ónus da prova quanto à parte favorável ao confitente.[453]

E se a contraparte nada disser?

Deve excluir-se a correspondência do silêncio à aceitação da confissão no seu todo uma vez que o silêncio só vale como declaração nos casos expressamente previstos por lei, uso ou convenção (Artigo 218º), sendo ainda certo

---

[451] LEBRE DE FREITAS, *A Confissão no Direito Probatório*, Coimbra Editora, 1991, p. 218, Nota 48.
[452] LEBRE DE FREITAS, *A Confissão no Direito Probatório*, Coimbra Editora, 1991, p. 219.
[453] "A indivisibilidade da confissão só surge se o autor quiser aproveitar-se da confissão como meio de prova plena e tem como consequência, na confissão complexa aceite, a inversão do ónus da prova quanto à parte favorável ao confitente" – Acórdão do Tribunal da Relação de Évora de 27.4.1993, *Paiva de Carvalho*, BMJ nº 426, p. 547.

que o Artigo 360º faz referência expressa a um ato voluntário da parte contrária ao confitente.

Sobram duas opções: ou fazer corresponder o silêncio da contraparte a rejeição da confissão ou a aceitação da mesma sob reserva da prova em contrário dos factos que lhe são desfavoráveis.

Acompanhando LEBRE DE FREITAS[454], afirmamos que a solução que melhor se coaduna com os princípios e normas processuais é a última. Com efeito, quando se trata de prova documental cuja força probatória plena depende de aceitação da parte contrária à que a apresentou, a aceitação não tem de ser expressa. No caso das públicas-formas basta o não requerimento da exibição do original (Artigo 386º, nº1) e no caso de reprodução mecânica basta a não impugnação da exatidão do documento (Artigo 366º), para que o mesmo tenha eficácia de força probatória plena. Do mesmo modo, a falta de aceitação expressa da confissão não deve obstar a que esta produza eficácia de prova plena. Os princípios da aquisição processual e da audiência contraditória (Artigos 413º e 415º) apontam também para o aproveitamento da confissão como prova plena. Com efeito, se o tribunal deve tomar em consideração todas as provas produzidas ainda que não provenham da parte a quem incumbia produzi-las, e se as provas não são admitidas nem produzidas sem audiência contraditória da parte a quem hajam de ser opostas, não faz sentido desaproveitar a especial força probatória da confissão pelo facto de a contraparte nada ter dito relativamente à mesma.

E se os factos ou circunstâncias favoráveis ao declarante não constituírem objeto do processo, tal obsta a que opere o princípio da indivisibilidade da confissão?

LEBRE DE FREITAS [455] entende que tal não obsta a que a confissão faça prova plena contra o declarante, não tendo a regra da indivisibilidade que jogar quanto aos factos que no processo não tenham sido alegados. O processo funciona aqui como limite.

Todavia, há que atentar nas virtualidades decorrentes do regime enunciado no Artigo 5º, nº2, alínea b), do Código de Processo Civil, nos termos do qual o juiz deve considerar os factos que sejam complemento ou concretiza-

---

[454] LEBRE DE FREITAS, *A Confissão no Direito Probatório*, Coimbra Editora, 1991, pp. 216-218.

[455] LEBRE DE FREITAS, *A Confissão no Direito Probatório*, Coimbra Editora, 1991, pp. 219, 308-309.

ção dos que as partes hajam alegado e resultem da instrução da causa, desde que sobre eles tenham tido a possibilidade de se pronunciar.

Conforme se refere no Acórdão do Supremo Tribunal de Justiça de 27.10.2009, "(...) deparando-se-nos um depoimento de parte visando a confissão, importará, analisando-o, tentar distinguir nos factos ou circunstâncias narrados aqueles que tendem a infirmar a eficácia do facto confessado ou a modificar ou extinguir os seus efeitos (artigo 360.º/1 do Código Civil) daqueles outros que se traduzem em factos novos ou em factos complementares ou concretizadores de factos que tenham sido alegados."[456] Estes últimos poderão ser inseridos e atendidos no processo ao abrigo do citado artigo 5º, nº2, alínea b), do Código de Processo Civil.

No caso analisado nesse aresto, tratava-se de um depoimento de parte em que o Réu reconhece que se obrigou a pagar ao autor a quantia x até ao fim de um ano y (facto principal), mas também declara que ficou adicionalmente acordado que o réu poderia pagar tal quantia quando o autor efectuasse uma escritura de compra e venda de certo apartamento, caso em que o réu pagaria diretamente a quantia ao vendedor do apartamento, exonerando-se da dívida perante o autor (facto complementar). Tratando-se de um facto extintivo da pretensão do autor, incumbiria ao Réu prová-lo."

A força probatória plena da confissão pode ser elidida pela propositura de ação de anulação ou declaração de nulidade da confissão por falta ou vícios da vontade (Artigo 359º). A prova do vício da confissão pode fazer-se por qualquer meio não se excluindo a admissibilidade da prova testemunhal ou por presunções. Conforme explica LEBRE DE FREITAS [457]

"A tal não obsta o disposto nos arts. 393-2 e 351 do Código Civil, ao excluírem a admissibilidade da prova testemunhal e da presunção judicial quanto a factos plenamente provados por um meio com força probatória plena. Fazendo-o, a lei veda o recurso a esses meios de prova para contrariar a prova que haja sido extraída duma declaração confessória ("quando o facto *estiver* plenamente provado"), mas sempre *com ressalva da possibilidade de ilisão da presunção que está na base da força probatória atribuída à con-*

---

[456] Sendo relator *Salazar Casanova*, 61/2002.
[457] LEBRE DE FREITAS, *A Confissão no Direito Probatório*, Coimbra Editora, 1991, p. 758.

fissão. Articulando-se com o art. 653-2 do Código de Processo Civil [*este artigo tem como equivalente o atual Artigo 607º, nº4*], o preceito referido, contendo uma norma *geral*, não constitui uma das derrogações *especiais* a que se refere o art. 347º do Código Civil e apenas tem o alcance de vedar que, uma vez assente, por confissão não impugnada, a realidade de determinado facto, esta prova possa ser posta em causa por testemunhas ou presunções judiciais, deixando intacto o problema da colisão da confissão com outros meios de prova legal plena".

As restrições dos nos. 1 e 2 do Artigo 393º não se aplicam à simples interpretação do contexto do documento (nº3 do mesmo preceito), ou seja, é de admitir a prova testemunhal somente para interpretação de declarações constantes do documento (prova testemunhal *iuxta scripturam*), contanto que o resultado da interpretação encontre expressão (ainda que imperfeita) nos termos da declaração documentada. Havendo divergência entre as partes quanto ao sentido que quiseram dar à declaração contratual, deve admitir--se que sobre a mesma se produza prova testemunhal a fim de se apurar qual o sentido real da declaração.[458] Esse sentido pode decorrer designadamente das negociações prévias, do modo como as partes executaram o contrato, da finalidade prosseguida pelo declarante pelo que – deste modo – poderá incidir depoimento sobre estes elementos.[459] A solução será a mesma quando a prova testemunhal se destine a completar elementos apenas em parte claramente expressos no documento, v.g., identificação do objeto do contrato.[460]

4.2. Convenções contra o conteúdo de documentos (contra scripturam) ou para além dele (praeter scripturam).

Nos termos do Artigo 394º, nº1, "*É inadmissível a prova por testemunhas, se tiver por objeto quaisquer convenções contrárias ou adicionais ao conteúdo de documento autêntico ou dos documentos particulares mencionados nos artigos 373º a 379º, quer*

---

[458] Cfr. Acórdão do Supremo Tribunal de Justiça de 13.11.86, *Joaquim Gonçalves*, BMJ nº 361, pp. 496-499, Acórdão do Tribunal da Relação do Porto de 5.7.90, *António Lebre*, BMJ nº 399, p. 574 e Acórdão do Tribunal da Relação de Évora de 21.4.2005, *Maria Moura*, 2214/04.

[459] Cfr. Acórdão do Tribunal da Relação de Guimarães de 26.1.2012, *Antero Veiga*, 30/08.

[460] VAZ SERRA, *Provas, Direito Probatório Material*, BMJ nº 112, p. 206.

as convenções sejam anteriores à formação do documento ou contemporâneas dele, quer sejam posteriores."

A *ratio* desta norma advém de que a admissão de prova testemunhal de pactos contrários ou adicionais seria perigosa dados os riscos de tal prova (falsidade ou infidelidade) e traduzir-se-ia, praticamente, na inutilização do documento, sendo ainda certo que é possível às partes munirem-se de uma prova escrita dos mencionados pactos.[461] Pode ainda apelar-se a uma regra da experiência nos termos da qual o recurso à forma escrita é normalmente integral no sentido de que a adoção da forma escrita para parte de um ato documentado demonstra e comporta a sua escolha para todo o ato.

Este preceito aplica-se apenas às convenções contrárias aos documentos na parte em que estes não têm força probatória plena e às convenções adicionais ou acessórias.[462]

A validade e eficácia dos pactos contrários ou adicionais ao documento, legal ou convencionalmente exigido para a declaração negocial, está regulada nos Artigos 221º e 222º do Código Civil. Só após a fixação da validade dos mesmos é que coloca o problema da respetiva prova poder, ou não, ser feita por testemunhas. Sendo nulo o pacto contrário ou adicional, obviamente que não se coloca a questão da admissibilidade da prova testemunhal para provar aquele.

Dispõe o Artigo 221º, nº1 do Código Civil, que *"As estipulações verbais acessórias anteriores ao documento legalmente exigido para a declaração negocial, ou contemporâneas dele, são nulas, salvo quando a razão determinante da forma não lhes seja aplicável e se prove que correspondem à vontade do autor da declaração."* E, nos termos do nº2, *"As estipulações posteriores ao documento só estão sujeitas à forma legal prescrita para a declaração se as razões da exigência especial da lei lhes forem aplicáveis".*

O regime assim consagrado parte da distinção entre cláusulas essenciais e acessórias do negócio celebrado. Numa primeira aproximação, por cláusulas acessórias deverão entender-se as estipulações das partes que não são elemento fisionómico do tipo negocial em causa nem constituem reprodução desnecessária de normas legais supletivas.[463]

---

[461] Vaz Serra, *Provas, Direito Probatório Material*, BMJ nº 112, pp. 178, 193, 202.
[462] Antunes Varela e Pires De Lima, *Código Civil Anotado*, I Vol, 4ª Ed., 1987, p. 343.
[463] Acórdão do Supremo Tribunal de Justiça de 16.5.2002, *Eduardo Baptista*, 01B2338.

A distinção entre cláusulas essenciais e cláusulas acessórias dos negócios jurídicos, para o efeito de determinar se estão ou não sujeitas à forma que a lei prescreve para a declaração negocial, deve ser estabelecida atendendo às razões desse requisito legal, assim se determinando quais as cláusulas que, segundo essas razões, são abrangidas pela norma legal. Tais razões podem ser para precaver os declarantes contra a sua precipitação e ligeireza, dar maior segurança à conclusão do negócio e ao conteúdo negocial, facilitar a prova, dificultar o negócio, facilitar o seu controle no interesse geral, garantir a sua reconhecibilidade por terceiros, dar às partes a oportunidade de obter o conselho de peritos.[464]

Neste âmbito, PAIS DE VASCONCELOS [465] propugna que para determinar se a razão da forma se comunica aos pactos acessórios será necessário verificar:

- se isoladamente considerados preenchem a previsão legal de um preceito que exija essa forma, v.g. Artigo 80º do Código do Notariado;
- se, de acordo com o seu conteúdo e função, se devem considerar como substancialmente integrantes do núcleo do negócio principal, embora dele formalmente separados.[466]

A validade das estipulações anteriores ao documento ou contemporâneas dele depende da verificação cumulativa das seguintes condições:

a) Que se trate de cláusulas acessórias – não deve tratar-se de estipulações essenciais e parece dever igualmente tratar-se de estipulações adicionais, que completem o documento, que estejam para além do conteúdo do mesmo (*"praeter scripturam"*), e não de estipulações que o contradigam;
b) Que não sejam abrangidas pela razão de ser da exigência do documento;

---

[464] VAZ SERRA, *Anotação na RLJ*, Ano 113º, p. 145.

[465] *Teoria Geral de Direito Civil*, II Vol., Almedina, 2002, pp. 65-66.

[466] Exemplifica com a alienação de herança que integre imóveis para a qual é exigida escritura pública. Uma estipulação acessória relativa a um dos móveis não comunga da razão de ser da exigência da forma do negócio principal, ao contrário do que sucederá com a estipulação sobre um imóvel.

PROVA TESTEMUNHAL

c) Que se prove que correspondem à vontade das partes – este requisito traduz-se na prova de que a estipulação existiu; se sobre o ponto acessório
há cláusula no documento, o pacto verbal não será válido, pois tem de
se admitir que as partes, regulando aquele ponto no documento, não
quiseram de todo o pacto verbal anterior ou contemporâneo.

Não são abrangidas pela razão da exigência da forma (alínea b)) as cláusulas que, por exemplo, fixam o lugar ou o tempo do cumprimento da obrigação,
a forma do cumprimento ou a quitação do próprio pagamento.

Assim, por exemplo, desde que não conste do contrato-promessa uma
cláusula a fixar a data da outorga da escritura, é válida a estipulação verbal de
tal data porquanto esta não é elemento essencial para contrato-promessa de
compra e venda. Se, anteriormente à celebração escrita de contrato de cessão
de quotas, o cessionário acordar verbalmente com o cedente que assumirá as
responsabilidades do cedente perante C e D, tal acordo verbal é válido porquanto a aludida obrigação não se identifica com os elementos essenciais da
cessão (sujeitos, quota e preço), constituindo uma estipulação adicional que
está para além do conteúdo essencial desse contrato, não o contradizendo.

Pelo contrário, já são abrangidas pela razão da exigência a forma estipulações em que se amplie ou reduza o objeto de um contrato sujeito a certa forma.[467] Desta forma, a alteração das condições de pagamento (renegociação
da dívida) de um mútuo com hipoteca são estipulações essenciais desse contrato pelo que a sua alteração teria de ser reduzida a escrito porquanto tais
cláusulas constam do primitivo contrato. [468] A não redução a escrito de tais
alterações implica a sua invalidade, não podendo – do mesmo passo - fazer-se
prova de tais alterações por meio de testemunhas ou presunções.

Da conjugação do Artigo 221º com o Artigo 394º resulta que as estipulações adicionais não formalizadas, anteriores ou contemporâneas do documento, não abrangidas pela razão determinante da forma, só produzirão
efeitos se ocorrer a confissão ou se forem provadas por documento escrito
que não obedeça aos requisitos legais (Artigo 366º), podendo ser menos solene

---

[467] ANTUNES VARELA e PIRES DE LIMA, *Código Civil Anotado*, I Vol., 4ª Ed., 1987, p. 212.
[468] Acórdão do Tribunal da Relação de Guimarães de 5.2.2009, *Conceição Bucho*, 2745/08.

do que o exigido para o negócio, v.g, uma carta no caso do negócio constar de escritura pública.[469]

O regime das estipulações acessórias posteriores consagrado no nº2 do Artigo 221º é mais aberto. Em decorrência do mesmo, os pactos pelos quais se altera a área do prédio vendido, ou aumenta ou se agrava as obrigações (por ex. fiança), cuja constituição a lei sujeita a forma, devem considerar--se abrangidos pela exigência da forma legal. Já quando o pacto cancele ou reduza as obrigações de alguma ou de ambas as partes (sujeição a um prazo da obrigação de pagar o preço, remissão do preço, limitação da obrigação do fiador, etc.) dever-se-á entender que o mesmo não está abrangido pela exigência da forma legal.

O regime estatuído no Artigo 394º, nº1 do Código Civil não impede o recurso à prova testemunhal e por presunções para a prova de vícios de consentimento bem como qualquer divergência, não convencionada (exclui-se a simulação), entre a vontade real e a vontade declarada porquanto tais situações não consubstanciam quaisquer pactos contrários ou adicionais ao conteúdo do documento, mas simples factos estranhos a esse conteúdo.[470]

Tal regime também não obsta a que se faça prova testemunhal que tenha por objeto o motivo ou o fim do negócio, o qual não é contrário ao conteúdo do documento nem constitui uma cláusula adicional à declaração.[471]

Ainda quanto ao âmbito de aplicação do Artigo 394º, nº1, FILIPE CASSIANO DOS SANTOS[472] pugna pela inaplicabilidade do Artigo 394º nos contratos celebrados com recurso a cláusulas contratuais gerais e, em geral, aos contratos de adesão.

Constrói essa conclusão com base nos seguintes pressupostos. A estatuição do nº1 do Artigo 394º assenta na suposição, por parte da lei, de que as partes incluíram todos os acordos que alcançaram no documento em que formalizaram o contrato. A não inclusão de eventuais acordos no texto redu-

---

[469] Acórdão do Supremo Tribunal de Justiça de 15.10.2002, *Afonso Correia*, CJ 2002-III, pp. 92-98.

[470] ALMEIDA COSTA, Anotação na RLJ, Ano 129º, Nº 3872, p. 361.

[471] Acórdão do Supremo Tribunal de Justiça de 4.3.1997, *Pais de Sousa*, CJ 1997-I, pp. 121-125.

[472] "O contrato de instalação de lojista em centro comercial (e a aplicação do artigo 394º do Código Civil quando celebrado por adesão", in *Cadernos de Direito Privado*, Nº 24, Outubro/Dezembro 2008, pp. 3-20.

PROVA TESTEMUNHAL

zido a escrito significa que os contraentes não querem estar sujeitos a uma prova por meio probatório de natureza distinta e mais falível do que aquele que eles próprios adotaram para as suas convenções (princípio da valorização dos acordos celebrados por escrito). E prossegue:

> "(...) Com uma tal *ratio*, a norma supõe, quanto ao seu âmbito de aplicação, que se trata de convenções contrárias ao conteúdo de documentos que formalizam contratos negociados - isto é, contrato em que ambas as partes contribuíram para a determinação do texto contratual, o qual foi também ele objeto de negociação.
>
> Só em tal caso vale a suposição em que assente o preceito. Na verdade, se o texto contratual foi apresentado por uma das partes à outra, sem margem para negociação e sem qualquer contributo desta outra para o teor das cláusulas, e, sobretudo, se o texto foi elaborado para todas as contratações similares, falece qualquer suposição de que, a terem existido antes outros acordos que dele não constam, eles foram afastados no momento final das negociações e não correspondem à última vontade das partes. Nessas especiais condições, nada permite concluir que essa última vontade se identifica com aquela que foi inscrita no documento, e que esta possa ser completada por via de testemunhos".

Esta posição não foi sufragada no Acórdão do Supremo Tribunal de Justiça de 13.9.2007 [473], segundo o qual tendo as partes reduzido a escrito o contrato de instalação de lojista em centro comercial, não podem provar-se por testemunhas quaisquer acordos preliminares ao contrato que o infirmem ou contrariem. Na fundamentação de tal acordo, invocou-se o ensinamento de VAZ SERRA de que "o declarado pelos contraentes no clausulado de um contrato (documento particular), assinado por ambos, e que se mostra contrário aos respetivos interesses, deve considerar-se confessado, logo assente nos autos."[474] Em seguida, afirmou-se que o declarado no contrato não pode ser infirmado pelas negociações que decorreram como preliminares porque, ao escreverem e assinarem o contrato, as partes deram corpo definitivo ao que haviam

---

[473] Sendo relator *Custódio Montes*, 07B1857.
[474] RLJ Ano 114º, p. 204.

negociado antes. Doutra forma, desvirtuar-se-ia o objeto do Artigo 394º, nº 1, que é o de esconjurar os perigos da admissibilidade da prova testemunhal.

No que tange à articulação do regime do Artigo 394º com o Artigo 7º do Decreto-lei nº 446/85, de 25.10 (*"as cláusulas especificamente acordadas prevalecem sobre quaisquer cláusulas gerais, mesmo quando constantes de formulários assinados pelas partes"*), entendeu o Supremo que, em primeiro lugar, há que fazer a prova de que foram estipuladas entre as partes cláusulas específicas diferentes das constantes do contrato de adesão e, só depois, é que se poderá aquilatar da prevalência de tais cláusulas nos termos do Artigo 7º. Quanto à realização da prova de que foram acordadas cláusulas específicas vigora a regra de que, constando o contrato de documento escrito, o mesmo não pode ser contrariado por cláusulas verbais anteriores provadas testemunhalmente (ou por presunções), salvo as três exceções que analisaremos em 4.3.

4.3. Prova da simulação

O nº2 do Artigo 394º estende a proibição do nº1 ao acordo simulatório e ao negócio dissimulado, quando invocados pelos simuladores.

Esta proibição tem por objetivo esconjurar os perigos que comportaria a admissibilidade da prova testemunhal do acordo simulatório contra o conteúdo do documento: um dos contraentes, querendo infirmar o negócio, poderia valer-se de prova testemunhal para demonstrar que o negócio é simulado, destruindo dessa forma a eficácia do documento mediante simples prova de testemunhas.[475] Sendo que os simuladores sempre se poderão acautelar por meio de contradeclarações escritas.

Os simuladores podem fazer a prova da simulação por qualquer outro meio de prova, v.g. documental ou por confissão, com exceção da testemunhal ou por presunções, mesmo que o negócio tenha sido celebrado por documento autêntico. A prova escrita para este efeito não tem de satisfazer os requisitos do documento particular, podendo atender-se a outros escritos (cfr. Artigo 368º). Como se viu, o documento autêntico faz prova plena quanto à declaração negocial documentada mas não quanto à conformidade da declaração com a vontade real, não faz prova da sinceridade das afirmações proferidas perante o notário.

---

[475] Vaz Serra, *Provas, Direito Probatório Material*, BMJ nº 112, p. 195.

PROVA TESTEMUNHAL

Todavia, a restrição do nº2 do Artigo 394º não veda a possibilidade de os simuladores provarem o acordo simulatório e o negócio dissimulado com base num princípio de prova escrita contextualizada ou complementada por prova testemunhal ou por presunção judicial.

A este propósito, MOTA PINTO[476] defendeu em parecer que:
"Por razões de justiça, entendemos que a existência dum princípio de prova por escrito, tal como é definido e aplicado nos sistemas jurídicos francês e italiano, poderá permitir o recurso à prova testemunhal.

Com menos hesitação afirmamos ainda que, existindo já prova documental, suscetível de formar a convicção de verificação do facto alegado, é de admitir a prova de testemunhas, a fim de:

1º) Interpretar o contexto dos documentos, conforme expressamente prescreve o nº 3 do art. 393º do Código Civil (...);

2º) Completar a prova documental, desde que esta, a existir (...), constitua, por si só, um indício que torne verosímil a existência de simulação, a qual poderá ser plenamente comprovada não só com a audição de testemunhas *juxta scripturam* – pelos esclarecimentos e precisões que venha a fornecer à interpretação dos documentos - mas também como modo de integração, complementar da prova documental".

Esta segunda exceção é criticada por CARVALHO FERNANDES por sugerir uma excessiva maleabilidade na interpretação do Artigo 394º que não estará no espírito desta norma.[477]

Há que conciliar as exigências contrapostas que presidem à razão de ser da proibição do uso da prova testemunhal, por um lado, e a necessidade de acautelar os interesses de um dos simuladores contra o aproveitamento iníquo da simulação pelo outro, por outro lado. Tal conciliação passa pela admissão da prova testemunhal quando convocada para complementar prova escrita que possa valer como um princípio de prova do acordo simulatório.

---

[476] "Arguição da simulação pelos simuladores, Prova testemunhal", Parecer, CJ 1985- III , pp. 9-15.
[477] *Estudos sobre a simulação*, Quid Juris, 2004, p. 60, Nota 26

Na explicação de CARVALHO FERNANDES[478]

"(...) coloca-se a hipótese de haver contradeclaração escrita, que traduza a vontade real dos simuladores, seja ela no sentido de não celebrar qualquer negócio – simulação absoluta –, seja no sentido de celebrar um negócio diferente quanto a alguns dos seus elementos - simulação relativa.

Em tal caso, o papel que ainda pode estar reservado à prova testemunhal será o de contribuir para a fixação do alcance de tal documento, isto é, o de contribuir para a interpretação do negócio nele titulado. Não se vê que possa deixar de valer, neste domínio, a função que o nº3 do art. 393º reserva à prova testemunhal.

Pode, porém dar-se o caso de haver um ou mais documentos escritos, sem que, contudo, qualquer deles, isoladamente ou no seu conjunto, possa ser visto como título suficiente de uma contradeclaração. Se, ainda assim, esse documento ou esse conjunto valer como *começo de prova* da simulação, o recurso ao depoimento de testemunhas afigura-se-nos admissível.

(...) O que se exige é que o documento ou o conjunto de documentos disponíveis no processo torne plausível ou razoável admitir a verosimilhança dos factos que segundo a parte que os alega, qualificam a simulação. Por outras palavras, esses documentos têm de permitir, como um dos sentidos possíveis do seu conteúdo, a comprovação dos factos em que se traduz a simulação. "

Nesse estudo, o mesmo autor conclui que:

"a) A interpretação estrita dos Artigos 351º e 394º, nº2, do Código Civil limitando fortemente a arguição da simulação pelos simuladores, pode conduzir a resultados injustos de aproveitamento do ato simulado por um dos simuladores em detrimento do outro;

b) A ponderação dos interesses em jogo postula, assim, uma interpretação restritiva desses preceitos, que atenue a limitação dos meios de prova disponíveis a que a letra da lei conduz:

c) Essa interpretação não pode, porém, pôr em causa a ratio desses preceitos, nem chegar ao ponto de sobrepor, à certeza da prova documental, a fragilidade e a falibilidade da prova testemunhal e por presunções judiciais;

---

[478] *Estudos sobre a simulação*, Quid Juris, 2004, pp. 59-60.

d) Deste modo, a estes meios de prova só pode estar reservado o papel secundário de determinar o alcance de documentos que à simulação se refiram ou de complementar ou consolidar o começo de prova a que neles seja lícito fundar;

e) Sempre que, com base em documentos trazidos aos autos, o julgador possa formular uma primeira convicção relativamente à simulação de certo negócio jurídico, é legítimo recorrer-se ao depoimento de testemunhas sobre factos constantes do questionário e relativos a essa matéria com vista a confirmar ou a infirmar essa convicção;

f) Como legítimo é, a partir desse mesmo começo de prova, pela via de presunções judiciais, deduzir a existência de simulação com base em factos assentes no processo".[479]

A jurisprudência tem vindo a aderir a esta interpretação restritiva do Artigo 394º, nº2.[480]

No que tange à arguição da simulação pelos herdeiros dos simuladores, partindo do pressuposto de que os herdeiros sucedem globalmente na precisa situação jurídica de natureza não pessoal que tinha o autor da herança, é de admitir, à partida, que lhe sejam aplicáveis as restrições de prova que impendiam sobre o simulador.

Todavia, não é excluir que possam ser tratados como terceiros quando visem satisfazer interesses específicos da sua posição de herdeiros que seriam

---

[479] *Estudos sobre a simulação* , Quid Juris, 2004, p. 68.

[480] Cfr. Acórdão do Tribunal da Relação de Coimbra de 24.1.95, *Francisco Lourenço*, CJ 1985-I, pp. 35-39, de 23.10.2007, *Barateiro Martins*, CJ 2007-IV, pp. 43-48, Acórdãos do Supremo Tribunal de Justiça de 17.6.2003, *Ribeiro de Almeida*, CJ 2003-II, pp. 112-115, de 2.3.2010, *Cardoso Albuquerque*, 1700/06, www.colectaneadejurisprudencia.com, Acórdãos do Tribunal da Relação do Porto de 15.1.2009, *Amaral Ferreira*, CJ 2009-I, pp. ("No caso de simulação relativa existindo já prova documental susceptíveis de formar a convicção de verificação do facto alegado, é de admitir a prova testemunhal a fim de interpretar o contexto dos documentos ou completar a prova documental, desde que esta, a existir, constitua um indício que torne verosímil a existência da simulação"), de 25.3.2010, Pinto dos Santos, 4925/07, www.colectaneadejurisprudencia.com , Acórdão do Tribunal da Relação de Lisboa de 13.4.2010, *Manuel Tomé Gomes*, 5169/05, acessível no mesmo site ("A restrição constante do nº2 do citado art. 394º não veda a possibilidade de os simuladores provarem o acordo simulatório e o negócio dissimulado, mediante um princípio de prova escrita contextualizada ou complementada por prova testemunhal ou por presunção judicial").

afetados pela subsistência de tal ato e, desta forma, arredá-los das limitações de prova a que ficam sujeitos os simuladores. «É, sem dúvida, como terceiro que após a morte do autor da simulação, atua o herdeiro legitimário que, por exemplo, pretende demonstrar que certo ato de compra e venda praticado pelo seu progenitor encobre, na realidade, uma doação.»[481].

Por tal motivo, o nº2 do Artigo 242º veio permitir a invocação da simulação pelos herdeiros legitimários quando ainda em vida do autor da sucessão pretendam agir contra negócios por eles simuladamente feitos com o intuito de os prejudicar. Isto significa que, mesmo após a abertura da herança, têm, obviamente, os herdeiros legitimários, legitimidade para invocar a nulidade de negócios simulados que se traduzam em prejuízo da respetiva legítima, ainda que não com esse intuito.

Deste modo, os herdeiros legitimários devem ser considerados como terceiros quando se proponham defender um direito próprio contra os atos simulados do autor da herança.[482] Do mesmo modo, o herdeiro testamentário defende um direito específico quando a subsistência da sua deixa dependa da demonstração de que certa venda feita a um herdeiro legitimário encobre afinal uma doação sujeita a colação e imputável na quota disponível (Artigos 2162º, 2104º, 2108º e 2114º).[483]

Sendo os herdeiros acima enunciados terceiros, não estão sujeitos à restrição dos nos. 1 e 2 do Artigo 394º *ex vi* nº3 do mesmo artigo.

A prova do motivo ou do fim do negócio dissimulado (*animus decipiendi*) não está sujeita à restrição do nº2 do Artigo 394º, podendo ser feita por testemunhas e por presunção judicial.[484]

Nos termos do nº3 do Artigo 394º, o disposto nos números anteriores não é aplicável a terceiros.

A justificação desta exceção decorre de os terceiros não poderem munir--se de prova escrita da simulação, por um lado, e o contrato face aos terceiros

---

[481] Carvalho Fernandes, *Estudos sobre a simulação*, Quid Juris, 2004, p. 99.

[482] Acórdão do Tribunal da Relação de Lisboa de 13.4.2010, *Manuel Tomé Gomes*, 5169/05, www.colectaneadejurisprudencia.com e Acórdão do Tribunal da Relação de Guimarães de 14.10.2010, *Raquel Rego*, CJ 2010-IV, pp. 270-271.

[483] Carvalho Fernandes, *Estudos sobre a simulação*, Quid Juris, 2004, p. 99.

[484] Acórdão do Supremo Tribunal de Justiça de 4.3.97, *Pais de Sousa*, CJ 1997-I, pp. 121-125, Acórdão do Tribunal da Relação de Lisboa de 11.3.2008, *Tomé Gomes*, 10560/2007.

PROVA TESTEMUNHAL

que nele não participaram não é tanto um contrato como um facto jurídico, referindo-se as restrições de prova aos contratos e não aos factos jurídicos.[485]

Desde os estudos com vista à elaboração do Código Civil de 1966, VAZ SERRA sustentou a formulação de exceções à regra da inadmissibilidade a prova testemunhal contra ou além do conteúdo de documentos, mesmo no caso da arguição da simulação entre os simuladores, sob pena da ocorrência de graves iniquidades.

Tais exceções estão consagradas nos Artigos 1347º e 1348º do Código Civil Francês[486] e Artigo 2724º do Código Civil Italiano. Este artigo, sob a epígrafe, *Exceções à proibição de prova testemunhal*, dispõe que:

> "A prova por testemunhas é admissível em qualquer caso:
> 1. quando existe um princípio de prova por escrito: este é constituído por qualquer escrito, proveniente da pessoa contra quem é dirigida a demanda ou do seu representante, que faça parecer verosímil o facto alegado;
> 2. quando o contraente ficou impossibilitado, moral ou materialmente, de munir-se de uma prova escrita;
> 3. quando o contraente, sem culpa, perdeu o documento que lhe fornecia a prova" (*tradução nossa*).

---

[485] VAZ SERRA, *Provas, Direito Probatório Material*, BMJ nº 112, pp. 199, 216.

[486] Art. 1347

"Les règles ci-dessus reçoivent expection lorsquíl existe un commencement de preuve par écrit.

On appelle ainsi tout acte par écrit que est émané de celui contre lequel la demande est formée, ou de celui quíl represente, et qui rend vraisemblable le fail allégué.

(L. nº 75-596 du 9 juill. 1975) "Peuvent être considérés par le juge comme équivalant à un commecement de preuve par écrit les déclarations faites pour une partie lors de sa comparution personnelle, son réfus de répondre ou son absence à la comparution"

Art. 1348 (L. nº 80-525 du 12 juill. 1980)

"Les règles ci-dessus reçoivent encore excepction lorsque l'obligation est née d'un quasi--contrat, d'un délit ou d'un quasi-délit, ou lorsque l'une des parties, soit n'as pas eu la possibilité matérielle ou morale de se procurer une preuve littérale de l'acte juridique, soit a perdu le titre qui lui servait de preuve littérale, par suite d'un cas fortuit ou d'une force majeure.".

Texto do Code Civil, 107e. Edition, Dalloz, 2008.

A TESTEMUNHA NO PROCESSO

Justificando a primeira exceção, esclarece VAZ SERRA que "Existindo um começo de prova por escrito, a prova testemunhal terá o papel de um suplemento de prova, pois as testemunhas não são já o único meio de prova do facto; e a exceção justifica-se pela circunstância de, neste caso, o perigo da prova testemunhal ser, em grande parte, eliminado, uma vez que a convicção do juiz está já formada em parte com base num documento." [487]

O começo da prova por escrito pode ser constituído por um só escrito ou por vários, mesmo que não subscrito.[488] Deve emanar daquele a quem é oposto, não de um terceiro. A letra ou assinatura desse escrito devem ser previamente reconhecidas ou verificadas; "enquanto não é verificado, o escrito discutido não pode servir de começo de prova porque não se sabe de quem emana." [489] Será de admitir o escrito que não seja do punho da contraparte (ou seu procurador) mas que tenha sido criado com a sua participação, v.g., auto que contenha respostas da parte a interrogatório formal. Não é necessário que o escrito esteja dirigido à parte que o exibe.

O escrito deve tornar verosímil o facto alegado. Entre o facto indicado pelo escrito e aquele que deveria ser objeto de prova testemunhal, deve existir um nexo lógico tal que confira ao último um relevante *fumus de credibilidade*.[490] Esse nexo lógico não corresponde a um simples momento inferencial de uma argumentação presuntiva, mas deve ser entendido como dado instrumental de um convencimento probabilístico, que o juiz pode firmar com uma razoável correlação lógica entre o conteúdo do escrito e o facto controverso.[491]

---

[487] Vaz Serra, *Provas, Direito Probatório Material*, BMJ nº 112, pp. 219-220.

[488] Luigi Comoglio, *Le Prove Civili*, pp. 609-610.

[489] Vaz Serra, *Provas, Direito Probatório Material*, BMJ nº 112, p. 221.

[490] Vaz Serra *Provas, Direito Probatório Material*, BMJ nº 112, p. 223.

[491] Luigi Comoglio, *Le Prove Civili*, pp. 610-611. Francesco Cordopatri, "Note in tema di "Principio di prova per iscritto", in *Rivista di Diritto Processuale*, 2007, Nº 5, pp. 1155-1176, afasta a aproximação deste princípio de prova ao raciocínio presuntivo. Distingue entre a verosimilhança que representa a ideia de aproximação à verdade compreensiva e que combina verdade com conteúdo e a probabilidade que representa a ideia de aproximação à certeza lógica. Enquanto a verosimilhança serve apenas para permitir a produção de prova, a probabilidade é inerente à prova. Entende este autor que a função do princípio de prova por escrito é o de tornar admissível a prova testemunhal, por definição tida como necessária e o único meio probatório do factum probandum, e não tanto ser de per si um elemento que qualifica a probabilidade .

Em França, a jurisprudência tem entendido que constituem princípio de prova por escrito as seguintes situações:

- o documento que reconhece uma dívida cuja assinatura é rasurada pelo credor;
- cheques cuja assinatura do sacador não é contestada constituem escritos que tornam verosímil a existência do crédito invocado pelo beneficiário contra o sacador;
- o testamento revogado depois do ato litigioso;
- um documento não assinado desde que a parte contra quem é oposto reconheça que é da sua autoria;
- as declarações verbais relatadas num escrito, v.g. num inquérito criminal.[492]

A segunda exceção é a de ter sido impossível, moral ou materialmente, ao contraente obter *ex ante* uma prova escrita. O fundamento desta exceção radica no seguinte: quando a lei ordena às partes que procurem uma prova escrita dos seus atos, fá-lo no pressuposto que elas têm meio de o fazer. Pelo que não podendo ser tomada tal precaução, há que admitir esta exceção (*ad impossibilia nemo tenetur*).

Esta impossibilidade não deve confundir-se com uma simples dificuldade mas não pode ter caráter absoluto. Deve ser aferida com referência ao momento da estipulação e tendo em consideração as circunstâncias da estipulação, a situação objetiva e subjetiva dos contraentes, valoradas pelo juiz.

A jurisprudência italiana mais recente sobre a impossibilidade moral frisa que esta não nasce automaticamente de uma abstrata situação de influência, de autoridade ou de prestígio ou de meros vínculos de amizade, parentesco ou afinidade, devendo ocorrer o concurso confluente de outras circunstâncias particulares e especiais a averiguar caso a caso.[493] É necessária uma situação efetiva de impossibilidade de pretender a formação de uma prova escrita. VAZ SERRA exemplificou com: as relações entre advogado e cliente; quando uma das partes é analfabeta; entre cônjuges; quando entre as partes existem

---

[492] Code Civil, 107e. Edition, Dalloz, 2008, pp. 1462-1463.
[493] Luigi Comoglio, *Le Prove Civili*, p. 611, Nota 145.

estreitas relações de parentesco ou afinidade, desde que vivificadas por vínculos de amizade e confiança, ou relações de convivência *more uxorio*.[494] Será também o caso de um estado de necessidade, de carência económica ou de diminuídas condições psíquicas de uma das partes, devidamente aproveitado pela contraparte.

A terceira exceção é a da perda, sem culpa, do documento que fornecia a prova. Esta exceção tem como pressuposto prévio, cuja demonstração incumbe ao alegante, a alegação e prova de que o documento se formou validamente, ficando a eficácia da prova do conteúdo do documento subordinada à de perda não culposa do mesmo. Aqui é essencial que a perda não seja de algum modo imputável à falta de diligência da parte, que a mesma não possa imputar-se a alguma forma de imprudência ou de negligência e incúria na custódia do escrito, aferidas segundo os cânones de comportamento exigíveis ao bom pai de família.[495]

A jurisprudência tem aderido a esta construção doutrinária de VAZ SERRA, admitindo expressamente três exceções à inadmissibilidade da prova testemunhal prevista nos Artigos 393º, nos. 1 e 2 e 394º do Código Civil:

a) existência de qualquer escrito, proveniente daquele contra quem a ação é dirigida ou do seu representante, que torne verosímil o facto alegado;

b) impossibilidade de obtenção de prova escrita por parte de quem invoca a prova testemunhal;

c) ocorrência da impossibilidade de prevenir a perda, sem culpa, da prova escrita.[496]

No que tange à primeira exceção, o Supremo Tribunal de Justiça no seu Acórdão de 2-3-2011 [497] expressou de forma clara que a prova testemunhal

---

[494] VAZ SERRA, *Provas, Direito Probatório Material*, BMJ nº 112, p. 229.

[495] LUIGI COMOGLIO, *Le Prove Civili*, p. 612.

[496] Cfr. a título exemplificativo, Acórdão do Tribunal da Relação de Coimbra de 28.9.2004, *Isaías Pádua*, CJ 2004- IV, pp. 14-18 , Acórdão do Tribunal da Relação do Porto de 29.11.2006, *Amaral Ferreira*, 0635539, de 25.6.2009, *Barateiro Martins*, 9858/04, de 25.3.2010, *Pinto dos Santos*, 4925/07, Acórdão do Tribunal da Relação de Lisboa de 11.3.2008, *Tomé Gomes*, 10560/2007, Acórdão do Supremo Tribunal de Justiça de 7.2.2008, *Santos Bernardino*, 3934/07.

[497] Sendo relator *Alves Velho*, 758/06.

relacionada com convenção contrária ao conteúdo de escritura pública é de ter como admissível quando complementar (coadjuvante) de um elemento de prova escrito que constitua um suporte documental suficientemente forte para que, constituindo a base da convicção do julgador, se possa, a partir dele, avançar para a respetiva complementação, ou seja, demonstrar não ser verdadeira a afirmação produzida perante o documentador.

Vejamos, exemplificativamente algumas situações já apreciadas:

–   Autores demandam o Réu pedindo que: seja declarada nula procuração irrevogável que emitiram a favor deste, por instrumento notarial que declararam ser irrevogável, conferindo-lhe poderes para vender (incluindo poderes para celebrar negócio consigo mesmo) prédio urbano de que os autores eram donos; seja declarada nula a venda outorgada pelo Réu a seu favor com base nessa procuração. Fundamentaram, alegando que as declarações constantes da procuração são não sérias uma vez que o intuito das partes foi só o de garantir o empréstimo de x do Réu aos Autores. Havendo documentos que demonstram a transferência bancária de x do Réu para os autores com data do contrato-promessa e subsequentes depósitos de quantias por parte dos Autores em conta do Réu, está constituído o princípio de prova que abre caminho à admissibilidade da prova testemunhal sobre o contrato efetivamente celebrado pelas partes.[498]

–   Autora demanda o Réu pedindo a condenação deste a reconhecer a existência (e subsequente cumprimento) de um acordo extrajudicial celebrado, prévio e condição da partilha judicial para separação de meações. Existindo faxes trocados entre as partes demonstrativos da negociação de tal acordo, deve admitir-se a produção da prova testemunhal.[499]

–   Numa ação em que os Autores (cedentes) demandam os Réus (cessionários) pedindo que seja declarada nula a cessão de quotas por simulação, não constitui princípio de prova por escrito a ata de assem-

---

[498] Acórdão do Tribunal da Relação de Lisboa de 10.1.2008, *Neto Neves*, CJ 2008-I, pp . 75-78.
[499] Acórdão do Tribunal da Relação de Lisboa de 28.6.2008, *Ataíde das Neves*, 1236/08, www. colectaneadejurisprudencia.com.

bleia-geral contendo declarações do autor (cedente) porquanto não se trata de documento proveniente da parte contrária.[500]

Nos termos do Artigo 395º, *As disposições dos artigos precedentes são aplicáveis ao cumprimento, remissão, novação, compensação e, de um modo geral, aos contratos extintivos da relação obrigacional, mas não aos factos extintivos da obrigação, quando invocados por terceiro.*

Decorre desta norma que quando as obrigações tenham por fonte um negócio jurídico reduzido a escrito, por imposição da lei ou vontade das partes, não é admissível a prova por testemunhas e presunções da extinção das obrigações por cumprimento, remissão, novação, compensação, confusão, dação em cumprimento, dação *pro solvendo* e outros contratos extintivos da obrigação.

Justificando este regime, Vaz Serra explica que "Desde que, com a exclusão da prova testemunhal, se pretende evitar que, mediante testemunhas, se infirme ou amplie o conteúdo do documento, este objetivo tanto é aplicável quando se trate de uma cláusula que diretamente contradiga o conteúdo do documento (...) como quando se trate de uma cláusula ou convenção extintiva da obrigação resultante do documento".[501]

Todavia, também aqui serão de admitir as três exceções à inadmissibilidade da prova testemunhal, designadamente a primeira: se o cumprimento ou pagamento for verosímil segundo um princípio de prova por escrito proveniente da contraparte, será de admitir a prova testemunhal. Será o caso de documento contabilístico do credor que dê conta do recebimento de cheque ou transferência bancária proveniente do devedor ou email trocado referenciando esse pagamento.

Note-se que o devedor que pretenda apresentar prova testemunhal do pagamento (ou outro contrato extintivo da relação obrigacional) deverá, previamente, alegar factos consubstanciadores de um dos três condicionalismos que abrem porta à prova testemunhal e, subsequentemente, prová-los. Caso

---

[500] Acórdão do Tribunal da Relação de Coimbra de 23.10.2007, *Barateiro Martins*, 579/99, www.colectaneadejurisprudencia.com.

[501] Vaz Serra, *Provas, Direito Probatório Material*, BMJ nº 112, p. 211.

assim não suceda, não poderá o tribunal valorar a prova testemunhal adrede produzida.

Face ao regime do Artigo 395º, quando a obrigação derive de contrato escrito por imposição da lei ou vontade das partes, é crucial que o devedor exija a quitação por escrito (Artigo 787º, nº1) sob pena de poder ficar impossibilitado de fazer prova do pagamento já que para tal efeito não poderá recorrer a testemunhas (com as ressalvas já assinaladas).

Assim, provindo as obrigações tributárias de ato de liquidação, o qual é obrigatoriamente reduzido a escrito, a prova do pagamento dos impostos apenas se poderá fazer por documento e não por testemunhas nos termos dos Artigos 393º-, nº1 e 395º.[502]Do mesmo modo, e a título exemplificativo, o pagamento dos alugueres do contrato de aluguer de veículos sem condutor deverá ser feito através da apresentação dos recibos de quitação.[503]

5. O sigilo profissional

Nos termos do Artigo 417º, nº1, do Código de Processo Civil, *"Todas as pessoas, sejam ou não partes na causa, têm o dever de prestar a sua colaboração para a descoberta da verdade, respondendo ao que lhes for perguntado, submetendo-se às inspeções necessárias, facultando o que for requisitado e praticando os atos que forem determinados."*

Apesar deste princípio geral, a testemunha pode recusar-se a depor quando o respetivo depoimento seja suscetível de violar o sigilo profissional a que esteja sujeita – alínea c) do nº4 do mesmo artigo. De forma equivalente, o Artigo 135º, nº1, do CPP, determina que os ministros da religião ou confissão religiosa, os advogados, médicos, jornalistas, membros das instituições de crédito e as demais pessoas a quem a lei permitir ou impuser que guardem segredo podem escusar-se a depor sobre os factos por ele abrangidos.

Conforme é referido em Parecer do Conselho Consultivo da Procuradoria Geral da República, o segredo profissional corresponde à reserva que todo o indivíduo deve guardar dos factos conhecidos no desempenho das suas funções ou como consequência do seu exercício, factos que lhe incumbe ocultar, quer porque o segredo lhe é pedido, quer porque ele é inerente à própria

---

[502] Cfr. Acórdão do Tribunal Central Administrativo Norte de 7.7.2005, *Dulce Neto*, 00023/03.
[503] Acórdão do Tribunal da Relação de Coimbra de 6.9.2011, *Carlos Querido*, 147/10, CJ 2011-IV, pp. 5-7.

natureza do serviço ou à sua profissão.[504] O exercício de certas profissões exige ou pressupõe, pela própria natureza das necessidades que tais profissões ou serviços visam satisfazer, que quem a eles tenha de recorrer revele factos que interessam à esfera íntima da sua personalidade, quer física, quer jurídica. Quando esses serviços ou profissões são de fundamental importância coletiva, porque virtualmente todos os cidadãos carecem de os utilizar, a inviolabilidade dos segredos conhecidos através do seu funcionamento ou exercício constitui, como condição indispensável de confiança nessas imprescindíveis atividades, um interesse público.

Este tipo de normas (Artigo 417º, nº3, alínea c) do Código de Processo Civil e 135º, nº1 do CPP) têm um caráter anti-epistémico na medida em que não perseguem nem facilitam a busca da verdade, visando – pelo contrário – tutelar outros interesses extrínsecos ao processo que vão desde a privacidade individual até à credibilidade e confiança que devem ser inerentes ao exercício de determinadas profissões, conforme vimos. A demanda da verdade detém-se ou fica mitigada cada vez que é invocado com sucesso o sigilo profissional. Deste modo, cada vez que é invocado o sigilo profissional há que fazer uma ponderação entre valores em conflito, aquilatando se deverá prevalecer a senda da busca da verdade ou se o direito da testemunha se recusar a depor.

Note-se que o objetivo institucional da prova no processo é a averiguação da verdade. Este objetivo é estruturalmente necessário para que o direito funcione como mecanismo de motivação da conduta. Com sublinha Ferrer Beltrán, "Só se as consequências jurídicas previstas pelo direito para ações determinadas se aplicarem efetivamente a essas ações (...), é que os cidadãos terão motivos (jurídicos) para atuar conforme ao prescrito pelo direito e este poderá cumprir a sua função de mecanismo de resolução de conflitos. Esta faceta estrutural não é partilhada por outros valores com os quais a averiguação da verdade pode entrar em conflito."[505]

Taruffo acentua que "a proteção dos segredos, qualquer que seja o segredo em questão, não constitui um valor em si, e que a proteção de cada segredo específico não prevalece *a priori* sobre a exigência de que no processo

---

[504] Parecer nº 110/566 de 12.1.1995, sendo relator *Ferreira Ramos*.
[505] "La Prueba es Libertad, Pero no Tanto: Una Teoría de la Prueba Cuasibenthamiana", in Carmen Vásquez (ed.), *Estándares de Prueba y Prueba Científica*, Marcial Pons, Madrid, 2013, p. 31.

PROVA TESTEMUNHAL

se determine a verdade."[506] Há, assim, que encontrar um ponto de equilíbrio entre os valores em conflito, o que deve ser feito caso a caso em função das opções políticas realizadas pelo legislador. Por sua vez, FERRER BELTRÁN afirma que o sigilo profissional opera como um filtro de admissibilidade da prova, coma uma regra de exclusão da prova. Em cada caso, haverá que averiguar se este tipo de regras de exclusão está justificado, havendo que julgar a sua racionalidade teleológica atendendo à sua adequação como meios para alcançar os fins valiosos a que respondem, devendo-se também avaliar se estão disponíveis outros meios para alcançar esses fins que não impliquem este conflito, evitando a regra da exclusão.[507]

A colisão que ocorre aqui não pode ser simplisticamente reduzida a um confronto entre o sigilo profissional e a busca da verdade no processo, *tout court*. Cada sigilo profissional visa proteger determinados valores socialmente relevantes, não havendo necessária coincidência entre tais valores nos diversos sigilos. Por sua vez, o desiderato final da busca da verdade ancora-se em diversos direitos e princípios, entre os quais destacamos o direito à prova e o princípio da igualdade de armas.

O direito à prova está constitucionalmente consagrado no Artigo 20º da Constituição, como princípio geral do acesso ao direito e aos tribunais, que a todos é assegurado para defesa dos seus direitos e interesses legalmente protegidos. O direito à prova pode genericamente definir-se como o " direito da parte de utilizar todas as provas de que dispõe, de forma a demonstrar a verdade dos factos em que a sua pretensão se funda. Do seu conteúdo essencial constam, portanto, os seguintes aspetos (...) : o direito de alegar factos no processo; o direito de provar a exatidão ou inexatidão desses factos, através de qualquer meio de prova (o que implica, segundo o autor, a proibição de um elenco taxativo de meios de prova); o direito de participação na produção das provas."[508] A propósito deste direito, no Acórdão do Tribunal da Relação

---

[506] *Simplemente la Verdad, El Juez y la Construcción de los Hechos*, Marcial Pons, Madrid, 2010, p. 176.

[507] "La Prueba es Libertad, Pero no Tanto: Una Teoría de la Prueba Cuasibenthamiana", in CARMEN VÁSQUEZ (ed.), *Estándares de Prueba y Prueba Científica*, Marcial Pons, Madrid, 2013, p. 29.

[508] Citação do Acórdão do Tribunal da Relação de Coimbra de 14.7.2010, *Carvalho Martins*, 102/10.

de Guimarães de 19.6.2012 afirmou-se que: " Este direito faculta às partes a possibilidade de utilizarem em seu benefício os meios de prova que considerarem mais adequados tanto para a prova dos factos principais da causa, como também para a prova dos factos instrumentais ou mesmo acessórios. E a utilização dos meios de prova não se destina apenas à prova dos factos que a parte tem o ónus de provar, como também para pôr em causa os factos que são desfavoráveis às suas pretensões que em princípio não terão o ónus de provar."[509]

PICÓ I JUNOY define o direito à prova como o direito que assiste ao litigante em utilizar os meios probatórios necessários para formar a convicção do órgão jurisdicional sobre o que está em discussão no processo. O direito à prova tem como corolários: (i) o direito a que seja admitida a prova proposta pela parte, desde que seja lícita e respeite os condicionalismos legais de proposição da prova; (ii) que o meio de prova admitido seja praticado, admitindo-se a intervenção de uma parte na produção da prova pela contraparte e (iii) que o meio de prova admitido e praticado seja valorado pelo órgão jurisdicional.[510]

O direito à prova é um direito subjetivo processual cuja função é a de favorecer a realização dos direitos subjetivos substantivos.[511]E a restrição incomportável da faculdade de apresentação de prova em juízo pode impossibilitar a parte de fazer valer o direito de acesso aos tribunais e a uma tutela jurisdicional efetiva.[512] As garantias constitucionais do acesso ao direito e ao processo equitativo seriam meramente formais se não fosse facultada às partes a possibilidade de apresentar os meios de prova relevantes e pertinentes (desde que obtidos de forma lícita) para lograr provar os factos alegados e cuja prova lhe incumbe. Deste modo, o reconhecimento constitucional do direito à prova exige uma leitura flexível ou ampla das normas legais tendente a favorecer a máxima atividade probatória.[513]Tratando-se de um direito fundamental constitucionalizado, a sua interpretação deve ser ampla e flexível tendo em vista favorecer a sua máxima vigência.[514]

---

[509] Sendo relatora *Purificação Carvalho*, 1336/09.
[510] *El Derecho a la Prueba en el Proceso Civil*, J. M. Bosch Editor, SA, Barcelona, 1996, pp. 18-25.
[511] AURÉLIE BERGEAUD, *Le Droit à la Preuve*, LGDJ, Paris, 2010, p. 134.
[512] Cfr. Acórdão do Supremo Tribunal de Justiça de 17.12.2009, *Hélder Roque*, 159/07.
[513] JOAN PICÓ I JUNOY, *El Interrogatorio de Testigos*, Bosch, Barcelona, 2008, p. 181.
[514] RIVERA MORALES, *La Prueba: Un Análisis Racional y Práctico*, Marcial Pons, Madrid, 2011, p. 159.

O direito à prova tem vindo a ser objeto de várias decisões do Tribunal Constitucional sobretudo a propósito de legislação fiscal que restringe a admissibilidade da prova testemunhal em certas situações. Reportamo-nos sobretudo ao Acórdão nº 157/2008, que fez uma recensão dos casos até então decididos, e aos Acórdãos nº 22/2013 e nº 187/2001, sendo deste último os parágrafos que extratamos:

> "O direito à tutela judicial efetiva, como vincam Gomes Canotilho e Vital Moreira (...) *'sob o ponto de vista da limitação do direito de defesa, verificar-se-á, sobretudo, quando a não observância ... de princípios gerais de processo acarreta a impossibilidade de o particular exercer o seu direito de alegar* [e, acrescentar-se-á agora, de provar], *daí resultando prejuízos efetivos para os seus interesses.*
>
> Também Jorge Miranda e Rui Medeiros (*Constituição Portuguesa Anotada*, Tomo I, 190) referem que, muito embora disponha o legislador de uma ampla margem de liberdade na concreta modelação do processo, não sendo incompatível com a tutela jurisdicional a imposição de determinados ónus processuais às 'partes', o que é certo é que o *direito ao processo* inculca que *'os regimes adjetivos devem revelar-se* funcionalmente adequados *aos fins do processo e conformar-se com o* princípio da proporcionalidade, *não estando, portanto, o legislador autorizado, nos termos dos artigos 13.º e 18.º, n.ºs 2 e 3, a criar obstáculos que dificultem ou prejudiquem, arbitrariamente ou de forma desproporcionada, o direito de acesso aos tribunais e a uma tutela jurisdicional efetiva'.*
>
> Neste circunstancialismo, e perante situações em que, face ao normativamente consagrado, a demonstração dos factos – que, no entendimento da 'parte', conduzam à defesa do seu direito ou interesse legalmente protegido – não é possível, de todo, deixar de fazer-se através de prova testemunhal, desde que, repete-se, essa seja, nos termos gerais legalmente admissível, claramente que vai ficar afetada aquela defesa, porventura tornando inviável ou inexequível o direito de acesso aos tribunais."

Por sua vez, o princípio da igualdade de armas constitui manifestação do princípio mais geral da igualdade das partes "que implica a paridade simétrica

A TESTEMUNHA NO PROCESSO

das suas posições perante o tribunal."[515] O princípio da igualdade de armas não visa instaurar um igualdade estrita e mecânica entre as partes, visando sobretudo garantir a cada parte uma possibilidade de dispor das mesmas oportunidades, dos mesmos trunfos para fazer valer os seus direitos e lograr alcançar a convicção do juiz. Este princípio permite retificar as desigualdades de direito ou de facto, podendo contribuir para atenuar um desequilíbrio contingente como o que ocorre entre o consumidor e o profissional.[516]

Na formulação do Acórdão do Tribunal Europeu dos Direitos do Homem de 27.10.1993, *Dombo Beheer vs Pays Bas*, o princípio da igualdade de armas implica a obrigação de facultar a cada parte uma possibilidade razoável de apresentar a sua causa, incluindo as suas provas, em condições que não coloquem a parte numa situação de desvantagem clara face ao adversário. Nesta linha de raciocínio, ao preterir-se a uma parte a possibilidade de fazer prova de um facto essencial ao sucesso da sua pretensão, incorre-se em violação do princípio da igualdade de armas.

Nos termos do Artigo 417º, nº4, do Código de Processo Civil, deduzida escusa com fundamento na violação do sigilo profissional, "*é aplicável, com as adaptações impostas pela natureza dos interesses em causa, o disposto no processo penal acerca da verificação da legitimidade da escusa e da dispensa do dever de sigilo invocado.*" Há aqui uma remissão para o regime do Artigo 135º do CPP, nomeadamente para os seus nos. 2 e 3 com o seguinte teor:

> "*2. Havendo dúvidas fundadas sobre a legitimidade da escusa, a autoridade judiciária perante a qual o incidente se tiver suscitado procede às averiguações necessárias. Se, após estas, concluir pela ilegitimidade da escusa, ordena, ou requere ao tribunal que ordene, a prestação do depoimento.*
>
> *3. O tribunal superior àquele onde o incidente tiver sido suscitado, ou, no caso de o incidente ter sido suscitado perante o Supremo Tribunal de Justiça, o pleno das secções criminais, pode decidir da prestação de testemunho com quebra do segredo profissional sempre que esta se mostre justificada, segundo o princípio da prevalência do interesse preponderante, nomeadamente tendo em conta a imprescindibilidade*

---

[515] Lebre de Freitas, *Introdução ao Processo Civil, Conceito e Princípios Gerais à Luz do Código Revisto*, Coimbra Editora, 1996, p. 105.

[516] Aurélie Bergeaud, *Le Droit à la Preuve*, LGDJ, Paris, 2010, p. 123.

do depoimento para a descoberta da verdade, a gravidade do crime e a necessidade de proteção de bens jurídicos. A intervenção é suscitada pelo juiz, oficiosamente ou a requerimento."

Da conjugação destas normas resulta que o incidente de escusa de segredo profissional divide-se em duas fases:

i. a referente à questão da **legitimidade da escusa** que é decidida no tribunal da primeira instância;
ii. a atinente à **justificação da escusa** cuja apreciação está deferida ao tribunal superior.

Após a formulação do pedido de escusa pela testemunha em audiência, cabe ao juiz efetuar as averiguações necessárias sobre a questão da legitimidade da escusa, entre as quais se inclui a audição do organismo representativo da profissão, se o houver (Artigo 135º, nº4, do CPP).

Findas essas diligências instrutórias específicas do incidente, o juiz profere uma de duas decisões:

i. Declara a ilegitimidade da escusa e ordena a prestação do depoimento, sendo este despacho recorrível pelo requerente da escusa; ou
ii. Declara a legitimidade da escusa e ordena oficiosamente a subida do incidente ao tribunal de recurso para que aprecie e decida a questão da justificação da escusa (despacho irrecorrível).[517]

Nesta última eventualidade (subida do incidente ao tribunal de recurso), o tribunal de recurso pode:

i. Julgar injustificada a escusa e, em consequência, ordenar a prestação de depoimento;
ii. Julgar justificada a escusa, caso em que a testemunha se pode recusar a depor sobre os factos em causa sob sigilo.

---

[517] Cfr. PAULO PINTO DE ALBUQUERQUE, *Comentário ao Código de Processo Penal*, 4ª ed., Universidade Católica Portuguesa, 2008, p. 377.

A TESTEMUNHA NO PROCESSO

O Supremo Tribunal de Justiça no seu acórdão de uniformização de jurisprudência nº 2/2008 decidiu que:

> "1. Requisitada a instituição bancária, no âmbito de inquérito criminal, informação referente a conta de depósito, a instituição interpelada só poderá legitimamente escusar-se a prestá-la com fundamento em segredo bancário.
> 2. Sendo ilegítima a escusa, por a informação não estar abrangida pelo segredo, ou por existir consentimento do titular da conta, o próprio tribunal em que a escusa for invocada, depois de ultrapassadas eventuais dúvidas sobre a ilegitimidade da escusa, ordena a prestação da informação, nos termos do nº 2 do art. 135º do Código de Processo Penal.
> 3. Caso a escusa seja legítima, cabe ao tribunal imediatamente superior àquele em que o incidente se tiver suscitado ou, no caso de o incidente se suscitar perante o Supremo Tribunal de Justiça, ao pleno das secções criminais, decidir sobre a quebra do segredo, nos termos do nº 3 do mesmo artigo."[518]

Este aresto cinde, corretamente, a questão da legitimidade da escusa da da justificação da escusa em termos que são aplicáveis para a quebra de qualquer outro segredo profissional, à exceção do segredo religioso.[519]

A audição do organismo representativo da profissão (Artigo 135º, nº4, do CPP) insere-se no âmbito das diligências instrutórias para apreciação da legitimidade da escusa e colhe sentido porquanto o organismo representativo da profissão está em condições objetivas de se pronunciar sobre a legitimidade da escusa em face das regras estatutárias profissionais. Todavia, a pronúncia de tal organismo não é vinculativa para o tribunal. Como refere PAULO PINTO DE ALBUQUERQUE,

> "A interpretação conjugada do artigo 135º, nº4, com a legislação especial nele referida no sentido de que é atribuída ao organismo de representação profissional a competência para decidir em definitivo sobre a legitimidade e a justificação do pedido de escusa, ficando o tribunal vin-

---

[518] Acórdão de 13.2.2008, *Maia Costa*, 07P894.
[519] Acórdão do Tribunal da Relação de Lisboa de 24.9.2008, *Silva Garcia*, 5622/08-3, www. colectaneadejurisprudencia.com.

PROVA TESTEMUNHAL

culado à decisão do organismo de representação profissional, é inconstitucional, por violar o princípio da independência dos tribunais e o princípio da prossecução da verdade material, próprios de um Estado de Direito, e constituir um encurtamento inadmissível das garantias de defesa (artigos 2º, 32º, nº2 e 203º, da CRP, e artigo 6º da CEDH (...) A decisão sobre a quebra de sigilo profissional é uma decisão de ponderação de diversos valores constitucionais em conflito e, portanto, tem natureza constitucional. Por isso, esta decisão deve estar reservada aos tribunais."[520]

A escusa oposta pela testemunha será ilegítima designadamente nos seguintes casos:

i. Quando a testemunha não exerce com caráter regular a profissão a quem a lei permita ou imponha segredo profissional ou quando a testemunha não reúne os requisitos legais para exercer tal profissão;

ii. Quando os factos não foram conhecidos no exercício dessa profissão, mas sim no âmbito da vida ético-profissional, pública ou privada, do requerente da escusa;

iii. Quando a lei não prevê o segredo profissional em relação à testemunha que requere a escusa;

iv. Quando se não verifiquem requisitos específicos fixados nos estatutos profissionais, v.g., uma decisão prévia de autorização do organismo representativo da profissão.[521]

---

[520] *Comentário ao Código de Processo Penal*, 4ª ed., Universidade Católica Portuguesa, 2008, p. 381. Decidindo no mesmo sentido, vejam-se os Acórdãos da Relação de Coimbra de 16.12.2009, *Brízida Martins*, 132/08, www.colectaneadejurisprudencia.com, da Relação do Porto de 7.10.2009, *Castela Rio*, 874/08. Também no Acórdão do Tribunal da Relação do Porto de 10.10.2001, *Pinto Monteiro*, 0140909, se decidiu que "Não é vinculativo para o tribunal que decide o incidente o parecer ou "decisão" da Ordem dos Advogados relativamente à audição do advogado indicado como testemunha na fase de instrução do processo, com quebra do sigilo profissional." Também Carlos da Silva Campos conclui que "O parecer da Ordem dos Advogados não é vinculativo para o tribunal, nem tal seria concebível uma já que os tribunais são independentes" – "O Sigilo Profissional do Advogado e Seus Limites", in *Revista da Ordem dos Advogados*, Ano 48º, Nº2, Set. 1988, p. 507.
[521] Paulo Pinto de Albuquerque, *Comentário ao Código de Processo Penal*, 4ª ed., Universidade Católica Portuguesa, 2008, pp. 378-379.

A TESTEMUNHA NO PROCESSO

No que tange à justificação da escusa, o Artigo 135º, nº3, do CPP, pensado em primeira linha para o processo penal, dispõe que se justifica a quebra do sigilo profissional, segundo o princípio da prevalência do interesse preponderante, nomeadamente tendo em conta a imprescindibilidade do depoimento para a descoberta da verdade, a gravidade do crime e a necessidade de proteção de bens jurídicos. Na explicitação de Pinto de Albuquerque, "A imprescindibilidade do depoimento para a descoberta da verdade significa duas coisas: a descoberta da verdade é irreversivelmente prejudicada se a testemunha não depuser ou, depondo, o depoimento não incidir sobre os factos abrangidos pelo segredo profissional e, portanto, o esclarecimento da verdade não pode ser obtido de outro modo, isto é, não há meios alternativos à quebra do segredo profissional que permitam apurar a verdade."[522]

Por sua vez, a necessidade de proteção de bens jurídicos decorre de uma "necessidade social premente" de revelação da informação coberta pelo segredo profissional vista à luz da interpretação que o TEDH tem feito do Artigo 8º da CEDH.[523] Em decorrência desse interesse social premente, não

---

[522] *Comentário ao Código de Processo Penal*, 4ª ed., Universidade Católica Portuguesa, 2008, p. 379.

[523] A necessidade social premente tem vindo a ser analisada pelo TEDH sobretudo em casos de sigilo profissional do jornalista. Conforme refere a este propósito Hidemberg Alves da Frota, *Os limites à quebra do sigilo da(s) fonte(s) jornalística(s), à luz da jurisprudência do Tribunal Europeu dos Direitos Humanos*. **Jus Navigandi**, Teresina, ano 16, n. 3090, 17 dez. 2011 . Disponível em: <http://jus.com.br/revista/texto/20660>, acedido em 18 Março de 2013,

"20 Em *Goodwin v. the United Kingdom*, de 27 de março de 1996, a Grande Câmara do Tribunal Europeu dos Direitos Humanos, ao fundear os alicerces da visão do TEDH sobre o descobrimento do manto do sigilo da(s) fonte(s) jornalística(s), postulou estas balizas:

20.1 Restringe-se às circunstâncias *excepcionais*, isto é, adstringe-se às situações em que estão em jogo *interesses públicos* ou *privados* de cunho *vital* (§ 37).

20.2 A *margem discricionária* para a autoridade nacional aferir se existe, na circunstância com a qual se depara, uma *necessidade social premente* de se relativizar o sigilo jornalístico encontra--se *circunscrita* pelo interesse da sociedade democrática de assegurar e manter a liberdade de imprensa, aspiração coletiva que se reveste de peso considerável, ao se sopesar se, em dado contexto concreto, a *restrição* ao caráter *inviolável* do sigilo da(s) fonte(s) jornalística(s) foi *proporcional* à *finalidade legítima* perseguida pelo Estado que assim procedeu (§ 40).

20.3 Incumbe à Corte de Estrasburgo o múnus de verificar se o Estado contratante impôs, de fato, temperamentos à inviolabilidade do sigilo jornalístico, e, em caso afirmativo, se, ao fazê-lo, estribou-se em motivos *relevantes e suficientes* (§ 40), de tal sorte que tenha existido um *razoável nexo de proporcionalidade* entre, de um lado, a *finalidade legítima* que impeliu o Estado

deve ocorrer a violação do sigilo profissional se estiver em causa um crime particular, salvo se o crime tiver um impacto social notório.[524]

Cremos que a interpretação do Artigo 135º, nº3, do CPP, aplicado diretamente num processo criminal ou aplicado num processo cível *ex vi* Artigo 417º, nº4, do Código de Processo Civil, tem de pautar-se necessariamente pelo **princípio da proibição do excesso** ou da proporcionalidade em sentido amplo. Este princípio está consagrado no Artigo 18º, nº2 da Constituição, segundo o qual a lei pode restringir os direitos, liberdades e garantias nos casos expressamente previstos na Constituição, devendo as restrições limitar-se ao necessário para salvaguardar outros direitos ou interesses constitucionalmente protegidos. Este artigo preconiza o princípio material da proporcionalidade o que envolve, para os tribunais, a obrigação de interpretar e aplicar os preceitos sobre direitos, liberdades e garantias de modo a conferir-lhes a máxima eficácia possível, dentro do sistema jurídico, e a obter equilíbrio, a concordância prática, se possível a realização simultânea dos direitos, liberdades e garantias, por um lado, e da iniciativa privada, por outro. [525]

No Acórdão nº 491/2002[526], o princípio da proporcionalidade foi analisado pelo Tribunal Constitucional nos seguintes termos:

"Conforme se escreveu no Acórdão n.º 634/93 (...):

"o princípio da proporcionalidade desdobra-se em três subprincípios: princípio da adequação [*ou da idoneidade*] (as medidas restritivas de direitos,

---

demandado a emitir ordem de quebra de sigilo da(s) fonte(s) jornalística(s) e, de outra banda, os *meios adotados* pelo aparelho estatal *a fim de alcançar esse desiderato*.

21 Ao esposar síntese da construção pretoriana acerca do sigilo jornalístico inaugurada em *Goodwin v. the United Kingdom*, a Quarta Seção do Tribunal Europeu dos Direitos Humanos, em *Roemen and Schmit v. Luxembourg*, de 25 de fevereiro de 2003, consignou 3 (três) requisitos (§ 51) para se esclarecer se a flexibilização do sigilo da(s) fonte(s) jornalística(s) foi necessária em uma sociedade democrática: (1) se a interferência contemplou *necessidade social premente*, (2) se foi *proporcional* à *finalidade legítima* perseguida e (3) se as razões declinadas pelas autoridades nacionais, ao justificarem as medidas restritivas, foram *relevantes e suficientes*."

[524] Paulo Pinto de Albuquerque, *Comentário ao Código de Processo Penal*, 4ª ed., Universidade Católica Portuguesa, 2008, p. 380.

[525] Jorge Miranda e Rui Medeiros, *Constituição Portuguesa Anotada*, Tomo I, Coimbra Editora, 2005, pp. 152, 156 e 157.

[526] Sendo relator *Paulo Mota Pinto*.

liberdades e garantias devem revelar-se como um meio adequado para a prossecução dos fins visados, com salvaguarda de outros direitos ou bens constitucionalmente protegidos); princípio da exigibilidade [*ou da necessidade ou indispensabilidade*] (essas medidas restritivas têm de ser exigidas para alcançar os fins em vista, por o legislador não dispor de outros meios menos restritivos para alcançar o mesmo desiderato); princípio da justa medida, ou proporcionalidade em sentido estrito (não poderão adotar-se medidas excessivas, desproporcionadas para alcançar os fins pretendidos)."

Quando se aprecia a proporcionalidade de uma restrição a um direito fundamental, avalia-se a relação entre o bem que se pretende proteger ou prosseguir com a restrição e o bem jusfundamentalmente protegido que resulta, em consequência, desvantajosamente afetado.[527]O meio restritivo escolhido, pressuposto que seja apto e indispensável, só tem que ser não desproporcional. Existirá inconstitucionalidade se a restrição foi desproporcionada, não já se houver um outro meio que, no entender do órgão de controlo, seja, não menos restritivo, mas simplesmente mais adequado ou mais oportuno. Na esteira de REIS NOVAIS, " (...) o que acaba por ser ponderado no quadro do controlo de proporcionalidade não são bens, valores ou interesses, mas, sobretudo, vantagens e desvantagens recíprocas de alternativas legítimas e disponíveis."[528]

O princípio da proporcionalidade tem sido repetidamente aplicado pela jurisprudência do Tribunal Europeu dos Direitos do Homem com a função de assegurar um justo equilíbrio entre a defesa das instituições e da democracia no interesse comum, por um lado, e a salvaguarda dos direitos individuais, por outro (função de validação). A proporcionalidade está explicitamente associada à necessidade, sendo que esta numa sociedade democrática significa que a ingerência deve corresponder a uma necessidade social imperiosa e ser proporcional ao fim legítimo perseguido. Face à existência de um interesse probatório legítimo, o juiz tem de fazer um reequilíbrio dos valores em conflito, rejeitando um conceção intangível do segredo profissional.[529]

---

[527] JORGE REIS NOVAIS, *Os Princípios Constitucionais Estruturantes da República Portuguesa*, Coimbra Editora, 2004, p. 178.

[528] *Os Princípios Constitucionais Estruturantes da República Portuguesa*, Coimbra Editora, 2004, p. 185.

[529] AURÉLIE BERGEUD, *Le Droit à la Preuve*, LGDJ, Paris, 2010, pp. 478-479, 507-508.

PROVA TESTEMUNHAL

A decisão final sobre a justificação da escusa invocada pela testemunha pautar-se-á sempre pelo princípio da proibição do excesso. O segmento da norma do Artigo 135º, nº3, do CPP, que apela à *"imprescindibilidade do depoimento para a descoberta da verdade"* constitui, *de per si*, uma concretização do princípio da proibição do excesso ou da proporcionalidade em sentido amplo.[530]

Qual a sanção processual para um depoimento prestado com infração das regras do sigilo profissional?

ALBERTO DOS REIS pronunciou-se sobre a questão nestes termos: "o depoimento tem o mesmo valor que teria se a testemunha não estivesse sujeita ao segredo profissional; as inabilidades legais de que fala o Art.º 624º [*atual Artigo 496º*] funcionam e atuam através do regime dos artºs 639º e 640º [*atuais artigos 513º e 514º*]; para a inabilidade do nº5 do artº 624º [531], acresce o dever imposto à testemunha de se recusar a depor; se esta rede de disposições se revela ineficaz, o depoimento fica no processo como qualquer outro meio de prova legalmente produzido; simplesmente, porque a testemunha infringiu uma obrigação jurídica, sofre as consequências do seu ato, fica sujeita à responsabilidade civil e penal".[532]LEBRE DE FREITAS *et al.* sustentam que tal situação integra uma nulidade inominada, secundária, que deve ser invocada pelo interessado na eliminação do ato no momento em que foi cometida sob pena de sanação (Artigos 197º, nº1 e 199º do Código de Processo Civil, anteriores Artigos 203º, nº1 e 205º).[533]

---

[530] Apelando ao princípio da proibição do excesso como critério de decisão sobre o levantamento do sigilo bancário, cfr. os Acórdãos do Supremo Tribunal de Justiça de 17.12.2009, *Hélder Roque*, 159/07 ("Enquanto que, no caso da violação da integridade física ou moral das pessoas, se está perante um tipo de prova, absolutamente inadmissível, já quanto a outros critérios fundamentais, como seja, o da intromissão no sigilo bancário, não decorre da lei a proibição absoluta da admissibilidade da prova que, em função das circunstâncias, do caso concreto como que foi obtida serão ou não valorizada pelo tribunal. / Trata-se dos denominados «direitos condicionais» que, ao contrário dos direitos absolutos ou intangíveis, que são objeto de uma proteção inderrogável, apenas gozam de uma tutela relativa, porquanto admitem limitações, em caso de estado de necessidade"), da Relação de Lisboa de 28.2.2012, *Pimentel Marcos*, 4433/09, de 22.3.2011, *Rui Vouga*, 1499/08.

[531] Cujo teor era: *"Os que, por seu estado ou profissão, são obrigados a sigilo profissional."*

[532] *Código de Processo Civil Anotado*, IV Volume, p. 355.

[533] *Código de Processo Civil Anotado*, 2º Vol., p. 536.

Esta regra vale para a generalidade dos sigilos à exceção do sigilo do advogado porquanto para este existe norma expressa, segundo a qual o ato praticado pelo advogado com violação de segredo profissional não pode fazer prova em juízo (Artigo 87º, nº5, do EOA).

Pela sua importância e frequência, limitaremos a nossa análise ao segredo profissional do advogado e do bancário ou prestador de serviços financeiros como fundamento para a escusa a prestar depoimento.

5.1. O sigilo bancário

A matéria do sigilo bancário encontra-se regulada pelos Artigos 78º e 79º do Decreto-lei nº 198/92, de 31.12. que aprovou o Regime Geral das Instituições de Crédito e Sociedades Financeiras.

Nos termos do Artigo 78º do aludido diploma:

"1 - Os membros dos órgãos de administração ou de fiscalização das instituições de crédito, os seus empregados, mandatários, comitidos e outras pessoas que lhes prestem serviços a título permanente ou ocasional não podem revelar ou utilizar informações sobre factos ou elementos respeitantes à vida da instituição ou às relações desta com os seus clientes cujo conhecimento lhes advenha exclusivamente do exercício das suas funções ou da prestação dos seus serviços.

2 - Estão, designadamente, sujeitos a segredo os nomes dos clientes, as contas de depósito e seus movimentos e outras operações bancárias.

3 - O dever de segredo não cessa com o termo das funções ou serviços."

E o Artigo 79º prossegue sob a epígrafe de Exceções ao Dever de Segredo:

"1 - Os factos ou elementos das relações do cliente com a instituição podem ser revelados mediante autorização do cliente, transmitida à instituição.

2 - Fora do caso previsto no número anterior, os factos e elementos cobertos pelo dever de segredo só podem ser revelados:

a) Ao Banco de Portugal, no âmbito das suas atribuições;

b) À Comissão do Mercado de Valores Mobiliários, no âmbito das suas atribuições;

c) Ao Fundo de Garantia de Depósitos e ao Sistema de Indemnização aos Investidores, no âmbito das respetivas atribuições;

d) Às autoridades judiciárias, no âmbito de um processo penal;

e) À administração tributária, no âmbito das suas atribuições;

f) Quando exista outra disposição legal que expressamente limite o dever de segredo.(...)"

O sigilo bancário apresenta-se, por um lado, com a faceta de proteção dos interesses dos clientes (sigilo das relações Banco/cliente) e, por outro, com a proteção das próprias instituições de crédito (sigilo dos factos respeitantes à instituição).

Fundamenta-se na defesa da privacidade individual do cliente, valor consagrado constitucionalmente como um direito da personalidade no Artigo 26º, nº1 da Constituição e previsto no Artigo 80º do Código Civil. O cliente tem um manifesto interesse pessoal e patrimonial em manter a privacidade da sua vida particular e profissional dos seus negócios, necessidades, meios de fortuna ou de desventura.[534] Também se fundamenta no direito da instituição financeira ao crédito e ao seu bom nome, constituindo um direito de personalidade da pessoa coletiva – Artigos 160º, nº1 e 484º do Código Civil e 12º, nº2 e 26º da Constituição.[535] Protege ainda a confiança do público no sistema bancário e proteção da captação da poupança pelo sistema financeiro – cfr. Artigo 104º da Constituição

Não tendo a reserva de sigilo bancário caráter absoluto (cfr. Artigo 79º do diploma aludido), a questão que se coloca é a da delimitação da área de tutela da norma impositiva do sigilo bancário.

Conforme se refere no Parecer nº 153/2002 da Procuradoria-Geral da República, "Se se considerar que o bem jurídico protegido é a privacidade no seu círculo mais extenso poderá melhor compreender-se uma compressão do seu âmbito em função de valores ou interesses supra-individuais; ao contrário, se o dever de segredo cobre a esfera mais intensa da intimidade da vida privada, apenas se justificará uma intromissão externa nos casos especialmente previstos e em articulação com os mecanismos do direito processual."[536] O Tribunal Constitucional pronunciou-se já sobre esta matéria, tomando

---

[534] Cfr. MARIA CÉLIA RAMOS, "O sigilo bancário em Portugal, Origens, evolução e fundamentos" in *Sigilo Bancário*, Edições Cosmos, 1997, pp. 131 a 135.

[535] Cfr. CAPELO DE SOUSA, "O segredo bancário" in *Estudos em Homenagem ao Professor Doutor Inocêncio Galvão Telles*, Almedina, 2002, II Vol., pp. 177/178.

[536] DR, II Série, de 20.6.2003, pp. 9206/9207.

A TESTEMUNHA NO PROCESSO

posição clara em favor da Segunda alternativa. No seu Acórdão nº 275/95 discorreu assim:

"a situação económica do cidadão espelhada na sua conta bancária, incluindo as operações ativas e passivas nela registadas, fazem parte do âmbito da proteção do direito à reserva da intimidade da vida privada condensado no artigo 26º, nº1, da Constituição, surgindo o segredo bancário como um instrumento de garantia desse direito." De facto, prossegue: "numa época histórica caracterizada pela generalidade das relações bancárias, em que grande parte dos cidadãos adquire o estatuto de cliente bancário, os elementos em poder dos estabelecimentos bancários, respeitantes designadamente às contas de depósito e seus movimentos e às operações bancárias, cambiais e financeiras, constituem uma dimensão essencial do direito à reserva da intimidade da vida privada constitucionalmente garantido".

Ainda neste âmbito do sigilo bancário, no seu Acórdão nº 602/2005 o Tribunal Constitucional afirmou que:

"(...) como sigilo profissional, a reserva do sigilo bancário não tem carácter absoluto, antes se admitindo exceções em situações em que avultam valores e interesses que devem ser reputados como relevantes como, *verbi gratia*, a salvaguarda dos interesses públicos ou coletivos (cfr. Acórdão nº 278/95, publicado na II Série do *Diário da República*, de 28 de Julho de 1995, onde se disse que *"o segredo bancário não é um direito absoluto, antes pode sofrer restrições impostas pela necessidade de salvaguardar outros direitos ou interesses constitucionalmente protegidos. Na verdade, a tutela de certos valores constitucionalmente protegidos pode tornar necessário, em certos casos, o acesso aos dados e informações que os bancos possuem relativamente às suas relações com os clientes. Assim sucede com os artigos 135º, 181º e 182º do atual Código de Processo Penal, os quais procuram consagrar uma articulação ponderada e harmoniosa do sigilo bancário com o interesse constitucionalmente protegido da investigação criminal, reservando ao juiz a competência para ordenar apreensões e exames em estabelecimentos bancários"*.

Não sendo um direito absoluto, e podendo ceder perante a necessidade de salvaguardar o interesse público da cooperação com a justiça e outros interesses constitucionalmente protegidos, as restrições ao segredo bancário apenas poderão derivar da lei formal expressa e a sua aplicação concreta deve ser objeto de um adequado controlo jurisdicional.

Feio este enquadramento geral, e tendo presentes os critérios normativos já analisados no ponto anterior (5.), atentemos em vários situações que consubstanciam escusa ilegítima de depor por parte de funcionário bancário ou de instituição financeira, bem como em casos em que a escusa deverá ser julgada injustificada. A análise da casuística judiciária constitui a forma mais eficaz, e mesmo pedagógica, de testar os critérios legais que devem prevalecer na apreciação do caso.

Assim, constituem exemplos de escusa ilegítima de depor:

- A invocação do sigilo bancário para não indicar ao tribunal a morada do cliente. Isto porque " Só estão sujeitos a segredo bancário os factos ou elementos abrangidos por nexo de causalidade entre a atividade da instituição e o relacionamento concreto que se pretende estabelecer. A morada de um cliente não atenta contra o respetivo direito à privacidade de dados, já que tal informação poderia ser colhida junto de qualquer outra entidade, v.g., policial ou junta de freguesia."[537]
- A invocação do sigilo bancário para não informar ou prestar depoimento sobre conta bancária cujo titular faleceu, sendo a parte que pretende a informação ou requer o depoimento um herdeiro do falecido. Com efeito, "Não sendo os herdeiros terceiros, no que à relação jurídica que existia entre o banco e o *de cuius* diz respeito, tem a entidade bancária que lhes prestar todas as informações que prestaria a este se ele ainda fosse vivo, por, neste cenário, não existir sigilo bancário."[538]
- Numa ação de impugnação de despedimento de funcionário bancário, não pode este escusar-se a prestar depoimento de parte invocando o sigilo porquanto a ação versa sobre factos que se passaram ao nível interno da instituição bancária, não estando em causa a transmissão

[537] Acórdão do Tribunal da Relação do Porto de 25.11.2008, *Vieira e Cunha*, 0826452.
[538] Acórdão do Tribunal da Relação de Coimbra de 25.1.2011, Beça Pereira, 206/09.

do conhecimento desses factos a terceiros. O sigilo bancário funciona do interior do Banco para o exterior, não nas relações internas.[539]

Integram situações em que se justifica a quebra do sigilo bancário com efetiva prestação de depoimento pela testemunha funcionário bancário:

– Estando controvertidos no processo factos relacionados com movimentos ocorridos numa conta bancária do autor e que, segundo este, terão sido feitos pela Banco Réu sem a autorização e conhecimento do autor, deve dispensar-se o sigilo bancário para efeitos de prestação de depoimento testemunhal por parte dos funcionários do réu.[540]
– Uma ação interposta por um banco contra uma sociedade em que aquela se arroga credora em decorrência de contrato de intermediação financeira celebrado entre as partes, justificando-se a quebra do sigilo de molde aos trabalhadores da autora prestarem depoimento uma vez que assim se dá prevalência ao interesse na realização da justiça e à tutela do direito à produção da prova pelo autor.[541]
– Uma ação intentada pelo cliente bancário contra uma instituição bancária, na qual se discutem aspetos relacionados com um contrato de depósito entre ambos outorgado, tendo o réu alegadamente emitido e entregue um livro de cheques a terceiro em vez do o entregar ao autor, pretendendo o réu/Banco socorrer-se de depoimento de um seu funcionário bancário para, pelo menos em sede de contraprova, abalar/afastar o facto constitutivo do direito do autor, e não dispondo ele de outra forma de o fazer, manifesto é que, em sede de ponderação (cfr. artº 335º,nº2, do Código Civil) dos interesses e valores jurídicos colidentes, maior peso jurídico assume inquestionavelmente o interesse na realização da justiça, justificando-se assim que importe ele o sacrifício do direito do autor ao respeito pelo segredo profissional.[542]

---

[539] Acórdão do Tribunal da Relação de Lisboa de 7.11.2012, *Paula Santos*, 649/11.
[540] Acórdão do Tribunal da Relação de Lisboa de 23.2.2006, *Ana Luísa Geraldes*, 794/2006.
[541] Acórdão do Tribunal da Relação de Lisboa de 30.402009, *Maria José Mouro*, 2178/04.
[542] Acórdão do Tribunal da Relação de Lisboa de 15.3.2011, *António Santos*, 3232/08.

PROVA TESTEMUNHAL

Em sentido oposto, não se justifica a quebra do sigilo bancário quando ocorre uma ausência injustificada de qualquer diligência prévia junto do titular da conta, em ordem ao esclarecimento dos factos objeto de inquérito.[543]

5.2. O sigilo profissional do advogado

O sigilo profissional do advogado constitui uma vertente fundamental da deontologia do advogado, sendo simultaneamente pressuposto e contrapartida da confiança do cliente: "confiança e sigilo são as duas faces da mesma relação." [544]

O sigilo profissional do advogado é comummente considerado como um princípio de ordem pública[545], designadamente em decorrência da função da advocacia como condição necessária do gozo da garantia de acesso aos tribunais. Do caráter de ordem pública do sigilo profissional do advogado decorrem várias consequências: (i) a impossibilidade de exclusão da responsabilidade do advogado por acordo prévio (Artigo 800º, nº2, do Código Civil); (ii) "*Os atos praticados pelo advogado com violação de segredo profissional não podem fazer prova em juízo*" consoante impõe o Artigo 87º, nº5, do Estatuto da Ordem dos Advogados (EOA).

O EOA regula o segredo profissional do advogado no seu Artigo 78º nos seguintes termos:

1 - O advogado é obrigado a guardar segredo profissional no que respeita a todos os factos cujo conhecimento lhe advenha do exercício das suas funções ou da prestação dos seus serviços, designadamente:

a) A factos referentes a assuntos profissionais conhecidos, exclusivamente, por revelação do cliente ou revelados por ordem deste;

b) A factos de que tenha tido conhecimento em virtude de cargo desempenhado na Ordem dos Advogados;

---

[543] Acórdão do Tribunal da Relação do Porto de 11.5.1997, *Costa Mortágua*, CJ 1997-II, pp. 229-231.

[544] CARLOS DA SILVA CAMPOS, "O Sigilo Profissional do Advogado e Seus Limites", in *Revista da Ordem dos Advogados*, Ano 48º, Nº2, Set. 1988, p. 472.

[545] Considerando as normas que dispõem sobre o segredo profissional do advogado como de interesse e ordem pública, cfr. Acórdãos do Tribunal da Relação de Lisboa de 9.11.2000, *Malheiro de Ferraz*, 0034932, de 27.5.2008, Vieira e Cunha, 1390/08, www.colectaneadejurisprudencia.com , Acórdão do Tribunal da Relação do Porto de 10.5.2004, *Sousa Peixoto*, 0411171.

c) A factos referentes a assuntos profissionais comunicados por colega com o qual esteja associado ou ao qual preste colaboração;

d) A factos comunicados por coautor, corréu ou cointeressado do seu constituinte ou pelo respetivo representante;

e) A factos de que a parte contrária do cliente ou respetivos representantes lhe tenham dado conhecimento durante negociações para acordo que vise pôr termo ao diferendo ou litígio;

f) A factos de que tenha tido conhecimento no âmbito de quaisquer negociações malogradas, orais ou escritas, em que tenha intervindo.

2 - A obrigação do segredo profissional existe quer o serviço solicitado ou cometido ao advogado envolva ou não representação judicial ou extrajudicial, quer deva ou não ser remunerado, quer o advogado haja ou não chegado a aceitar e a desempenhar a representação ou serviço, o mesmo acontecendo para todos os advogados que, direta ou indiretamente, tenham qualquer intervenção no serviço.

3 - O segredo profissional abrange ainda documentos ou outras coisas que se relacionem, direta ou indiretamente, com os factos sujeitos a sigilo.

4 - O advogado pode revelar factos abrangidos pelo segredo profissional, desde que tal seja absolutamente necessário para a defesa da dignidade, direitos e interesses legítimos do próprio advogado ou do cliente ou seus representantes, mediante prévia autorização do presidente do conselho distrital respetivo, com recurso para o bastonário, nos termos previstos no respetivo regulamento.

5 - Os atos praticados pelo advogado com violação de segredo profissional não podem fazer prova em juízo.

6 - Ainda que dispensado nos termos do disposto no n.º 4, o advogado pode manter o segredo profissional.

7 - O dever de guardar sigilo quanto aos factos descritos no n.º 1 é extensivo a todas as pessoas que colaborem com o advogado no exercício da sua atividade profissional, com a cominação prevista no n.º 5.

8 - O advogado deve exigir das pessoas referidas no número anterior o cumprimento do dever aí previsto em momento anterior ao início da colaboração.

PROVA TESTEMUNHAL

Em 24.3.2006, o Conselho Geral da Ordem dos Advogados aprovou o Regulamento nº 94/2006 denominado *Regulamento da Dispensa do Segredo Profissional*.[546]

Conjugando os Artigos 417º do Código de Processo Civil, 135º do CPP e as normas estatutárias ora referidas, a quebra do sigilo profissional do advogado fica sujeita à seguinte tramitação:

A. Quando instado pelo juiz para testemunhar ou arrolado como testemunha por uma parte, o advogado - se entender que o seu depoimento previsivelmente abrangerá factualidade sob sigilo profissional – deve formular, de imediato, pedido de autorização para a revelação de tais factos mediante requerimento dirigido ao presidente do conselho distrital da Ordem dos Advogados (Artigos 78º, nº4, do EOA e 497º, nº3, do Código de Processo Civil).

B. Se o presidente do conselho distrital em causa não autorizar a quebra do sigilo, o advogado:

a) Pode recorrer para o bastonário (Artigo 6º, nº1, do Regulamento):[547]

    i. Se o bastonário indeferir o recurso, deve o advogado invocar a escusa, cabendo ao tribunal de 1ª instância apreciar a legitimidade da escusa e ao tribunal superior decidir da justificação da escusa;

    ii. Se o bastonário deferir o recurso, o advogado pode prestar depoimento ou manter ainda o segredo. Neste último cenário, cabe ao tribunal da 1ª instância apreciar a legitimidade da escusa e ao tribunal superior decidir da justificação da escusa.

b) Ou deve escusar-se a depor invocando o sigilo (Artigo 497º, nº3, do Código de Processo Civil e Artigo 87º, nº4, do EOA).

Nesta eventualidade, não estando o tribunal de 1ª instância vinculado à decisão do presidente do Conselho Distrital, deve o juiz efetuar as averiguações necessárias sobre a legitimidade da escusa tendo em vista determinar se os factos em causa estão efetivamente abrangidos

---

[546] Publicado no DR, II Série, nº 113, de 12.6.2006 e disponível em http://www.oa.pt/Conteudos/Artigos/detalhe_artigo.aspx?idc=30819&idsc=25368&ida=46058.

[547] Apenas o requerente da dispensa do sigilo tem legitimidade para recorrer para o bastonário – nº2 do Artigo 6º do Regulamento.

254

pelo sigilo profissional (Artigo 135º,nº2, do CPP). Entre as diligências a realizar não cabe a audição da Ordem dos Advogados, atenta a decisão já proferida pelo presidente do Conselho Distrital.

   i. Concluindo o juiz pela ilegitimidade da escusa, cabe ao juiz determinar a prestação do depoimento pelo advogado. Este despacho é recorrível.

   ii. Concluindo o juiz pela legitimidade da escusa, declara a legitimidade da escusa e ordena oficiosamente a subida do incidente ao tribunal de recurso para que aprecie e decida a questão da justificação da escusa (despacho irrecorrível).

Nesta última eventualidade (subida do incidente ao tribunal de recurso), o tribunal de recurso pode:

(i) Julgar injustificada a escusa e, em consequência, ordenar a prestação de depoimento;

(ii) Julgar justificada a escusa, caso em que a testemunha se pode recusar definitivamente a depor sobre os factos em causa sob sigilo.

C. Caso o presidente do conselho distrital autorize a quebra do sigilo, assistem ao advogado duas opções:

   i. Ou presta o depoimento;

   ii. Ou persiste na invocação do sigilo, cabendo ao tribunal da 1ª instância apreciar a legitimidade da escusa e ao tribunal superior decidir sobre a justificação da escusa.

A decisão de deferimento da dispensa de sigilo profissional é irrecorrível – nº5 do Artigo 5º do Regulamento.

No âmbito da averiguação sobre a legitimidade da escusa, é fundamental determinar as situações em que está excluído o dever de sigilo. Assim, o dever de sigilo está excluído designadamente quando já ocorreu a revelação e conhecimento dos factos subsumíveis ao Artigo 78º do EOA (*teoria da prévia revelação legítima*). Conforme afirma CARLOS CAMPOS, "Para guardar um segredo é preciso que haja um segredo para guardar".[548] Abrangem-se aqui, desde logo, os factos notórios e os factos do conhecimento público que neces-

---

[548] "O Sigilo Profissional do Advogado e Seus Limites", in *Revista da Ordem dos Advogados*, Ano 48º, Nº2, Set. 1988, p. 482.

PROVA TESTEMUNHAL

sitam de ser invocados e provados para que produzam efeitos na causa. Os factos provados em juízo bem como os factos que constam de documentos autênticos e autenticados também, por natureza, estão excluídos do sigilo.

O sigilo profissional do advogado abrange apenas os factos nucleares de que o mesmo teve conhecimento por via da relação de confiança firmada com o cliente e em razão do exercício da sua atividade profissional, excluindo-se do mesmo os factos paralelos que extravasam esse núcleo essencial. Na explicação clara do Acórdão do Tribunal da Relação de Guimarães de 4.5.2005,[549] "A relação constituída com o mandato forense apenas impõe dever de segredo sobre os factos inerentes ao exercício concreto do mandato, não criando um salvo-conduto para invocação de segredo por factos exteriores a essa relação, nomeadamente daqueles que integrem a prática de um crime. A relação profissional ou de proximidade que se constitui entre duas pessoas, e que justifica, em certos casos, a existência do dever de sigilo, tem um fim e um âmbito específicos, não podendo aquele dever ser alargado a factos nos quais se desempenhe um mero papel secundário, estranho àquela relação, como é o caso de se ser testemunha". Assim se, no exemplo do mandato forense e noutros idênticos, o sujeito que estaria obrigado ao segredo for testemunha de um crime totalmente estranho à relação constituída, não restarão dúvidas de que não fará sentido invocar tal segredo.[550] Também não se encontra a coberto do sigilo profissional a correspondência com determinada pessoa, da qual decorre a existência de uma atividade consubstanciada no recebimento de rendimentos de prédio e na respetiva prestação de contas, sendo a qualidade de advogado alheia a tal correspondência.[551]

---

[549] Sendo relator *Anselmo Lopes*, 401/05.

[550] Acórdão do Tribunal da Relação do Porto de 7.7.2010, *Eduarda Lobo*, 10443/08.

[551] Acórdão do Tribunal da Relação de Lisboa de 15.1.2004, *Graça Amaral*, Processo 968, www.colectaneadejurisprudencia.com.

Ainda como exemplo de uma situação em que se excluiu a existência de segredo profissional, cfr. o Acórdão do Tribunal da Relação do Porto de 29.1.2008, *Carlos Moreira*, 0725590, com o seguinte teor: "(...)as testemunhas, ainda que advogados, apenas se pronunciaram sobre se existiram, ou não, reuniões com vista à partilha dos bens pelos interessados em inventário orfanológico, sobre a maior ou menor complexidade de tais reuniões e sobre o número das mesmas.

Ora não se alcança em que medida o relato destes escorreitos e objetivos factos possa prejudicar os valores prosseguidos com o segredo profissional dos Srs. Advogados e supra expressos, como sejam a confiança entre o advogado e o seu cliente, a necessidade social da confiança

O dever de sigilo cessa perante o cumprimento de um dever de valor superior pelo que não faz sentido manter o dever de sigilo quando a revelação dos factos é necessária para evitar um crime contra a vida ou a integridade física.[552]

Outra situação típica que pode dar azo à exclusão do dever de sigilo é a da pessoa em benefício de quem se estabelece o segredo profissional renunciar a tal benefício. Assim, se o ex-cliente do advogado o indica como testemunha, dispensa-o da obrigação do segredo profissional. Esta situação, todavia, suscita divisão doutrinária e jurisprudencial quanto à sua admissibilidade.

Augusto Lopes Cardoso afirma que a desvinculação do cliente torna possível ao advogado a revelação do segredo. Nas palavras deste autor, "(...) convém não esquecer que esta é grande regra: é, porque o cliente desvincula o advogado do segredo para que esta possa invocar em juízo e provar os factos que lhe tinham sido revelados sob confidência. Nesse caso tal não é apenas lícito, mas indispensável."[553]Carlos Campos realça que cliente mantém o direito à melhor e mais conveniente defesa dos seus interesses pelo que, caso a caso, e perante a autorização do cliente, o advogado "deve definir e saber, com clareza, que factos pode revelar e que factos devem permanecer sob sigilo." [554]

Neste circunspecto, haverá que não confundir a natureza do segredo profissional (de ordem pública) com o interesse que se destina a proteger, qual seja o do cliente. Concordamos com esta posição que sustenta que o segredo profissional do advogado, apesar de revestir interesse de ordem pública, é relativamente disponível por vontade do cliente.[555]

---

em certos profissionais, a proteção do normal funcionamento das instituições, evitando-se a degradação da sua imagem e desconfiança entre o público."

[552] Carlos Campos, "O Sigilo Profissional do Advogado e Seus Limites", in *Revista da Ordem dos Advogados*, Ano 48º, Nº2, Set. 1988, p. 502.

[553] *Do Segredo Profissional na Advocacia*, Centro Editor Livreiro da Ordem dos Advogados, 1998, p. 59.

[554] "O Sigilo Profissional do Advogado e Seus Limites", in *Revista da Ordem dos Advogados*, Ano 48º, Nº2, Set. 1988, p. 480.

[555] Cfr. Acórdão do Tribunal da Relação do Porto de 27.5.2008, *Vieira e Cunha*, 1390/08, www.colectaneadejurisprudencia.com; Acórdão do Supremo Tribunal de Justiça de 15.4.2004, *Quirino Soares*, 04B795 ("O juiz deve impedir oficiosamente a violação do segredo profissional do advogado. Mas, já não o deverá fazer quando é a própria parte beneficiária, em concreto, do segredo, que o dispensa, indicando o advogado como testemunha ou não se opondo a que o mesmo deponha com testemunha da parte contrária.")

PROVA TESTEMUNHAL

Nesta medida, não nos parece correta a jurisprudência que afasta a possibilidade do cliente renunciar ao sigilo, entendendo este como afastável por simples vontade das partes.[556]

[556] Cfr. Acórdãos do Tribunal da Relação de Lisboa de 9.11.2000, *Malheiro de Ferraz*, 0034932, de 23.11.2010, 3210/05, ("O segredo profissional tem caráter social ou de ordem pública e não natureza contratual, pelo que o facto de uma ou ambas as partes da relação advogado/cliente prescindir da observância de tal segredo não implica, necessariamente, que o mesmo deva ter-se como afastado ou postergado"), www.colectaneadejurisprudencia.com.
No Parecer do Conselho Geral da Ordem dos Advogados Nº 14/PP72008-G, sendo relator *João Loff Barreto*, https://www.oa.pt/Conteudos/Pareceres/detalhe_parecer.aspx?idc=5&idsc=158&ida=70708, pugnou-se pela tese da indisponibilidade do sigilo com estes argumentos:
"(...)o segredo profissional tem na sua génese a necessidade não só de garantir a **relação de confiança entre o advogado e o cliente,** mas também o interesse público da função do advogado **enquanto agente ativo da administração da justiça.** Entendida esta "justiça" em sentido amplo, e não restrita à atividade judicial apenas. Tanto assim que a obrigação do Advogado guardar segredo profissional, com respeito a factos nele compreendidos, existe quer o serviço cometido envolva, ou não, representação judicial.
15. Portanto, é a própria administração da justiça que é posta em causa quando é violado o segredo profissional, o que exige do Estado a sua proteção, como decorre dos arts. 208º da CRP, 114º, nº 3 da LOFTJ e 87º do EOA. Donde resulta que os actos praticados pelos advogados com violação de segredo profissional não possam fazer prova em juízo (artigo 87º, nº 5, do EOA).
16. E não residindo a natureza jurídica do segredo profissional do advogado no foro contratual - nem estando regulado, nem podendo estar, pelas mesmas regras do mandato puramente civil conferido a quem não seja Advogado – então não surpreende que a **autorização do cliente não baste** para a sua desvinculação (cfr. Dr. Luís Sáragga Leal, Parecer do Conselho Geral de 30/11/1984 , in ROA, ano 44, Dezembro 1984, fls. 735 ss.).
17. Não tem assim cabimento a tese que alguns defendem, segundo a qual a obrigação de guardar segredo profissional que impende sobre o advogado está na livre disponibilidade do cliente que dele beneficia.
18. Embora tal tese da "disponibilidade" conte efectivamente com jurisprudência e doutrina favorável, não se trata, de todo, de um entendimento unânime nem na Doutrina, nem na Jurisprudência. Em sentido contrário pronunciaram-se os Acórdãos do Supremo Tribunal de Justiça, de 13-11-2003 e de 15-12-2004 (transcreve-se um excerto deste último acórdão que cremos bastante elucidativo):
« *concedemos, até, que de jure constituendo uma tal conceção possa vir a implicar no futuro uma alteração do preceito, se for entendido (à semelhança do estatuído no Cod. Penal) que baste o consentimento daquele em benefício de quem o segredo tenha sido instituído, baseado numa relação de confiança inter-individual. Mas não é o que de iure constituto por ora está proclamado.*
Efetivamente, na ponderação dos interesses em presença a norma eleva o segredo profissional à categoria de dogma inerente ao interesse público dominante, que é o interesse da justiça na sua mais lata aceção. Isto é, enquanto operador judiciário, contribuindo o advogado para a realização da justiça, entende o legislador que o profissional deve respeitar e fazer cumprir o dever de reserva da intimidade da vida privada

Com efeito, nos casos em que o cliente desvincula o advogado do sigilo, o condicionamento da quebra do sigilo profissional à autorização adicional da Ordem dos Advogados, como condição da licitude da quebra do sigilo, não esgota a análise da questão. Isto porque, consoante já vimos, (i) a posição da Ordem dos Advogados não vincula o tribunal e (ii) mesmo quando o presidente do conselho distrital não defira a quebra do sigilo, esta pode vir a ser imposta pelo tribunal de recurso (com fundamento no princípio da proibição do excesso) em sede de apreciação da justificação da escusa. Ou seja, o último guardião da disponibilidade em concreto do sigilo profissional é o tribunal de recurso e não a Ordem dos Advogados.

O que está arredada é a hipótese de o advogado prestar depoimento em processo no qual esteja ainda constituído como advogado. Nas palavras de AUGUSTO LOPES CARDOSO, "É que, embora não haja disposição expressa que o proíba, afigura-se-nos que isso seria completa subversão do próprio sistema processual, em que o advogado, entre nós, se não pode nunca confundir com simultânea testemunha. E seria outrossim altamente desprestigiante para a

---

de cada cliente, mas também a relação de confiança estabelecida entre um e outro e, bem assim, a relação de confiança da generalidade dos cidadãos na classe profissional dos advogados e, em última análise, na própria justiça.

Por *isso, e uma vez que a Ordem dos Advogados tem por missão contribuir para a defesa do Estado de direito democrático e dos direitos e garantias dos indivíduos, colaborar na administração da justiça, zelar pela função social, dignidade e prestígio da profissão de advogado e promover o respeito pelos princípios deontológicos, viu o legislador a necessidade de lhe impor o dever de pronúncia decisiva em cada caso concreto de cessação do dever de sigilo. O que significa que o segredo profissional, além da dimensão pessoal inter-individual que encerra, contém igualmente uma dimensão institucional supra-individual. E assim, ao contrário do que o Cod. Penal estabelece, para este efeito não releva o eventual consentimento da pessoa protegida pelo segredo. Quer dizer, a falta de "consentimento" do titular do direito ao segredo servirá para preencher um dos elementos do tipo de ilícito (art. 195º). Mas, no que respeita ao segredo profissional, e para efeitos do art. 81º, nº4 citado, isto é, com vista à sua divulgação, apenas basta a "autorização" institucional do presidente do conselho distrital da O.A. Significa que a avaliação de «...tudo quanto seja* absolutamente necessário *para a defesa da dignidade, direitos e interesses legítimos do próprio advogado ou do cliente ou seus representantes...» é cometida tão somente à instituição, mediante prévia autorização.*

Por *conseguinte, se o que está aqui em causa não é a demonstração de ausência de um ilícito criminal, não basta invocar o consentimento dos ex-clientes para, desde logo, o recorrente poder revelar os factos que lhe tenham sido transmitidos nas relações profissionais pretéritas. (...)*

Desta *maneira, não se pode ter por acertada a conclusão que o recorrente retira de que o segredo profissional está na exclusiva dependência do recorrente e dos seus ex-clientes. A "autorização" da Ordem Profissional é condição normativa para a divulgação do segredo..." IN www.dgsi.pt."*

PROVA TESTEMUNHAL

advocacia." [557] Dentro da mesma linha de raciocínio, o Tribunal da Relação do Porto discorreu no seu Acórdão de 7.2.2007 [558] nos seguintes termos:

> "Muito embora em nenhum dos preceitos legais que regulam a matéria da prova testemunhal se vislumbre a referência textual a qualquer impedimento que obste a que o advogado de uma das partes do processo preste depoimento durante a vigência da relação processual que o liga àquela, *a inadmissibilidade de tal depoimento decorre não só do princípio da não promiscuidade dos intervenientes, princípio geral do processo, mas também de interesses de ordem pública. As razões justificativas que obstam à acumulação das qualidades processuais – seja do julgador com a de parte, seja desta com a de testemunha ou de perito –, que vários preceitos legais procuram prevenir, têm igual cabimento relativamente a atuações que possam produzir efeitos na esfera jurídica de qualquer dos interessados, como sucede com a do mandatário que, em termos jurídicos, se identifica com a do mandante.* Por outro lado, *a função da testemunha no processo, com o inerente dever de comunicar ao tribunal, de forma isenta, objetiva e verdadeira, todos os factos acerca dos quais seja inquirida* (cfr. al. d) do nº 1 do art. 132º), *não se coaduna com a do advogado que, não obstante participe na realização da Justiça, se encontra sempre condicionado pelo interesse da parte que representa e ao qual em muitos casos tem de dar prevalência.* Nessa medida, *os deveres processuais do advogado – que não raro implicam o dever de reservar factos de que tenha conhecimento quando esteja em causa o interesse do seu constituinte –, não lhe permitem desempenhar as funções de testemunha de acordo com o figurino traçado na lei para quem ocupa esta posição processual.*"

A título meramente exemplificativo da correta aplicação, em concreto, dos critérios que ancoram a decisão sobre a justificação da escusa, vejamos os seguintes arestos:

---

[557] *Do Segredo Profissional na Advocacia*, Centro Editor Livreiro da Ordem dos Advogados, 1998, p. 82.
[558] Sendo relatora *Maria Leonor Esteves*, 5383/06, www.colectaneadejurisprudencia.com. No mesmo sentido, cfr. o Acórdão do Tribunal da Relação do Porto de 7.10.2009, *Castela Rio*, 874/08 ("O estatuto jurídico-processual penal da testemunha não se compagina com o estatuto jurídico-processual penal , civil e deontológico do defensor constituído.").

A TESTEMUNHA NO PROCESSO

- Justifica-se a prestação de testemunho com quebra de segredo profissional relativamente a advogado que, no exercício do mandato, redigiu um documento já tornado público mas cujo conteúdo importa esclarecer, quando estão em causa crimes de furto qualificado e de burla qualificada e não se apontam lesões ao interesse dos mandantes.[559]
- É ilegítima a recusa do advogado em prestar depoimento de parte como autor em ação de honorários quando dos seus termos resulta a dispensa do sigilo por parte do cliente demandado, cujo interesse o segredo profissional tutelava, justificando-se agora a igualdade e transparência na discussão judicial da relação de mandato. A igualdade de armas neste tipo de ações, designadamente no acesso das partes aos meios de prova, é uma condição da dignificação da advocacia e não apenas uma condição efetiva da realização da justiça.[560]
- Sendo o crime em apreço grave (abuso de confiança qualificado) e não havendo alternativa à quebra do sigilo da advogada (da queixosa) para apurar a verdade, justifica-se, em concreto, a respetiva quebra de sigilo profissional.[561]

Em sentido inverso, evidenciando situações em que a ponderação de valores conduziu à inadmissibilidade da quebra do sigilo profissional do advogado, enumeram-se exemplificativamente as seguintes decisões:

- Relativamente aos factos de que o advogado toma conhecimento no exercício da advocacia, só deve ele ser dispensado do dever de segredo por razões excecionalíssimas. Existindo a possibilidade de obtenção de outros meios de prova para a demonstração dos ilícitos, não se mostra indispensável a quebra de sigilo profissional do advogado.[562]

---

[559] Acórdão do Tribunal da Relação do Porto de 3.11.2010, *José Carreto*, 485/05.

[560] Acórdão do Tribunal da Relação do Porto de 26.4.2012, *Filipe Caroço*, 2573.10, www.colectaneadejurisprudencia.com.

[561] Acórdão do Tribunal da Relação de Évora de 7.10.2010, *Fernando Ribeiro Cardoso*, CJ 2010-IV, pp. 259-261.

[562] Acórdãos do Tribunal da Relação do Porto de 11.5.2011, *Joaquim Gomes*, 106.04, www.colectaneadejurisprudencia.com, de 23.11.2005, *Joaquim Gomes*, 0515331.

PROVA TESTEMUNHAL

- Não deve ser concedida a dispensa do segredo profissional a advogado, relativamente a factos cujo conhecimento lhe advenha do exercício das suas funções ou da prestação dos seus serviços, quando há dúvidas sobre a imprescindibilidade do seu depoimento e o ilícito criminal a que se reportam os autos tem uma gravidade e uma ressonância ética abaixo da média.[563]
- O segredo só deve ser quebrado em situações muito excecionais e quando estejam em causa interesses altamente relevantes que não possam ser satisfeitos por outra via. Não se justifica a quebra se o depoimento do ex-mandatário do exequente tiver sido requerido pelo executado para provar que a quantia exequenda havia já sido paga.[564]
- Apesar de o segredo profissional dos advogados não estar consagrado como um dever absoluto, não deve ser adotada uma posição maximalista, segundo a qual o dever de cooperação com a justiça prevalece sempre em todo e qualquer caso. A resolução do problema deverá se encontrada com base na aplicação dos critérios que, no caso concreto, sejam idóneos para determinar o peso relativo das representações valorativas dos deveres em conflito.[565]

6. Incidentes da inquirição da testemunha

6.1. A impugnação da testemunha
A parte contra a qual é produzida a testemunha pode impugnar a sua admissão com os mesmos fundamentos por que o juiz deve obstar ao depoimento – Artigo 514º do Código de Processo Civil.

E o juiz deve obstar ao depoimento quando:

(i) a testemunha não tiver aptidão física e mental para depor sobre os factos que constituam objeto de prova (Artigo 495º, nº1);

(ii) a pessoa indicada como testemunha possa depor como parte (Artigo 496º) e

---

[563] Acórdão do Tribunal da Relação do Porto de 14.11.2012, *Vítor Morgado*, 238/12.
[564] Acórdão do Tribunal da Relação do Porto de 10.5.2004, *Sousa Peixoto*, 0411171.
[565] Acórdão do Tribunal da Relação de Coimbra de 18.2.2009, *Alberto Mira*, 436/08.

A TESTEMUNHA NO PROCESSO

(iii) quando a pessoa indicada como testemunha não corresponder à que como tal foi oportunamente arrolada.

No que tange à admissibilidade da prova testemunhal, mantém atualidade o ensinamento de ALBERTO DOS REIS, segundo o qual "O princípio geral deve ser este: todas as pessoas devem ser admitidas a depor a fim de, com o seu depoimento, auxiliarem a descoberta da verdade. Se têm a posição de partes, é nessa qualidade que pode ser exigido o seu depoimento; se não tem essa posição, então hão de depor como testemunhas. A circunstância de uma pessoa ter interesse direto na causa é elemento que o juiz atenderá naturalmente para avaliar a força probatória do depoimento; mas não deve ser fundamento de inabilidade."[566] Em resumo, apenas não poderá depor como testemunha quem possa depor como parte no respetivo processo, quem tiver poderes para confessar a ação.

Deste modo, estão impedidos de depor por inabilidade legal as partes, os seus representantes legais bem como quem dispuser de poderes para confessar a ação. A menção às partes abrange o autor e réu originários bem como os que assumiram tal posição em consequência de incidente de habilitação [567] ou de intervenção efetiva como terceiros[568] (Artigos 452º, nº1 e 453º, nº3 do Código de Processo Civil, anteriores Artigos 552º, nº1 e 553º, nº3), o representante de incapaz ou de pessoa coletiva[569] (Artigo 453º, nº2, anterior Artigo 553º, nº2) e o interveniente acessório (Artigo 455º, anterior Artigo 555º).

---

[566] *Código de Processo Civil Anotado*, IV, Vol., p. 348.

[567] Os sucessores habilitados da parte não podem ser admitidos a depor como testemunhas – cfr. Acórdão do Supremo Tribunal de Justiça de 8.7.2003, *Moitinho de Almeida*, 03B2093; Acórdão do Tribunal da Relação de Guimarães de 29.1.2003, *António Gonçalves*, 1624/02.

[568] "São inábeis para depor como testemunhas por motivos de ordem moral os que podem depor como partes e é indiscutível que o interveniente principal, chamado como tal e citado pessoalmente, passa a ser parte no processo ainda que nele não intervenha. A sua audiência como testemunha, sendo um ato não admitido por lei, integra uma nulidade secundária que deve ser arguida pela parte logo que seja cometida, uma vez que não pode ser conhecida oficiosamente." – Acórdão do Supremo Tribunal de Justiça de 10.2.98, *Fernando Fabião*, 98A007.

[569] "Está impedido de depor como testemunha o membro de direção colegial de associação cuja representação compete conjuntamente à referida direção porquanto pode prestar depoimento de parte" – Acórdão do Tribunal da Relação de Coimbra de 22.6.2010, *Francisco Santos*, 1396/08, www.colectaneadejurisprudencia.com.

PROVA TESTEMUNHAL

Partes são as pessoas que requerem ou contra quem é requerida uma decisão judicial, sendo titulares dos interesses em conflito.[570]São apenas os litigantes e não também quem podia ocupar essa posição mas não a ocupa efetivamente.[571] Assim, e exemplificativamente:

- o condutor do veículo segurado na ré seguradora não é parte e pode depor como testemunha;
- o cônjuge de qualquer uma das partes, sendo terceiro na ação, não se encontra impedido de depor como testemunha, ainda que na mesma ação pudesse ter tido intervenção como parte.[572]

No âmbito do processo de inventário, a noção de parte é bastante diferente da que se verifica na generalidade dos processos judiciais de molde que, no âmbito de incidente de remoção do cabeça-de-casal, deverá ser admitido a prestar depoimento o interessado que não é requerente no respetivo incidente.[573]

O regime do Artigo 496.º (anterior Artigo 617.º) tem em vista o momento em que o depoimento é prestado e não qualquer outro, como o da ocorrên-

"O liquidatário judicial em ação ou incidente em que seja parte a massa falida está impedido de depor como testemunha" – Acórdão do Tribunal da Relação de Coimbra de 14.3.2000, *Coelho de Matos*, 3362/99, www.colectaneadejurisprudencia.com.

[570] Acórdão do Tribunal da Relação do Porto de 26.1.2000, *Rapazote Fernandes*, 9820471. Conforme ensinava Castro Mendes, *Direito Processual Civil*, II vol., p. 4, "parte é aquele ou cada um daqueles que pedem a composição de um litígio e aquele ou cada um daqueles frente aos quais tal composição é pedida".

[571] Acórdão do Tribunal da Relação do Porto de 29.11.2001, *Pinto de Almeida*, 0131690.

[572] Neste sentido, Acórdão do Tribunal da Relação de Coimbra de 8.10.2002, *Pires Rodrigues*, 3519/02, www.colectaneadejurisprudencia.com, Acórdãos do Tribunal da Relação de Lisboa de 9.11.2010, *Gouveia Barros*, 4953/08, de 17.2.2011, *Olindo Geraldes*, 245326/09, www.colectaneadejurisprudencia.com. Conforme se explica neste último aresto, "(...) só ficam impedidas de depor como testemunhas as partes da causa, na medida em que as mesmas podem prestar o depoimento de parte, nos termos do disposto nos arts. 552.º e segs do CPC. Consequentemente, o cônjuge de qualquer uma das partes, sendo terceiro na ação, não está impedido de depor como testemunha, ainda que na mesma ação pudesse também ter sido parte. Neste contexto, ao abrigo do disposto no art. 617.º do CPC, o cônjuge do Réu, sendo terceiro na ação, não estava impedido de depor como testemunha, pelo que, só por esse motivo, não podia o depoimento prestado ser desvalorizado, como se declarou no despacho recorrido."

[573] Cfr. Acórdão do Tribunal da Relação de Lisboa de 22.11.2005, *Pimentel Marcos*, 9169/2005.

cia dos factos sob discussão, o momento da propositura da ação ou o da apresentação do rol das testemunhas. Ou seja, a inabilidade legal é apreciada no momento em que deve ser prestado o depoimento. Se, nesse momento, a pessoa indicada como testemunha puder depor como parte então não deverá ser admitida a prestar depoimento.[574] Ou seja, é no momento da inquirição, na audiência de julgamento, que se afere a possibilidade de se depor ou não como testemunha.

Deste modo, não pode ser inquirido como testemunha quem, à data do julgamento, for administrador de sociedade anónima que é parte (Artigo 408º, nº1, do CSC), seja gerente da sociedade por quotas[575] (Artigo 260º do CSC), tenha procuração de pessoa singular ou coletiva que lhe confira poderes para a representar em juízo incluindo poderes para confessar.[576]

Caso o administrador da sociedade anónima renuncie à administração, há que atentar que o efeito da renúncia só opera no final do mês seguinte àquele em que tiver sido comunicada, salvo se entretanto for designado ou eleito o substituto (Artigo 404º, nº2, do CSC). No caso do gerente, a renúncia torna-se efetiva oito dias depois de recebida a comunicação (Artigo 258º, nº1, do CSC). Volvido tal período, o ex-gerente ou ex-administrador pode depor como testemunha, a tal não obstando a falta de registo da deliberação de renúncia à gerência do sócio da sociedade por quotas.[577]

---

[574] Neste sentido, cfr. Acórdão do Tribunal da Relação de Lisboa de 25.1.94, *Diniz Nunes*, 0070471, de 25.9.2012, *Rosa Ribeiro Coelho*, 378/05; Acórdãos do Tribunal da Relação do Porto de 20.4.2006, *Amaral Ferreira*, 0630190, de 28.9.2006, *Ana Paula Lobo*, 0634627 ("Haverá de apurar-se, na altura do depoimento quem efetivamente representa essa pessoa coletiva, não tendo qualquer importância, para verificação de inabilidade legal para depor como testemunha a circunstância de, em momento anterior, mesmo na pendência da causa, ter sido a pessoa singular que vai prestar depoimento representante legal da pessoa coletiva.", de 12.7.2007, *Mário Fernandes*, 0733620, de 25.10.2010, *Maria José Simões*, 4041/07, de 29.11.2011, *Anabela Dias da Silva*, 3557/08 ("Pode ser admitido a depor como testemunha quem foi seu sócio e gerente mas já não era à data do depoimento"); Acórdão do Tribunal da Relação de Guimarães de 29.9.2011, *Antero Veiga*, 278/08

[575] "É inábil para depor como testemunha o sócio gerente de uma sociedade comercial na ação em que esta é parte" – Acórdão do Tribunal da Relação do Porto de 1.7.97, *Afonso Correia*, 9720105; "Não pode depor como testemunha o representante legal de uma sociedade , quando a sociedade é parte" – Acórdão do Tribunal da Relação do Porto de 20.4.2006, *Amaral Ferreira*, 0630190.

[576] Cfr. Acórdão do Supremo Tribunal de Justiça de 3.3.72, BMJ nº 215, p. 202.

[577] Cfr. Acórdão do Tribunal da Relação do Porto de 10.2.2003, *Fernandes do Vale*, 0252781.

Em sentido inverso, poderá depor como testemunha:

- quem inicialmente foi demandado como réu, tendo sido absolvido da instância e deixado de figurar como parte;[578]
- o sócio (não gerente) da sociedade, por não ser representante legal;[579]
- a mãe do menor em ação de investigação oficiosa da paternidade instaurada pelo Ministério Público.[580]

Quando ocorre a apensação de ações, as várias causas ficam unificadas sob o ponto de vista processual, passando o processo a ser comum a todas elas com unidade de instrução, discussão e julgamento. Todavia, isso não significa necessariamente que cada uma das ações perca a sua individualidade própria que possuía antes da apensação. Em decorrência da apensação, o autor de uma das ações apensadas não passa a ser autor nas outras. Deste modo, o autor na ação apensa *A* pode depor como testemunha na ação apensa *B* em que não assuma a posição de parte[581], salvo se na própria ação *A* prestar depoimento de parte sobre o mesmo facto sobre que é chamado a depor como testemunha na ação apensa *B*. Nesta última hipótese, não nos parece que seja admissível a cumulação de depoimentos de parte e como testemunha sobre o mesmo facto porquanto o propósito da lei é o de não admitir a cumulação das duas situações e essa cumulação tem de aferir-se em função dos factos em litígio.

A efetiva inquirição de testemunha inábil gera nulidade do ato, a subsumir ao regime geral das nulidades (Artigo 195º e ss.). Na caraterização feita pelo Supremo Tribunal de Justiça no seu Acórdão de 28.11.1995, *Fernando Fabião*, 84423, www.colectaneadejurisprudencia.com,

"É uma nulidade secundária, porque nulidades principais são apenas as quatro referidas no artigo 202º do C.P.Civil [*atual Artigo 196º*], sendo

---

[578] Acórdão do Tribunal da Relação do Porto de 20.12.2010, *Mendes Coelho*, 303/09.

[579] Acórdão do Tribunal da Relação de Coimbra de 21.3.2006, *Hélder Roque*, 4316/05.

[580] Acórdão do Supremo Tribunal de Justiça de 23.10.2001, *Tomé de Carvalho* , Revista nº 2698/01, *Sumários do STJ*.

[581] Neste sentido, Acórdão do Tribunal da Relação de Coimbra de 31.3.2011, *Felizardo Paiva*, 582/09. Em sentido oposto, cfr. Acórdão da mesma Relação de 29.6.2006, *Fernandes da Silva*, 1253/06.

A TESTEMUNHA NO PROCESSO

todas as outras nulidades secundárias e abrangidas pelo citado artigo 201º [*atual Artigo 195º*] (...).

Como nulidade secundária, ela devia ter sido arguida pela parte logo quando foi cometida, dado que tanto o autor como o seu mandatário estavam presentes na audiência de discussão e julgamento em que a mesma foi cometida (art. 205º nº 1 do C.P.Civil [*atual Artigo 199º, nº1*]) e, por outro lado, certo é que a nulidade secundária não pode ser arguida pela parte que lhe deu causa ou que, expressa ou tacitamente, renunciou à sua arguição (art. 203º nº 2 do C.P.Civil [*atual Artigo 197º, nº 2*]).

Ora, verifica-se que o réu não só deu causa à nulidade, concordando com a audição do A (...), como também a não arguiu no ato em que foi cometida, pelo que tem de dar-se como sanada tal nulidade."[582]

No caso da sanação da nulidade pela não arguição tempestiva, LEBRE DE FREITAS *et al.* ressalvam que "o tribunal, ao apreciar livremente a prova, não deve deixar de valorar, como facto acessório a considerar, a existência do fundamento de inabilidade."[583] De facto, pese embora a sanação do vício, existe um interesse direto da testemunha que tem de ser sopesado na valoração do respetivo depoimento.

Existindo um dos indicados fundamentos para impugnação da testemunha, a respetiva impugnação deve ser deduzida quanto terminar o interrogatório preliminar (cfr. Artigo 515º, nº1 do Código de Processo Civil, anterior Artigo 635º, nº1). Se não tiver sido suscitado o incidente nesse momento, não pode suscitar-se a questão da inabilidade da testemunha no recurso de apelação interposto da sentença final.[584]

A parte que suscita o incidente deve alegar os concretos factos que integram o fundamento de inabilidade, no caso da testemunha os ter omitido no interrogatório preliminar. Pode também ocorrer que a testemunha, no âmbito

---

[582] No mesmo sentido, quanto à sujeição da inquirição de testemunha inábil ao regime geral das nulidades, cfr. Acórdão do Tribunal da Relação de Coimbra de 14.3.2000, *Coelho de Matos*, 3362/99, www.colectaneadejurisprudencia.com, concluindo que deve não só ser anulada a inquirição como tudo o que posteriormente se processou em decorrência do Artigo 201º, nº2, do Código de Processo Civil; bem como o Acórdão do Tribunal da Relação de Lisboa de 30.9.93, *Ferreira Mesquita*, 0069732.

[583] *Código de Processo Civil Anotado*, 2º Vol., Coimbra Editora, p. 534.

[584] Acórdão do Tribunal da Relação do Porto de 9.11.1993, *Metello de Nápoles*, 9350227.

do interrogatório preliminar, tenha já explicitado factualidade suscetível de constituir fundamento de inabilidade sem que o juiz tenha, desde logo, obstado oficiosamente ao respetivo depoimento (Artigo 513º, nº2), caso em que a parte deverá também suscitar o incidente de impugnação.

O juiz deve ouvir a parte que indicou a testemunha sobre os fundamentos invocados no incidente de impugnação[585] (Artigo 3º, nº3), logo admitindo ou rejeitando o incidente conforme os fundamentos se ajustem ou não a uma situação de inabilidade da testemunha.

Após a admissão do incidente, o juiz deve instar a testemunha a pronunciar-se sobre os fundamentos da impugnação.[586] Se os mesmos forem confirmados pela testemunha sem impugnação pela parte que ofereceu a testemunha, não deve a testemunha ser admitida a depor. No caso de não serem confirmados os fundamentos da impugnação, abre-se uma fase de produção de prova: com proposição de prova documental ou testemunhal pela parte que suscitou o incidente; inquirição das testemunhas com o limite de três ; decisão final sobre o incidente registada em ata (Artigo 153º, nº3).

6.2. O incidente da contradita

Nos termos do Artigo 521º do Código de Processo Civil (anterior Artigo 640º), *"A parte contra a qual for produzida a testemunha pode contraditá-la, alegando qualquer circunstância capaz de abalar a credibilidade do depoimento, quer por afetar a razão da ciência invocada pela testemunha, quer por diminuir a fé que ela possa merecer."*

A propósito deste incidente, ensinava ALBERTO DOS REIS que:

«Quando se contradita a testemunha, faz-se um ataque, não ao depoimento propriamente dito, mas à pessoa do depoente; não se alega que o depoimento é falso, que a testemunha mentiu; alega-se que, por tais e

---

[585] Neste sentido, Acórdão do Tribunal da Relação de Lisboa de 15.1.2004, *Graça Amaral*, 968, www.colectaneadejurisprudencia.com.

[586] "Impugnada a admissão de determinado advogado como testemunha, com fundamento em factos constantes do processo relacionados com o seu dever de sigilo profissional, em audiência de julgamento, deve este ser admitido a pronunciar-se sobre os fundamentos da impugnação, ao abrigo do disposto no nº1 do art. 637º do Código de Processo Civil e não solicitar-se, imediatamente, à Ordem dos Advogados, o levantamento do sigilo." – Acórdão do Tribunal da Relação de Lisboa de 13.7.2010, *Torres Vouga*, 414/09, www.colectaneadejurisprudencia.com.

A TESTEMUNHA NO PROCESSO

tais circunstâncias, exteriores ao depoimento, a testemunha não merece crédito.

Só quando a contradita se dirige contra a razão de ciência invocada pela testemunha é que as declarações desta são postas em causa; mas ainda aqui não se atacam diretamente os factos narrados pelo depoente, só se ataca a fonte de conhecimento que ele aponta.»[587]

Pretende-se com este incidente fornecer ao julgador determinados factos acessórios, exteriores ao depoimento prestado, que o ponham de sobreaviso na apreciação da força probatória do depoimento. Este incidente visa questionar a credibilidade da própria testemunha e não a veracidade do depoimento.[588]

Pode invocar-se como fundamento da contradita qualquer circunstancialismo que prejudique a razão de ciência invocada pela testemunha (ou seja, a fonte de conhecimento da testemunha não poderá ser a invocada) ou afete a credibilidade que a testemunha mereça. Entre os fatores capazes de afetar a fé ou a credibilidade da testemunha encontram-se: o estado; a vida e costumes da pessoa; o interesse no pleito; o parentesco ou relacionamento com as partes. [589] Assim, exemplificativamente, constitui fundamento de contradita o facto da testemunha estar de relações cortadas com uma das partes porquanto tal circunstancialismo é suscetível de abalar a credibilidade por contender com a isenção da testemunha.

A contradita há de assentar em factos não relatados pela testemunha, em relação aos quais é exigido, como único requisito, a sua suscetibilidade para abalarem a credibilidade dessa testemunha, seja quanto à razão de ciência invocada, seja quanto à fé que a mesma possa merecer.[590]

A eventual demonstração do fundamento da contradita não obsta a que o julgador tenha o depoimento da testemunha contraditada na conta que entender porquanto a contradita não inutiliza o depoimento, captando apenas um elemento de apreciação da força probatória do depoimento. Ou seja, mesmo que ocorra a demonstração do fundamento da contradita, pode o julgador

---

[587] *Código de Processo Civil Anotado*, IV Vol., Coimbra Editora, p. 459
[588] Acórdão do Tribunal da Relação do Porto de 8.3.2004, *Sousa Peixoto*, 0316725.
[589] ANTUNES VARELA *et al.*, *Manual de Processo Civil*, 2ª Ed., Coimbra Editora, p. 627, Nota 3.
[590] Acórdão do Tribunal da Relação de Lisboa de 31.1.2008, *Farinha Alves*, 9179/2007.

PROVA TESTEMUNHAL

atribuir ao depoimento todo o valor desde que tenha razões para considerar a testemunha credível.

Quanto à tramitação do incidente, o mesmo deve igualmente ser deduzido quando o depoimento termina – Artigo 522º,nº1. A parte que não arrolou a testemunha, enunciará os factos concretos que no seu entender fundamentam o incidente, após o que é ouvida a parte que arrolou a testemunha sobre a admissibilidade do incidente (Artigo 3º, nº3).

Se os factos alegados forem de molde a afetar a razão de ciência ou a credibilidade da testemunha, o incidente deve ser liminarmente admitido, sendo inquirida a testemunha sobre a factualidade adrede aduzida. A testemunha pode confessar os factos em causa, estando tal reconhecimento sujeito à livre apreciação do julgador. Não sendo confessada a matéria alegada com fundamento do incidente, entra-se numa fase de produção de prova em termos equivalentes aos já referidos a propósito do incidente de impugnação – cfr. Artigo 522º, nos. 2 a 4. A única especialidade aqui consiste em que os documentos podem ser oferecidos até ao momento em que deva ser proferida decisão sobre os factos da causa (Artigo 522º, nº3).

Este incidente não finda com um despacho específico e autónomo que se pronuncie sobre a credibilidade da testemunha. Na fundamentação da decisão de facto, o juiz deve tirar as ilações que se justificarem, atenta a confissão da testemunha ou a prova produzida, sobre a razão da ciência e/ou credibilidade da testemunha, podendo – consoante já vimos – entender mesmo que persistem razões suficientes para atribuir plena credibilidade ao depoimento. Ou seja, a dedução do incidente gera um dever acrescido de análise e motivação quanto à valoração daquele concreto depoimento.

Sendo o momento próprio para a dedução do incidente o da conclusão do depoimento, não pode a parte, só em sede de recurso sobre a matéria de facto, reportar-se a circunstâncias externas ao depoimento para abalar a credibilidade da testemunha.[591]

6.3. O incidente da acareação

A acareação constitui um incidente que visa atacar também a força probatória do depoimento testemunhal, tendo como pressupostos: (i) a oposição

---

[591] Acórdão do Tribunal da Relação de Guimarães de 16.2.2012, *Manuel Bargado*, 1162/10.

direta acerca de determinado facto entre depoimentos de testemunhas ou entre um depoimento testemunhal e o depoimento de parte; (ii) iniciativa de uma parte ou oficiosa do juiz no sentido de operar um confronto presencial cruzado entre as testemunhas ou entre estas e a parte.

É uma diligência processual que tem por objeto confrontar, na presença do juiz, duas ou mais pessoas que depuseram como testemunhas ou como parte, com o fim de resolver as discrepâncias evidenciadas pelas respetivas declarações ou, subsidiariamente, obter elementos probatórios sobre a credibilidade de cada interveniente a partir do comportamento do mesmo durante a realização do ato processual.

Trata-se de um procedimento instrumental, na medida em que serve para verificar e contrastar a fiabilidade de prova, e excecional porquanto tem como pressuposto a oposição direta entre as declarações sobre determinados factos. A oposição direta pressupõe que ambos os depoentes tenham narrado, de modo diverso, o mesmo facto, sustentando ambos que o observaram. Não haverá, assim, fundamento para a acareação entre um testemunho direto e um testemunho indireto. Diversamente, haverá fundamento para acareação quanto ocorre contradição entre dois testemunhos indiretos desde que seja indicada a mesma testemunha-fonte.[592]

No requerimento em que pede a realização da diligência, deve a parte concretizar adequadamente quais os factos em causa e em que medida ocorre a contradição dos depoimentos, sendo insuficiente para avaliar da pertinência e da possibilidade de realização da acareação uma genérica referência à existência de contradição entre os depoimentos das testemunhas no que "toca aos factos 1 e 2".[593]

O requerimento pode ser formulado por qualquer das partes, mesmo pela parte que ofereceu a testemunha e inclusivamente em situações em que ocorra a contradição entre testemunhas da mesma parte. Será de excetuar à admissibilidade do incidente a colisão entre o depoimento de parte e o depoimento de testemunha da mesma parte, isto porque "(...) se o depoimento testemu-

---

[592] Lebre de Freitas *et al.*, *Código de Processo Civil Anotado*, 2º Vol., p. 594.
[593] Acórdão do Tribunal da Relação de Lisboa de 15.1.2004, *Graça Amaral*, 968, www.colectaneadejurisprudencia.com.

nha foi produzido contra sua expectativa, não é do confronto com a parte que pode resultar um resultado probatório que lhe seja mais favorável."[594]

Quanto ao modo como opera a acareação, a lei só dá indicações genéricas no artigo 523º. Em termos materiais, cremos que o juiz deverá começar por recordar às testemunhas que depõem sob juramento e a sanção penal correspondente para o crime de falso testemunho. Deverá ser enunciada de forma sucinta a contradição, pedindo-se a cada testemunha que, a partir de uma contextualização espacial e temporal pormenorizada, deponha novamente sobre o facto em causa, ratificando a sua declaração anterior ou rectificando-a, total ou parcialmente. A acareação só frutificará se ocorrer mediante um diálogo cruzado entre as testemunhas, supervisionado pelo juiz de molde a reduzir a carga de tensão psicológica que é inerente à diligência. Os mandatários das partes apenas poderão sugerir ao juiz a formulação de questões, não podendo interpelar diretamente as testemunhas.

A diligência propiciará condutas verbais e não verbais que deverão ser cuidadosamente avaliadas como arrimo para a construção de um juízo sobre a credibilidade das testemunhas. Em sede de conduta verbal, haverá designadamente que ponderar a firmeza ou tibieza na ratificação da declaração anterior, uma postura indecisa, hesitante ou vacilante, bem como a não justificação de uma retificação. Em termos de conduta não verbal, limitamo-nos a remeter para tudo o que já foi longamente analisado a tal propósito (Parte I, 7.1. e ss.).

Convém também recordar que, consoante veremos (cf. 10.3.), as contradições entre depoimentos não deverão ser pressurosamente interpretadas como uma atuação dolosa no intuito de alterar a verdade dos factos.

7. Inquirição oficiosa da testemunha

Nos termos do Artigo 526º, nº1, do Código de Processo Civil (anterior Artigo 645º), *"Quando, no decurso da ação, haja razões para presumir que determinada pessoa, não oferecida como testemunha, tem conhecimento de factos importantes para a boa decisão da causa, deve o juiz ordenar que seja notificada para depor."*

Esta norma integra uma concretização do princípio do inquisitório, segundo o qual o tribunal investiga e esclarece os factos relevantes para a apreciação da ação, sendo que este princípio tem uma consagração geral no

---

[594] LEBRE DE FREITAS *et al.*, *Código de Processo Civil Anotado*, 2º Vol., pp. 594-595.

A TESTEMUNHA NO PROCESSO

Artigo 411º (anterior 265º, nº3), segundo o qual incumbe ao juiz realizar, mesmo oficiosamente, todas as diligências necessárias ao apuramento da verdade e à justa composição do litígio quanto aos factos de que lhe é lícito conhecer. Esta norma outorga ao juiz um poder-dever para garantir que o juiz reúna toda a prova necessária à formação completa e esclarecida da sua convicção.

Quer a doutrina quer a jurisprudência têm confluído na asserção de que o Artigo 526º comina ao juiz um poder-dever que deve ser posto em prática quando alguém (nas vestes de testemunha ou de parte) em julgamento (ou diligência equiparada), ao ser inquirido, alude a outras pessoas (que não estão no processo) como tendo conhecimento de factos relevantes para a decisão da causa. A fonte do conhecimento da potencial testemunha poderá também provir de outros elementos do processo, sejam outros meios de prova, v.g., documentos, quer até em função das alegações dos articulados.[595]

---

[595] Neste sentido, LEBRE DE FREITAS *et al.*, *Código de Processo Civil Anotado*, 2ª Vol., 2001, pp. 599-600.

No sentido de que a inquirição oficiosa é um poder-dever e não uma faculdade, vejam-se os seguintes arestos: Acórdãos do Tribunal da Relação do Porto de 2.10.2006, *Machado da Silva*, 0613159, de 19.10.2006, *Amaral Ferreira*, 0633968, de 7.6.2011, *Pinto dos Santos*, 3056/10, Acórdão do Supremo Tribunal de Justiça de 14.11.2006, *Azevedo Ramos*, 06A3427, Acórdãos do Tribunal da Relação de Guimarães de 28.1.2004, *António Gonçalves*, 2287/03, de 12.7.2007, *Gouveia Barros*, 1249/07.

Na explicitação clara do Acórdão do Tribunal da Relação do Porto de 8.3.2004, *Sousa Peixoto*, 0316725, "Como resulta do confronto das duas redações [*a do Decreto-lei nº 329-A/95, de 12.12 e a anterior*], são duas as diferenças existentes entre elas. A primeira diz respeito ao poder-dever que atualmente é imposto ao juiz de ordenar a notificação oficiosa das pessoas. Na redação anterior, o artigo dizia: o tribunal pode ordenar que a pessoa seja notificada para depor; na redação atual o artigo diz: o juiz deve ordenar que a pessoa seja notificada para depor. Verifica-se, assim, que a inquirição oficiosa de testemunhas deixou de ser uma faculdade, um poder (embora não discricionário, como diz A. REIS - CPC, IV, pág. 486 -) concedido ao juiz e passou a ser um dever, um poder-dever que lhe é imposto, o que se compreende, tendo em conta as preocupações subjacentes ao DL n.º 329-A/95, nomeadamente as relacionadas com o princípio da cooperação, com o princípio dispositivo e com o princípio da verdade material, como claramente se depreende do seguinte excerto do preâmbulo do DL n.º 329-A/95: «Para além de se reforçarem os poderes de direção do processo pelo juiz, conferindo-se-lhe o poder-dever de adotar uma posição mais interventora no processo e funcionalmente dirigida à plena realização do fim deste, eliminam-se restrições excecionais que certos preceitos do Código em vigor estabelecem, no que se refere à limitação dos meios probatórios, quer pelas partes, quer pelo juiz, a quem, deste modo, incumbe realizar ou ordenar, mesmo oficiosamente e sem restrições, todas as diligências necessárias ao apuramento da verdade e justa composição do litígio, quanto aos factos de que lhe é lícito conhecer.»

PROVA TESTEMUNHAL

No caso da inquirição ser requerida por uma parte, o juiz não deverá deferir a inquirição da testemunha se (i) entender que a prova já produzida ou requerida é suficientemente esclarecedora ou (ii) não se convencer da especial utilidade da inquirição para o esclarecimento dos factos.[596]

Tratando-se do exercício de um poder-dever, o despacho que indefira o requerimento adrede formulado por uma parte é impugnável por via de recurso, não se tratando de despacho de mero expediente ou proferido no uso de poder discricionário.[597]

Todavia, a consagração desta inquirição oficiosa de testemunha não afasta a auto-responsabilidade das partes quanto à obrigação de indicarem, tempestivamente nos momentos processuais próprios, os meios de prova. Citando o ensinamento de LOPES DO REGO,

> "O exercício dos poderes de investigação oficiosa do tribunal pressupõe que as partes cumpriram minimamente o ónus que sobre elas prioritariamente recai de indicarem tempestivamente as provas de que pretendem socorrer-se para demonstrarem os factos cujo ónus probatório lhes assiste – não podendo naturalmente configurar-se como uma forma de suprimento oficioso de comportamentos grosseira ou indesculpavelmente negligentes das partes. A inquirição por iniciativa do tribunal constitui um poder-dever complementar de investigação oficiosa dos factos, que pressupõe, no mínimo, que foram indicadas provas cuja produção implica a realização de uma audiência."[598]

A segunda diferença (entre a atual e a anterior redação do n.º 1 do art. 645.º, diz respeito ao leque de pessoas que o tribunal podia oficiosamente inquirir. Na redação anterior, o tribunal só podia ouvir as pessoas que fossem referidas no decurso da inquirição das outras testemunhas; na redação atual deve ouvir as pessoas que sejam referidas no decurso da causa, desde que, naturalmente, haja razões para presumir que têm conhecimento de factos importantes para a boa decisão da causa. Nada impede, por isso, que sejam indicadas ou sugeridas pelas próprias partes, antes ou durante o julgamento."

[596] Neste sentido, cfr. NUNO LEMOS JORGE, "Os Poderes Instrutórios do Juiz: Alguns Problemas", in *Julgar*, Nº 3, 2007, p. 72.

[597] Cfr. Acórdão do Tribunal da Relação de Guimarães de 2.2.2009, *António Gonçalves*, 113/07.

[598] *Comentários ao Código de Processo Civil*, Almedina, 1999, p. 425.

Também LEMOS JORGE afina pelo mesmo diapasão ao referir que "(...) a conjugação do disposto no Artigo 411º (anterior Artigo 265º, nº3), com o preceituado no artigo 526º mostra que a necessidade de promoção de diligências probatórias pelo juiz deve resultar do normal desenvolvimento da lide. Se foi a própria parte a negligenciar os seus deveres de proposição da prova, não seria razoável impor ao tribunal o suprimento dessa falta."[599] Caso a parte tenha omitido tais deveres, o juiz só deverá exercitar o poder-dever conferido pelo Artigo 526º quando resulte da produção de outras provas a necessidade de inquirição de outra testemunha, manifestando-se tal necessidade em termos tais que permitam concluir que a inevitabilidade da inquirição ocorreria mesmo que a parte houvesse sido diligente na satisfação do seu ónus probatório. A não ser assim, perdia sentido a obrigação de apresentação da prova em momentos processuais específicos na medida em que a parte, subsidiariamente, poderia invocar o regime dos Artigos 411º e 526º do Código de Processo Civil (anteriores Artigos 265º, nº3 e 645º).[600]

O regime do Artigo 526º não é de aplicar no caso da parte pretender que uma terceira pessoa, não indicada como testemunha, venha confirmar ou infirmar a declaração de determinada testemunha em julgamento que depõe diretamente ao facto que integra os temas da prova. Esse tipo de pretensão, a ser deferida, redundaria sempre na abordagem da contradita (destina-se a abalar a credibilidade do depoimento feita pela testemunha) e/ou da acareação (avaliação do depoimento de testemunhas em contradição), figuras jurídico-processuais que os princípios provindos do Artigo 526.º não abarcam nem consentem.[601] O que este artigo 526º pretende acautelar é a possibilidade do juiz inquirir uma testemunha cuja relevância se alcançou durante o processo/julgamento e, sobretudo, numa fase em que as partes já não podem arrolar tal testemunha.

---

[599] "Os Poderes Instrutórios do Juiz: Alguns Problemas", in *Julgar*, Nº 3, 2007, p. 70.

[600] Cfr. Acórdãos do Tribunal da Relação do Porto de 2.1.2006, *Machado da Silva*, 0613159, de 22.2.2011, *José Carvalho*, 476/09, do Supremo Tribunal de Justiça de 28.5.2002, *Afonso de Melo*, 02A1605.

[601] Acórdão do Tribunal da Relação de Guimarães de 28.1.2004, *António Gonçalves*, 2287/03.

8. Valor extraprocessual da prova testemunhal

Nos termos do Artigo 421º, nº1, do Código de Processo Civil (anterior Artigo 522º), "*Os depoimentos e perícias produzidos num processo com audiência contraditória da parte podem ser invocados noutro processo contra a mesma parte, sem prejuízo do disposto no nº3 do artigo 355º do Código Civil; se, porém, o regime de produção da prova do primeiro processo oferecer às partes garantias inferiores às do segundo, os depoimentos e perícias no primeiro só valem no segundo como princípio de prova.*"

Esta norma prevê a transportabilidade de depoimentos de testemunhas, orais ou escritos, e das declarações das partes de um processo cível para outro processo cível. Atento o disposto no Artigo 4º do Código de Processo Penal, esta norma permite também a transportabilidade de depoimentos de uma causa crime para uma causa cível.

A transportabilidade de depoimentos de um processo para outro depende de quatro pressupostos cumulativos:

a) Identidade da parte contra quem a prova é invocada pela segunda vez;
b) Ocorrência de audiência contraditória no primeiro processo;
c) Vontade manifestada pela parte beneficiada pela prova;
d) Natureza jurisdicional do primeiro processo.

Quanto ao primeiro requisito, exige-se uma identidade de partes não no sentido da sua qualidade jurídica (Artigo 581º, nº2, do Código de Processo Civil, anterior Artigo 498º, nº2) mas entre os sujeitos concretos de diferentes processos, ou seja, é necessário que o sujeito processual concreto contra quem a prova é apresentada tenha sido parte no primeiro processo. Exemplificando, não pode ser utilizado como meio de prova o depoimento de testemunha prestando num outro processo, em que não foi parte a parte contra a qual se pretende utilizar esse depoimento, sendo irrelevante que essa parte (uma sociedade comercial) pertença ao mesmo grupo económico que uma das partes do primeiro processo.[602]

O sujeito processual por quem a prova é apresentada no segundo processo pode ser diferente. Será o caso de previamente ter decorrido um pro-

---

[602] Acórdão do Tribunal da Relação de Lisboa de 15.12.2011, *Jorge Leal*, 3163/08.

A TESTEMUNHA NO PROCESSO

cesso-crime com prova testemunhal proposta pelo Ministério Público, a qual poderá ser usada no processo civil subsequente a requerimento do lesado.[603]

Não constitui pressuposto da transportabilidade da prova a identidade entre objetos processuais entre os dois processos. "O que há é uma comunhão, maior ou menor, entre a base factual que suporta duas ou mais causas, próxima daquela prevista no artigo 30º, nº2, primeira parte, do Código de Processo Civil [atual Artigo 36º, nº2]."[604] Exemplificando com um aresto, "(...) os factos provados que reproduzem a parte dispositiva de uma anterior sentença, transitada em julgado, entre as mesmas partes que, novamente, pleiteiam, como acontece agora com as confrontações do prédio da autora, devem ser aceites pelo Tribunal, tratando-se, inequivocamente, de factos relevantes, pois que decidiram a causa, de modo definitivo, independentemente de os singulares factos em que a aludida sentença se suporta, poderem, eventualmente, não estar abrangidos pelo caso julgado, no sentido de deverem ser dados como provados nos fundamentos desta ação."[605] A aceitação destes factos com base em sentença já transitada entre as mesmas partes não constitui violação do caso julgado.

No segundo processo, não pode a parte pretender fazer a prova de factos meramente com base na junção de certidão judicial de sentença anterior, proferida em processo entre as mesmas partes, que deu como provados determinados factos. Conforme se refere no Acórdão do Supremo Tribunal de Justiça de 5.5.2005, *Araújo Barros*, 05B691,

---

[603] RUI PINTO, "Valor Extraprocessual da Prova Penal na Demanda Cível. Algumas Linhas Gerais de Solução", in RUI PINTO (Coord.), *Colectânea de Estudos de Processo Civil*, Coimbra Editora, 2013, p. 94.

[604] RUI PINTO, "Valor Extraprocessual da Prova Penal na Demanda Cível. Algumas Linhas Gerais de Solução", in RUI PINTO (Coord.), *Colectânea de Estudos de Processo Civil*, Coimbra Editora, 2013, p. 95.
Também no Acórdão do Supremo Tribunal de Justiça de 5.5.2005, *Araújo Barros*, 05B691, se afirmou que "O princípio da eficácia extraprocessual das provas, consagrado no art. 522º, nº1, do Código de Processo Civil, significa que a prova produzida (depoimentos e arbitramentos) num processo pode ser utilizada contra a mesma pessoa num outro processo, para fundamentar uma nova pretensão, seja da pessoa que requereu a prova, seja de pessoa diferente, mas apoiada no mesmo facto."

[605] Acórdão do Supremo Tribunal de Justiça de 21.5.2009, *Hélder Roque*, 367/1999.

"Não pode é confundir-se o valor extraprocessual das provas produzidas (que podem ser sempre objeto de apreciação noutro processo) com os factos que no primeiro foram tidos como assentes. Efetivamente, "o caso julgado não se estende aos fundamentos de facto. Ou melhor: estes fundamentos não adquirem valor de caso julgado quando são autonomizados da respetiva decisão judicial. (...) Portanto, pode afirmar-se que os fundamentos de facto não adquirem, quando autonomizados da decisão de que são pressuposto, valor de caso julgado" [Miguel Teixeira de Sousa, "Estudos sobre o Novo Processo Civil", Lisboa, 1977, pp. 579 e 580. Cfr. Ac. STJ de 20/04/2004, no Proc. 3513/04 da 7ª secção (relator Araújo Barros); e Ac. RE de 29/09/94, in BMJ nº 439, p. 667 (relator Cortez Neves).].

(...) não são os factos provados numa ação que podem ser invocados noutra, antes e apenas pode o tribunal, nesta segunda ação, servir-se dos meios de prova (depoimentos e arbitramentos) que foram utilizados na anterior.

O contrário – transpor os factos provados numa ação para a outra – constituiria, pura e simplesmente, conferir à decisão acerca da matéria de facto um valor de caso julgado que não tem, ou conceder ao princípio da eficácia extraprocessual das provas uma amplitude que manifestamente não possui."[606]

---

[606] Dentro da mesma linha de raciocínio, no Acórdão do Supremo Tribunal de Justiça de 3.11.2009, *Moreira Alves*, 3931/03, afirmou-se de forma clara que:
"Não haverá dúvidas sérias de que a sentença ou o acórdão são documentos autênticos no sentido do Art. 363º n.º 1 do C.C..
Trata-se, mesmo, de documentos constitutivos que incorporam uma declaração de vontade dirigida a uma determinada alteração na esfera jurídica das pessoas.
Nesse sentido, provam plenamente que em determinada ação foi proferida aquela decisão a dirimir o pleito em certo sentido.
Porém, e por outro lado, tal como se refere no Ac. deste S.T.J. de 23/9/2008 (Cf. Proc. n.º 06A 4492) a sua Extensão probatória coincide necessariamente com a extensão do caso julgado material.
(Citando o Ac. referido "A certidão (de sentença, entenda-se) apenas prova que foi emitida uma decisão judicial com aquele conteúdo – Art. 371º do C.C. – ; e a força probatória de uma decisão judicial coincide com a extensão do caso julgado respetivo").
Não prova plenamente, portanto, tudo quanto não esteja coberto pela força do caso julgado material.
Ora, a sentença constitui caso julgado nos precisos limites e termos em que julga (Art. 673 do C.P.C.), o que significa, como ensinam A. Varela – Miguel Bezerra e Sampaio e Nora (Manual de Proc. Civ.), que apenas cobre a decisão propriamente dita ou seja "a resposta injuntiva do tribunal à pretensão do autor ou do réu, concretizada no pedido ou na reconvenção e limitada

A TESTEMUNHA NO PROCESSO

No que tange ao segundo pressuposto (*ocorrência de audiência contraditória no primeiro processo*), é necessário que a parte contra quem se invoca a prova testemunhal tenha estado efetivamente presente no primeiro processo ou tenha sido colocada em condições de nele poder intervir e de se defender.[607] Deste modo, se no primeiro processo o réu foi revel, não ocorreu audiência contraditória e, com tal, não pode invocar-se a prova desse processo no segundo.

O terceiro requisito (*vontade manifestada pela parte beneficiada pela prova*) evidencia que estamos perante uma faculdade processual, devendo a parte que queira aproveitar a prova testemunhal produzida no primeiro processo invocá-la expressamente no segundo processo.[608]

Há aqui que ressalvar a possibilidade de o juiz utilizar factos de que tenha conhecimento, por virtude do exercício das suas funções, em processo anterior – Artigo 412º, nº2 do Código de Processo Civil (anterior Artigo 514º, nº2). Como refere LEBRE DE FREITAS *et al.*, "(...) se no mesmo tribunal tiver sido proferida , em processo diverso, mas desfavoravelmente à mesma parte, decisão de facto baseada em depoimentos ou arbitramentos produzidos em audiência contraditória e sem menores garantias processuais, pode o juiz

---

através da respetiva causa de pedir. A força do caso julgado não se estende, por conseguinte, aos fundamentos da sentença, que no corpo desta se situam entre o relatório e a decisão".
Portanto "os factos considerados como provados nos fundamentos da sentença não podem considerar-se isoladamente cobertos pela eficácia do caso julgado, para o efeito de extrair deles outras consequências, além dos contidos na decisão final". No mesmo sentido cf. Manuel de Andrade – Noções Elementares de Proc. Civil .
E esta conceção restrita de caso julgado que a nossa lei acolheu no Art. 673º do C.P.C.. Assim, é claro que a sentença e acórdão proferidos na aludida ação de despejo não provam plenamente, no âmbito de outra ação, os factos que tiveram por provados na ação em que foram proferidos e, por isso, não provam plenamente qualquer dos factos questionados nesta ação."
Cfr., ainda, o Acórdão do Supremo Tribunal de Justiça de 21.11.2006, *João Camilo*, 06A3735, "A sentença transitada em julgado proferida por um Tribunal de Trabalho não tem o valor de documento autêntico para apenas com base nele se dar como provado um vencimento de um trabalhador ali declarado, numa ação em que a Ré, terceira em relação à ação onde aquela sentença foi proferida, impugnou aquele vencimento."

[607] Conforme refere ANTUNES VARELA *et al.*, *Manual de processo civil*, Coimbra Editora, 2ª Ed., 1985, p. 492, "desde que na produção da prova se tenham concedido às partes as garantias essenciais à sua defesa, nada repugna, com efeito, aceitar que a prova possa ser utilizada contra a mesma pessoa num outro *processo*, para fundamentar uma *nova pretensão*, seja da pessoa que requereu a prova, seja de pessoa diferente, mas apoiada no mesmo facto".

[608] Acórdão do Tribunal da Relação de Lisboa de 16.6.2004, *Mateus Cardoso*, 8740/2003.

servir-se dos factos que foram objeto de tal decisão."[609] É imprescindível que o concreto juiz seja o mesmo nos dois processos.[610]

O quarto requisito (*natureza jurisdicional do primeiro processo*) preconiza a inatendibilidade de prova testemunhal que tenha sido produzida num processo disciplinar ou num procedimento administrativo como é o caso de uma averiguação oficiosa de maternidade.[611]

Todavia, na esteira de RUI PINTO, cremos que "(...) nada impede, pensamos, que tanto o *conteúdo* da prova apresentada, como a *respetiva valoração* probatória, produzidas administrativamente, possam ser livremente apreciadas pelo juiz cível e como mero princípio de prova"[612], sendo certo que este autor contextualiza esta asserção com referência ao processo disciplinar médico face a ação cível subsequente contra o mesmo médico.

A prova é transportada do primeiro processo para o segundo com o seu inerente valor probatório, quer quanto ao grau de prova quer quanto à sua força probatória. Todavia, se o regime da produção de prova do primeiro processo oferecer às partes garantias inferiores às do segundo, os depoimentos produzidos no primeiro processo só valem no segundo como princípio de prova. São os casos típicos da prova produzida no procedimento cautelar que precede a ação principal ou da prova produzida em processo sumário anterior a subsequente ação ordinária.

O grau de prova consistente em princípio de prova significa que a prova em causa não é suficiente para estabelecer, por si só, qualquer juízo de aceitabilidade final, podendo apenas coadjuvar a prova de um facto desde quem em conjugação com outros elementos de prova.

---

[609] *Código de Processo Civil Anotado*, 2º Vol., Coimbra Editora, p. 399.

[610] "(...) os factos de que o tribunal se pode servir por deles ter adquirido conhecimento no exercício das suas funções, a que alude o preceito legal citado, são apenas os factos já julgados pelo mesmo juiz noutro processo. E não os factos julgados por outro juiz em tribunal diferente." – Acórdão do Tribunal da Relação do Porto de 4.1.2011, *Guerra Banha*, 3492/09.

[611] Neste sentido, Acórdão do Tribunal da Relação do Porto de 15.3.2012, *Deolinda Varão*, 6584/09.

[612] RUI PINTO, "Valor Extraprocessual da Prova Penal na Demanda Cível. Algumas Linhas Gerais de Solução", in RUI PINTO (Coord.), *Colectânea de Estudos de Processo Civil*, Coimbra Editora, 2013, p.97.

No que tange ao valor probatório da prova testemunhal transportada em geral, a mesma está sujeita à livre apreciação a par da demais prova que seja produzida no segundo processo e que não seja tida como prova legal ou com valor tarifado, atenta a regra da livre apreciação da prova (Artigo 607º do Código de Processo Civil, anterior Artigo 655º). A prova testemunhal transportada não tem nem mais nem menos valor que a nova prova testemunhal do segundo processo. Nesta medida, a prova testemunhal que foi determinante na fixação de factos provados no primeiro processo pode mesmo ser preterida mediante prova testemunhal infirmativa que venha a ser produzida no segundo processo.[613]

Caso os depoimentos do primeiro processo tenham sido gravados ou registados por escrito, o juiz do segundo processo apreende-os pela reprodução do seu conteúdo que "(...) pode valorar de acordo com a sua convicção e tal como faz o tribunal da relação em instância de recurso – incluindo a possibilidade, paralela à do art. 712º, nº3, do Código de Processo Civil [*a que corresponde o atual Artigo 662º, nº2*], de ouvir a parte ou a testemunha em renovação do depoimento prestado."[614] Na eventualidade dos depoimentos não terem sido gravados, o juiz do segundo processo só conhecerá o juízo probatório de provado ou não provado (que se alicerçou em tais depoimentos), ficando os depoimentos sujeitos à livre apreciação da prova do juiz do segundo processo como princípio de prova.[615]

O Artigo 421º, nº2, do Código de Processo Civil, afasta a admissibilidade da transportabilidade da prova quando o primeiro processo tiver sido anulado, na parte relativa à produção da prova que se pretende invocar. Esta anulação pode reportar-se apenas à instrução (anulação direta) ou a todo o processo (anulação indireta) porquanto "(...) anulado o processo, devem considerar-se sem efeito todos os atos abrangidos pela anulação."[616] A anulação direta ocorre, por exemplo, nos casos previstos no Artigo 662º, nº3, alínea b) do Código de Processo Civil (anterior Artigo 712º, nº4). "Situações de *anulação indireta* da produção da prova são, em especial, as decorrentes do efeito dominó imposto

---

[613] Cfr. Acórdão do Supremo Tribunal de Justiça de 19.12.2007, *Vasques Dinis*, 07S1614.
[614] Lebre de Freitas *et al.*, *Código de Processo Civil Anotado*, 2º Vol., pp. 418-419.
[615] Lebre de Freitas *et al.*, *Código de Processo Civil Anotado*, 2º Vol., pp. 418.
[616] Alberto dos Reis, *Código de Processo Civil Anotado*, III Vol., p. 346.

PROVA TESTEMUNHAL

pelos regimes de nulidades atípicas, *maxime* do art. 201º, nº2, do Código de Processo Civil [*atual Artigo 195º, nº2*]."[617]

9. A valoração do testemunho

9.1. A teoria das decisões perigosas

A declaração da testemunha é objeto de interpretação e, subsequentemente, de valoração. Interpretar a prova testemunhal significa fixar o que disse a testemunha. A valoração faz-se aplicando a regra da livre apreciação da prova tendo em vista determinar a credibilidade da testemunha.

A credibilidade pode ser definida, em termos gerais, como a valoração subjetiva da exatidão estimada das declarações da testemunha. Essa valoração arrima-se, como veremos de seguida, em múltiplos fatores nomeadamente atinentes às caraterísticas do evento, da testemunha, do comportamento desta e do teor das suas declarações. E é subjetiva porquanto, pela sua própria natureza e limitações, é sempre uma inferência, uma estimativa e não uma descrição exata de um evento como ocorreria com uma reprodução vídeo.

Existem múltiplos estudos de psicologia que apontam no sentido de que o juízo de credibilidade formulado pelo julgador é influenciável por fatores que nada têm a ver propriamente com a confiabilidade e fidedignidade da testemunha.

Assim, as caraterísticas físicas da testemunha podem afetar a sua credibilidade. Ser atrativo tende a fazer com que a testemunha pareça honesta, designadamente quanto a caraterísticas particulares, v. g., "baby-faceness" (testa alta e olhos grandes e espaçados), positividade da expressão (sorrir) e simetria facial.[618] Nesta linha de pensamento, a atratividade parece ser um indicador heurístico para as pessoas fazerem julgamentos de credibilidade.

---

[617] RUI PINTO, "Valor Extraprocessual da Prova Penal na Demanda Cível. Algumas Linhas Gerais de Solução", www.forumprocessual.weebly.com.

[618] Cfr. BARBARA SPELLMAN e ELIZABETH TENNEY, "Credible Testimony In And Out of Court", in *Psychonomic Bulletin & Review*, 2010, 17 (2), pp. 168-169; REINHARD, Marc-André/SPORER, Siegfied, L., "Content Versus Source Cue Information as a Basis for Credibility Judgments, The Impact of Task Involvement", in *Social Psychology*, 2010, Vol. 4(2), p. 95. No mesmo sentido, ALDERT VRIJ, *Detecting Lies and Deceit, Pitfalls and Opportunities*, John Wiley & Sons, Ltd, West Sussex, 2008, p. 127.

Algumas investigações sugerem também que se um arguido tem uma cara que é considerada consistente com o crime de que é acusado, maior será a probabilidade de ser condenado por esse crime do que uma pessoa que apresenta uma cara "incongruente".[619] Um arguido com cara com as caraterísticas já enunciadas de "baby-faceness" tende a receber penas mais brandas do que um indivíduo com cara madura.[620]

PORTER e BRINKE propõem a teoria das decisões perigosas ("*dangerous decisions theory*") segundo a qual os juízes e os júris formulam inconscientemente um juízo sobre a confiabilidade da testemunha, de forma rápida, depois de verem a cara da testemunha. Este juízo pode ser duvidoso sendo certo que, por exemplo, a identificação rápida de algumas emoções (v.g., raiva) pode ser exata.

Este processo de julgar a confiabilidade de outra pessoa está associado com um aumento de atividade nas áreas do cérebro do homem primitivo, especialmente a amígdala, indicando a presença de uma "ameaça" no meio ambiente.

Essa impressão inicial sobre a testemunha (ou sobre o arguido) produz uma influência subconsciente duradoura na forma como a nova informação sobre o evento é assimilada pelo juiz ou júri. A avaliação inicial intuitiva irá influenciar as inferências subsequentes respeitantes à testemunha (ou ao arguido) fazendo com que o processo de decisão sobre o mesmo seja crescentemente irracional. As decisões serão influenciadas pela experiência do observador e pelos esquemas que o mesmo detém sobre o comportamento decetivo e sobre a heurística da representatividade na deteção de mentiras.

Gera-se um "ceticismo assimétrico" traduzido na tendência do julgador ser mais cético quanto a provas que infirmem a sua opinião prévia do que perante provas consistentes com tal opinião (recorde-se o que já dissemos a propósito do viés da confirmação). A elevada motivação sentida pelo julgador, associada à complexidade da incumbência de avaliar a credibilidade, podem conjugar-se para aumentar o poder da perceção inicial formulada e criar um processo de decisão em túnel. Conforme referem PORTER *et al.*, "A prova a

---

[619] STEPHEN PORTER e LEANNE TEN BRINKE,"Dangerous Decisions: a Theoretical Framework for Understanding How Judges Assess Credibility in the Courtroom", in *Legal and Criminological Psychology*, 2009, 14, p. 127.

[620] STEPHEN PORTER e LEANNE TEN BRINKE, "Dangerous Decisions: a Theoretical Framework for Understanding How Judges Assess Credibility in the Courtroom", in *Legal and Criminological Psychology*, 2009, 14, p. 128.

favor da credibilidade do arguido é subestimada na mente do juiz, enquanto a informação que sugere a mentira e culpa é enfatizada. Quando o arguido age nervosamente e nega a sua culpa de forma emocional, o juiz conclui que o seu nervosismo é um sinal de mentira e que a demonstração emocional representa "lágrimas de crocodilo", deste modo confirmando o viés do observador".[621]

Todavia, não existe evidência de que o uso da intuição constitua uma ferramenta válida para avaliar a credibilidade. Pelo contrário, existem estudos que indicam que a confiança na intuição está relacionada com uma menor exatidão na deteção da mentira.[622]

A teoria das decisões perigosas tem o mérito de enfatizar que, consoante já vimos, os Juízes – à semelhança de qualquer leigo – são suscetíveis a enviesamentos inconscientes e a serem portadores de falsas convicções sobre a avaliação da conduta da testemunha ou do arguido. Na expressão sucinta de PAIS, o juiz é "como um ator social entre os demais, funcionando de acordo com as mesmas estratégias, sofrendo das mesmas limitações."[623]

A enunciação deste tipo de enviesamentos tem sempre o mérito de consciencializar o julgador para o facto de que pode não estar imune aos mesmos e, por isso, deve esforçar-se por manter a objetividade. Dito de outra forma, a melhor forma de combater este tipo de influências inconscientes é torná-las conscientes.

10. Construção de um modelo de valoração da prova testemunhal

Preconiza a lei que o juiz declara quais os factos que julga provados e quais os que julga não provados, analisando criticamente as provas, indicando as ilações tiradas dos factos instrumentais e especificando os demais fundamentos que foram decisivos para a sua convicção (Artigo 607º, nº4 do Código de Processo Civil). Por sua vez, o Artigo 374º, nº2, do CPP, determina que a fundamen-

---

[621] STEPHEN PORTER e LEANNE TEN BRINKE, "Dangerous Decisions: a Theoretical Framework for Understanding How Judges Assess Credibility in the Courtroom", in *Legal and Criminological Psychology*, 2009, 14, p. 128.

[622] LEANNE TEN BRINKE e STEPHEN PORTER, "Discovering Deceit: Applying Laboratory and Field Research in the Search for Truthful and Deceptive Behavior", in BARRY S. COOPER (ed.), DOROTHEE GRIESEL (ed.), MARGUERITE TERNES (ed.), *Applied Issues in Investigative Interviewing, Eyewitness Memory, and Credibility Assessment*, Springer, London, 2013, p. 229.

[623] "Acerca da Avaliação Psicológica em Contexto Forense: Notas sobre a "Racionalidade" dos Magistrados", in *Sub Judice*, nº 22/23, p. 91.

tação da sentença deverá enunciar os motivos de facto e de direito que fundamentam a decisão, com indicação e exame crítico das provas que serviram para formar a convicção do tribunal. Da lei não resulta um modelo concreto de valoração da prova testemunhal cuja concretização é confiada ao julgador.

Na formulação concreta de tal modelo, temos que partir da constatação de que a prestação do testemunho é um ato comunicacional em que um emissor (a testemunha) adota um comportamento (verbal e não verbal) para transmitir uma mensagem (a qual tem caraterísticas ínsitas atinentes à sua estruturação) cujo conteúdo consiste no relato de um acontecimento pretérito que o emissor viveu ou presenciou.

Nesta medida, os fatores de avaliação da credibilidade do testemunho podem estruturar-se em quatro níveis:

- No primeiro nível que podemos designar por *fidelidade do processo mnésico*, cura-se de saber se o processo mnésico da testemunha está ou não contaminado (por enviesamentos, por informação pós-evento, pelas co-testemunhas, por perguntas sugestivas, etc.), se se degradou pelo arco temporal, se está influenciado por fatores estritamente pessoais da testemunha. Está em causa a relação entre a testemunha e os factos, em suma, verificar se a testemunha incorre em erros involuntários.
- No segundo nível, que designaremos de *apreciação da imparcialidade*, visa-se apurar que relação existe entre as testemunhas e as partes e em que termos é que essa relação influi no sentido do depoimento prestado. Inserimos também aqui a apreciação da idoneidade cívica da testemunha porquanto esta versa também sobre aspetos volitivos da prestação do testemunho. Está em causa a relação entre a testemunha e as partes, sob o enfoque das qualidades pessoais da testemunha.
- No terceiro nível, está em causa a *forma da prestação do depoimento*, sendo que a testemunha se expressa por linguagem verbal e não verbal que, de per si, é suscetível de fornecer indicadores quanto à (in)veracidade do que é relatado.
- Finalmente, no quarto nível visa-se apreciar o *conteúdo do depoimento* em função da sua estruturação, do seu conteúdo lógico e idiomático, curando-se de saber designadamente se o depoimento é claro, coerente, consistente, verosímil.

PROVA TESTEMUNHAL

Os dois primeiros critérios radicam essencialmente nas caraterísticas pessoais da testemunha enquanto os últimos dois centram-se na mensagem transmitida, abstraindo dos fatores estritamente pessoais da testemunha.

10.1. A fidelidade do processo mnésico

O ponto de partida da valoração de qualquer testemunho é dado pela razão de ciência da testemunha. Dispõe o Artigo 516º, nº1 do Código de Processo Civil, que a testemunha indicará a razão de ciência e quaisquer circunstâncias que possam justificar o conhecimento dos factos, sendo que tal razão de ciência será, quando possível, especificada e fundamentada.

A razão de ciência consiste na enunciação das circunstâncias de tempo, modo e lugar em que a testemunha adquiriu conhecimento sobre os factos que relata, tornando verosímil a aquisição de tal conhecimento. Cura-se de saber qual a fonte do conhecimento da testemunha, porque é que a testemunha sabe.

Ao enunciar a sua razão de ciência, a testemunha autolimita o âmbito da relevância do seu depoimento porquanto, tendencialmente, só são relevados os factos que a testemunha apreendeu de modo direto e não por transmissão de informação por outrem (testemunho de ouvir dizer).[624] Isto porque o testemunho indireto está sobremaneira suscetível à contaminação e deturpação da informação transmitida, não permitindo sequer a atuação do princípio da imediação e do interrogatório cruzado da testemunha em audiência.

Na sequência de tudo o que já expusemos a propósito do funcionamento da memória em três momentos, do processo reconstrutivo da memória e das distorções a que esta está sujeita, a aferição da fidelidade do processo mnésico passa essencialmente pela formulação e resposta a sucessivas questões que visam apurar até que ponto o processo mnésico está incólume a esses fenómenos que o inquinam.

---

[624] Quanto ao depoimento indireto, sua admissibilidade e eficácia , cfr. desenvolvidamente *supra* Parte II, *3. O depoimento indireto.*

Assim, cabe questionar no que tange à fase da codificação:

– A testemunha teve oportunidade de ver e ouvir os eventos que relata?
– Qual a capacidade sensitiva da testemunha durante a observação? Quais as condições de luminosidade? A testemunha estava sob o efeito de algum tipo de intoxicação (v.g., álcool ou drogas)?
– Durante quanto tempo esteve a testemunha a observar o evento?
– Em que aspetos se centrou a atenção da testemunha designadamente em função da emoção associada ao evento (v.g., focalização da arma)?
– Há quanto tempo ocorreu a observação?
– Até que ponto a perceção dos factos foi influenciada por esquemas ou *scripts* da testemunha?
– Existe alguma indicação sobre o que a testemunha esperava ou desejava ver durante o período da observação que relata?
– A testemunha preocupou-se, desde logo, com as consequências do que pensou durante a sua observação?
– A testemunha tem algum conhecimento técnico específico sobre o que observou?
– No caso de prática de crime, o agressor era de outra raça (*"cross-race bias"*)? Estava disfarçado? Tinha um rosto atrativo ou não atrativo ou era indiferenciado?
– Existem elementos de prova carreados por outras fontes que conflituam com o relato feito pela testemunha?

Na fase da retenção, como já vimos, a testemunha está sujeita a contaminação por diversas vias. Cabe aquilatar até que ponto essa contaminação poderá ter ocorrido ou, pelo contrário, foi devidamente prevenida.

Assim, cabe perguntar:

– A testemunha esteve exposta aos relatos da comunicação social feitos sobre o evento em causa? Assimilou-os em prejuízo do próprio traço mnésico?
– A testemunha discutiu o evento com outras testemunhas (efeito de conformidade)?

- Até que ponto a testemunha revela capacidade de monitorização da memória (v.g., transferência de memória)?

Na fase da recuperação, as distorções de memória também ocorrem com múltiplas fontes, como vimos. No caso de interrogatórios que precedem o julgamento, sendo certo que grande parte destas regras devem ser observadas também em audiência, as questões a equacionar aqui são designadamente as seguintes:

- O interrogatório ocorreu logo que possível após o evento/crime? Ou foi protelado?
- Decorreu num ambiente confortável, sem distrações e interrupções? Isto porquanto este contexto propicia maior recuperação de informação.
- O entrevistador estabeleceu uma relação com a testemunha para minimizar a sua ansiedade?
- A testemunha foi instruída para colaborar na recolha da informação, relatando mesmo factos que lhe parecessem triviais ou secundários? Ou seja, o entrevistador obteve o máximo de informação possível da testemunha?
- Foi pedido à testemunha que recriasse o contexto mental do facto/crime, com o relato dos seus pensamentos e sentimentos?
- Recorreu-se, em primeira linha, a perguntas abertas? E só depois a perguntas fechadas para aprofundar o conhecimento de alguns aspetos?
- A testemunha foi interrompida?
- Foi-lhe permitido fazer as pausas que quis?
- As perguntas foram ajustadas ao relato feito pela testemunha ou foram estandardizadas?
- A testemunha foi encorajada a expressar-se por meios não verbais, tais como gestos e desenhos, sobretudo se é criança?
- O inquiridor, do modo como atuou, sucumbiu ao viés do entrevistador?
- O inquiridor deu um *feedback* positivo ou negativo às respostas obtidas?

- A testemunha foi influenciada nas suas respostas pelo estatuto do entrevistador e pela desejabilidade social?
- O entrevistador emprestou ao interrogatório um tom emocional e uma postura direcionada ou foi neutral? Induziu estereótipos na testemunha, sobretudo se esta é uma criança?
- As perguntas formuladas foram sugestivas?
- Foram repetidas perguntas quando o entrevistador obteve uma primeira resposta que lhe desagradou?
- Os interrogatórios foram repetidos?
- Foi revelada à testemunha o que outras testemunhas disseram?
- No caso de identificação de pessoas, foi dito à testemunha que o suspeito foi também identificado por outra testemunha?

A formulação e resposta a estas questões opera como um guião sobre a fidedignidade do traço mnésico da testemunha durante o arco temporal que medeia entre a observação do evento e o julgamento. Alguns destes itens são mais controláveis do que outros em sede de julgamento. A sua enunciação tem o efeito pedagógico de recapitular muitas das situações que são susceptíveis de interferir negativamente na prestação do testemunho. Quando fixa o valor relativo de um testemunho, o juiz não pode alhear-se das conclusões qualitativas firmadas a este propósito.

10.2. A imparcialidade da testemunha

O conceito de imparcialidade em sentido objetivo reporta-se à atitude da testemunha que atua desprovida de preconceitos, de um desígnio antecipado sobre pessoas, situações ou coisas. A imparcialidade pode ser subjetiva, traduzindo-se na ausência na testemunha de todo o pré-juízo, preconceito, predisposição anímica ou interesse em relação às partes no processo (cíveis ou ofendido e arguido) ou ao objeto do processo.

No momento da codificação, ocorre a imparcialidade se a testemunha adota uma atitude livre, relaxada, isenta de juízos de valor ou entraves. Os factos são codificados sem que a testemunha entre em considerações de tipo ético ou sociológico. No momento em que decorre o testemunho, a imparcialidade manifesta-se pela ausência de temor da testemunha em comprometer-se com a sua declaração: a testemunha tanto relata factos favoráveis a uma das par-

PROVA TESTEMUNHAL

tes como a outra, sem se preocupar com a aceção que possa ser dada ao seu depoimento. É o que se costume designar por *isenção*.

Todavia, a existência de testemunhas totalmente imparciais é normalmente a exceção e não a regra. Este tipo de testemunha só tenderá a surgir em casos de eventos singulares ou únicos tendencialmente ocorridos em locais públicos, v.g., acidentes de viação ou crimes de execução instantânea. Mesmo nestas situações, é possível que as testemunhas se deixem impressionar pelo que viram de tal modo que, no fundo, as suas emoções as levem a desejar que uma das partes triunfe. A multiplicidade de tendências, interesses e afetos que se cruzam nas relações humanas faz com que seja quase impossível "conseguir um estado de neutralidade quimicamente puro" na testemunha.[625]

A maioria das testemunhas detêm relações com as partes provindas nomeadamente de: conhecimento; vizinhança; trabalho; ócio; sociedade; subordinação; amizade ou inimizade; afeto ou ódio; parentesco; de interesses, sejam de ordem polícia, social, económica, racial, corporativos, de nacionalidade, etc. Todo este tipo de relações pode afetar a imparcialidade da testemunha. A testemunha parcial não narra os factos como ocorreram: intercala neles elementos que favorecem ou prejudicam a parte ou omite segmentos do acontecimento.

As relações de conhecimento reportam-se aos casos em que a testemunha conhece socialmente uma das partes mas de forma supérflua, tendo trocado com ela algumas palavras. Em princípio, este tipo de relacionamento perfunctório não terá força suficiente para despoletar um depoimento parcial. Todavia, pode provocá-lo de uma forma débil e pouco consciente.

As relações de vizinhança podem propiciar um contexto em que a testemunha distorce o testemunho para não ter complicações com a família do arguido ou da vítima, acabando a testemunha por prestar um depoimento inexato e nebuloso. Nos casos de ofensas corporais e outros crimes semelhantes ocorridos em cafés e espaços similares, normalmente os empregados e proprietários dos estabelecimentos revelam uma memória muito difusa dos acontecimentos...

---

[625] MUÑOZ SABATÉ, *Técnica Probatória*, 3ª Ed., Barcelona, 1993, p. 336.

As relações de trabalho propiciam a intimidade, a confiança e geram vínculos estreitos de solidariedade, os quais podem conduzir à deformação do depoimento.

As relações estabelecidas em função de atividades de ócio em comum são suscetíveis de engendrar afetos idóneos a concorrer para uma distorção do depoimento.

As relações de subordinação decorrentes da existência de um contrato de trabalho (ou situação equivalente) entre a testemunha e uma das partes são idóneas à produção de um depoimento faccioso, mesmo com uma nota de temor na declaração. A testemunha dificilmente se abstrairá da necessidade ou conveniência da regular prossecução da sua relação laboral, não lhe convindo criar engulhos num aspeto tão sensível como o da sua subsistência. Aqui como noutros contextos, *se as circunstâncias da causa fazem antever que a testemunha, dizendo a verdade, se exporia a um prejuízo relevante, isso deve suscitar a dúvida do julgador sobre a sua imparcialidade.* Contudo, em contextos de conflito laboral ou de despeito e rancor, pode o depoimento ser deturpado contra a parte.

As relações de amizade geram laços de compreensão, simpatia e solidariedade entre as pessoas de modo que a testemunha não hesitará em favorecer, dentro do possível, a parte com quem mantém tal tipo de relações. Pelo contrário, num contexto de inimizade ou animosidade, a declaração prestada tenderá a ser desfavorável ou prejudicial à parte, atuando a testemunha por motivos inconfessáveis como o desejo de vingança, rancor ou despeito.

As relações de parentesco ou afinidade entre a testemunha e a parte são uma das causas mais conhecidas e graves de parcialidade. Dificilmente logrará a testemunha erradicar o "apelo do sangue", sendo induzida a atuar parcialmente e a mostrar a sua inclinação por uma parte. A testemunha incorre aqui, naturalmente, num dilema qual seja o de escolher entre mentir ou prejudicar o familiar.

Ciente desse condicionalismo, o legislador confere à testemunha a faculdade de se recusar a depor em ações em que sejam partes os ascendentes, os descendentes, o cônjuge, o ex-cônjuge, o sogro, o genro, o companheiro ou ex-companheiro de facto (cfr. Artigo 497º, nº1, alíneas a) a d) do Código de Processo Civil, anterior Artigo 618º). No processo penal, a norma equivalente é o artigo 134º do CPP que abrange também os irmãos e os afins até ao segundo grau.

A propósito da *ratio* do Artigo 134º do CPP, o Tribunal Constitucional afirmou que:

"(...) o fundamento último da legitimidade da recusa a depor por parte das pessoas indicadas no n.º1 do artigo 134.º do CPP situa-se no interesse da família enquanto elemento fundamental da sociedade e espaço de desenvolvimento da personalidade dos seus membros (n.º1 do artigo 67.º da CRP), cuja importância supera o interesse da punição dos culpados. A possibilidade de um familiar próximo vir a ser constrangido a testemunhar contra outro perturba a confiança, fundada no afeto ou nas projeções sociais sobre o afeto devido, que é o cimento da coesão desse elemento básico da sociedade.

Por este ângulo, o que a regra do n.º 1 do artigo 134.º protege, em última linha, é a confiança e a espontaneidade inerentes à relação familiar, prevenindo (enquanto desenho do sistema jurídico relativo a esse ambiente privilegiado no qual as relações e as trocas de informação se devem desenvolver sem receio de aproveitamento por terceiros ou pelo Estado) e evitando (quando, perante um concreto processo, o risco passa de potencial a atual) que sejam perturbadas pela possibilidade de o conhecimento de factos que essa relação facilita ou privilegia vir a ser aproveitado contra um dos membros.E visa também – aliás, é essa a sua justificação de primeira linha – poupar a testemunha ao angustioso conflito entre responder com verdade e com isso contribuir para a condenação do arguido, ou faltar à verdade e, além de violentar a sua consciência, poder incorrer nas sanções correspondentes. Trata-se de uma forma de proteção dos escrúpulos de consciência e das vinculações sócio-afetivas respeitantes à vida familiar que encontra apoio no n.º 1 do artigo 67.º da Constituição e que outorga ao indivíduo uma faculdade que se compreende no direito (geral) ao desenvolvimento da personalidade, também consagrado no artigo 26.º, n.º 1, da Constituição, enquanto materialização do postulado básico da dignidade da pessoa humana."[626]

---

[626] Acórdão nº 154/2009 de 25.3.2009, *Vítor Gomes*, www.tribunalconstitucional.pt.

A TESTEMUNHA NO PROCESSO

Conforme explica ALBERTO SEIÇA, a lei pretende que ninguém seja, contra natura, colocado na situação de coação de prestar declarações desvantajosas contra os seus interesses e sentimentos fundados na relação familiar. Pretende-se proteger as relações de confiança, solidariedade e respeito, essenciais à instituição familiar.[627] Daqui decorre que:

> "Caso a testemunha houvesse de depor relativamente aos factos de um arguido seu familiar, ainda que essa prova fosse aproveitada apenas contra o outro arguido, os laços familiares ficariam irremediavelmente afetados.
> Daqui decorre que o direito de recusa tem de valer também em relação ao co-arguido não familiar, conquanto os factos objeto do depoimento contendam com a posição, melhor, com a imputação do arguido familiar. E isto, ponto da maior importância, haja ou não comunhão processual entre os dois arguidos, isto é, respondam em conjunto ou antes em processos autónomos."[628]

Este raciocínio vale, *mutatis mutandis*, para o processo civil atento o regime do Artigo 497º do Código de Processo Civil. Pense-se num caso em que é convocada como testemunha o sogro num processo em que o genro é um dos Réus numa acção de responsabilidade contratual com vários réus.

No que tange à comunidade de interesses, merecem-nos especial referência os interesses corporativos.

A profissão da testemunha e a classe profissional a que pertence vinculam a atenção da testemunha a um interesse particular, sendo a sua perceção e interpretação dos factos moldada por esse interesse. As pessoas da mesma profissão são, frequentemente, conhecidas ou amigas, pelo que a parcialidade será frequente. O facto de a testemunha integrar a mesma classe profissional de uma das partes ocasiona, instintivamente, uma solidariedade que é motivo de parcialidade. Essa solidariedade é acrescida quando o litígio se reporta a um risco profissional: pense-se no caso dos médicos e da conhecida "conspi-

---

[627] "Prova Testemunhal. Recusa de Depoimento de Familiar de um dos Arguidos em Caso de Co-arguição", in *Revista Portuguesa de Ciência Criminal*, Ano 6, Jul. – Set. 1996, pp. 488, 491 e 495.
[628] "Prova Testemunhal. Recusa de Depoimento de Familiar de um dos Arguidos em Caso de Co-arguição", in *Revista Portuguesa de Ciência Criminal*, Ano 6, Jul. – Set. 1996, p. 494.

ração do silêncio". Nieva Fenoll afirma elucidativamente que todos sabemos que existe corporativismo mas que poucas vezes se logra demonstrá-lo.[629]

No que tange ao interesse que a testemunha poderá ter no desfecho do processo, haverá que aquilatar se a testemunha terá alguma vantagem pessoal com o sentido da decisão final do processo ou se, no limite, aceitou uma compensação da parte (ou promessa de compensação) pelo proferimento de uma declaração acordada antecipadamente.

Com efeito, sempre se divisou bem que o primeiro requisito de uma testemunha idónea é o de que não esteja interessada, material ou moralmente, no processo. Neste sentido se expressam as máximas *Nullus in re sua testis intelligitur* (ninguém é reputado boa testemunha em causa própria) bem como *Nemo tenetur edere contra se* (ninguém é obrigado a manifestar-se contra si próprio).

A propósito do interesse da testemunha no desfecho do processo, uma teoria generalizada e decorrente do senso comum é a de que ninguém se aparta da verdade se não tiver interesse em mentir. Donde deriva que as testemunhas serão parciais se têm relações ou conexões com o objeto do processo. Em sentido contrário, todo aquele que não espera qualquer dano ou benefício da sua declaração será imparcial e constituirá uma testemunha idónea.

Todavia, aceitar estas asserções com um valor absoluto seria incorrer em mais uma heurística de representatividade, sabendo-se que as heurísticas – apesar de terem algumas virtualidades – propiciam muitos erros. Deste modo, mais do que recorrer a heurísticas há que, perante o caso concreto, averiguar e decidir até que ponto a testemunha é parcial.

Com efeito, em todas as situações acima referidas, por diversas razões de índole psicológica e sociológica, há que admitir *a priori* a existência de circunstâncias propiciadoras da parcialidade do testemunho. Todavia, o julgador tem que valorar, em primeiro lugar, a declaração da testemunha e, só depois, a pessoa da testemunha porquanto o contrário (valorar primeiro a pessoa e depois a declaração) implica prejulgar o testemunho e incorrer no viés confirmatório (cfr. Parte I, *11. As heurísticas*). Dito de outra forma, tal equivaleria a raciocinar assim: *não acredito no familiar porque é familiar*, procurando nas declarações do mesmo detalhes que comprovem a falta de objetividade da testemunha

---

[629] *La Valoración de la Prueba*, Marcial Pons, Madrid, 2010, p. 288.

A TESTEMUNHA NO PROCESSO

sempre no intuito de confirmar tal ponto de partida. No limite, este modo de proceder equivaleria a um retrocesso ao esquema puro da prova legal.[630]

Deste modo, a atitude correta ao interrogar qualquer testemunha é a de, *ab initio*, não ter em consideração as possíveis circunstâncias que sejam suscetíveis de afetar a sua imparcialidade porque proceder-se de modo contrário equivale a incorrer no viés confirmatório.

O interesse da testemunha no objeto do processo ou o (des)afeto pelas partes originam depoimentos que geralmente se caraterizam por serem demasiado coerentes e com detalhes oportunistas (sobre esta noção , cfr. *infra* 10.4.), caraterísticas essas compagináveis com a predição da parcialidade. Contudo, a contextualização do relato e a existência de corroborações periféricas constituem critérios adicionais que, de forma válida, poderão sedimentar a credibilidade do testemunho prestado, neutralizando o argumento do interesse da testemunha. Conforme refere NIEVA FENOLL, em relação a testemunhas com interesse na causa, deverá valorar-se fundamentalmente a contextualização dos relatos e, *a posteriori*, a existência de corroborações do testemunho. "A coerência dos testemunhos é expectável, assim como a presença de detalhes oportunistas, pelo que não se deve dar importância a esses dados ou, quando muito, utilizá-los simplesmente como possível elemento corroborador da incredibilidade."[631]

A contextualização do relato poderá ser, efetivamente, a pedra de toque na valoração deste tipo de testemunhos. Conforme já se referiu anteriormente, um mentiroso tende a preparar o seu depoimento, memorizando uma história que se limita a repetir. O receio de que se descubra a sua falsidade faz com que o mentiroso tenda a não afastar-se do guião que criou, tal qual fosse um ator de teatro. Sendo-lhe exigida uma contextualização acrescida, a sua estratégia pode desmoronar-se com hesitações e improvisações arriscadas. A técnica da entrevista cognitiva que consiste em pedir à testemunha que mude a perspetiva (cfr. Parte I, 6.5.), pedindo-lhe que relate o que teria visto outra pessoa a partir de um local diferente, pode ser decisiva porquanto, não tendo estado no local, a testemunha dificilmente será capaz de executar essa tarefa.

---

[630] NIEVA FENOLL, *La Valoración de la Prueba*, Marcial Pons, Madrid, 2010, p. 270.
[631] *La Valoración de la Prueba*, Marcial Pons, Madrid, 2010, p. 284.

PROVA TESTEMUNHAL

Só na eventualidade de o interrogatório da testemunha não ser esclarecedor, designadamente porque a contextualização é pobre em contraste com uma excessiva coerência e abundância de detalhes oportunistas, é que o julgador deverá arrimar a sua convicção quanto àquele depoimento nas circunstâncias indutoras de parcialidade, concluindo pela falta de credibilidade do testemunho.

A nossa jurisprudência tem entendido, e bem, que:

– "O interesse das testemunhas na causa não configura inabilidade para depor, mas apenas um elemento suscetível de, juntamento com todos os outros colhidos no seu interrogatório principal, ter influência na valoração dos seus depoimentos";[632]

– "A circunstância de uma pessoa ter interesse direto na causa não é fundamento de inabilidade, sendo, todavia, elemento a que o juiz atenderá para avaliar a força probatória do seu depoimento";[633]

– Os condóminos podem depor como testemunhas em ação intentada pelo administrador do condomínio, não obstante o seu interesse (direto ou indireto) na solução do litígio , facto que o juiz deverá atender para avaliar a força probatória dos seus depoimentos;[634]

– Em ação de indemnização por acidente de viação, proposta contra seguradora da viatura causadora do sinistro, o condutor do veículo seguro na ré, dado que não é parte no processo, não se encontra ferido de inabilidade para depor como testemunha. Todavia, o seu depoimento deve ser valorado pelo julgador, tendo em consideração tal circunstância;[635]

– "Não é pelo facto de uma pessoa ter interesse na decisão da causa que tal a inibe, legalmente, de depor, apenas essa circunstância constitui elemento que o tribunal deve sopesar em termos de credibilidade probatória";[636]

---

[632] Acórdão do Tribunal da Relação de Lisboa de 23.4.2009, *Borges Carneiro*, 6941/04.
[633] Acórdão do Tribunal da Relação de Lisboa de 22.11.2005, *Pimentel Marcos*, 9169/2005.
[634] Acórdão do Tribunal da Relação de Lisboa de 7.3.96, *Urbano Dias*, 0012306.
[635] Acórdão do Supremo Tribunal de Justiça de 18.5.2004, *Azevedo Ramos*, 04A1417.
[636] Acórdão do Tribunal da Relação do Porto de 6.102003, *Fonseca Ramos*, 0354248.

A TESTEMUNHA NO PROCESSO

- Nada impede que as testemunhas possam ser inquiridas ainda que mantenham litígios pendentes com alguma das partes ou tenham manifesto interesse na decisão da causa. O facto de terem litígios com uma das partes não implica, por si, uma determinação necessária de falta de verdade ou de independência dos respetivos depoimentos, pelo que, não predeterminando a lei o valor a conceder à prova realizada, tal valor depende da convicção que o julgador formar sobre a atividade probatória da parte.[637]

- "O interesse da testemunha na causa releva assim apenas como um dos diversos fatores a ter em conta na apreciação do seu depoimento. / Uma testemunha interessada pode prestar um depoimento que, considerado em si mesmo ou conjugado com outros elementos de prova, se revele isento, desapaixonado e coerente. / Como também pode fazer um depoimento comprometido, que revele a sobreposição do seu interesse pessoal ao dever cívico e legal (a testemunha depõe sobre juramento – artº 635º, nº 1 do CPC) de prestar declarações verdadeiras. / Dentro do princípio da livre apreciação das provas, é ao juiz que cabe distinguir as situações, avaliando o depoimento da testemunha, quer em função da forma como é prestado, quer em função da forma como o mesmo se conjuga com outros depoimentos e com outros meios de prova. / Nada impede assim que o juiz forme a sua convicção com base no depoimento de uma testemunha interessada (até exclusivamente com base nesse depoimento) desde que, ponderando o mesmo com a sua experiência e o seu bom senso, conclua pela credibilidade da testemunha."[638]

10.2.1. A amplificação do testemunho e a uniformidade

Frequentemente, as testemunhas são ocasionais no sentido de que não preveem que o facto que presenciam (ou presenciarão) se convolará no futuro em matéria objeto de prova e as testemunhas em protagonistas dessa prova. Nessa medida, a extensão e intensidade da atenção que dedicam à observa-

---

[637] Acórdão do Tribunal da Relação de Lisboa de 12.3.2009, *Granja da Fonseca*, 251/2009.
[638] Acórdão do Tribunal da Relação do Porto de 15.3.2012, *Deolinda Varão*, 6584/09.

ção do evento são menores do que seriam caso as testemunhas fossem previamente advertidas dessa eventualidade futura.

Conforme já referimos anteriormente, o que se codifica depende do que nos chama a atenção. Por esta ordem de razões, existe uma lei psicológica segundo a qual a nossa atenção é proporcional ao interesse que temos num determinado acontecimento de modo que uma recordação com precisão exagerada gera desconfiança. Uma testemunha que se recorda de detalhes exagerados de um acontecimento com muitos anos não se exime da suspeita de que o respetivo depoimento é forjado ou preparado. Em maior ou menor grau, a curva do esquecimento é um facto inelutável de modo que a evocação tende a ser incompleta e o volume de informação evocada vai diminuindo e não aumentando.

Esta amplificação da informação transmitida pela testemunha tende a ser unilateral, ou seja, a testemunha apenas recorda com grande detalhe factos e circunstâncias favoráveis a uma das partes (aquela que a arrolou) em contraste com uma patente falta de memória sobre tudo o que possa prejudicar essa parte. Esse desiderato de relatar apenas os factos favoráveis suscita na testemunha impaciência que acaba por delatá-la.

Uma testemunha que evidencie uma postura ponderada, relatando o que efetivamente sabe e não incorra em atitudes descomedidas em que se arrogue, indevidamente, o conhecimento de factos favoráveis à parte, mais facilmente granjeará o convencimento do tribunal.

Um outro fenómeno recorrente é o de várias testemunhas confluírem e coincidirem em concretas declarações, as quais são expressas com idêntica formulação verbal. Esta inusitada uniformidade é um sintoma que descredibiliza as testemunhas porquanto indiciadora de preparação ou mesmo da contaminação pelo cotestemunho.

10.3. A forma da prestação do depoimento

O terceiro nível de valoração do testemunho assenta na linguagem verbal e não verbal da testemunha, as quais – de per si – são suscetíveis de proporcionar indicadores quanto à (in)veracidade do que é relatado.

A temática da deteção da mentira pelo comportamento não verbal e verbal foi por nós longamente desenvolvida (cfr. Parte I, 7. e 10., para os quais remetemos) pelo que nos limitaremos, agora, a retomar a enunciação sinté-

A TESTEMUNHA NO PROCESSO

tica dos critérios que são mais operativos e eficazes para determinar se uma testemunha realmente viveu ou experimentou o que relata.

Assim, no que tange aos indicadores não verbais e paraverbais mais fidedignos na deteção da mentira, os mesmos podem ser enunciados desta forma:

- Os mentirosos falam num tom de voz mais alto/agudo
- Os mentirosos fazem menos movimentos com os dedos, mãos e braços
- Os mentirosos fazem menos movimentos do braço e da mão para modificar ou completar o que é dito verbalmente
- Os mentirosos fazem pausas maiores e têm maior latência nas respostas
- Os mentirosos fazem menos movimentos com as pernas e pés
- Os mentirosos incorrem em mais erros de discurso em razão do esforço cognitivo e/ou de nervosismo.[639]

Estas condutas costumam aparecer com mais frequência quando a testemunha mente do que quando fala com verdade. O que não significa que apareçam exclusivamente quanto se mente porquanto – como já foi referido – inexiste nesta matéria um nariz de Pinóquio, ou seja, uma conduta que ocorra sempre quando se mente e que não ocorra nunca quando se responde com verdade.

Existem uma série de variáveis situacionais que influem na utilidade destes indicadores. Assim, a motivação do emissor, o objetivo que persegue com o engano (ocultar um acto ilícito *versus* outros fins), o tempo durante o qual dura a resposta e a preparação prévia da mentira influem sobre o significado e o poder discriminativo de diversos indicadores.

Quando a mentira versa sobre uma transgressão, a probabilidade de a testemunha estar mais inibida com menor movimento é maior, por contraposição ao condicionalismo em que a mentira versa sobre um assunto de menor importância, caso em que a maior probabilidade é a de que a testemunha apenas esteja irrequieta.[640] Quanto maior foi o período de tempo que o men-

---

[639] Cfr. AMINA MEMON *et al.*, *Psychology and Law*, Second Edition, Wiley, West Sussex, 2003, pp. 14-15. Sendo certo que, conforme já foi devidamente explicado em (...), o nervosismo não pode ser automaticamente valorado como indicador da mentira.

[640] BELLA DEPAULO e WENDY MORRIS, "Discerning Lies From Truths: Behaviorial Cues to Deception and the Indirect Pathway of Intuition", in GRANHAG, Pär Anders/STRÖMWALL, Leif A. (eds.), *The Detection of Deception in Forensic Contexts*, Cambridge University Press, 2004, p, 29.

tiroso fala, maiores serão as probabilidades de sobressaírem os indicadores do tom de voz alto e da latência das respostas. Quando a comunicação não está preparada de antemão, a latência da resposta é maior ao mentir do que ao dizer a verdade. Todavia, quando a comunicação está preparada de antemão, a latência é maior ao dizer a verdade do que a mentir.

O inquiridor que procure obsessivamente estes indicadores corre o risco de, perante a presença de um, concluir mecanicamente que o emissor está a mentir. Esta postura é censurável porquanto aumenta os juízos de mentira em prejuízo da insuficiente focagem em juízos de verdade. Ademais, conforme já foi também frisado, deve privilegiar-se a conjugação dos indicadores não verbais com os verbais e o recurso a múltiplos indicadores de uma forma flexível (cfr. Parte I, 10.1. a 10.4.).

No que tange aos indicadores verbais a utilizar, há que partir dos ensinamentos designadamente do *Statement Validity Assessment* (Avaliação da Validade de Depoimentos) e do *Reality Monitoring* (cfr. para os quais se remete). Estes métodos partem de vários pressupostos, designadamente que:

i) a invenção de uma história convincente sobre uma alegada experiência pessoal requere, do ponto de vista cognitivo, maiores exigências que a narração de uma história sobre um evento efetivamente vivenciado. Daí que através de um conjunto de caraterísticas se possa diferenciar uma história experimentada de uma história forjada;

ii) evocar uma história inventada é mais difícil que recordar um acontecimento realmente vivido. De modo que, volvidos alguns meses sobre o acontecimento, é mais fácil relatar um acontecimento vivido sem contradições. Estas tenderão a ocorrer mais no relato de uma história inventada. Trata-se aqui da análise da constância do depoimento.

Os indicadores verbais mais relevantes são os que se passam a enunciar.

Produção inestruturada: um declarante genuíno relata os elementos factuais do caso de forma desordenada e não cronológica, com digressões temporais. O relato é feito mais segundo associações momentâneas do que segundo uma sequência lógica e cronológica. O que não impede que o relato efetuado permita reunir os segmentos da declaração formando um todo unificado revelador da consistência lógica do conteúdo do depoimento.

Quantidade de detalhes: um grande número de detalhes (v.g., com descrições especificas do local, tempo, pessoas, objeto, acontecimento passo a passo) numa declaração constitui, em princípio, uma indicação da sua credibilidade porquanto é impossível para a maioria das testemunhas embelezar as suas declarações com detalhes forjados.

Contextualização do relato: ocorre quando a testemunha, na sua descrição, faz uma fusão entre os elementos principais do evento com informação atinente às coordenadas espácio-temporais em que ocorreu o evento, sendo estas de caráter periférico mas com influência mútua nos aspetos centrais. Ou seja, o evento é descrito em função de uma localização particular bem como de horários e relações da testemunha com outras pessoas, antes e depois do acontecimento. A descrição do ambiente vital, espacial e temporal em que decorreram os factos, feita de forma plausível e espontânea, constitui índice de veracidade do relato. Em suma, uma testemunha direta dos factos tem que ser capaz de recordar detalhes óbvios do lugar em que ocorreram os factos bem como das circunstâncias que rodearam o evento.

Descrição de cadeias de interações: no relato efetuado, a testemunha descreve interações dos implicados que se caraterizam por serem recíprocas e sucessivas, interdependentes. As reações e respostas relatadas podem ser explicadas psicologicamente como consequências das ações prévias.

Reprodução de conversações: a testemunha reproduz conversações entre várias pessoas como se se tratasse de uma espécie de atuação numa peça, desse modo utilizando o comportamento discursivo particular e o vocabulário dessas pessoas.

Descrição de complicações inesperadas: a testemunha relata ações que não foram concluídas em decorrência de impedimentos ou resistências. Na ótica de uma testemunha que não se atém à verdade, não são expectáveis relatos de tais ações inacabadas.

Detalhes supérfluos: a testemunha descreve detalhes que não são estritamente necessários à descrição do incidente em questão. Normalmente, ao mentir não se inventam detalhes irrelevantes que não contribuem para a demonstração do evento principal, quer pela sua irrelevância quer pelo grau de dificuldade que implica este exercício para a memória.

PROVA TESTEMUNHAL

Correções espontâneas: a testemunha efetua correções ou modifica o que disse anteriormente sem que tenha sido incitada a tal pelo inquiridor. Um mentiroso quer transmitir boa impressão e evita tais correções a todo o custo.

Admissão de falta de memória: quem presta um depoimento falso tende a responder a todas as questões, esquivando-se a admitir a sua falta de memória quanto a certos detalhes. Uma testemunha genuína não assume este desiderato de responder mesmo ao que não sabe.

O sentido útil deste conjunto de indicadores é o de que a presença dos mesmos no depoimento da testemunha prenuncia a genuinidade do depoimento prestado. Pelo contrário, a sua ausência ou a conduta da testemunha a contrariá-los (v.g., correções espontâneas, admissão da falta de memória) pode ser valorada como índice da inveracidade do depoimento.

Naturalmente que uma pessoa inteligente e com talento narrativo pode forjar um depoimento eivado de algumas destas caraterísticas pelo que o funcionamento dos critérios não deverá ser automático. Em sentido oposto, uma testemunha genuína mas que seja intelectualmente débil, com pouco talento narrativo ou mesmo tímida, não acionará estes critérios na sua plenitude. A valoração da prova é sempre o produto da conjugação de vários critérios e fatores que não se esgotam nestes critérios.

No que tange à **consistência ou coerência do depoimento**, visa-se apurar se o depoimento apresenta contradições intrasujeito (as quais podem ser diretas *tout court*, revelar-se pela adição de nova informação numa nova entrevista ou pelo esquecimento de informação previamente relatada) e se as contradições detetadas são de molde a fazer questionar a credibilidade global do depoimento. Nesta sede, há que ter presente, desde logo, o que já ficou dito quanto aos efeitos de interrogatórios repetidos designadamente quanto às consequências nefastas dos mesmos (cfr. Parte I, 6.4.).

GRANHAG efetuou um estudo que revelou que 82% dos polícias e 74% dos juízes afirmam que as histórias dos declarantes verazes são mais consistentes do que as histórias dos mentirosos.[641]

---

[641] RONALD FISHER *et al.*, "Does Testimonial Inconsistency Indicate Memory Inaccuracy and Deception? Beliefs, Empirical Research, and Theory", in BARRY S. COOPER (ed.), DOROTHEE GRIESEL (ed.), MARGUERITE TERNES (ed.), *Applied Issues in Investigative Interviewing, Eyewitness Memory, and Credibility Assessment*, Springer, London, 2013, pp. 181-182.

A TESTEMUNHA NO PROCESSO

É expectável que as informações veiculadas num relato sobre um acontecimento realmente vivido coincidam quanto: ao acontecimento fundamental; ao papel ou atividade que desempenhou a testemunha; às pessoas que participaram diretamente no evento fundamental; à localização dos factos; aos objetos diretamente relevantes para a ação; às condições de luz e à posição global do corpo no caso de ações corporais.[642]

A existência de subsequentes omissões no depoimento (face a um primeiro depoimento ou a um momento anterior) não inquina a qualidade do depoimento desde que as omissões não alcancem proporções importantes e não afetem aspetos subjetivamente relevantes da primeira versão dos factos.[643] Há que ver se as omissões e contradições excedem simples diferenças razoáveis de matiz ou precisão que possam decorrer da dificuldade de conservar a memória exata dos factos com o decurso do tempo (curva do esquecimento, cfr. Parte I, 4.4.1.).

A existência de contradições (intrasujeito ou intersujeitos) quanto a detalhes periféricos ou acessórios pode ser explicável, além da curva do esquecimento, pelas naturais diferenças de perceção das testemunhas que não prestam a mesma atenção aos mesmos aspetos, pela diferente forma como foram interrogadas as testemunhas ou pode ser mesmo aparente. O que há que ver é se, no essencial, as declarações constituem um todo coerente. As contradições sobre pontos acessórios podem constituir, bem pelo contrário, sintoma de genuinidade e de espontaneidade da testemunha.[644]

Recorde-se, mais uma vez, que as declarações forjadas tendem a apresentar-se de uma forma continuamente estruturada e demasiado perfeita de um ponto de vista formal de modo que um bom mentiroso se limita a repetir o que disse anteriormente, aparentando incorrer em menos contradições do que

---

[642] Heinz Offe, "El Dictamen Sobre la Credibilidad de las Declaraciones de Testigos", in *Anuario de Psicologia Jurídica*, 2000, p. 17.

[643] Heinz Offe, "El Dictamen Sobre la Credibilidad de las Declaraciones de Testigos", in *Anuario de Psicologia Jurídica*, 2000, p. 18.

[644] Afirma Roberto Ambrosini, *La Prova Testimoniali Civile. Profili Processuali*, IPSOA, 2006, p. 220, que "(..) é normal a discordância entre os depoimentos a demonstrar a genuinidade; basta verificar a cronologia recíproca para verificar que frequentemente respeitam a momentos diversos do evento, ou então ao ponto de observação da testemunha para depreender que são diversos e que é diversa a perceção dos factos."

um declarante veraz.[645] Ciente de que as contradições podem ser lidas como indicador da mentira, o mentiroso tenderá a ser fiel às próprias declarações. O mentiroso será mais inconsistente do que a testemunha genuína quando lhe forem formuladas perguntas inesperadas. Em sentido oposto, uma testemunha genuína tende a adotar a estratégia de, pura e simplesmente, recuperar da sua memória a experiência original, reconstruindo-a cada vez que é interrogada. Essa reconstrução propicia inconsistências (cfr. Parte I, 6.4.).

Na verdade, uma plena coincidência em todos os pontos relatados pelas testemunhas (ou sucessivamente relatados pela mesma testemunha) pode constituir uma indicação menos segura de veracidade do que a ocorrência de discrepâncias nos depoimentos. Conforme refere Muñoz Sabaté, o exame lógico sobre esta questão reconduz-nos ao paradoxo sobre concordâncias, segundo o qual a concordância prova mais quando está limitada a um curto número de pontos. "Os pontos de concordância das afirmações divergentes são os que constituem os factos históricos cientificamente determinados."[646]

Diversamente, quanto as contradições se estendem aos aspetos centrais do facto relatado de forma que não seja logicamente possível que a testemunha tenha vivido ambas as versões dos factos, sucumbe credibilidade ao relato. O mesmo sucede se o facto narrado por uma testemunha colide com um facto notório, com as regras da experiência unanimemente aceites ou com a prova legal de um facto, situações em que o relato não pode prevalecer.

Ao contrário do que ocorre com a confissão, inexiste o princípio da indivisibilidade do depoimento pelo que cabe ao julgador cindir os segmentos do depoimento que se afiguram sinceros e verazes daqueles que são forjados e errados. Conforme refere Roberto Ambrosini, por força do princípio da livre apreciação da prova, o juiz não está necessariamente obrigado a acolher integralmente o depoimento da testemunha, tendo a possibilidade de cindi-lo e de utilizá-lo só em parte, ou seja, limitando-o àquela parte que melhor se harmoniza com os outros meios de prova que merecem ser considerados

---

[645] Cfr. o que ficou dito sob 10.5.2 e Ronald Fischer *et al.*, "Does Testimonial Inconsistency Indicate Memory Inaccuracy and Deception? Beliefs, Empirical Research, and Theory", in Barry S. Cooper (ed.), Dorothee Griesel (ed.), Marguerite Ternes (ed.), *Applied Issues in Investigative Interviewing, Eyewitness Memory, and Credibility Assessment*, Springer, London, 2013, pp. 173 e 185.

[646] Muñoz Sabaté, *Técnica Probatória*, 3ª Ed., Barcelona, 1993, p. 344.

A TESTEMUNHA NO PROCESSO

por credíveis, desde que tal convencimento seja oportunamente suportado através de um percurso motivacional côngruo e imune a ilogicidade ou manifesta irracionalidade.[647]

Deste modo, bem se decidiu no Acórdão do Tribunal da Relação do Porto de 17.6.2009 quando aí se afirmou que "O juiz não tem que aceitar ou recusar cada um dos depoimentos na sua globalidade, cabendo-lhe a difícil tarefa de dilucidar em cada um deles o que lhe merece crédito."[648]

Em sentido confluente, RONALD FISHER *et al.*, reportando-se a vários estudos sobre a correlação entre a inconsistência e a exatidão dos depoimentos, assinalam que a recordação inexata de partes do crime (evidenciada por declarações contraditórias da testemunha) não pode servir como preditor sobre a exatidão global do depoimento. Ou seja, a inconsistência da recordação sobre um aspeto específico não nos diz nada sobre a exatidão do restante depoimento da testemunha. Essa particular inconsistência deve dar azo a uma sondagem com perguntas adicionais a fim de aferir o âmbito potencial da inexatidão do depoimento. Não pode ser formulada uma regra universal para classificar as pessoas como mentirosas ou não com base na consistência das respetivas respostas. Em decorrência dessa constatação, afirmam que é incorrecta a tática dos advogados, comum nos tribunais, de tentarem descredibilizar a globalidade do depoimento com fundamento numa inconsistência específica.[649]

---

[647] *La Prova Testimoniali Civil. Profili Processuali*, IPSOA, 2006, p. 212.

[648] Sendo relator *Borges Martins*, 229/06. No Acórdão da Relação de Coimbra de 20.10.2009, *Gonçalves Ferreira*, 309-B/2001, também se racionou em termos similares: "Não colhe, do mesmo jeito, o argumento do tudo ou nada na aceitação de um depoimento; uma testemunha pode revelar melhor conhecimento e maior segurança em relação a alguns factos do que a outros; quando aos factos de que tem idêntico conhecimento, não é descabida a hipótese da dualidade de depoimento; se, porventura, tiver interesse no desfecho da questão, pode muito bem afeiçoar as declarações à versão defendida pela parte a quem as mesmas aproveitam." E prossegue: "Tudo passará, no fundo, por que o tribunal logre alcançar as motivações do depoente e saiba destrinçar o certo do errado, partindo, naturalmente, de bases lógicas e objetivas, que terá de plasmar na fundamentação."

[649] RONALD FISCHER *et al.*, "Does Testimonial Inconsistency Indicate Memory Inaccuracy and Deception? Beliefs, Empirical Research, and Theory", in BARRY S. COOPER (ed.), DOROTHEE GRIESEL (ed.), MARGUERITE TERNES (ed.), *Applied Issues in Investigative Interviewing, Eyewitness Memory, and Credibility Assessment*, Springer, London, 2013, pp. 178 e 186.

Ainda em sede da conduta da testemunha, existem diversos comportamentos da testemunha que dão azo a uma avaliação infirmadora da sua credibilidade. Reportamo-nos designadamente às seguintes condutas: uma postura recalcitrante e relutante ao responder; tentativa deliberada de não responder a perguntas diretas; uma postura defensiva; respostas evasivas; perda de compostura quando confrontada com um novo documento; impaciência ao ser instada pelo mandatário da contraparte que a arrolou; um incómodo manifesto a responder; pressa de responder antes da conclusão da pergunta; pressa de concluir a resposta; uma postura aparentemente desafiadora; o voluntarismo das respostas; uma postura hesitante e não comprometida; falta de reação a uma pergunta; a referência a "nóo" quando a testemunha se reporta a uma conduta de uma das partes; procurar com o olhar a parte ou mandatário com quem se identifica antes de responder, como que procurando neles a aprovação gestual para a resposta; o depoente toma as "dores" da parte que o arrolou; manifesto empenho em fazer passar uma mensagem.

Em sentido diametralmente oposto, sedimenta a credibilidade uma conduta da testemunha reveladora de espontaneidade, isenção, sinceridade, franqueza, simplicidade, assertividade discursiva com distinção clara entre o que se sabe e o que não se sabe.

A própria ordem pela qual as testemunhas são ouvidas é suscetível de influenciar a respetiva credibilidade. Quando uma pessoa recebe uma mensagem de um declarante, essa mensagem serve comum um ponto de comparação para os declarantes subsequentes, mesmo quando estes fazem asserções sobre tópicos novos. O primeiro declarante prepara um padrão de conhecimento de modo que os declarantes que despuserem após quem responder de forma muito credível tenderão a perder persuasão face ao primeiro.[650]

A nossa jurisprudência está ciente de que o depoimento deve ser valorado também quanto à linguagem não verbal, embora o expresse de uma forma muito genérica e sem concretização dos indicadores mais corretos.

---

[650] BARBARA SPELLMAN e ELIZABETH TENNEY, "Credible Testimony In And Out of Court", in *Psychonomic Bulletin & Review*, 2010, 17 (2), p. 170.

Assim, tem sido asseverado que:

- "O depoimento oral de uma testemunha é formado por um complexo de situações e factos em que sobressai o seu porte, as suas reações imediatas, o sentido dado à palavra e à frase, o contexto em que é prestado, o ambiente gerado em torno da testemunha e a forma como é feita a pergunta e surge a resposta";[651]
- O tribunal valora o depoimento segundo uma multiplicidade de fatores em que se inserem: o tom de voz, gestos, capacidade física dos intervenientes, a espontaneidade, a seriedade, a verosimilhança, as coincidências, as contradições relevantes e irrelevantes, a espontaneidade, o raciocínio, as lacunas, o tempo que medeia entre a pergunta e a resposta, as pausas e os silêncios;[652]
- Na atribuição da credibilidade ao depoimento de cada testemunha intervêm um conjunto de elementos físicos e psicológicos, inerentes à postura mantida em audiência por cada testemunha ao longo do seu depoimento e que, no seu conjunto, integram o que designa por "linguagem silenciosa do comportamento";[653]
- "(...) a atividade judicatória na valoração dos depoimentos tem de atender a uma multiplicidade de fatores que tem a ver, designadamente, com as garantias de imparcialidade, as razões de ciência, a espontaneidade dos depoimentos, a seriedade, o raciocínio, as lacunas, as hesitações, a linguagem, o tom de voz, o comportamento, as coincidências, as contradições, a linguagem gestual, etc."[654];
- "(...) existem aspetos comportamentais e reacionais dos depoentes: o tom de voz, a mímica, o rubor, a palidez, etc., elementos extremamente infiéis e mutáveis, conforme o temperamento, a idade, o sexo, a posição social e as condições de vida, mas que podem ser significativos, quando sujeitos a uma análise prudente e avisada, que descubra, por exemplo, entre um tímido e um audacioso profissional da mentira,

[651] Acórdão do Tribunal da Relação do Porto de 24.1.2000, *Pinto Ferreira*, 9951197.
[652] Acórdão do Tribunal da Relação de Lisboa de 10.10.2006, *Simões de Carvalho*, CJ 2006-IV, pp. 116-122.
[653] Acórdão do Tribunal da Relação do Porto de 1.4.2008, *Guerra Banha*, 0820528.
[654] Acórdão do Tribunal da Relação de Guimarães de 8.5.2006, *Nazaré Saraiva*, 387/06.

que sabe ser mais facilmente acreditado se se mostrar firme e seguro no seu depoimento".[655]

10.4. O conteúdo do depoimento

Neste último nível de análise, quase de caráter residual em termos de classificação que não de importância, inserimos vários critérios cujo elo comum é o de versarem sobre o conteúdo lógico e idiomático do depoimento testemunhal.

Em função da importância que lhe é atribuída pelo juiz e pelo júri, deve mencionar-se em primeiro lugar a **segurança/assertividade** evidenciada pela testemunha durante o seu depoimento. Esta matéria já foi analisada demoradamente sob o título 11.1. (*A heurística da confiança*) pelo que nos limitamos a remeter para a exposição aí feita. Do que ficou aí dito infere-se que a segurança da testemunha é ambivalente porquanto tanto pode resultar de fatores que têm a ver com a fidedignidade do traço mnésico como ser o produto de contaminação pós-evento ou de interrogatórios dirigidos de forma incorreta.

A **autenticidade** de um testemunho significa que a testemunha se esforça por reproduzir fielmente as suas perceções e a recordação que subsiste das mesmas, fazendo-o de forma espontânea e não premeditada ou induzida. Refere Costa Oliveira que " (...) uma testemunha que responda de modo natural e fluente, com respeito pelas suas próprias dúvidas e certezas, mais facilmente será julgada como uma pessoa franca e, por isso, o seu testemunho tenderá a ser considerado como credível." [656] Em sentido inverso, quanto maior for o tempo de reflexão e resposta, maior será a convicção gerada de que o depoimento é premeditado.

Na verdade, consoante já vimos a propósito do ACID (Parte I, .8.4.), o relato genuíno tende a ser mais vívido e espontâneo. O relato espontâneo carateriza-se por não ser rígido e por não seguir uma ordem estrita. A testemunha espontânea adiciona detalhes à medida que lhe são formuladas novas questões, o que se explica porque está livre de aditar novos detalhes à medida que se recorda dos mesmos sem receio de contradição. A testemunha genuína não tem necessidade de apaziguar o interrogador e de o convencer que está a ser colaborante pelo que os detalhes emergem de uma forma menos

---

[655] Acórdão do Tribunal da Relação de Lisboa de 12.7.2007, *Arnaldo Silva*, 4548/2006.
[656] *O Interrogatório de Testemunhas, Sua Prática na Advocacia*, Almedina, 2ª Ed., 2007, p. 56.

controlada.[657] Em contraposição, a testemunha decetora apresenta poucos detalhes, fazendo-o de uma forma pronta e organizada para satisfazer o interrogador, tendendo a não adicionar novos detalhes perante novas questões.

A **percetibilidade** do testemunho traduzida num discurso claro, escorreito e sem ambiguidades confere maior persuasão às afirmações feitas pela testemunha. Em contraponto, um depoimento obscuro, nebuloso, confuso pode dimanar do intuito assumido de, designadamente, não esclarecer certos factos, de omitir afirmações, de esconder relações da testemunha com as partes e/ou os factos.

A **verosimilhança** dos factos relatados abona o valor probatório do depoimento prestado. É verosímil o que corresponde à normalidade de um certo tipo de condutas ou de acontecimentos. É verosímil o que corresponde ao *id quod plerumque accidit*, ou seja, uma asserção que entra na área de operatividade de um determinada máxima de experiência.[658] A verosimilhança tem aqui que ser também aquilatada em função do que já se encontre assente no processo de tal modo que não possa ser contraditado de forma credível.

O teor de um depoimento que venha a ser julgado inverosímil sedimentará a conclusão de que o depoimento é falso ou é produto de um erro. "O mesmo é dizer que a falta de realismo de uma dada afirmação pode importar a aparente falsidade de todo o testemunho."[659]

O **rigor** do depoimento, traduzido na sua precisão e ausência de ambiguidades no que é declarado potencia também a persuasão do testemunho. A inexatidão do depoimento bem como a existência de segmentos do depoimento suscetíveis de gerar equívocos dão azo a dúvidas e potenciam interpretações que debilitam a consistência do depoimento.

A **fundamentação** das declarações prestadas pela testemunha em razões válidas ou noutros meios de prova, v.g., documental, dá uma consistência acrescida ao depoimento. A testemunha não se limita a proferir asserções, empenhando-se em justificá-las e demonstrá-las com recurso a elementos objetivos.

---

[657] KEVIN COLWELL et al., "Vividness and Spontaneity of Statement Detail Characteristics as Predictors of Witness Credibility", in *American Journal of Forensic Psychology*, Volume 25, Issue 1, 2007/5.

[658] LUIS FILIPE SOUSA, *Prova por Presunção no Direito Civil*, Almedina, 2012, pp. 131-132.

[659] FRANCISCO DA COSTA OLIVEIRA, *O Interrogatório de Testemunhas, Sua Prática na Advocacia*, Almedina, 2ª Ed., 2007, p. 61.

A **existência de corroborações periféricas** constitui um critério frequentemente decisivo para graduar a credibilidade do depoimento. As corroborações periféricas consistem no facto do relato da testemunha ser confirmado por outros dados que, indiretamente, demonstram a veracidade da declaração.[660] Esses dados podem provir de outros depoimentos realizados sobre a mesma factualidade e que sejam confluentes com o testemunho em causa. Podem também emergir de factos que ocorreram ao mesmo tempo (ou mesmo com antecedência) que o facto principal, nomeadamente de circunstâncias que acompanham ou são inerentes à ocorrência do facto principal. Abarcam-se aqui sobretudo os factos-base ou indícios de presunções judiciais.[661]

A circunstância de que vários depoimentos não coincidirem nestas circunstâncias periféricas não implica que tais testemunhas estejam necessariamente a faltar à verdade. Veja-se o que já ficou dito *supra* a propósito da existência de contradições nos depoimentos.

A existência no depoimento de **detalhes oportunistas a favor da parte** constitui um preditor da falta de objetividade da testemunha. Trata-se de situações em que a testemunha faz referência a dados, mesmo desnecessários, que pretendem beneficiar uma das opções que estão em debate no processo. Na explicação de Nieva Fenoll, "Trata-se de manifestações sobre o caráter ou a intencionalidade de uma das partes, ou então justificações das próprias atuações – ou da pessoa que se pretende beneficiar – que vão além do que foi perguntado ao declarante. O declarante manifesta-as, não tanto para infundir credibilidade na sua declaração, mas sim para que os factos que relata se interpretem a favor de quem deseja beneficiar." É o caso de designadamente a testemunha emitir juízos de valor sobre as partes ou a sua atuação que excedem o que lhe foi perguntado. São comentários que designadamente emprestam relevância retórica ao relato mas que, na prática, não carreiam qualquer dado novo ao depoimento.

Uma atuação nestes termos é desnecessária se a declaração é verídica. Sendo tal declaração falsa, é ostensivo que a testemunha pretende ajudar uma

---

[660] Nieva Fenoll, *La Valoración de la Prueba*, Marcial Pons, Madrid, 2010, p. 226.

[661] Sobre os factos-base e a construção das presunções judiciais, cfr. Luís Filipe Pires de Sousa, *Prova por Presunção no Direito Civil*, Almedina, 2012, pp. 25 a 56.

das partes. Quer num caso quer noutro, do próprio facto de serem proferidas essas declarações se infere a falta de objetividade da testemunha.

Mercedes Novo e Dolores Seijo realizaram, em Espanha, um estudo sobre os critérios utilizados pelos tribunais para valorar a credibilidade das testemunhas, partindo de uma amostra de cem sentenças em processos--crime proferidas entre 1998 e 2007.[662] Em primeiro lugar, analisaram os critérios genericamente estabelecidos pelo Supremo Tribunal no seu acórdão de 28.9.1988, e que têm vindo a ser seguidos na jurisprudência, que são os seguintes: ausência de incredibilidade subjetiva; plausibilidade e persistência na incriminação (nas próprias palavras do Supremo, a persistência há de ser prolongada no tempo, sem ambiguidades e sem contradições).[663] Depois adicionaram critérios que têm a ver com variáveis atinentes à testemunha e ao julgamento.

A ausência de incredibilidade subjetiva significa que o queixoso ou a testemunha não agem sob uma motivação que mina o seu depoimento ou gera um estado de dúvida sobre o mesmo. Divide-se designadamente nas seguintes subcategorias: relações prévias entre o queixoso e o acusado; ganho financeiro do queixoso; animosidade, vingança ou ressentimento; espontaneidade da acusação.

A plausibilidade subdivide-se nas seguintes subcategorias: relatório médico sobre a agressão; prova forense; relatório psicológico sobre a credibilidade do arguido, do queixoso ou da testemunha; relatório psicológico sobre as caraterísticas do arguido, do queixoso ou da testemunha; circunstâncias em que ocorreu o evento; circunstâncias periféricas do comportamento do arguido e do queixoso; testemunho sobre o arguido e testemunho sobre o queixoso.

A persistência na incriminação comporta as seguintes subcategorias: consistência das declarações do arguido; consistência das declarações do queixoso; contradições em elementos chave das declarações do queixoso; contradições em elementos periféricos das declarações do queixoso; coerência interna das declarações do queixoso.

---

[662] Mercedes novo e Dolores seijo, "Judicial Judgement Making and Legal Criteria of Testimonial Credibility", in *The European Journal of Psychology Applied to Legal Context*, 2010 2(2), pp. 91-115.

[663] Cfr. Jordi Nieva Fenoll, *La Valoración de la Prueba*, Marcial Pons, 2010, pp. 248-249, citando como exemplo desta jurisprudência o Acórdão do STS 28.7.2009, (2259/2008), FD 2.

No que tange às variáveis atinentes ao testemunho foram consideradas as seguintes subcategorias: clareza das declarações do arguido, do queixoso e do depoimento da testemunha; o escopo das declarações do arguido, do queixoso e do depoimento da testemunha; a omissão/sonegação de factos pelo arguido, pelo queixoso e pela testemunha; expressão de emoções pelo arguido, testemunha e queixoso; confiança nas declarações do arguido, do queixoso e no depoimento da testemunha.

Finalmente, as variáveis atinentes ao julgamento consideradas foram as seguintes: erros de procedimento; falta de prova incriminatória; a admissão de culpa pelo arguido; garantias processuais.

As absolvições da amostra fundaram-se sobretudo nos seguintes critérios:

- A ausência de incredibilidade subjetiva assentou na verificação de animosidade, vingança ou ressentimento da parte do queixoso ou na corroboração de uma acusação não espontânea;
- A corroboração objetiva periférica de uma prova insuficiente para a condenação (plausibilidade) assentou: na ausência de prova da ofensa física; em relatório psicológico abalando a credibilidade do queixoso; relatório psicológico revelando a existência de distúrbios psicológicos que diminuem a credibilidade do queixoso; prova circunstancial corroborando as declarações do arguido; prova circunstancial que refuta as declarações do queixoso; testemunhos que corroboram as declarações do arguido; testemunhos que refutam as declarações do queixoso;
- A falta de consistência das declarações do arguido; falta de consistência da acusação do queixoso; contradições em elementos chave das declarações do queixoso; falta de coerência interna nas declarações do queixoso;
- Acusações indefinidas ou confusas; falta de prova.

No que respeita às condenações, as mesmas assentaram predominantemente nos seguintes critérios:

- A ausência de incredibilidade subjetiva firmou-se na confirmação da inexistência de animosidade, vingança ou ressentimento por parte do queixoso bem como na espontaneidade da acusação;

A TESTEMUNHA NO PROCESSO

- A corroboração objetiva periférica de uma prova suficiente para a condenação (plausibilidade) apoiou-se: na prova da agressão física do crime; no relatório psicológico confirmando a credibilidade das declarações do queixoso; no relatório psicológico certificando que o queixoso sofreu sequelas psicológicas em decorrência do crime; prova circunstancial que confirma as declarações do queixoso; prova circunstancial que confirma o depoimento da testemunha; testemunhos que contrariam as declarações do arguido; testemunhos que corroboram as declarações do queixoso;
- A falta de testemunho incriminatório consistente em nome do queixoso; falta de consistência em elementos chave das declarações do queixoso; contradições em elementos periféricos das declarações do queixoso; falta de coerência interna nas declarações do queixoso;[664]
- Acusações extensas, descritivas e detalhadas.

Analisando os resultados do estudo, as autoras enfatizam que os juízes utilizam nas avaliações de credibilidade das declarações critérios empíricos para discriminar entre relatos verdadeiros e falsos, v.g., clareza e propósito das declarações. Todavia e ao mesmo tempo, os juízes ignoram um considerável número de critérios de realidade que exemplificam com a produção inestruturada, admissão da falta de memória, contextualização do relato, detalhes supérfluos. Mais censuram o facto de os juízes introduzirem nas suas avaliações critérios de credibilidade aos quais falece apoio empírico, que exemplificam com a expressão de emoções e com a confiança expressa.

Esta investigação é muito interessante porque, tanto quanto cremos, demonstra uma práxis de justificação das decisões judiciais que está muito próximo da seguida entre nós. Por outro lado, assinala – e bem – a importância do julgador considerar critérios referentes à conduta da testemunha que já enumerámos acima, a saber: produção inestruturada; quantidade de detalhes;

---

[664] MERCEDES NOVO E DOLORES SEIJO,"Judicial Judgement Making and Legal Criteria of Testimonial Credibility", in *The European Journal of Psychology Applied to Legal Context*, 2010 2(2), p. 110. RÁMON ARCE FERNANDEZ, ANA SEIJÓ CUBA e novamente MERCEDES NOVO PÉREZ elaboraram outro estudo a partir da mesma sentença do Supremo Tribunal de Justiça, não sendo tal estudo tão exaustivo: "Validez del Testimonio: Un Estudio Comparativo de los Critérios Legales y Empíricos", in *Anuário de Psicologia Jurídica*, Vol. 19, 2009, pp. 5-13.

contextualização do relato; descrição da ordem de interações; reprodução de conversações; descrição de complicações inesperadas; detalhes supérfluos; correções espontâneas e admissão e falta de memória. Por fim, acentua a relatividade científica de alguns critérios a que os tribunais se atêm, designadamente no que tange à expressão de emoções e à confiança exibida pela testemunha. Trata-se também de matéria que já analisámos, designadamente quanto à confiança (cfr. Parte I, 11.1.), em termos parcialmente compatíveis com as conclusões destas autoras.

Entre nós, CARLOS POIARES construiu a GAMAS (Grelha de Análise das Motivações Ajurídicas do Sentenciar) e a GO (Grelha de Observação),[665] as quais pretendem avaliar se existem motivações ajurídicas do sentenciar e, na afirmativa, se as motivações prevalecentes são fundadas na comunicação verbal ou na comunicação não verbal, sendo certo que esta a comunicação não verbal deve perspetivar-se como uma parte indivisível do processo de comunicação.[666] Esses dois instrumentos são aplicados ao arguido, à vítima bem como à testemunha.

---

[665] A Grelha de Observação proposta integra trinta itens, a saber: postura rígida; gesticular; inclina-se para a frente; relaxado; balança a cabeça; braços na posição aberta; pernas cruzadas; mantém contacto visual; inquieto (mexe-se muito); expressão facial expressiva; fala fluentemente e com entusiasmo; falta com autoridade, compassado, articulado; reage quando sente ataques pessoais; hesitações no discurso; tom de voz com agressividade; contradições no discurso; pausas longas no discurso; linguagem inapropriada ("Oh pá!", asneiras); discurso organizado; utiliza um discurso de vitimização; impulsivo (falta de controlo sobre a ação); inseguro; mostra-se atento ao que lhe dizem; verborreia (falar sem dizer nada em concreto); usa um estado emotivo quando quer dar ênfase nalguma parte do discurso; sorri sempre que lhe fazem uma pergunta; ri enquanto fala; não respeita as ordens dadas pelo juiz ou advogados; emotivo; tem autocontrolo – cfr. MARIA CUNHA LOURO, *Psicologia das Motivações Ajurídicas do Sentenciar: A Emergência do* Saber *em Detrimento do* Poder, Universidade Lusófona de Humanidades e Tecnologias, 2008, pp. 152-163 e Anexo III.
A justificação destes critérios e a interpretação dos mesmos, encontra-se na mesma obra a pp. 152 a 163 e no referido Anexo III. Destacamos a explicação dada à utilização de um discurso de vitimização: "As pessoas manipulativas jogam com os sentimentos e opiniões dos outros, de forma a levá-los a concordar com o próprio ( ). O discurso de vitimização é utilizado como um meio para atingir um fim, ou seja, tornar o depoimento mais credível." (p. 160).
[666] CARLOS POIARES e MARIA CUNHA LOURO, "Psicologia do Testemunho e Psicologia das Motivações Ajurídicas do Sentenciar: da Gramática Retórica à Investigação Empírica", in *Manual de Psicologia Forense e da Exclusão Social*, CARLOS ALBERTO POIARES (ed.), Lisboa, Edições Universitárias Lusófona, 2012, pp. 113 e 118.

A TESTEMUNHA NO PROCESSO

A GAMAS é constituída por quarenta itens, sendo vinte sobre a comunicação verbal e vinte sobre a comunicação não verbal, numa escala dicotómica (*verifica*-se e *não se verifica*). Após ser conhecida a sentença, a análise proposta centra-se nas testemunhas referidas como fundamentadoras da decisão a fim de determinar quais os comportamentos, verbais e não verbais, dessas testemunhas que contribuíram para a decisão.

Os itens atinentes à comunicação verbal são os seguintes:[667]

1. Clareza: pressupõe uma exposição sem ambiguidades, nem segundos efeitos, uma exposição objetiva.
2. Lógica: refere-se a um discurso coerente, com encadeamento estrutural e objetivo.
3. Hesitações: pausas duvidosas; quebras frequentes na racionalidade expositiva.
4. Pensa sobre questões que considera duvidosas: a testemunha interrompe a exposição discursiva para refletir sobre as perguntas que lhe são formuladas quando estas lhe oferecem dúvidas; a pausa serve para reequacionar o discurso.
5. Discurso rápido e sem dúvidas: o qual está associado a uma rápida fluência da discursividade, a uma expressão verbal confiante que pode ser, erradamente, compreendida como fidedigna.[668]
6. Recurso a apelos emocionais: a testemunha apena a questões suscetíveis de causar emocionalidade, em si mesmo e/ou nos outros.
7. Invocação de *locus* de controlo interno: recurso a desculpabilizações atribuídas a aspetos pessoais.
8. Invocação de *locus* de controlo externo: atribuição a terceiros das causas dos factos ilícitos.
9. Desorganização discursiva: o sujeito baralha-se constantemente.

---

[667] Na enunciação dos itens seguimos de perto CARLA RAMOS SILVA, *A Importância do Depoimento dos Actores Judiciários na Tomada da Decisão do Juiz*, Universidade Lusófona de Humanidades e Tecnologia, Lisboa, 2010, pp. 89-94.

[668] Citando vários autores, MARIA ALEXANDRA ANASTÁCIO, *Psicologia das Motivações Ajurídicas do Sentenciar: O Lado Invisível da Decisão*, Universidade Lusófona de Humanidades e Tecnologias, Lisboa, 2009, p. 92, enfatiza que um ritmo célere da fala, uma voz mais firme com ausência de erros e incertezas, bem como estabilidade, veemência e narratividade na fala estão arrolados com a perceção de segurança do testemunho.

10. Discurso adequado: discurso correto e apropriado à situação do depoente.
11. Discurso desadequado.
12. Discurso agressivo: o sujeito fala recorrente a expressões violentas ou ameaçadoras em relação a quem o interroga ou a terceiros.
13. Coerência: o sujeito é coerente na sua exposição discursiva.
14. Incoerente: o sujeito entre em contradições na sua substância expositiva.
15. Insiste na sua versão com obstinação mesmo quando contraditado.
16. Contradições frequentes.
17. Contradição muito acentuada: o sujeito contradiz-se de maneira severa relativamente a aspetos relevantes.
18. Responde antes da pergunta ser totalmente formulada.
19. Risos: o sujeito, durante o seu depoimento, ri-se constantemente sem causa aparente
20. Verborreia: discurso supérfluo, ininterrupto, sem pausas.

No que tange à comunicação não verbal, os itens propostos são os seguintes:

1. Postura corporal rígida: posição tensa do corpo.
2. Postura corporal flexível: posição descontraída, não rigorosa.
3. Postura agressiva.
4. Desmotivação/desinteresse: o sujeito mostra-se sem interesses visíveis e desprovido de motivação, porventura em estado abandónico.
5. Motivação/interesse: o sujeito mostra-se interessado e cooperante.
6. Firmeza: atitude decidida que transmite credibilidade.
7. Rapidez/desembaraço na resposta: as respostas revelam-se envolvidas, sem constrangimentos.
8. Pausas: os silêncios são acompanhados por interrupções corporais como se o sujeito se suspendesse de qualquer ação.
9. Insegurança: o sujeito revela uma atitude insegura, revelando-se apreensivo.
10. Autoconfiança: o sujeito revela boa autoestima, demonstrando ter a situação controlada.

11. Movimentação frequente do corpo: baloiça o corpo ou mexe-se frequentemente de lugar.
12. Gesticulação frequente que acompanha o discurso mas também os silêncios.
13. Tiques: gestos que repete sucessivamente, de forma compulsiva.
14. Olhar frontal: fixa os interlocutores de frente, sem nunca desviar o olhar.
15. Olhar que percorre todos os atores presentes na cena judicial.
16. Esfrega muito as mãos.
17. Cruza as pernas.
18. Alonga as pernas, descontraidamente, como se aquela situação não lhe causasse qualquer constrangimento.
19. Riso: ri-se constantemente sem justificação.
20. Entusiasmo no depoimento: esta caraterística pode estar associada à ansiedade ou a um estado de elevada excitação a que o sujeito foi exposto durante os factos.

Há que notar que esta grelha está construída com o intuito de investigar até que ponto o juiz se deixa influenciar na decisão pelo comportamento do indivíduo. Na expressão de Maria Louro, "Quando o sentenciador ouve os depoimentos poderá não conseguir deixar de lhes associar as suas representações, ou seja, poderá ocorrer, perante cada ator e os seus depoimentos, um juízo valorativo – avaliativo e, consequentemente, uma maior adesão a um testemunho do que a outro. Julgar é (também) um ato afetivo: o juiz, como o advogado ou qualquer cidadão não formatado pelo Direito, pode percecionar com afetos, negativos e positivos, que, embora inconscientemente, pode transportar para o espaço decisório (...)".[669] Noutro passo, a mesma autora afirma que o juiz valora os depoimentos prestados com um inevitável grau de subjetividade, fazendo a construção do objetivo a partir dos subjetivos, não havendo nenhum mecanismo de defesa que consiga bloquear as representações sociais que são a estrutura e os alicerces mesmo dos atores judiciários.[670]

---

[669] *Psicologia das Motivações Ajurídicas do Sentenciar: A Emergência do* Saber *em Detrimento do* Poder, Universidade Lusófona de Humanidades e Tecnologias, 2008, p. 122.
[670] *Psicologia das Motivações Ajurídicas do Sentenciar: A Emergência do Saber em Detrimento do Poder,* Universidade Lusófona de Humanidades e Tecnologias, 2008, pp. 103 e 124.

PROVA TESTEMUNHAL

Em suma, a psicologia das motivações ajurídicas do sentenciar "(...) defende que o sentenciador, como Ser humano que é, falível como qualquer outro, é obrigado a escolher entre o parecer de uma testemunha em detrimento de outra, que por norma são contraditórios. Faz uma seleção do que é mais credível do seu ponto de vista, com base em critérios subjetivos que envolve as suas crenças, fantasias, representações da realidade, estereótipos, preconceitos, ou seja, envolve a sua própria personalidade."[671]

Conforme já fomos afirmando ao longo desta obra, o julgador é um ser humano partilhando as crenças, preconceitos e estereótipos da comunidade em que está inserido, sendo que a melhor forma de os superar é começar por estar ciente da sua existência. No capítulo sobre a fundamentação da decisão de facto (Parte II, 11., *infra*) defendemos que o que não se consegue motivar, legitimamente, não existe. No capítulo atinente ao princípio da imediação (Parte II, 15., *infra*), pugnamos pela supressão de qualquer espaço de livre apreciação não escrutinável. Nesta medida, remetemos implicitamente a nossa apreciação crítica sobre a posição destes autores para a análise desenvolvida que aí fazemos.

No que tange aos itens da comunicação verbal e não verbal propostos na GAMAS, os mesmos correspondem – em grande parte - a critérios que já apreciámos e analisámos. São os casos dos itens atinentes à lógica e coerência do depoimento (cfr. critérios 1 e 2 do CBCA, Parte I, 8.1.), à segurança do depoimento (cfr. Parte I, *11.1. A heurística da confiança*), à clareza (cfr. este mesmo capítulo 10.4. a propósito da percetibilidade do depoimento), às contradições (cfr. Parte II, *10.3. A forma da prestação do depoimento*), à espontaneidade e vividez do depoimento (cfr. Parte I, *8.4. ACID* e este mesmo capítulo 10.4. a propósito da autenticidade). Quanto à leitura que temos por pertinente da comunicação não verbal, remetemos também para o que foi analisado desenvolvidamente na Parte I, nomeadamente em *7.4. Síntese dos indicadores objetivos da mentira.*

---

[671] CARLA RAMOS SILVA, *A Importância do Depoimento dos Actores Judiciários na Tomada da Decisão do Juiz*, Universidade Lusófona de Humanidades e Tecnologia, Lisboa, 2010, p. 8.

A nossa jurisprudência tem expressado como critérios de apreciação do depoimento no sentido da sua credibilização:

- a segurança, clareza e coerência reveladas nos depoimentos;[672]
- a serenidade, objetividade, desinteresse, imparcialidade;[673]
- a forma escorreita e sincera como depõem;
- a naturalidade e fluidez do discurso;
- a preocupação em responder apenas àquilo que viu e ouviu;
- a objetividade, caráter direto, isenção, consistência e pormenorização.[674]

Em sentido oposto, têm sido considerados como fatores desabonatórios da credibilidade a emprestar aos depoimentos:

- a pouca firmeza, a insegurança e vagueza ;[675]
- um depoimento vago e abstrato, nada esclarecedor sobre as circunstâncias concretas de uma determinada operação de crédito;[676]
- a ambiguidade e o pouco conhecimento dos factos;[677]
- o assentamento do depoimento em convicções, opiniões ou conjeturas, sem concretização do tempo, modo e lugar do conhecimento dos factos que a testemunha pretende transmitir.

Fundamentação da decisão de facto e prova testemunhal

Como sabemos, a força probatória dos depoimentos das testemunhas é apreciada livremente pelo tribunal (Artigos 396º do Código Civil e 127º do CPP).

E, nos termos do Artigo 607º, nº4, do Código de Processo Civil (anterior Artigo 653º, nº2), a decisão proferida sobre a matéria de facto declarará quais os factos que o tribunal julga provados e quais os que julga não provados, analisando criticamente as provas, indicando as ilações tiradas dos factos instru-

---

[672] Acórdão do Tribunal da Relação de Lisboa de 6.11.2008, *Olindo Geraldes*, 8349/2008.

[673] Acórdão do Tribunal da Relação de Coimbra de 17.4.2012, *Beça Pereira*, 441/10.

[674] Acórdão do Tribunal da Relação de Guimarães de 26.1.2012, *António Sobrinho*, 373/11: "o seu depoimento é globalmente objetivo, direto, isento, consistente e pormenorizado, relatando as circunstâncias de tempo, modo e lugar sobre os factos que depuseram".

[675] Acórdão do Tribunal da Relação de Lisboa de 6.11.2008, *Olindo Geraldes*, 8349/2008.

[676] Acórdão do Tribunal da Relação de Lisboa de 22.12.2009, *Rosário Morgado*, 40627.03-7.

[677] Acórdão do Tribunal da Relação de Coimbra de 17.4.2012, *Beça Pereira*, 441/10.

mentais e especificando os demais fundamentos que foram decisivos para a sua convicção. Deve ainda o juiz tomar em consideração os factos que estão admitidos por acordo, provados por documento ou por confissão reduzida a escrito, compatibilizando toda a matéria de facto adquirida e extraindo dos factos apurados as presunções impostas por lei ou por regras de experiência (segunda parte do nº4 do Artigo 607º).[678] A obrigação de fundamentar as decisões judiciais decorre também do Artigo 205º, nº1, da Constituição na redação que lhe foi dada pela Revisão de 1997 (*"As decisões dos tribunais que não sejam de mero expediente são fundamentadas na forma prevista na lei"*).

O Tribunal Constitucional tem reiterado que o dever de fundamentação das decisões judiciais reforça os direitos dos cidadãos a um processo justo e equitativo, assegurando a melhor ponderação dos juízos que afetam as partes, permitindo ainda um controlo mais perfeito da legalidade desses juízos com vista, designadamente, à adoção, com melhor ciência, das estratégias de impugnação que julguem adequadas. O dever de fundamentação tem não apenas essa função endoprocessual, mas também uma função dirigida ao exterior do processo, possibilitando o próprio conhecimento pela comunidade das razões que levaram a uma determinada decisão e, pela via da exigência de lógica ou racionalidade da fundamentação (contida na exigência de fundamentação), contribui também para a própria legitimação da atividade decisória dos Tribunais.[679]

---

[678] No processo civil espanhol, o Artigo 376º da LEC dispõe que *"Los tribunales valorarán la fuerza probatoria de las declaraciones de los testigos conforme a las regras de la sana critica, tomando en consideración la razón de ciencia que hubieren dado, las circunstancias que en ellos concurran y, en su caso, las tachas formuladas y los resultados de la prueba que sobre éstas se hubiere practicado."* . Na síntese de RIVERA MORALES, *La Prueba: Un Análisis Racional y Práctico*, Marcial Pons, Madrid, 2011, p. 254, o conceito de sana crítica é composto pelos seguintes elementos: – 1) a lógica com os seus princípios de identidade (uma coisa só pode ser igual a si própria); de contradição (uma coisa não pode ser explicada por proposições contrárias entre si), de razão suficiente (as coisas existem e são conhecidas por uma causa capaz de justificar a sua existência); do terceiro excluído (se uma coisa só pode unicamente ser explicada por uma de duas proposições alternativas, a sua causa não pode residir num terceira proposição alheia àquelas duas); 2) as máximas da experiência ou "regras da vida" às quais o julgador recorre consciente ou inconscientemente; 3) os conhecimentos científicos aceites socialmente (segundo exigem os cânones da comunidade científica mundial)(...)".

[679] Cfr. por todos, o Acórdão do Tribunal Constitucional nº 27/2007, *Paulo Mota Pinto*, www.tribunalconstitucional.pt.

Na sinopse de LOPES DO REGO [680], "(...) a fundamentação da decisão sobre a matéria de facto, provada e não provada, deverá fazer-se por indicação dos fundamentos que foram decisivos para a convicção do juiz, o que compreenderá não só a especificação dos concretos meios de prova, mas também a enunciação das razões ou motivos substanciais porque eles relevaram ou obtiveram credibilidade no espírito do julgador – só assim se realizando verdadeiramente uma "análise crítica das provas"".

Da lei não decorre um modelo único de fundamentação, sendo essencial que o juiz gradue as provas segundo a relevância e credibilidade que mereceram, explicando concretamente as razões pelas quais as provas produzidas mereceram diverso acolhimento e os motivos da prevalência de umas sobre as outras.

Há que separar águas evitando psicologismos que desvirtuam a essência da motivação. Para este efeito, é essencial distinguir entre o contexto de descobrimento da prova, por um lado, e o contexto de justificação da prova, por outro.

No contexto de descobrimento, a prova faz referência ao *iter* que conduz à formulação de enunciados assertivos como verdadeiros ou ao processo de verificação de enunciados assertivos como verdadeiros. Neste âmbito, provar um enunciado sobre factos significa conhecer os factos que o fazem verdadeiro. Está em causa o raciocínio que conduz o juiz à fixação do enunciado sobre o facto como verdadeiro (ou falso), de caráter heurístico, que avança por hipóteses comprovadas ou descartadas, que se estrutura numa sequência de opções até à opção final acerca da verdade ou falsidade dos enunciados sobre os factos.

No contexto de descobrimento, perguntamos como se chegou à asserção sobre o enunciado fáctico. Está em causa o *iter* mental que conduziu o juiz, reflexivamente, a formular um enunciado sobre a veracidade dos factos controvertidos, finalizando com a aceitação, ou não, da veracidade dos enunciados sobre os factos (*motivação-atividade*). Há aqui uma operação lógico-racional que envolve a utilização das regras da lógica e de máximas de experiência.

---

[680] *Comentários do Código de Processo Civil*, I Vol., Almedina, 2ª Ed., 2004, p. 545. Sobre o âmbito e exigências do dever de motivação, vejam-se ainda com interesse os Acórdãos do STJ de 27.1.2004, *Ferreira de Almeida*, 04B23896, de 10.7.2008, *Sebastião Póvoas*, 08A2179, da Relação de Lisboa de 29.1.2004, *Maria José Mouro*, CJ 2004 – I, pp. 93-97, da Relação do Porto de 20.10.2009, *Henrique Antunes*, JTRP00043078.

No contexto de justificação, a prova faz referência à justificação desses enunciados, ou seja, às razões que permitem sustentar que esses enunciados são verdadeiros. Neste âmbito, provar um enunciado significa justificá-lo. Aqui está em causa um raciocínio justificativo que pressupõe a decisão, dirigido a mostrar que há boas razões e argumentos logicamente corretos para considerar a decisão válida e aceitável.

No contexto de justificação, perguntamos quais são as razões que justificam a afirmação do facto como verdadeiro (ou falso). Está em causa o conjunto de enunciados plasmados no despacho de fundamentação da matéria de facto que explicitam as razões que permitem aceitar o enunciado fáctico como verdadeiro ou falso (*motivação-documento*). É este o âmbito precípuo do despacho de fundamentação da matéria de facto.

Conforme realça PERFECTO ANDRÉS IBÁÑEZ, "Naturalmente, pode haver pontos de contacto entre as duas fases do raciocínio do juiz: o juiz que sabe que deve motivar será induzido a raciocinar corretamente também quando estiver a valorar as provas e formulando a decisão; o mesmo juiz, na hora de redigir a motivação, poderá utilizar os argumentos e inferências que formulou ao valorar as provar e configurar a decisão final. Sem embargo, isto não demonstra que as duas fases do raciocínio do juiz tenham a mesma estrutura e a mesma função nem sequer que uma possa considerar-se como uma espécie de reprodução da outra." [681] O mesmo autor afirma noutra obra, de forma clarividente, que "Uma coisa é o que *acontece* no psiquismo do juiz e outra o modo como ele mesmo *conduz* o raciocínio que leva à decisão. O primeiro não deve (nem pode) justificar-se, o segundo deve ser racionalmente controlado e justificado." [682]

---

[681] MICHELE TARUFFO, ANDRÉS IBAÑEZ PERFECTO e CANDAU PÉREZ, *Consideraciones sobre la prueba judicial*, Fundación Coloquio Jurídico Europeo, Madrid, 2009, pp. 42-43. Em sentido equivalente, cfr.MICHELE TARUFFO, Simplemente la Verdad, El Juez y la Construcción de los Hechos, Marcial Pons, Madrid, 2010, p. 268.

[682] *Valoração da Prova e Sentença Penal*, Lumen Juris, Rio de Janeiro, 2006, pp. 30-31. No mesmo local, e no intuito de frisar a distinção entre os dois contextos, ANDRÉS IBAÑEZ cita IGARTUA SALAVERRÍA, "Sobre el Jurado y la Motivación de su Veredicto, Una Vez Más, in Jueces para la Democracia, Nº 30, Jul/2000, pg. 63, segundo o qual "Nenhum matemático confundiria a demonstração de um teorema, ou nenhum cientista a verificação de um acerto, com uma página do seu diário pessoal ou com uma história de vida."

A TESTEMUNHA NO PROCESSO

No que tange à definição precípua do âmbito deste contexto de justificação, são particularmente incisivas as palavras de MICHELE TARUFFO:

"Motivar os factos significa explicar, com a forma de uma argumentação justificativa, o raciocínio que permite atribuir uma eficácia determinada a cada meio de prova e que, sobre esta base, fundamenta a eleição a favor da hipótese sobre o facto que, de acordo com as provas disponíveis, tem um grau de confirmação lógica mais elevado. Este supõe que a motivação deve dar conta dos dados empíricos assumidos como elementos de prova, das inferências que a partir deles se formularam e dos critérios utilizados para extrair as suas conclusões probatórias; do mesmo modo, a motivação deve dar conta também dos critérios com os quais se justifica a valoração conjunta dos distintos elementos de prova, assim como das razões que fundamentam a eleição final para que a hipótese sobre o facto esteja justificada." [683]

Na nossa jurisprudência, como exemplo paradigmático dos termos em que tem sido acolhido e interpretado o dever de fundamentação e o modo da sua expressão, colhemos o ensinamento do Acórdão do Supremo Tribunal de Justiça de 4.11.2009, *Armindo Monteiro*, 97/06, de que extratamos as seguintes passagens:

"(...) [o] dever de fundamentação não dispensa, por um lado, uma reflexão sobre o acervo probatório, as provas – o exame – e, por outro, a crítica sobre a valia respetiva, que se exerce através de um juízo de censura, juízo complexo onde se incluem a postura pessoal do declarante e testemunha, com toda a veste que exibe e onde a palavra falada nem sequer é o mais relevante, mas mais o tom de voz, os gestos, a sua postura corporal, inter-

---

[683] *Psicologia das Motivações Ajurídicas do Sentenciar: A Emergência do* Saber *em Detrimento do* Poder, Universidade Lusófona de Humanidades e Tecnologias, 2008, pp. 103 e 124.
Mais adiante, pp. 125-126, a mesma autora afirma de forma expressiva que: "Todos os indivíduos são motivados, todos potenciam o comportamento e, deste modo, orientam o que fazem, veem e sentem. O sentenciador não é exceção, possui um quadro de referências, uma bússola social, que fazem parte de si e vão influenciar a decisão judicial; parece, pois, que, para além das motivações jurídicas, existem também motivações ajurídicas que determinam a sentença (...)".

ferindo, ainda, fatores individualizados como o modo de compreensão da realidade pelo julgador, a sua mundivivência, conceções de vida, sem perder de vista as regras da experiência e da vida, com tudo o que representam de critérios de orientação, de probabilidade forte do acontecimento, conducentes à enunciação de uma verdade intraprocessual, que não tem que coincidir com a certeza absoluta, nem sempre atingível no processo .

(...) A fundamentação da enumeração das razões da convicção probatória não se basta com uma indicação " seca " e exígua, mas também se não confunde, e nem esse é o espírito do legislador, com uma prática corrente, que transforma a predominância da oralidade em um quase sistema de processo escrito, na forma de enumeração exaustiva, longa, fastidiosa, pouco sintética, fonte de incertezas, reparos e contradições, logo desnecessária, do que os intervenientes processuais – arguidos, testemunhas, declarantes, peritos e partes civis – trouxeram à audiência, antes de quedar-se na cedência a uma explicitação selecionada, racionalizada e minimamente englobante do substrato lógico-racional, ou seja de um núcleo firme de sustentabilidade, que convença o "iter" probatório seguido, excludente da sucumbência a um ideário de capricho e arbítrio, comunitariamente intoleráveis."

O primeiro parágrafo citado reporta-nos, em primeira linha, ao contexto de descobrimento em termos gerais que merecem o nosso acordo à exceção da referência genérica ao comportamento não verbal das testemunhas. O segundo excerto insere-se de pleno no contexto da justificação em termos que se nos afiguram totalmente pertinentes: a fundamentação não é uma assentada dos depoimentos mas um juízo crítico formulado a partir dos mesmos.

A livre apreciação da prova significa, desde logo, que o juiz não está sujeito às regras de prova legal que fixam, *a priori* e de forma abstrata, o valor probatório de cada meio de prova. O juiz fica liberto de tais regras de prova legal mas continua vinculado às regras da razão, devendo seguir as regras da lógica e do discorrer humano para valorar a prova de forma prudente, sem incorrer em voluntarismos ou em arbitrariedades.[684] A valoração da prova faz-se caso

---

[684] José Rainho, "Decisão de Facto – Exame Crítico das Provas", in Revista do CEJ, nº 4, p. 150, afirma de forma pertinente que: "(...) sempre esteve implícito no princípio da livre

A TESTEMUNHA NO PROCESSO

a caso segundo padrões flexíveis e critérios razoáveis, devendo o juiz enunciar os motivos pelos quais aceita ou rejeita o valor de convicção de cada meio de prova.

Na sua essência, a valoração da prova integra uma operação mental que se resolve num silogismo em que: a premissa menor é a fonte-meio de prova (a testemunha e a sua declaração); a premissa maior é uma máxima de experiência e a conclusão é a afirmação da existência ou da inexistência do facto que se pretende provar.[685]

O que carateriza a livre apreciação da prova é que, no silogismo referido, a premissa maior é constituída por uma máxima de experiência que é determinada pelo juiz e não já pela lei. O juiz tem que precisar, expressa ou implicitamente, que máxima de experiência é que utilizou na formação da sua convicção probatória. Esta exigência condu-lo a uma valoração razoada, motivada e responsável.

Num sistema de prova legal, a máxima de experiência que constitui a premissa maior é estabelecida *ex ante* pelo legislador que ordena ao juiz que aplique essa máxima de experiência ao caso concreto. Assim, as regras de prova legal não são mais que máximas de experiência que o legislador objetiva, sem deixar margem ao juiz para escolher a máxima de experiência que se deve aplicar ao caso. Ou seja, as regras de prova legal são máximas de experiência legais.[686]

---

apreciação da prova a ideia de que só uma prudente convicção era aceitável. / A verdade é que a convicção pode não ser arbitrária, pode não ser abusiva, pode não ser irracional, pode não ser caprichosa mas, a despeito disso tudo, pode também não ser prudente. Basta que para o efeito seja leviana, temerária ou temerosa. É leviana quando se forma de modo desatento, ligeiro ou superficial. É temerária quando se funda em extrapolações desmedidas ou em bases pouco sólidas. É temerosa quando cede perante a mais leve dúvida. Numa palavra: não é sensata. Na minha perspetiva a prudente convicção significa convicção *conscienciosamente* e *sensatamente* formada ou adquirida."

[685] MONTERO AROCA, *La Prueba en el Proceso Civil*, Thomson Civitas, 2007, p. 610. Também G. FOSCHINI, *Sistema del diritto Processuale Penale*, Giuffré, Milão, 1965, pp. 414-415 *apud* ANDRÉS IBAÑEZ, *Valoração da Prova e Sentença Penal*, Lumen Juris, Rio de Janeiro, 2006, p. 102, afirma que: "(...) percebido o facto fonte de prova, este permanecerá absolutamente carente de significado e mudo, aos fins da prova, se não estivesse referido à experiência e, mais precisamente, subsumido numa máxima da experiência, porque só desse modo resulta possível obter o convencimento sobre a verdade do facto diverso que é objetivo de prova."

[686] MONTERO AROCA, *La Prueba en el Proceso Civil*, Thomson Civitas, 2007, p. 611. Por sua vez, LEBRE DE FREITAS, *A Confissão no Direito Probatório*, Coimbra Editora, 1991, p. 284, Nota 58,

PROVA TESTEMUNHAL

Perante a inexistência de uma hierarquia rígida das máximas de experiência (pois se tal ocorresse, estaríamos em sede de prova legal), cabe ao juiz eleger - a partir da prova feita no processo e das particularidades do caso - a máxima de experiência aplicável com prevalência sobre outras, em função de critérios de racionalidade. Esta escolha será examinada criticamente quanto à sua racionalidade ou arbitrariedade. A mesma situação fáctica pode suscitar a aplicação de várias máximas da experiência, válidas e atendíveis, de modo que dificilmente se poderá afirmar, na maioria dos pleitos, que apenas uma valoração da prova é racional e que as demais são irracionais.

Atenta a importância da noção, regime e operatividade das máximas de experiencia, dedicar lhe-emos uma análise mais circunstanciada em capítulo autónomo (cfr. infra 11.1.).

A operacionalidade das máximas da experiência como premissa maior na valoração da prova é atestada pela jurisprudência, como se demonstra pelos dois excertos de arestos que seguem:

- " (...) a credibilidade em concreto de cada meio de prova tem subjacente a aplicação de máximas de experiência comum que enformam a opção do julgador. A sua aplicação está, sem dúvida, fora de qualquer controlo, mas a legalidade daquela regra da experiência, como normal geral e abstrata, poderá eventualmente ser questionada caso careça de razoabilidade. Assim, a determinação da credibilidade está condicionada pela aplicação de regras da experiência que têm de ser válidas e legítimas dentro de um determinado contexto histórico e jurídico." [687]
- "(...) as regras da experiência não são meios de prova, instrumentos de obtenção de prova, mas antes raciocínios, juízos hipotéticos de conteúdo genérico, assentes na experiência comum, independentes dos casos individuais em que se alicerçam, com validade, muitas vezes,

---

também afirma que: "No caso da prova legal, o papel do juiz é tão só o de verificar a ocorrência concreta do facto probatório e, constituindo este a fatispécie da norma probatória, logo deverá dar como provado o facto principal; mas, no caso de prova livre, uma vez convicto da realidade do facto probatório, o juiz poderá ou não daí deduzir a realidade do facto principal, valendo-se para o efeito das regras de experiência que achar mais adequadas ao caso concreto."

[687] Acórdão do Supremo Tribunal de Justiça de 14.3.2007, *Santos Cabral*, 07P21.

para além da hipótese a que respeitem, permitindo atingir continuidades, imediatamente, apreensivas nas correlações internas entre factos, conformes à lógica, sem incongruências para o homem médio e que, por isso, legitimam a afirmação de que dado facto é a natural consequência de outro, surgindo com toda a probabilidade forte, próxima da certeza, sem receio de se incorrer em injustiça, por não estar contaminado pela possibilidade física, mais ou menos arbitrária, impregnado de impressões vagas, dubitativas e incredíveis." [688]

O Acórdão nº 1165/96 do Tribunal Constitucional enfatizou que a livre apreciação da prova tem de se traduzir numa valoração racional e crítica, de acordo com as regras comuns da lógica, da razão, das máximas da experiência e dos conhecimentos científicos que permite a objetiva a apreciação, requisito necessário para uma real motivação. Com a exigência da objetivação da convicção poderia pensar-se nada restar já à liberdade do julgador, mas não é assim: a convicção do julgador há de ser sempre e também uma convicção pessoal.[689] Adverte NIEVA FENOLL que "Mesmo entre os juízes melhor preparados do mundo haverá diferenças significativas de parecer perante a observação das mesmas provas e alegações." [690]

O que está vedado ao juiz é fazer assentar a sua convicção apenas na intuição. Existe aqui uma regra de ouro qual seja a de que o que não se consegue motivar legitimamente, não existe.[691] Como explica NIEVA FENOLL, "Apesar de a intuição ser um mecanismo extraordinariamente eficaz para tomar decisões rápidas na vida quotidiana, o seu uso não pode estender-se a algo que não tem que ser rápido, nem muito menos irrefletido, como uma sentença. Quer dizer, o uso na valoração da prova por parte do juiz desse conjunto difuso que constituem as "máximas da experiência", não pode levar-se ao extremo de substituir com essas máximas aquilo que as provas dizem, ou colmatar as lacunas do que as provas não dizem." [692] Em sentido equivalente, MICHELE TARUFFO afirma que a decisão sobre os factos não pode ser o fruto de uma

---

[688] Acórdão do Supremo Tribunal de Justiça de 6.7.2011, *Hélder Roque*, 3612/07.
[689] Publicado no BMJ, nº 461, p. 93.
[690] *La Duda en el Proceso Penal*, Marcial Pons, Madrid, 2013, p. 81.
[691] NIEVA FENOLL, *La Valoración de la Prueba*, Marcial Pons, Madrid, 2010, p. 207.
[692] NIEVA FENOLL, *La Valoración de la Prueba*, Marcial Pons, Madrid, 2010, p. 207.

intuição irracional, ou de uma introspeção através da qual o juiz penetre nas pregas mais recônditas do seu espírito para emergir com uma certeza subjetiva, inescrutável e misteriosa, sobre a verdade dos factos.[693]

Em suma, a convicção expressa tem que ser objetivável e intersubjetiva. No contexto de descobrimento em que se formulam hipóteses de interpretação e reconstituição dos factos, a intuição poderá ser uma ferramenta de trabalho a que o juiz recorre. Todavia, quando passamos ao contexto de justificação, há que descartar tudo o que não seja suscetível de verbalização. Assim, as potencialidades heurísticas da intuição são transitórias: no caso de existirem provas que constituam arrimo suficiente para a formulação da convicção, a intuição desaparece e estas é que sedimentam a convicção; inexistindo tais provas, fenece qualquer relevo probatório ao juízo intuitivo. Na esteira de PERFECTO IBAÑEZ, o juiz que assuma com profissionalismo e honestidade intelectual o dever de motivar esforçar-se-á para eliminar do seu discurso valorativo aqueles elementos cuja utilização não seja suscetível de justificação racional, para mover-se – unicamente – no âmbito do racionalmente justificável.[694]

O resultado da valoração da prova é sempre contextual, ou seja, decorre de um determinado conjunto de elementos de prova pelo que se este conjunto variar, por adição ou subtração de algum elemento, o resultado pode ser perfeitamente outro.

Feito este enquadramento e sem prejuízo do que se dirá a propósito da colisão da prova testemunhal com outros meios de prova (cfr. 12. *infra*), cremos que a expressão da valoração dos depoimentos na motivação deve pautar-se pelos seguintes parâmetros:

- Cada testemunha deve ser objeto de uma valoração própria no que tange aos critérios que (des)credibilizam o seu depoimento, concluindo-se pela atendibilidade parcial ou total do seu depoimento;
- Devem ser enunciados os concretos factos para cuja prova ou não prova contribuiu cada depoimento individual;

---

[693] *Simplemente la Verdad, El Juez y la Construcción de los Hechos*, Marcial Pons, Madrid, 2010, p. 220.

[694] *Valoração da Prova e Sentença Penal*, Lumen Juris, Rio de Janeiro, 2006, p. 48.

– No caso de existirem uma pluralidade de declarações contraditórias sobre um mesmo facto, devem ser enunciadas as razões pelas quais merecem maior credibilidade as declarações de uma testemunha sobre as demais testemunhas divergentes;
– Devem discriminar-se os segmentos da declaração da testemunha que são corroborados ou contraditados pelo resultado de outros meios de prova.

No caso da existência de contradições entre várias testemunhas sobre um mesmo facto, podem enunciar-se genericamente os seguintes critérios: dar preferência àquela testemunha que demonstre um conhecimento mais direto dos factos; dar preferência à declaração de testemunha com menos interesse na causa face à testemunha cuja parcialidade seja questionável; privilegiar a testemunha que responde com conhecimento direto sobre factos centrais sobre a testemunha que tem conhecimento de aspetos periféricos do evento.

Contudo, estas regras devem ser observadas com prudência e sempre com atenção às particularidades do caso porquanto, por exemplo, um familiar (cuja parcialidade é configurável *ab initio*) pode ter um conhecimento mais fidedigno e objetivo do que um terceiro desconhecedor das partes.

A existência de contradições num mesmo depoimento deve ser valorada com particular cuidado porquanto, consoante já vimos, as contradições podem ser explicadas pelas contingências do processo mnésico e pelos termos em que decorre o próprio interrogatório.

No caso de persistirem tais contradições e das mesmas não serem explicáveis pelos fatores referidos, têm sido propostos vários critérios díspares para a apreciação de tais contradições. Assim, partindo da premissa que um dos relatos corresponde à verdade, há quem proponha que se deve outorgar credibilidade ao último relato quando a testemunha foi renuente ao responder inicialmente. Outros propõem que se atenda à primeira descrição por ser a mais espontânea e próxima ao momento da perceção dos factos. Releva ainda nesta sede apurar se a retificação provém espontaneamente da testemunha ou se decorre de uma admoestação. Neste cenário de contradições dentro do mesmo testemunho, ABEL LLUCH propõe que o mais prudente será neutralizar as declarações contraditórias e prescindir da força proba-

PROVA TESTEMUNHAL

tória da declaração, salvo se uma das versões dos factos for ratificada por outros meios de prova.[695]

11.1. As máximas da experiência

11.1.1. Conceito

No âmbito da sua pesquisa sobre os limites do conhecimento privado do juiz, FRIEDRICH STEIN publicou, em 1893, *Das Private Wissen des Richters,* sendo nessa obra feito o estudo pioneiro sobre as máximas de experiência. Tal obra continua a ser fonte de referência para a análise das máximas da experiência.

Na definição de STEIN, as máximas de experiência "são definições ou juízos hipotéticos de conteúdo geral, desligados dos factos concretos que se julgam no processo, procedentes da experiência, mas independentes dos casos particulares de cuja observação foram induzidos e que, além destes casos, pretendem ter validade para outros novos".

Aclarando tal conceito, Stein nota que a máxima da experiência exige algo mais do que a repetição de casos, necessitando que se verifique "algo independente que nos permite esperar que os casos vindouros, ainda não observados, produzir-se-ão da mesma forma que os observados". As máximas da experiência devem pertencer ao património comum, incidindo sobre fenómenos que possam ser observados por todos. As máximas da experiência são marcadas pela sua relatividade. Nas próprias palavras de Stein, "não são mais do que valores aproximados a respeito da verdade, e como tais, só têm vigência na medida em que novos casos observados não mostrem que a formulação da regra empregada até então era falsa"[696].

A partir da sistematização de STEIN, FLÁVIA PESSOA[697] identifica como pontos fundamentais de caracterização das máximas de experiência:

[695] ABEL LLUCH e PICÓ I JUNOY (Directores), *El Interrogatorio de Testigos,* Bosch, Barcelona, 2008, pp. 447-448.

[696] Excertos citados a partir de FLÁVIA GUIMARÃES PESSOA, *Máximas de Experiência no Processo Civil,* Evocati, Aracaju, 2006, pp. 68 a 70.

[697] *Máximas de Experiência no Processo Civil,* Evocati, Aracaju, 2006, pp 70-71.

- As máximas da experiência caracterizam-se pela generalidade, podendo ser encontradas sob a forma de teses hipotéticas ou de definições que decompõem uma palavra ou um conceito nas suas partes constitutivas;
- Para a criação de uma máxima de experiência é indiferente a quantidade de casos observados; essencial é que os factos tenham algo relevante que os ligue, permitindo concluir que se trata do que ordinariamente acontece;
- As máximas de experiência devem estar submetidas a um constante processo de reformulação, a partir dos casos que deram origem à sua formação bem como dos posteriores;
- As máximas de experiência extraem-se por indução e aplicam-se por dedução;
- As máximas da experiência são sempre relativas, variáveis no tempo e no espaço, estabelecendo um juízo *a priori*;
- Em todos os casos, as máximas de experiência admitem prova em contrário pela parte eventualmente prejudicada.

CASTRO MENDES critica a noção de STEIN por restringir as máximas de experiência às regras induzidas da observação (juízos descritivos), deixando na sombra os juízos valorativos. Para este professor, a figura das máximas de experiência deve abranger todo o campo dos juízos gerais (de facto), independentemente da sua origem imediata-observação, dedução ou valoração [698].

Defende que "(...) o conceito de máxima de experiência tem consistência e valor no domínio da questão de facto, como afirmações genéricas de facto. Funcionam então como premissas maiores das presunções simples, e é portanto em primeiro lugar à sua luz que é estudada a realidade concreta, antes de ser juridicamente valorada" [699].

BARBOSA MOREIRA[700] afirma que seria absurdo que o juiz, no exercício da judicatura, se despojasse das noções que apreendeu como homem, no seio da sociedade e cultura em que vive. Disso resultam as chamadas regras

---

[698] *Do conceito de prova em processo civil*, Edições Ática, Lisboa, 1961, pp. 663 e ss.

[699] *Do conceito de prova em processo civil*, Edições Ática , Lisboa, 1961, p. 666.

[700] "Regras de experiência e conceitos jurídicos indeterminados", in *Temas de Direito Processual*, São Paulo, Saraiva, 1988, p. 62, *apud* GILBERTO FACHETTI SILVESTRE, *As Máximas de Experiência no Processo Civil*, Vitória, 2009, p. 31.

da experiência, que não são acontecimentos, mas "(...) noções que refletem o reiterado perpassar de uma série de acontecimentos semelhantes, autorizando, mediante raciocínio indutivo, a convicção de que se assim costumam apresentar-se as coisas, também assim devem elas, em igualdade de circunstâncias, apresentar-se no futuro."

São também expressivas as palavras de CÂNDIDO RANGEL DINAMARCO[701] quando afirma:

> "Atentos e sensíveis às realidades do mundo, eles [os juízes] têm o dever de captar pelos sentidos e desenvolver no intelecto o significado dos factos que os circundam na vida ordinária, para traduzir em decisões sensatas aquilo que o homem comum sabe e os conhecimentos que certas técnicas elementares lhe transmitem. Na realidade da vida e às vezes no quotidiano, há factos que ordinariamente se sucedem a outros, e tanto quanto o homem da rua (Calamandrei), o juiz não deve estar alheio a essa percepção nem decidir como se a vida não fosse assim – sob pena de transformar o processo em uma técnica bem organizada para desconhecer o que todo mundo sabe".

TARUFFO [702] escreve que "(...) a máxima de experiência é uma regra geral construída indutivamente com base na experiência relativa a determinados estados de coisas. Essa regra pode depois ser utilizada pelo juiz como critério para fundar seus raciocínios e, sendo uma regra geral, ela serve para este como premissa-maior dos silogismos mediante os quais articula seu raciocínio." A máxima atua como premissa maior de uma ilação judicial, "( ) a qual pode ser portadora da certeza lógica da dedução silogística, precisamente porque fundada em uma premissa fáctica de natureza geral".

Para este autor, as máximas de experiência manifestam uma tentativa de racionalização do senso comum utilizado no raciocínio judicial sobre os factos. Isto porquanto ao entendimento de que o raciocínio do juiz não se rege por normas nem é determinado por critérios jurídicos, correspondeu a solu-

---

[701] *Instituições de direito processual civil*, III Vol., 5ª Ed, São Paulo, 2005, pp. 121-122, *apud* GILBERTO FACHETTI SILVESTRE, *As Máximas de Experiência no Processo Civil*, Vitória, 2009, p. 33.
[702] "Senso comum, experiência e ciência no raciocínio do juiz", in *Revista da Escola Paulista de Magistratura*, Vol 2, Nº2, São Paulo, Jul/Dez 2001, pp. 186, 187-188.

ção de racionalizar e conceitualizar o senso comum através das máximas da experiência. À objeção de que haviam incertezas e perigos de subjetivismo quando ao recurso ao senso comum e à experiência, correspondeu a solução de exaltar o recurso à ciência na formação do raciocínio do juiz.

Ainda no que tange à formação das máximas da experiência por indução, é de notar que esta caraterística é compartilhada pelo método das ciências experimentais. A diferença essencial que ocorre entre as máximas de experiência e as leis científicas decorre da modalidade de confirmação da regra. Enquanto a indução nas ciências é feita com base numa exaustiva análise de casos particulares (*indução completa*), no caso das máximas de experiência essa indução é feita com base num número de casos relevantes mas não exaustivo (*indução incompleta*). E, partindo-se deste número de casos, no pressuposto de um princípio elementar de uniformidade das situações, constrói-se uma regra probabilística. Daí que as regras científicas, assentando numa indução completa, suscitem elevada aceitabilidade na medida em que são obtidas por uma indução particularmente qualificada.

Baldassare Pastore[703] enfatiza que as regras de experiência consistem em generalizações derivadas do *id quod plerumque accidit* ou extrapoladas da experiência individual, posicionando-se como leis gerais idóneas a fundar sucessivas operações dedutivas.

Suscita a nossa adesão a noção geral descritiva proposta por Gilberto Silvestre[704], segundo o qual as máximas de experiência são noções extralegais e extrajudiciais a que o juiz recorre, as quais são colhidas nos conhecimentos científicos, sociais e práticos, dos mais aperfeiçoados aos mais rudimentares. Tais conhecimentos não representam a íntima convicção do juiz mas fatores que surgem da vivência (experiência) coletiva e são apreensíveis pelo homem médio, adquirindo autoridade precisamente porque trazem consigo essa imagem do consenso geral.

Conforme já referimos anteriormente, as máximas da experiência podem consistir em regras gerais de caráter científico com validade universal (v.g. regras da matemática, da física) ou podem consistir no princípio da normalidade, também designado por *id quod plerumque accidit*. Segundo este, os fac-

---

[703] *Giudizio, prova, ragion pratica: un approcio ermeneutico*, Milão, Giuffre, 1996, pp. 174-175.
[704] *As Máximas de Experiência no Processo Civil*, Vitória, 2009, pp. 34, 137, 138.

tos não se apresentam isolados, mas relacionados entre si, seja por relações de causa-efeito seja por uma ordem lógica e regular. As pessoas, ao contemplarem a sucessão dos factos, formam uns *standards* de conduta nos termos dos quais, perante a ocorrência "normal" de um facto determinado, estimam produzidos igualmente todos aqueles factos que costumam acompanhar o primeiro. Ou seja, os acontecimentos da natureza e associados ao comportamento humano costumam ser reiterativos.

Estas regularidades pressupõem uma visão do mundo caracterizada pela uniformidade dos fenómenos, mas são probabilísticas, sendo impossível assegurar que no futuro, não ocorrerá um caso em que o consequente seja distinto. Essas regularidades não expressam o mesmo grau de probabilidade nem têm o mesmo fundamento cognoscitivo.

Mesmo entre as regras de caráter científico, a fiabilidade das mesmas é díspar. Não é por acaso que se recorre à distinção entre ciências de explicação e ciências de compreensão, cabendo nestas as ciências humanas (v.g. psicologia, sociologia, economia), para destacar que os métodos de investigação próprios das primeiras não são aplicáveis às segundas. Daí que a utilização mesmo de provas científicas ancoradas nas ciências humanas requere critérios adequados para valorar a fiabilidade dos conhecimentos assim aportados para o juiz fixar os factos.

11.1.2. Tipologia das máximas de experiência
Em razão da sua origem ou fonte de conhecimento, as máximas de experiência podem classificar-se em:

1. Máximas de experiência comum;
2. Máximas de experiência técnica;
3. Máximas de experiência axiológica.

As regras de experiência comum são extraídas do que ordinariamente acontece na vida em sociedade, constituindo noções culturais do homem médio que constituem património comum da coletividade. A fonte de tais regras assenta na reiteração de factos que ocorrem todos os dias, permitindo-se extrair dos mesmos uma regra que pode ser aplicada quando aparecerem idênticas circunstâncias de facto. Estas máximas possuem um valor objetivo "(...) que permite extrair uma regra com base em elementos empíricos, tornando possível extrair juízos de repetição para casos futuros ainda não observados". [705]

Estas máximas têm natureza heterogénea e podem surgir de todos os campos do saber: técnico, médico, comum, psicologia, economia, etc.

Podem indicar-se os seguintes exemplos:

- O terceiro desinteressado diz a verdade;
- O terceiro interessado, mas de comprovada moralidade, diz a verdade;
- A pessoa idosa recorda mal os factos recentes e bem aqueles remotos;
- É muito provável que a pessoa anciã tenha dificuldades de audição e visão;
- A declaração da parte desfavorável ao seu próprio interesse e favorável ao interesse do adversário é verdadeira;
- A declaração da parte favorável ao próprio interesse e desfavorável ao interesse do adversário não pode ser atendida plenamente;
- Uma declaração subscrita faz própria aquela declaração;
- A representação de uma declaração ou de um facto contida num documento redigido por quem desenvolve institucionalmente a função de recolher a declaração alheia, representa factos ocorridos na sua presença e tem fé pública;
- Ordinariamente a cessão do imóvel faz-se a título oneroso, o qual deve ser presumido e não o comodato;
- O mesmo quanto à entrega de dinheiro, devendo-se presumir a obrigação de restituí-lo;
- Uma pessoa disposta a comprar títulos não quer comprá-los por preço superior ao do dia, salvo circunstâncias excecionais;
- A capacidade de trabalho diminuiu a partir dos 65 anos;
- A carta de confirmação reproduz corretamente o conteúdo do contrato;
- Um imóvel com recheio obtém um preço mais elevado do que vazio;

---

[705] Francisco Rosito, *Direito Probatório: As Máximas da Experiência em Juízo*, citado por Gilberto Fachetti Silvestre, *As Máximas de Experiência no Processo Civil*, Vitória, 2009, p. 85.

PROVA TESTEMUNHAL

- Vários negócios jurídicos independentes entre si e consignados exteriormente em documentos distintos, segundo a vontade das partes, devem considerar-se também juridicamente como negócios independentes;
- Quem celebra o contrato são os sujeitos em que radica o interesse na realização das prestações correspondentes[706];
- É de aceitar que a declaração representada num documento particular não assinado, cuja autoria foi estabelecida, foi efetivamente feito pelo autor.[707]

As regras de experiência técnica correspondem aos conhecimentos científicos que estão ao alcance do homem médio, independentemente de maiores aprofundamentos, estando tais conhecimentos difundidos no meio cultural. Trata-se de conhecimentos não especializados, profundos, mas do domínio comum.

Podem apontar-se como exemplos:

- A pessoa que está sob turbação psíquica percebe mal a realidade;
- A pessoa com diminuição de audição não escuta sons de longas distâncias;
- A pessoa míope e sem óculos não enxerga bem à distância;
- Se um veículo viaja a 100 km/h, então numa hora percorrerá cerca de cem quilómetros;
- A água ferve a cem graus.

Também aqui o conhecimento deve constituir uma noção pertencente ao património cultural da coletividade e não ser apenas do juiz.

---

[706] Acórdão do Tribunal da Relação de Lisboa de 17.2.2011, *Henrique Antunes*, Proc. 2728/04, não publicado. Discutia-se nesse aresto quem tinha celebrado o contrato de depósito, afirmando-se que "(...) no caso, constituindo a coisa depositada , pertença da autora, e, portanto, radicando nela o interesse na sua guarda e custódia, uma regra, extraída da normalidade dos acontecimentos, inculca que terá sido ela a concluir o contrato que constitui objecto daquelas prestações".

[707] JOSÉ LEBRE DE FREITAS, *A Confissão no Direito Probatório*, Coimbra Editora, 1991, p. 284, Nota 57.

As regras de experiência axiológica são os juízos de valor que, a par dos outros conhecimentos já referidos, integram o património cultural da comunidade e são acessíveis ao homem médio. São integradas por "(...) um conjunto de valores comungados pelos membros da sociedade que, não obstante a sua heterogeneidade e multidimensionalidade, possuem (ou devem possuir) valores comuns que direcionam as relações entre os sujeitos e se tornam referencial não só de conduta, mas também de um programa político para aquela comunidade, direcionando ações e seu destino".[708] O que torna esses valores comuns é o facto de serem referências axiológicas para a vida em sociedade, quer no quotidiano das relações sociais quer na tarefa de determinar o paradigma dessa sociedade que se expressa na lei.

Podem citar-se como exemplos:

- Mãe é quem cria, não quem dá à luz;
- A pessoa que comete ato ilícito não poderá beneficiar dele;
- *Neminem laedere* (não causar prejuízo a outrem);
- *Suum cuique tribuere* (dar a cada um aquilo que é seu);
- *Honeste vivere* que mais tarde foi modificado para *pacta servare* (viver honestamente ou cumprir os compromissos).

Estes três últimos exemplos expressam o que a sociedade espera da regulamentação jurídica: as regras de Direito devem preservar a integridade dos sujeitos; o Direito deve promover a justiça e ser justo; o Direito deve tutelar a paz e a segurança sociais a partir dos compromissos firmados.

Em suma, as máximas de experiência axiológica convergem nos denominados princípios gerais de direito.

11.1.3. Funções das máximas de experiência

As máximas da experiência constituem instrumentos metodológicos e processuais de realização do Direito, constituindo critérios objetivos que o juiz utiliza como orientação para aplicar o Direito no caso concreto.

---

[708] GILBERTO FACHETTI SILVESTRE, *As Máximas de Experiência no Processo Civil*, Vitória, 2009, p. 94.

As funções processuais das máximas de experiência são:

1. A função probatória;
2. A função hermenêutica;
3. A função integrativa.

Cingiremos aqui a nossa apreciação à função probatória que respeita à utilização das máximas da experiência no apuramento dos factos e na formação da convicção do juiz.

Assim, desde logo, as máximas da experiência intervêm na construção das presunções judiciais, nas quais operam como a premissa maior do silogismo factual que se produz ao adotar o facto indiciário como premissa menor.

As máximas da experiência servem para completar em sentido positivo (corroborante) ou negativo (infirmante) o resultado de outra prova. Quando, perante um depoimento testemunhal, o juiz pondera se a testemunha tem algum impedimento, se é dotada de caráter e de idoneidade, está no fundo a aplicar máximas de experiência.

No sistema de persuasão racional, as máximas da experiência atuam como elemento auxiliar na análise das provas produzidas, incidindo diretamente na valoração das provas. Ou seja e de forma geral, a valoração dos resultados probatórios consiste numa operação gnoseológica que leva o juiz a aceitar a alegação factual x em decorrência da aquisição do meio de prova y mediante o recurso a uma máxima de experiência, com base na qual se pode considerar provavelmente verdadeira a alegação x em presença do meio de prova y.[709]

MONTERO AROCA [710] afirma mesmo – consoante já vimos – que o caracteriza o sistema da livre apreciação da prova radica em que, no silogismo em que se resolve esta operação mental, a premissa maior é uma máxima de experiência determinada pelo juiz, o que conduz a uma motivação racional, motivada e responsável.

As máximas de experiência podem servir de critério e referencial confirmativo das conclusões obtidas de molde que, se o facto reconstruído estiver

---

[709] ANTONIO CARRATA, "Prova e convincimento del giudice nel processo civile", in *Rivista di Diritto Processuale*, Ano 2003, p. 43.

[710] "Valoración de la prueba, reglas legales, garantia y libertad en el proceso civil", in *Revista Iberoamericana de Derecho Procesal Garantista*, 2007, p. 12.

em desacordo com o que ordinariamente acontece, serão maiores as exigências de confirmação racional.

Intervêm mesmo como critério de admissibilidade da prova. Pense-se num caso em que é requerida a autópsia muito tempo desde o óbito, caso em que as máximas da experiência podem conduzir ao indeferimento de tal meio de prova.

É certo que as máximas da experiência não podem oferecer uma certeza absoluta mas não deixam de conceder um valor cognitivo de probabilidade mais racional porquanto decorrem daquilo que ordinariamente acontece e é apreensível pelo homem de cultura média.

11.1.4. Regime das máximas da experiência

No âmbito da livre apreciação da prova, o juiz tem o dever de raciocinar corretamente e de utilizar oficiosamente as máximas da experiência[711], sob pena de decidir em desconformidade com a realidade.

CASTRO MENDES entende que o regime do Artigo 664º do Código de Processo Civil (correspondente ao atual Artigo 5º, nº3) não foi determinado para a afirmação genérica de direito por ela ser de direito, mas por ser genérica, razão pela qual entende que o mesmo regime deve ser extensível à afirmação genérica de facto [712]. Daqui retira a ilação de que as afirmações genéricas estão fora do campo da disponibilidade das partes.

As máximas de experiência necessitam de prova?

A resposta mais comum a esta questão é a de que não necessitam de prova porquanto, se o juiz a desconhece, tal significa que a mesma não tem o caráter básico de generalidade, não sendo uma genuína regra de experiência. Todavia, atenta heterogeneidade das máximas e a diversidade dos fundamentos cognoscitivos das mesmas, poderá a parte discutir a generalidade e certeza da mesma ou, inversamente, pode a parte pretender convencer o juiz que aquela é a sequência natural das coisas.

Outra questão que se coloca nesta sede é a de saber se o juiz pode usar livremente o seu saber privado quanto às máximas da experiência.

---

[711] MASSIMO NOBILI, "Nuove polemiche sulle cosiddette "massime d'experienza"", in *Revista Italiane di Diritto e Procedura Penale*, 1969, Nuova Serie, Anno XII, p. 142.

[712] *Do conceito de prova em processo civil*, Edições Ática, Lisboa, 1961, p. 603.

PROVA TESTEMUNHAL

Aqui há que fazer uma distinção entre o saber privado e o saber cultural do juiz. O primeiro é um conhecimento *ad hoc* que o juiz adquire fora dos autos, designadamente após o surgimento da pretensão das partes. Versa sobre factos particulares concretos, não obtidos pela atividade oficial. O saber cultural é marcado pela generalidade e pré-existe ao processo, nesta categoria se inserindo as máximas da experiência e os factos notórios. É o conhecimento que o juiz tem enquanto membro de uma comunidade.

O princípio da proibição do uso pelo juiz do seu saber privado (sentido estrito) decorre do princípio segundo o qual o juiz deve julgar pelos conhecimentos adquiridos através do processo e não por quaisquer conhecimentos que adquira fora dele. Segundo CASTRO MENDES[713], a proibição do uso pelo juiz dos conhecimentos adquiridos foram do processo tem uma dupla fundamentação doutrinária, consoante se trate de (i) conhecimentos adquiridos para o processo ou (ii) conhecimentos adquiridos sem essa intenção, designadamente antes do processo. No primeiro caso, a proibição baseia-se na necessidade de imparcialidade do juiz resultante do princípio da igualdade das partes perante o tribunal. No segundo caso, a razão da proibição decorre de ser necessário facultar às partes o efetivo exercício do contraditório.

O fundamento legal da proibição do uso pelo juiz do seu saber privado decorre da articulação dos Artigos 115º, 499º e 415º do Código de Processo Civil (anteriores Artigos 122º, 620º, nº1 e 517º).

Assim, em sede de averiguação de factos concretos para o processo, a aquisição de conhecimentos para o processo deve ser feita através do processo. Necessitando o juiz de informações relativas a questões de natureza técnica cuja solução dependa de conhecimentos especiais que o juiz não disponha, deve então recorrer à prova pericial.

O saber cultural atua designadamente ao nível da função probatória das máximas de experiência.

11.1.5. Limites à utilização das máximas de experiência

A utilização de máximas de experiência comporta riscos não despiciendos e que, em última instância, pode conduzir a uma decisão errónea. Daí que a

---

[713] *Do conceito de prova em processo civil*, Edições Ática, Lisboa, 1961, pp. 609-610.

A TESTEMUNHA NO PROCESSO

sua formulação e utilização devam ser rodeadas de particulares cuidados e reservas sob pena do desvirtuamento da sua efetiva utilidade.

Como vimos, as máximas de experiência pertencem à cultura média mas esta integra também noções de senso comum. Nas palavras de TARUFFO [714], o senso comum é:

> "(...) um conjunto de conhecimentos e critérios de julgamento, de raciocínio e interpretação, que se presumem geral ou preponderantemente compartilhados em dado ambiente social ou em certo momento histórico – mas isso não exclui que esse contexto tenha caracteres intrínsecos de variabilidade, de incoerência e de indeterminação. Além disso, como de resto acontece com qualquer pessoa, o juiz retira do senso comum informações que provêm de outras pessoas, sem ter qualquer controle sobre a sua formação, qualidade e confiabilidade. Não é por acaso que existem inúmeros exemplos de convicções difusas que mais cedo ou mais tarde se revelam falsas ou moralmente inaceitáveis. Além do mais, provavelmente ninguém poderia estabelecer com precisão o que pertence e o que não pertence ao senso comum em determinado lugar e momento, e muito menos seria possível redigir uma lista clara, coerente e completa dos *componentes* deste".

Na doutrina de língua inglesa, as máximas de experiência têm como sucedâneo o denominado "*background knowledge*", "*common sense*" ou "*society's stock of knowledge*". No que tange às contingências de tal tipo de conhecimento, afirmam TERENCE ANDERSON, DAVID SCHUM e WILLIAM TWINING[715],

> "The bases for such generalizations are as varied as the sources for the beliefs themselves – education, direct experience, the media, gossip, fiction, fantasy speculation, prejudice, and so on. In legal contexts it is useful do draw broad distinctions between different kinds of generalizations according to their perceived reliability in a given society at a given time,

---

[714] MICHELE TARUFFO, "Senso comum, experiência e ciência no raciocínio do juiz", in *Revista da Escola Paulista de Magistratura*, Vol 2, Nº2, São Paulo, Jul/Dez 2001, p. 180.
[715] *Analysis of Evidence*, Cambridge, 2005, p. 269.

PROVA TESTEMUNHAL

bearing in mind that there is a continuum that ranges from uncontested scientific truths, through "knowledge" based on more or less established forms or expertise, to largely uncontested general knowledge, to less established "common sense" generalizations, to beliefs that are based on limited experience, faith, speculation, myth, or prejudice. Although these are quite rough categories, it is important to realize that they can operate quite differently about questions of fact in legal contexts".

Da articulação destes dois excertos deriva uma primeira conclusão, qual seja a de que o conceito de máximas de experiência tem de ser necessariamente mais restrito que o de senso comum e de cultura média.

As máximas de experiência são dotadas de diversos fundamentos cognoscitivos e de díspares graus de generalidade que se refletem diretamente na sua atendibilidade e eficácia.

Acompanhando Taruffo [716], podemos distinguir quatro categorias de máximas de experiência quanto ao seu fundamento cognoscitivo:

1. Generalizações fundadas em leis científicas;
2. Quase-generalizações;
3. Generalizações espúrias;
4. Generalizações radicalmente espúrias.

Algumas máximas de experiência fundam-se em generalizações que podem considerar-se como válidas porque correspondem a uma modalidade em que certo acontecimento ocorre na realidade, v.g., todos os homens são mortais. Estas generalizações colhem razão de ser em conhecimentos cientificamente confirmados, em leis científicas ou naturais que explicam os fenómenos. Estas leis fundam uma máxima de experiência a partir da qual se pode construir uma inferência de caráter dedutivo.

São mais frequentes as máximas de experiência que não exprimem uma lei geral mas se fundam numa quase-generalização, ou seja, sobre a enunciação de uma tendência de ocorrência de um acontecimento em certa modali-

---

[716] "Considerazioni sulle massime d'esperienza", in *Rivista Trimestrale di Diritto e Procedura Civile*, Anno LXIII, Nº 2, Giugno 2009, pp. 554 e ss, que aqui se acompanha de perto.

A TESTEMUNHA NO PROCESSO

dade que vem confirmada no plano científico por um grau de probabilidade muito elevado. Por exemplo, X não acontece de certo modo em 100% dos casos mas confirma-se empiricamente que ocorre de tal modo em 98% dos casos. Diz TARUFFO que, nesta situação, a máxima funda-se numa generalização que não tem validade universal mas que, todavia, pode ser praticamente equiparada a uma genuína generalização desde que a margem de erro seja tolerável. A discussão vem, então, a centrar-se no que será a margem de erro tolerável de cada caso.

As inferências assentes nestas quase-generalizações terão então um caráter de quase-certeza que, de qualquer modo, se considera aceitável no caso concreto.

Diversamente, nas generalizações espúrias são efetuados enunciados em termos gerais mas desprovidos de qualquer confirmação científica ou empírica cabal, baseando-se numa confirmação empírica inadequada a fundar uma aceitação prática de uma generalização. Serão os casos em que a pesquisa epidemiológica produz resultados expressos em frequências estatísticas baixas muito longe dos 100%.[717] Neste caso, as generalizações espúrias não são idóneas a formular uma inferência válida.

Finalmente, as generalizações radicalmente espúrias não se fundam em nenhuma experiência científica ou empírica mas apenas numa pretensa "experiência". Nestas não se sabe nem se pode saber: a que experiência se referem; quem formulou a generalização; qual a base cognoscitiva em que assenta; quantos são os casos concretos que foram tidos em consideração como fundamento indutivo para a formulação da máxima. Integram-se aqui máximas de experiência que não exprimem nenhum "conhecimento", correspondendo a meros preconceitos sociais difusos, de género, de raça, de religião (v.g. os ateus não são dignos de confiança), de caráter político (v.g. os membros de partidos progressistas são socialmente perigosos) e outros congéneres. Cada contexto social num determinado momento histórico possui uma cultura

---

[717] TARUFFO dá como exemplo a máxima segundo a qual o fumo causa o cancro do pulmão que é enunciada como uma lei causal geral, enquanto as pesquisas científicas demonstram que o fumo aumenta em certa medida (não particularmente relevante sob o aspeto de frequência estatística) o risco de um fumador singular contraia o cancro. Esse incremento de risco pode ser significativo mas os dados epidemiológicos disponíveis não oferecem confirmação suficiente à máxima em questão (pp. 557-558).

constituída por um conjunto de preconceitos consolidados, os quais tendem a ser formulados como regras gerais. O senso comum serve-se de estereótipos nos quais se definem personagens típicas, a partir das quais se interpreta a realidade. Todavia, como é bom de ver, estas generalizações estão desprovidas de qualquer valor cognoscitivo e fundamento racional, sendo inidóneas a fundar uma conclusão aceitável.

Deste breve excurso, resulta o seguinte princípio fundamental: uma máxima de experiência não pode atribuir à conclusão que dela é extraída um grau de credibilidade superior ao fundamento cognoscitivo que é próprio e está ínsito à máxima.

TARUFFO propõe o uso de regras que podem favorecer um emprego mais racional das máximas de experiência, reduzindo o risco de erro associado ao seu uso:

– Uma primeira regra corresponde ao princípio já enunciado: não se pode atribuir a uma máxima de experiência um valor cognoscitivo superior ao que está subjacente à formulação da própria máxima. Dizer que, de vez em quando, acontece x não equivale a dizer que acontece sempre x.

– Se uma máxima é enunciada em termos gerais, um só contra-exemplo é suficiente a falseá-la ou, quando muito, a demonstrar que ela não tem validade geral (v.g., a existência de um cisne negro é suficiente a falsear a afirmação geral de que todos os cisnes são brancos). O contra-exemplo pode ser dado pelo caso específico sob apreciação.

– Uma máxima de experiência não pode ser empregue se é contraditada pelo conhecimento científico disponível. O senso comum e a cultura média não podem prevalecer sobre dados científicos confirmados.

– Uma máxima de experiência não pode ser validamente empregue se é contrariada por outra máxima de experiência que tenha um fundamento mais sólido e menos incerto.

– Devem só ser utilizadas máximas cuja formulação pré-exista ao caso específico a que se vão aplicar, não se devendo formular uma máxima *ad hoc* só com base no caso singular em apreciação.

Esta posição crítica de TARUFFO evidencia a principal vulnerabilidade das máximas de experiência. A máxima de experiência, ao realizar o salto indu-

A TESTEMUNHA NO PROCESSO

tivo despegando-se dos casos cuja observação deu origem à "regra", passa a ser tomada como ponto inicial de uma raciocínio dedutivo (premissa maior) dirigido a formar a convicção quanto à existência do *factum probandum*. Ao desligar-se a máxima de experiência dos factos que lhe deram origem, reduz-se substancialmente a possibilidade do controle da decisão que utiliza a máxima de experiência. Como adverte DAISSON FLACH, "Todos os possíveis erros de percurso, como, por exemplo, a descontextualização histórica da analogia realizada, a inadequação metodológica da estatística que deu origem à generalização, a inidoneidade da construção científica do saber tomado como referência e mesmo a total insubsistência de uma simples crença generalizada, são arbitrariamente eliminados do raciocínio."[718]

Flui de todo o exposto que a utilização de máximas de experiência tem de ser rodeada de especial cuidado, devendo pautar-se por critérios de racionalidade. Segundo estes, devem utilizar-se apenas máximas que convoquem um amplo consenso na cultura média do tempo e lugar em que ocorre a decisão/ fixação do facto, devendo o juiz verificar o fundamento da sua aceitabilidade. Sempre que surjam dúvidas a respeito dessa aceitabilidade, o juiz deve aprofundar a sua indagação, procurando noções mais confiáveis e radicadas na cultura que representa o contexto em que a decisão deva ser inserida.

Em suma, a validade racional das inferências baseadas nas máximas de experiência depende da análise crítica das máximas que sejam utilizadas em cada caso, de um controlo da sua validade intersubjetiva [719].

12. Colisão da prova testemunhal com outros meios de prova

O resultado da prova testemunhal produzida pode colidir com outros meios de prova legal ou tarifada ou com outros meios de prova também de apreciação livre.[720]

---

[718] *A Verossimilhança nos Provimentos de Cognição Sumária*, Universidade Federal do Rio Grande Sul, Porto Alegre, 2006, p. 47.

[719] MICHELE TARUFFO, "Senso comum, experiência e ciência no raciocínio do juiz", in *Revista da Escola Paulista de Magistratura*, Vol 2, Nº2, São Paulo, Jul/Dez 2001, p. 190.

[720] No que tange ao critério geral dirimente da colisão entre dois meios de prova legal, LEBRE DE FREITAS propugna que, por via de um princípio extraído do regime da sucessão de casos julgados, deve prevalecer o meio de prova primeiramente formado. Assenta tal critério na ideia de que o meio de prova legal, sendo de natureza substantiva, realiza a sua eficácia logo

No caso de colisão da prova testemunhal com um meio de prova legal ou tarifada, pela sua própria natureza, deve prevalecer esta.

O legislador, quando impõe a valoração de um meio de prova como legal ou tarifada, inspira-se em critérios de uniformidade ou de normalidade jurídica tais como: quem reconhece factos desfavoráveis a si próprio fala com verdade; o notário descreve fielmente o que se passou perante si, etc. Quando o legislador estima que cada uma dessas hipóteses apresenta as caraterísticas de uniformidade e constância, de forma a que as exceções são verdadeiramente anómalas, estabelece imperativamente qual há de ser o critério de valoração. Fá-lo com uma dupla finalidade: (i) para eliminar os possíveis erros judiciais, atenta a experiência acumulada e (ii) para evitar que a apreciação casuística feita pelo juiz, na ausência de uma normal legal de valoração, conduza a variações injustificadas de caso para caso.[721]

Assim, havendo colisão entre a confissão judicial escrita ou extrajudicial, reduzida a documento autêntico ou particular, e o depoimento testemunhal, prevalece aquela (Artigos 356º e 358º, nos. 1 e 2 do Código Civil).

O documento particular faz prova plena quanto à existência/materialidade das declarações de ciência (narrativas ou descritivas) ou de vontade atribuídas ao seu autor (que nele constem como feitas pelo respetivo subscritor), desde que haja um ato de reconhecimento expresso ou tácito de que o documento se considera proveniente daquele a quem é imputado (Artigos 374º e 376º,

---

que a fatispécie normativa se aperfeiçoa – *A Confissão no Direito Probatório*, Coimbra Editora, 1991, pp. 320-321.

Em Espanha, ABEL LLUCH e outros defendem que, no caso de colisão entre meios de prova de caráter taxado, as provas tarifadas neutralizam-se e devem ser livremente valoradas pelo juiz - ABEL LLUCH E e PICÓ I JUNOY (Directores), *El Interrogatorio de Testigos*, Bosch, Barcelona, 2008, p. 114.

FERNANDO JIMÉNEZ CONDE, "La Nueva Prueba de Interrogatorio de las Partes en el Proceso Civil", Real Academia de Legislación y Jurisprudência de Múrcia, http://www.rajylmurcia.es/user/ficheros/ponencias/42_.pdf, p. 108, afirma que, ocorrendo colisão entre meios de prova legal, é razoável que nessa situação esses meios de prova percam tal condição e que o órgão jurisdicional determine livremente qual deles há de prevalecer, atendendo a uma ponderação comparativa dos mesmos e também aos restantes meios de prova que os corroborem ou contradigam.

[721] Cfr. FERNANDO JIMÉNEZ CONDE, "La Nueva Prueba de Interrogatorio de las Partes en el Proceso Civil", Real Academia de Legislación y Jurisprudência de Múrcia, http://www.rajylmurcia.es/user/ficheros/ponencias/42_.pdf, p. 98.

nº1 do Código Civil). Esta prova plena estabelecida pelo documento respeita à existência das declarações, não abrangendo a exatidão das mesmas. Os factos provados compreendidos na declaração consideram-se plenamente provados na medida em que sejam contrários aos interesses do declarante.

Por sua vez, o documento autêntico faz prova plena quanto aos factos praticados pela entidade documentadora (aquilo que a autoridade disse que fez). A força probatória plena do documento autêntico não abrange a veracidade e/ou sinceridade das declarações prestadas perante a entidade documentadora (isto é, prova apenas que foram feitas) nem demonstra a inexistência de vícios de vontade.

Havendo colisão entre o resultado da prova testemunhal e um documento particular ou autêntico na parte em que estes estão dotados de força probatória plena, prevalecerá nesse confronto o documento particular ou autêntico. Fora âmbito da força probatória plena, o conteúdo do documento pode – em princípio – ser desvirtuado pela prova testemunhal, sem prejuízo das restrições legais à admissibilidade da prova testemunhal que foram analisadas em capítulo próprio (Artigos 393º a 395º do Código Civil; cfr. supra 4. da Parte II).

12.1. Colisão da prova testemunhal com a prova pericial

No processo civil, a prova pericial é apreciada livremente pelo tribunal (Artigo 389º do Código Civil).

A apreciação da prova pericial abrange: (i) a profissionalidade do perito; (ii) a análise dos requisitos internos do laudo pericial e (iii) a observância, na elaboração do mesmo, de parâmetros científicos de qualidade bem como o uso de resultados estatísticos.

No que tange à profissionalidade do perito, é curial começar por impor ao perito que apresente o seu *curriculum* na parte em que este possa evidenciar especial qualificação para a realização da perícia. Os conhecimentos, habilidades e experiência profissional do perito constituem fatores diferenciadores do mesmo. Releva, sobretudo, saber se já efetuou anteriormente perícias do mesmo teor. Relevará mais a trajetória científica do perito do que propriamente o cargo que ocupe.

Cabe ao juiz, em segunda linha, verificar se o laudo é inteligível e não apresenta contradições, ou seja, verificar se o mesmo é coerente. O perito deve ter presente que elabora o laudo para não especialistas pelo que deve fazer

PROVA TESTEMUNHAL

um esforço suplementar de expor as suas conclusões de forma clara, precisa e congruente, sem deixar pontas soltas.

Quanto à observância de parâmetros científicos, acompanhando de perto NIEVA FENOLL[722], o juiz deve analisar se o laudo cumpre os seguintes requisitos:

---

[722] *La Valoración de la Prueba*, Marcial Pons, Madrid, 2010, pp. 294-298.
A proposta de NIEVA FENOLL é tributária e entronca, em grande parte, na jurisprudência gerada nos Estados Unidos a partir do caso *Daubert vs. Merrell Dow Pharmaceuticals, Inc.*, de 1993. Nesse processo discutia-se se um fármaco denominado Bendectin poderia ter provocado lesões num recém-nascido. O juiz Blackmun ditou um tratado sintético de epistemologia com o propósito de elencar os critérios a que o juiz deve ater-se para admitir ou excluir os meios de prova científicos apresentados pelas partes. São quatro os critérios propostos:
a) a controlabilidade ou falsificabilidade da teoria científica ou da técnica em que se fundamenta a prova;
b) a percentagem de erro conhecido ou potencial, assim como o cumprimento dos *standards* correspondentes à técnica empregue;
c) a publicação da teoria ou técnica em questão em revistas submetidas ao controlo de outros peritos;
d) a existência de um consenso geral da comunidade científica interessada.
A preocupação subjacente a estes critérios é a de deixar fora do âmbito probatório conhecimentos que se apresentam como científicos mas que não correspondem efetivamente a paradigmas partilhados de validade científica – cfr. MICHELE TARUFFO, *La Prueba*, Marcial Pons, 2008, pp. 283-284. Na apreciação de PAULO DÁ MESQUITA, *A Prova do Crime e o que se Disse Antes do Julgamento. Estudo Sobre a Prova no Processo Penal Português, À Luz do Sistema Norte-Americano*, Coimbra Editora, 2011, p. 372, Nota 277, segundo o Acórdão Daubert, "a ciência é entendida numa perspetiva de busca da verdade e entendimento cósmico baseado na persuasão, primariamente, numa particular comunidade de pares."
Na expressão de CHAMPOD e VUILLE, *Scientific Evidence in Europe. Admissibility, Appraisal and Equilaty of Arms*, European Committee on Crime Problems, 2010, p. 26, *apud* GASCÓN ABELLÁN, "Prueba Científica. Un Mapa de Retos", in CARMEN VÁSQUEZ (ed.), *Estándares de Prueba y Prueba Científica*, Marcial Pons, Madrid, 2013, p. 193, a sentença Daubert "insiste de maneira implícita sobre o ceticismo que o juiz deve manter em relação ao perito, o qual deixa de ser considerado como o membro de uma elite com autoridade e passa a ser um agente social comparável a qualquer outro, eventualmente submetido a pressões de ordem política e económica que podem alterar o seu relatório."
As *Federal Rules of Evidence* na Rule 702, sob a epígrafe "Testimony by Expert Witnesses", acolhendo em grande parte a doutrina Daubert, dispõem que:
"A witness who is qualified as an expert by knowledge, skill, experience, training, or education may testify in the form of an opinion or otherwise if:
The expert's scientific, technical, or other specialized knowledge will help the trier of fact to understand the evidence or to determine a fact in issue;
The testimony is based on sufficient facts or data;
The testimony is the product of reliable principles and methods; and

The expert has reliable applied the principles and methods to the facts of the case."

Por sua vez, no Reino Unido a LAW COMMISSION, *The Admissibility of Expert Evidence in Criminal Proceedings in England and Wales. A New Approach to the Determination of Evidentiary Reliability*, http://lawcommission.justice.gov.uk/docs/cp190_Expert_Evidence_Consultation.pdf, pronuncia-se assim:

"We provisionally propose a list of guidelines along the following lines for scientific (or purportedly scientific) expert evidence:

(1) In determining whether scientific (or purportedly scientific) expert evidence is sufficiently reliable to be admitted, the court shall consider the following factors and any other factors considered to be relevant:

(a) whether the principles, techniques and assumptions relied on have been properly tested, and, if so, the extent to which the results of those tests demonstrate that they are sound;

(b) the margin of error associated with the application of, and conclusions drawn from, the principles, techniques and assumptions;

(c) whether there is a body of specialised literature relating to the field;

(d) the extent to which the principles, techniques and assumptions have been considered by other scientists – for example in peer-reviewed publications – and, if so, the extent to which they are regarded as sound in the scientific community;

(e) the expert witness's relevant qualifications, experience and publications and his or her standing in the scientific community;

(f) the scientific validity of opposing views (if any) and the relevant qualifications and experience and professional standing in the scientific community of the scientists who hold those views; and

(g) whether there is evidence to suggest that the expert witness has failed to act in accordance with his or her overriding duty of impartiality."

MICHELE TARUFFO, "La Aplicación de Estándares Científicos a las Ciencias Sociales Forenses", in CARMEN VÁSQUEZ (ed.), *Estándares de Prueba y Prueba Científica*, Marcial Pons, Madrid, 2013, pp. 208-209, enfatiza que os critérios adotados no caso Daubert foram confecionados para as ciências duras ou da explicação (v.g., física, química, engenharia), não se estando a pensar propriamente nas ciências sociais ou da compreensão (v.g., psicologia, sociologia). Nas palavras de TARUFFO, "(...) há uma clara diferença entre os paradigmas de ambos os grupos de ciências: as ciências humanas, em particular, não usam o paradigma nomológico hempeliano, que é próprio das ciências naturais. Dado que os *standards* Daubert, como qualquer outro *standard* aplicável às ciências duras, não podem ser aplicados a ciências com paradigmas fundamentalmente diferentes, estamos perante o problema de estabelecer que *standards* de validade científica, se é que há algum, podem ser aplicados às ciências sociais. / Um importante problema adicional é que essas ciências não formam um conjunto homogéneo: cada uma delas tem o seu próprio paradigma (ou paradigmas). Dentro de semelhante variedade, alguns critérios de validade científica devem definir-se simplesmente tomando em consideração as caraterísticas específicas de cada ciência."

Entre a escassa jurisprudência nacional que refere a doutrina Daubert, veja-se o Acórdão do Tribunal da Relação de Évora de 21.10.2010, *Gomes de Sousa*, 281/04.

PROVA TESTEMUNHAL

1. **As técnicas e teorias científicas utilizadas para obter dados e conclusões foram já utilizadas previamente, são relevantes e estão geralmente aceites pela comunidade científica internacional.** A indagação sobre a observância deste requisito pode alcançar-se mediante:

    – A menção das publicações científicas ou manuais onde estão expostas essas técnicas e teorias que foram utilizadas;

    – Subsidiariamente, deverá ser explicitada a técnica utilizada e se a mesma é de uso comum na práxis científica ou profissional;

    – A descrição pelo perito do procedimento de análise que realizou bem como os instrumentos de que se socorreu na sua tarefa. Ou seja, é necessário explicar o *iter* técnico que o conduziu às suas conclusões. Só assim de pode confrontar a metodologia do perito com a dos demais. Acresce que a não explicitação da metodologia faz com que os resultados fiquem a pairar no vazio, sucumbido arrimo ao juiz para apreciar criticamente o laudo.

2. **As técnicas utilizadas foram aplicadas segundo os padrões e normas de qualidade vigentes.** Apela-se aqui às normas internas de cada profissão em que se incluem normas deontológicas e manuais de boas práticas.

3. **O laudo contém informação sobre o nível de erro e sobre a graduação de variabilidade e incerteza dos dados obtidos através da técnica ou teoria científica utilizadas.** O que se visa aqui é que o laudo contenha informação estatística contrastável sobre o acerto dos seus resultados. Esse contraste pode ser alcançado pelo recurso a publicações científicas sobre a matéria. Por exemplo, numa singela avaliação de um imóvel, o perito tem de investigar e demonstrar preços de vendas de imóveis similares. Em matérias de índole mais científica, pode mesmo chegar-se à conclusão que inexiste investigação alargada sobre o assunto, eventualidade em que a prova pericial não terá a mesma força.

4. **O laudo deve sustentar-se em suficientes factos e dados**, não devendo o perito bastar-se com meras amostras ou elementos colhidos de forma incompleta ou precipitada.

A TESTEMUNHA NO PROCESSO

Este conjunto de critérios objetivos permite ao juiz, na ausência de conhecimentos científicos equiparáveis ao do perito, formular um juízo sobre o mérito intrínseco e grau de convencimento a atribuir ao laudo pericial.

No caso da coexistência de relatórios periciais contraditórios, o juiz deve recorrer aos critérios ora enunciados para graduar o valor dos laudos e escolher o que será mais convincente. Com efeito, o juiz não poderá formular essa graduação com base em conhecimentos científicos. Deverá proceder à análise de cada um dos laudos de acordo com os critérios objetivos enunciados de modo que o laudo prevalecente será o que obtiver melhor resultado nessa análise individual, feito critério a critério. Se essa análise não conduzir a resultados claros no sentido da prevalência de um laudo sobre os demais, resta ao juiz aplicar as regras de decisão decorrentes do ónus da prova (no processo civil) ou da presunção da inocência (no processo penal).[723]

Sintetizando o que fica dito com recurso a ideias-chave mais sucintas, diremos que no que tange aos critérios de valoração da prova pericial, quer no caso de perícia uniforme quer no caso de perícias contraditórias, os fatores que deverão ser tidos em conta para apreciar a força de convicção dos laudos e a escolha por um em detrimento de outros serão nomeadamente os seguintes:

– A qualificação do perito e a maior especialização e prática na matéria objeto da perícia;
– O método de proceder utilizado mediante a descrição das operações levadas a cabo pelo perito pois na perícia tão importante como a conclusão é o que caminho que se seguiu para chegar a esta;
– O contato direto e a imediação temporal no exame que constitui a fonte de prova;
– A disponibilidade de meios técnicos e equipamentos de análise, assim como o procedimento utilizado pelo perito; ou a justificação de o perito ter optado por um dos procedimentos possíveis em detrimento de outros;

---

[723] Consoante veremos *infra*, o regime de apreciação da prova pericial no processo penal contém peculiaridades no que tange à admissibilidade do juiz dissidir do laudo pericial.

- A coerência, motivação e racionalidade das conclusões. A prova pericial mais apropriada é aquela que se apresenta melhor fundamentada e veicula maiores razões de ciência e objetividade[724].

É comum, na nossa jurisprudência, o apelo ao critério da imparcialidade do perito do tribunal de molde que, em caso de divergência, o Tribunal deve dar preferência àquele pela sua presumida isenção por contraposição à intervenção mais parcial do perito da parte. Todavia, face ao que já ficou exposto, cremos que este critério deverá ser relativizado, não podendo partir-se do pressuposto que o perito da parte é menos profissional ou parcial. O laudo do perito da parte pode ser imparcial na medida em que assista razão à parte. Os critérios decisivos são os enunciados e não qualquer apriorismo sobre as relações dos peritos com as partes. Mais do que a imparcialidade do perito releva a qualidade da perícia porquanto um perito, mesmo imparcial, pode cometer erros, ter convicções erradas, usar técnicas inadequadas, etc.[725]

O juiz não é um recetor passivo da opinião do perito, assistindo-lhe o poder/dever de valorar autonomamente tal prova. Neste âmbito, é conhecido o brocardo *iudex peritus peritorum* cujo sentido específico merece densificação. A análise crítica que o juiz faz do laudo servirá para adquirir um convencimento sobre o seu resultado, assumindo ou não as conclusões do laudo, das quais extrairá as máximas da experiência necessárias para a apreciação dos factos relevantes. O juiz valora as *máximas de experiência especializadas* trazidas pelo perito aplicando *máximas de experiência comuns* para o que não são necessários conhecimentos especializados mas apenas capacidade crítica de entendimento e apreciação.

O juiz aprecia o rigor do método, a veracidade das suas premissas e a consistência das suas conclusões. O que se exige é que o juiz seja capaz de valorar se está perante uma forma de conhecimento dotada de dignidade e validade científica, e se os métodos de investigação e controlo típicos dessa ciência

---

[724] MARIA MARTÍNEZ URREA, "La valoración de dictámes periciales contraditórios", in *Aspetos problemáticos en la valoración de la prueba civil*, Bosch Procesal, 2008, p. 109.

[725] Cfr. CARMEN VÁZQUEZ, "A Modo de Presentación", in CARMEN VÁSQUEZ (ed.), *Estándares de Prueba y Prueba Científica*, Marcial Pons, Madrid, 2013, p. 17.

A TESTEMUNHA NO PROCESSO

foram corretamente aplicados no caso concreto. Em suma, trata-se de confirmar se existem condições de cientificidade da prova.[726]

Se essas condições de cientificidade da prova ocorrerem, as máximas da experiência especializadas trazidas pelo perito deverão, em princípio, prevalecer sobre a prova testemunhal. Note-se que a testemunha não observa o facto da mesma forma que um observador com conhecimentos técnicos, ou seja, o leigo não é competente para observar corretamente o acontecimento de um ponto de vista científico. Em suma, se está em causa apurar um facto cuja solução depende de uma apreciação científica e se a prova pericial for produzida segundo os padrões científicos pertinentes e atendíveis, deverá prevalecer esta sobre a opinião de um leigo.

Na formulação desse juízo sobre a prevalência, ou não, do laudo pericial sobre a prova testemunhal, poderão ser determinantes os esclarecimentos verbais prestados pelos peritos no decurso da audiência, valorados com os fatores que a imediação põe em destaque, tais como: a segurança do perito ao revelar os seus resultados; as suas dúvidas, assumidas ou implícitas; a sua expressão, tom de voz.[727]

Há que atentar se as declarações do perito são coerentes, se o perito as contextualiza devidamente, se o perito apela e expressa os dados técnicos que corroboram os seus esclarecimentos (rigor científico e racionalidade). Os comentários oportunistas do perito, no sentido de justificar a sua atuação e que excedem o âmbito do que lhe foi perguntado, deverão – em princípio – ser secundarizados porquanto, na maioria dos casos, são apenas defensivos da profissionalidade do seu trabalho. Todavia, quando o perito faz a comentários oportunistas de forma excessiva, tal poderá ser valorado como evidência de que o perito está consciente de que o seu trabalho não foi bem realizado e que, com essa atuação, o perito tenta disfarçar com retórica as deficiências da prestação. [728]

No processo penal, o Artigo 163º, nº1, do CPP dispõe que o *"O juízo técnico, científico ou artístico inerente à prova pericial presume-se subtraído à livre apreciação do julgador."* E, no nº2 do mesmo preceito, determina-se que *"Sempre que a con-*

---

[726] Cf. MICHELE TARUFFO, *La Prueba*, Marcial Pons, 2008, pp. 293-295.

[727] Cf. ROSÁRIO HERRERA HABIÁN, *La inmediación como garantia procesal (En el proceso civil y en el proceso penal)*, Editorial Comares, 2006, p. 56.

[728] *La Valoración de la Prueba*, Marcial Pons, Madrid, 2010, pp. 308.

PROVA TESTEMUNHAL

vicção do julgador divergir do juízo contido no parecer dos peritos, deve aquele fundamentar a divergência."[729]

Este regime decorre do ensinamento de Figueiredo Dias, segundo o qual "perante um certo juízo cientificamente provado, de acordo com as exigências legais, o tribunal guarda a sua inteira liberdade no que toca à apreciação da base de facto pressuposta; quanto porém ao juízo científico, a apreciação há de ser científica também e estará, por conseguinte, subtraída em princípio à competência do tribunal – salvo nos casos inequívocos de erro, mas nos quais o juiz terá então de motivar a sua divergência."[730]

Resulta deste regime que o resultado da perícia não é livremente valorável pelo julgador, o qual deve fundamentar a sua divergência em relação às conclusões do perito. O julgador só pode arredar a conclusão inscrita no relatório pericial com fundamento numa crítica material da mesma natureza. Na explicação do Acórdão do Supremo Tribunal de Justiça de 11.2.2004, " Não vale uma crítica material procedente do julgador, alicerçada no seu critério pessoal, na forma particular de subjetivar os resultados, os factos, assente em conhecimentos meramente profanos, tudo sem apoio em conceitos científicos; se o julgador pudesse fundamentar a divergência sem apelo ao critério científico, seria uma forma, clara, de iludir, frustrar o comando imperativo

---

[729] A propósito da diversidade de regimes do processo civil e do processo penal sobre a valoração da prova pericial, discorreu o Tribunal Constitucional no seu Acórdão nº 422/99 de 30.6.1999, *Bravo Serra*, www.tribunalconstitucional.pt., nestes termos:
"(...) no processo criminal, e porque não se pode olvidar que a inocência do arguido se presume até ao trânsito em julgado da sentença condenatória, sendo uma das suas garantias o próprio direito ao recurso quanto a sentenças impositoras de sanções penais, o dever de fundamentação da sentença quanto à matéria de facto há de impor-se com maior acuidade do que no domínio civil, sendo certo que desta afirmação não decorrerá desde logo que as soluções consagradas no processo penal são as únicas que se hão de considerar como conformes à Constituição ou, ao menos, como as mais conformes a ela.
Alcançado, assim, que, mesmo ponderando uma harmonia do sistema jurídico, daí não decorre que as leis adjetivas tenham de consagrar soluções idênticas, compreende-se que exista no processo criminal norma tal como a constante do nº 2 do artº 163º do Código de Processo Penal, e que já não se surpreenda essa existência no Código de Processo Civil, exatamente porque nem sequer se estatui a presunção segundo a qual é subtraído à livre apreciação do juiz que o juízo técnico, científico ou artístico inerente à prova pericial. E, inexistindo essa presunção, torna-se claro que se não imporá, no domínio processual civil, uma prescrição semelhante à daquela norma."
[730] *Direito Processual Penal*, Coimbra Editora, reimpressão de 1981, pp. 209-210.

A TESTEMUNHA NO PROCESSO

resultante do nº 2, do art. 163º, do CPP, contraditória, até, nos seus termos, caindo-se na proibição a obstar, não se conciliando essa fundamentação própria e interpretação pessoal com a indispensabilidade do apoio científico."[731]

O julgador fundamenta suficientemente a sua divergência, nomeadamente quando adere: (i) às conclusões da opinião vencida numa perícia colegial; (ii) às "observações" expressas pelo consultor técnico (cfr. Artigo 155º do CPP); (iii) a uma das opiniões perante duas ou mais perícias com resultados contraditórios.[732]

A prova pericial tem que ser apreciada pelo julgador a três níveis: (i) quanto à sua validade (respeitante à sua regularidade formal); (ii) quanto à base de facto pressuposta na perícia e (iii) e quanto à própria conclusão da perícia. No que tange ao primeiro nível, há que aferir se a prova foi produzida de acordo com a lei, se não foi produzida contra proibições legais e examinar se o procedimento da perícia está de acordo com normas da técnica ou da prática corrente. Quanto à base de facto - cuja perceção e/ou apreciação não exija especiais conhecimentos - pressuposta na perícia, é lícito ao julgador divergir dela, sem que haja necessidade de fundamentação científica, porque não é posto em causa o juízo de carácter técnico-científico expendido pelos peritos, aos quais escapa o poder de fixação daquela matéria.[733] Ou seja, o Tribunal mantém a liberdade de apreciação da prova se a divergência se confinar aos factos em que se apoia o juízo pericial.

Quando é ordenada a realização de uma perícia e o resultado da mesma é inconclusivo, tal situação não conduz necessariamente a uma dúvida insanável. Como o resultado em causa não integra um verdadeiro juízo pericial

---

[731] Sendo relator *Armindo Monteiro*, CJ 2004-I, pp. 197-200.

[732] Cfr. PAULO PINTO DE ALBUQUERQUE, *Comentário ao Código de Processo Penal à Luz da Constituição da República Portuguesa e da Convenção Europeia dos Direitos do Homem*, Universidade Católica Editora, 4ª Ed., pp. 457-458. Como exemplo da situação referida em último lugar, veja-se o Acórdão do Tribunal da Relação de Coimbra de 10.5.2006, Orlando Gonçalves, CJ 2006 - III, pp. 43-47.

[733] Cfr. Acórdãos do Supremo Tribunal de Justiça de 9.5.1995, *Costa Pereira*, CJ 1995-II, pp. 189-190, de 25.10.1995, *Amado Gomes*, CJ 1995- III, pp. 211-212; Acórdão do Tribunal da Relação de Coimbra de 11.3.2009, *Jorge Gonçalves*, 4/05.
Estão sujeitos ao regime geral da livre apreciação da prova, a apreciação ou perceção de factos que, muito embora veiculados por um perito, não traduzam nenhum conhecimento especializado – Acórdão do Supremo Tribunal de Justiça de 19.10.2005, *Sousa Fonte*, CJ 2005-III, pp. 189-190.

mas antes um estado dubitativo, devolve-se plenamente ao tribunal a decisão sobre a matéria de facto de modo a superar, se possível, aquela dúvida.[734] É o caso, por exemplo, dos exames periciais à letra e assinatura que, por vezes, são inconclusivos. Dito de outra forma, quando os peritos não conseguiram lograr um parecer livre de dúvidas, quando se conclui por um juízo de mera probabilidade ou opinativo[735], incumbe ao tribunal tomar posição, julgando segundo o princípio da livre apreciação da prova, não estando o Tribunal vinculado a um resultado que não assume natureza científica.

Também o juízo sobre a intenção de matar não integra um juízo técnico, científico ou artístico e nem é tão pouco um juízo de técnica médica; pelo contrário, a presunção de intenção de matar é apenas um juízo de probabilidade sobre aquela intenção, pelo que o mesmo não fica sujeito ao valor probatório reforçado preconizado no Artigo 163º, nº1.[736]

Se uma perícia médico-legal for realizada nos termos do Artigo 159º do CPP e Lei nº 45/2004, de 19.8. (pelo Instituto Nacional de Medicina Legal), a mesma beneficia do valor probatório imposto pelo Artigo 163º, nº1 do CPP. Neste caso e demais similares, nada impede que a testemunha, durante o seu depoimento, se refira ao teor do exame pericial constante dos autos. O que está vedado à testemunha é pronunciar-se sobre o juízo técnico/científico constante da perícia.[737]

Diversamente, os relatórios de avaliação psicológica com estudo de personalidade e de avaliação psiquiátrica elaborados por psicólogo clínico e por um médico psiquiatra (apresentados pelo arguido no decurso da audiência de julgamento e cujos subscritores deponham como testemunhas), porque não realizados nos termos das disposições citadas (Artigo 159º do CPP e Lei

---

[734] Acórdãos do Supremo Tribunal de Justiça de 11.7.2007, Armindo Monteiro, 07P1416, de 1.10.2008, *Raul Borges*, 08P2035, Acórdão do Tribunal da Relação do Porto de 27.1.2010, *Jorge Gonçalves*, 45/06.

[735] Se o juízo de imputabilidade diminuída, formulado pelo perito, foi emitido como uma probabilidade, e não como um juízo técnico-científico é legítimo ao tribunal, com base em investigação definitiva dos factos, apreciados livremente, nos termos do artigo 127º do CPP, concluir pela existência de uma total inimputabilidade – Acórdão do Supremo Tribunal de Justiça de 20.10.1999, *Armando Leandro*, CJ 1999- III, pp. 196-197.

[736] Cfr. Acórdão do Supremo Tribunal de Justiça de 3.7.96, *Flores Ribeiro*, CJ 1996-II. Pp. 214-215.

[737] Cf. Acórdão do Tribunal da Relação de Lisboa de 15.9.2011, *Carlos Benido*, 1154/07, www.colectaneadejurisprudencia.com.

A TESTEMUNHA NO PROCESSO

nº 45/2004, de 19.8.), não estão submetidos à regra da prova vinculada do Artigo 163.º, n.º 1, estando sujeitos à livre apreciação do tribunal nos termos do Artigo 127º do CPP.[738] De forma equivalente, não pode ser atribuído o valor

---

[738] Acórdão do Supremo Tribunal de Justiça de 19.3.2009, *Fernando Fróis*, 09P0392.

A propósito da articulação do relatório pericial ordenado no processo com os conhecimentos profissionais de testemunhas que são médicos, no Acórdão do Tribunal da Relação de Évora de 5.2.2013, *Gomes de Sousa*, 529/08, raciocinou-se assim:

"É certo que se suscita, com os médicos inquiridos como testemunhas e que emitem um "juízo" médico sobre a matéria dos autos, um problema de cariz processual que outras legislações resolvem através da criação de uma figura híbrida de "testemunha" e "perito", o "temoin-expert".

Confusão que também ocorre quando se pretenda fazer – erradamente - a analogia com os sistemas anglo-saxónicos, que em regra apelidam o "perito" como "expert-witness", o que se compreende pela generalizada inexistência – por ora – de peritagem oficial ou, ao menos, pela generalizada e sistemática aceitação de opiniões periciais de testemunhas que o tribunal aceite com a qualidade de "expert-witness" e no exercício de um contraditório amplo e privatístico no âmbito específico da perícia.

O sistema processual penal português não consagra tal figura híbrida, ou um sistema de perícias contraditórias, acolhendo um sistema oficial de peritagens, designadamente as de cariz médico-forense. Mas não proíbe a testemunha de "emitir opinião" sobre matéria técnica ou científica que esteja no âmbito dos seus conhecimentos, desde que assente num conhecimento perfeito e não parcial dos factos.

O peso relativo a atribuir a tais "opiniões", aqui no sentido positivo de opinião sustentada numa correta perceção dos factos aceites pelo tribunal como provados, racionalmente fundada, de acordo com os princípios técnicos ou científicos a atender e passível de revisão face a *"provas contrárias ou raciocínios mais bem fundamentados"*, está necessariamente, por imposição legal, inserido no princípio da livre apreciação probatória e dependente - na sua aceitação substancial - da devida fundamentação do tribunal recorrido.

Como já afirmou o relator, é «dever do tribunal, como do filósofo, *"defender o raciocínio dialógico entre as opiniões, a necessidade de justificar o opinado não a partir do inefável, do irredutível ou do inverificável, mas sim através do publicamente acessível, do inteligível"*» (Fernando Savater).

E, para esse desiderato, ouvir várias opiniões válidas e consistentes racional e cientificamente, apresenta uma coloração positiva.

Mas enfrenta um obstáculo inultrapassável – com consagração legal – a prevalência formal e substancial da opinião do perito, que apenas pode ser afastada pelo tribunal nos termos do disposto no artigo 163º do Código de Processo Penal, no que muitos consideram uma limitação ao princípio da livre apreciação e que nós vemos como uma regra qualificada da livre apreciação probatória (v. g. o nº 2 do artigo 163º do Código de Processo Penal).

Ou seja, a opinião emitida por um médico que seja testemunha no processo que incida sobre matéria médica objeto do processo, não obstante qualificada pelo seu conhecimento profissional, será sempre uma opinião não qualificada, face à opinião pericial.

Daqui resulta que, havendo discrepância entre a opinião pericial e a opinião de um qualquer médico que seja testemunha, prevalecerá sempre a opinião pericial, a não ser que o tribunal

PROVA TESTEMUNHAL

de prova pericial a depoimento de alguém com formação técnico-científica, v.g., testemunha psicóloga, que, pelas suas declarações, confere "credibilidade" às declarações de menor vítima de crime de abuso sexual, mesmo que tal psicóloga tenha prestado assistência e acompanhado a vítima. Tratar-se-á de um depoimento eventualmente qualificado mas que não assume o caráter de prova pericial produzida nos termos legais.[739]

O regime consagrado no Artigo 163º do CPP evidencia a entronização da prova pericial, à qual vem sendo atribuída uma certa áurea de infabilidade e de superioridade face à prova não científica. Assim, afirma-se que a prova científica se articula mediante um raciocínio dedutivo enquanto a prova não científica se estrutura mediante um raciocínio indutivo. Todavia, as provas científicas não constituem em geral um raciocínio do tipo dedutivo, assentando prevalentemente em leis estatísticas e os seus resultados devem ser interpretados à luz de outros dados, o que impede que este tipo de conhecimento se arrogue como puramente objetivo.

GASCÓN ABELLÁN afirma que prova científica tem sido objeto de uma sobrevalorização epistémica na medida em que os seus resultados são tidos como infalíveis, bem como se uma sobrevalorização semântica na medida em que se considera que os resultados da prova científica dizem coisas distintas do que, na realidade, dizem.[740]

Assim, a qualidade epistémica dos resultados da prova científica depende de vários fatores, designadamente: (i) da validez científica e/ou metodoló-

---

fundamente, com a razão e os conhecimentos técnicos e científicos implicados no caso, a divergência da opinião pericial, se assumir como sua a "opinião" não (processualmente) qualificada de uma testemunha ou se optar por uma visão científica ou técnica própria.
Isto é, o artigo 163º, nº 2 do Código de Processo Penal é aplicável não só à convicção livre e racional do juiz enquanto processo interior mas racional de convicção e posterior motivação, também à apreciação probatória feita pelo tribunal relativamente a vários e diferentes meios probatórios, com uma obrigação legal e científica de fundamentar devidamente a não-aceitação da opinião pericial e o dar prevalência à "opinião" divergente constante de qualquer outro meio de prova."

[739] Cfr. Artigo 131º, nº3, do CPP, que prevê a realização de perícia sobre a personalidade de menor de 18 anos vítima de crime sexual. No sentido aludido, cfr. MARIA DO CARMO SILVA DIAS, "Particularidades da Prova em Processo Penal. Algumas Questões Ligadas à Prova Pericial", in Revista do CEJ, Nº 2, 2º Semestre 2005, p. 221.

[740] "Prueba Científica. Un Mapa de Retos", in CARMEN VÁSQUEZ (ed.), Estándares de Prueba y Prueba Científica, Marcial Pons, Madrid, 2013, pp. 181-187.

A TESTEMUNHA NO PROCESSO

gica da prova científica porquanto nem todos os métodos científicos gozam do mesmo crédito na comunidade científica; (ii) da sua qualidade técnica, designadamente da correção técnico-procedimental que vai desde o descobrimento do vestígio, sua custódia, até à análise em laboratório; (iii) da correção técnico-científica na parte atinente à realização da perícia em laboratório por pessoal qualificado e com observância dos protocolos adequados; (iv) dos riscos cognitivos de algumas provas como a dactiloscópica que têm uma forte componente comparativa, ficando sob a supervisão do perito. Deste modo, a fiabilidade dos resultados da prova científica não deve ser dada por adquirida.

No que tange à sobrevalorização semântica da prova científica, o paradigma que tem vigorado nas ciências forenses é o *paradigma da individualização*, segundo o qual existe a capacidade de identificar plenamente um indivíduo ou um objeto a partir de vestígios.

Contudo, este paradigma tem sido ultimamente objeto de críticas por parte da comunidade científica, argumentando-se que a pretensão de vincular um vestígio desconhecido a uma única fonte representa uma equivocada intuição probabilística que iguala infrequência com unicidade, ou seja, considera-se impossível obter prova concludente da unicidade. Os críticos do paradigma da individualização propugnam que os resultados da prova científica têm que ser interpretados, não em termos de identificação de um vestígio com uma fonte, mas em termos de *razão de verosimilitude ("likelihood ratio")*.[741] Assim, o resultado de uma análise de voz ou uma comparação de perfis de ADN a partir de um vestígio não diz – de forma conclusiva nem provavelmente – que a voz e o ADN analisados pertencem à pessoa *y* mas, simplesmente, contribuem com dados que, uma vez interpretados com as adequadas ferramentas estatísticas, afirmam coisas do género: "*é x vezes mais provável que se observe tal caraterística na voz analisada se este pertencer ao arguido do que se não pertencer*" ou "*é x vezes mais provável que coincidam os perfis genéticos se o vestígio analisado proceder do arguido do que se proceder de uma fonte distinta.*". Em suma, "as provas científicas tratam da probabilidade de os dados analíticos e técni-

---

[741] Em termos estatísticos, "*likelihood*" não é equivalente a probabilidade ("*probability*"). A primeira designação reporta-se à possibilidade de os dados ocorrerem, no caso de uma hipótese ser verdadeira, enquanto a segunda se refere à possibilidade de que a hipótese seja verdadeira, atentos os dados observados – cfr. KEVIN CLERMONT, "Standards of Proof Revisited", http://scholarship.law.cornell.edu/facpub/13/, p. 479, Nota 19.

cos, resultantes depois da análise no laboratório, à luz das hipóteses judiciais examinadas, e não ao contrário: isto é, não tratam da probabilidade das hipóteses judiciais consideradas à luz desses dados."[742] Em coerência com esta posição, deve abandonar-se a metodologia corrente de expressar os resultados da prova científica em termos de identificação categórica, v.g, *"provável"*, *"muito provável"*. Estas escalas reproduzem o paradigma da identificação, estabelecendo, não o que dizem os dados, mas o que deve crer-se sobre a hipótese em apreciação a partir dos dados.

O *paradigma da verosimilitude* propõe valorar os resultados das provas científicas, formulando três questões: (i) o que dizem os dados e observações resultantes da prova científica sobre a hipótese A em relação com a hipótese B; (ii) o que devemos crer a partir desses dados e (iii) o que devemos fazer.

A resposta à primeira questão é a principal tarefa do perito, o qual deve interpretar e comunicar o resultado da perícia feita em laboratório, expressando-a nos termos já enunciados.

A resposta à segunda questão integra a avaliação da veracidade das hipóteses em confronto, a qual tem de assentar no que dizem os dados científicos mas também no que resulta das restantes provas produzidas. Esta tarefa incumbe ao juiz que pauta a sua decisão pelo conjunto da prova produzida e norteado pelo princípio da livre apreciação da prova. Ou seja, o juiz é que determina o que há que crer sobre a hipótese em apreciação à luz da prova pericial e também do resto das provas disponíveis no processo. Neste preciso sentido, o juiz valora a prova e não é propriamente o perito dos peritos. Aqui reside a diferença essencial entre o paradigma da individualização e da verosimilitude porquanto naquele não se distingue claramente entre a tarefa do perito e a do juiz.

No que tange à terceira questão (o que devemos fazer), a mesma remete para o *standard* da prova aplicável ao caso em apreço. Isto é, partindo-se do que se deve crer, há que aquilatar se tal é suficiente para que possamos considerar provada uma hipótese e atuar em conformidade. Conforme veremos em 14., a fixação de um *standard* de prova é uma questão política e valorativa no sentido de que expressa a tolerância que o sistema está disposto a dar aos erros

---

[742] Gascón Abellán, "Prueba Científica. Un Mapa de Retos", in CARMEN VÁSQUEZ (ed.), *Estándares de Prueba y Prueba Científica*, Marcial Pons, Madrid, 2013, p. 187.

que podem ocorrer com a prolação da decisão, quais sejam: o de se declarar provado algo que é falso ou de se declarar não provado o que é verdadeiro.

12.2. Colisão da prova testemunhal com a prova por inspeção

No caso de colisão entre a prova testemunhal e a inspeção judicial (Artigo 391º do Código Civil), há que ter em consideração o âmbito desta porquanto o juiz, através dos seus próprios sentidos, examina um local ou objeto. Trata-se de uma prova direta por excelência e que, por isso, poderá gerar um grau de convicção superior aos meios de prova indiretos. Nessa medida, em princípio, deverá prevalecer a prova por inspeção face à prova testemunhal.

12.3. Colisão da prova testemunhal com as presunções judiciais

No que tange à colisão entre a prova testemunhal e as presunções judiciais (ou indícios em sentido lato), há que partir da constatação que é a própria lei a estabelecer uma paridade de tratamento entre a prova testemunhal e a prova por presunção (Artigo 351º do Código Civil).

Sem prejuízo dos casos em que o legislador restringe os meios de prova admissíveis (e que foram analisados em 4., Parte II), num sistema de persuasão racional, a prova – quer seja direta quer seja indireta – possui igual hierarquia na suscetibilidade de influir na formação da convicção do julgador.[743] Como aponta GIOCONDA PITT, "Somente após um exame crítico e racional do conjunto probatório é que se poderá estabelecer a prevalência de uma prova sobre a outra, nada impedindo que a prova indiciária se sobreponha à prova testemunhal ou qualquer outra de natureza diversa e vice-versa."[744] REMÉDIO MARQUES afirma que "o convencimento do tribunal pode ser logrado apenas e unicamente com base em elementos indiciários, mesmo quando tam-

---

[743] Afirma WALTER COELHO, *Prova Indiciária em Matéria Criminal*, Fabris, 1996, pp. 14-15, *apud* GIOCONDA PITT, *Prova Indiciária e Convencimento Judicial no Processo Civil*, Universidade Federal do Rio Grande do Sul, Porto Alegre, 2008, p. 128, que "(...) a eficácia do indício não é menor que a da prova direta, tal como não é inferior a certeza racional à histórica e física. O indício é sempre subordinado à prova, porque não pode subsistir sem uma premissa, que é a circunstância indiciante, ou seja, uma circunstância provada; e o valor crítico do indício está em relação direta com o valor intrínseco da circunstância indiciante. Quando esteja esta bem esclarecida, pode o indício adquirir uma importância predominante e decisiva no juízo."
[744] *Prova Indiciária e Convencimento Judicial no Processo Civil*, Universidade Federal do Rio Grande do Sul, Porto Alegre, 2008, p. 117.

bém promanem da parte a quem aproveitam, os quais são, também entre nós, apreciados livremente pelo tribunal."[745] Também LUIGI LOMBARDO afirma que "Tendo em consideração o grau de consenso [na cultura da comunidade] alcançado pelo critério que está na base do silogismo próprio do juízo de confirmação da hipótese e o conteúdo de tal critério [maior ou menor vínculo que o mesmo instaura entre o indício e a conclusão do silogismo], as presunções simples podem, por isso, constituir mesmo "prova plena", capazes de prevalecerem, como fontes exclusivas do convencimento, sobre provas diretas eventualmente divergentes."[746]

O que é necessário assegurar é que o *quantum* do resultado probatório atinja o limiar suficiente para a formação racional e justificada da convicção do julgador.

Deste modo, há – desde logo – que abandonar uma postura secundarizadora da prova por presunção, sendo que em múltiplas situações esta assume um protagonismo decisivo.[747] No cotejo com a prova testemunhal, deverá prevalecer a que lograr melhor convencimento no julgador segundo os critérios gerais da livre apreciação da prova (regras da ciência, da lógica e máximas de experiência).

12.4. Colisão da prova testemunhal com as declarações de parte

No âmbito do Código de Processo Civil de 1995-96, em sede de audiência de julgamento, a parte apenas podia prestar depoimento de parte tendo em vista a produção da confissão judicial. Tal depoimento tinha de ser requerido pela parte contrária e de incidir sobre factos desfavoráveis ao depoente, alegados pela contraparte que requeria o depoimento de parte (cfr. Artigos 552º a 554º do anterior Código de Processo Civil, a que correspondem os atuais Artigos 452º a 454º).

---

[745] "A Aquisição e a Valoração Probatória de Factos (Des)Favoráveis ao Depoente ou à Parte Chamada a Prestar Informações ou Esclarecimentos", in *Julgar*, Nº 16, Janeiro - Abril 2012, p. 171.

[746] La *Prova Giudiziale, Contributo alla Teoria del Giudizio di Fatto nel Processo*, Giuffrè Editore, 1999, p. 501. ROBERTO AMBROSINI, *La Prova Testimoniali Civil. Profili Processuali*, IPSOA, 2006, p. 214, afirma que, entre o resultado de uma prova testemunhal e uma série de elementos indiciários, o juiz é livre de atribuir maior peso probatório a estes últimos.

[747] Sobre a relevância da prova por presunção, cfr. o nosso *Prova por Presunção no Direito Civil*, Almedina, 2012, pp. 17-23 e 195-285.

A TESTEMUNHA NO PROCESSO

Estava vedado à parte ser ouvida fora do quadro formal do depoimento de parte. Esta restrição legal era demonstrativa da convicção comum de que uma pessoa interessada na sorte do litígio pode estar tentada a mentir em defesa dos seus interesses ou, pelo menos, em matizar ou omitir informações que a prejudiquem. Nesta medida, entendia-se – implicitamente – que as partes não eram dignas de crédito nas vestes de declarantes.[748]

Todavia, existem múltiplas situações em que os factos que relevam para a decisão do pleito respeitam ao foro íntimo, privado dos litigantes, sendo que tais factos – pela normalidade da vida – não são presenciados por testemunhas, sendo ainda insuscetíveis de inspeção judicial ou de prova pericial. Particularmente nestas situações, a inadmissibilidade legal da prestação de declarações pela parte consubstancia uma violação intolerável do direito à prova.[749]

O atual Código de Processo Civil veio prever no Artigo 466º que:

> *1 – As partes podem requerer, até ao início das alegações orais em 1.ª instância, a prestação de declarações sobre factos em que tenham intervindo pessoalmente ou de que tenham conhecimento direto.*
>
> *2 – Às declarações das partes aplica-se o disposto no artigo 417.º e ainda, com as necessárias adaptações, o estabelecido na secção anterior.*
>
> *3 – O tribunal aprecia livremente as declarações das partes, salvo se as mesmas constituírem confissão.*

Esta solução inovadora é de aplaudir, sendo certo que carecerá de uma adequada interpretação e aplicação pelos tribunais. Reportamo-nos, por exemplo, à articulação deste regime com o princípio da igualdade das partes (Artigo 4º) que exige que seja também conferida à contraparte a faculdade de prestar declarações sob o mesmo regime, direito que a contraparte poderá, ou não, exercer.

---

[748] A própria existência de testemunhas totalmente desinteressadas na sorte do litígio é questionável , consoante já vimos em *10.2. A imparcialidade da testemunha.*

[749] Neste sentido, REMÉDIO MARQUES, "A Aquisição e a Valoração Probatória de Factos Des) Favoráveis ao Depoente ou à Parte Chamada a Prestar Informações ou Esclarecimentos", in *Julgar*, Nº 16, Janeiro - Abril 2012, p. 154.

Sobre o âmbito do direito à prova, cfr. , mais desenvolvidamente, a análise feita sob *5. O sigilo profissional.*

PROVA TESTEMUNHAL

No que tange à valoração das declarações da parte, no segmento em que não integrem confissão[750], são igualmente aqui pertinentes as considerações anteriormente expendidas a propósito do viés confirmatório na inquirição de testemunhas (cfr. 10.2., Parte II). Ou seja, o julgador tem que valorar, em primeiro lugar, a declaração da parte e, só depois, a pessoa da parte porquanto o contrário (valorar primeiro a pessoa e depois a declaração) implica prejulgar as declarações e incorrer no viés confirmatório. Dito de outra forma, tal equivaleria a raciocinar assim: *não acredito na parte porque é parte*, procurando nas declarações da mesma detalhes que corroborem a falta de objetividade da parte sempre no intuito de confirmar tal ponto de partida. A credibilidade das declarações tem de ser aferida em concreto e não em observância de máximas abstratas pré-constituídas, sob pena de esvaziarmos a utilidade e potencialidade deste novo meio de prova e de nos atermos, novamente, a raciocínios típicos da prova legal.

Antes do julgamento, a parte relatou por múltiplas vezes a sua versão dos factos ao respetivo mandatário tendo em vista a articulação dos factos pelo mandatário no processo. Em conformidade, é expectável que as declarações da parte primem pela coerência, tanto mais que a parte pode mesmo ter-se preparado para prestar declarações. Assim, o funcionamento da coerência como parâmetro de credibilização das declarações deve ser secundarizado.

Também é expectável que a parte, durante as suas declarações, incorra na afirmação de detalhes oportunistas em seu favor (sobre esta noção, cfr. *10.4. O conteúdo do depoimento*). A parte, à semelhança da testemunha, tem uma estratégia de autoapresentação, pretendendo dar a melhor imagem de si própria, pelo que não deixará passar o ensejo de enxertar no relato detalhes que favoreçam a posição que sustenta, como maior ou menor convicção e verdade, no processo. Daí que este parâmetro deva ser também relativizado na avaliação das declarações da parte.

Em sentido oposto, assumem especial acutilância outros parâmetros, a começar pela contextualização espontânea do relato, em termos temporais, espaciais e até emocionais. Note-se que o atual Código de Processo Civil

---

[750] O segmento do nº3 *"salvo se as mesmas constituírem confissão"* deve ser lido como *"salvo se as mesmas constituírem confissão com valor de prova plena"* em articulação com os Artigos 358º, nº4, do Código Civil e 463º, nº1, do CPC, na medida em que a confissão não terá valor de prova plena quando as declarações não forem reduzidas a escrito.

A TESTEMUNHA NO PROCESSO

preconiza que os articulados sejam minimalistas, centrando-se nos factos essenciais. Desta circunstância deriva que os factos instrumentais, cerne da contextualização do relato, não foram necessariamente trabalhados entre a parte e o mandatário para efeitos processuais. Um relato autêntico/espontâneo que faça uma contextualização pormenorizada e plausível colhe credibilidade acrescida por contraposição a um relato seco, estereotipado ou com recurso a generalizações. Valem, também aqui, as considerações anteriormente expendidas a propósito da espontaneidade e vividez do testemunho (cfr. Parte I, *8.4. ACID* e Parte II, *10.4. O conteúdo do depoimento*).

Um segundo parâmetro particularmente relevante é o da existência de corroborações periféricas que confirmem o teor das declarações da parte. Conforme já foi explicitado, as corroborações periféricas consistem no facto das declarações da parte serem confirmadas por outros dados que, indiretamente, demonstram a veracidade da declaração.[751] Esses dados podem provir de outros depoimentos realizados sobre a mesma factualidade e que sejam confluentes com a declaração em causa. Podem também emergir de factos que ocorreram ao mesmo tempo (ou mesmo com antecedência) que o facto principal, nomeadamente de circunstâncias que acompanham ou são inerentes à ocorrência do facto principal. Abarcam-se aqui sobretudo os factos-bases ou indícios de presunções judiciais.

As declarações da parte podem constituir, elas próprias, uma fonte privilegiada de factos-base de presunções judiciais, lançando luz e permitindo concatenar – congruentemente – outros dados probatórios avulsos alcançados em sede de julgamento.[752]

Existem outros parâmetros, anteriormente analisados a propósito do testemunho, que podem desempenhar um papel essencial na valoração das declarações da parte. Reportamo-nos, designadamente, à produção inestruturada, à descrição de cadeias de interações, à reprodução de conversações, às correções espontâneas (todos estes analisados *supra* sob *10.3. Forma da prestação do depoimento*), bem como à segurança/assertividade e fundamentação (analisados *supra* em *10.4. O conteúdo do depoimento*).

---

[751] Nieva Fenoll, *La Valoración de la Prueba*, Marcial Pons, Madrid, 2010, p. 226.
[752] Sobre os factos-base de presunções judiciais e sua dinamização por nexos lógicos ou máximas de experiência, cfr. o nosso *Prova Por Presunção no Direito Civil*, Almedina, 2012, pp. 25 a 55.

PROVA TESTEMUNHAL

Em resumo, inexiste qualquer hierarquia apriorística entre as declarações da partes e a prova testemunhal, devendo cada uma delas ser individualmente analisada e valorada segundo os parâmetros explicitados. Em caso de colisão, o julgador deve recorrer a tais critérios sopesando a valia relativa de cada meio de prova, determinando no seu prudente critério qual o que deverá prevalecer e por que razões deve ocorrer tal primazia.[753] Em última instância, nada obsta a que as declarações de parte constituam o único arrimo para dar certo facto como provado desde que as mesmas logrem alcançar o *standard* de prova exigível para o concreto litígio em apreciação.[754]

13. A valoração da prova segundo a probabilidade lógica

A ideia da existência de *standards* de prova pressupõe o caráter gradual da corroboração de um enunciado.

Essa corroboração opera mediante uma probabilidade lógica ou baconiana[755], de índole qualitativa e não quantitativa. Segundo esta, a probabilidade de uma hipótese factual apoia-se na sua conexão lógica com as provas através de regras (causais) gerais, mensurando-se o grau de apoio indutivo que as provas proporcionam à hipótese. O grau de probabilidade da hipótese (enunciado sobre o facto) equivale ao grau em que os elementos de confirmação disponíveis permitam sustentar essa hipótese.

A probabilidade lógica da hipótese aumentará ou diminuirá segundo o fundamento e grau de probabilidade das regularidades que conectam a hipótese e as provas que se utilizaram na confirmação. A probabilidade define-se em função do tipo de inferência que se pode extrair a partir dos elementos disponíveis com relação à hipótese que se cura de confirmar.[756]Esta probabilidade ancora-se no uso da lógica para a formulação de inferências de modo que o juízo derivado extrai-se com necessidade lógica dos juízos antecedentes. Dito de outra forma, a probabilidade de uma hipótese ancora-se na conexão lógica com as provas através de regras gerais e mede o grau de apoio indutivo

---

[753] Quanto à explicitação das razões da primazia de um meio de prova sobre o outro, remetemos para *11. Fundamentação da decisão de facto e prova testemunhal.*

[754] Sobre esta questão cfr., desenvolvidamente, *14. O standard de prova no processo civil.*

[755] Sobre a probabilidade lógica ou baconiana, cfr. mais desenvolvidamente, MICHELE TARUFFO, *La Prueba de los Hechos*, Editorial Trotta, Madrid, 2002, pp. 223 e ss. 261 e ss. 291, 295 e ss. .

[756] MICHELE TARUFFO, *La Prueba de los Hechos*, Editorial Trotta, Madrid, 2002, p. 226.

que as provas proporcionam à hipótese (o grau de probabilidade da hipótese equivale ao grau em que os elementos de confirmação lhe oferecem sustento), sendo certo que podem também concorrer apoios dedutivos, os quais dão uma maior consistência argumentativa à hipótese.

Deste modo, o problema fundamental da prova é o da conexão lógica entre a prova produzida e a hipótese sobre o facto. Essa conexão determina o grau de apoio inferencial que corresponde à hipótese, sendo que o incremento desse grau, v.g. por acumulação de mais elementos de prova convergentes, implica um incremento da probabilidade da hipótese (enunciado fáctico).

Do ponto de vista epistemológico, o que caracteriza esta teoria é, pois, o conceito de probabilidade indutiva como grau de apoio de uma hipótese firmado sobre provas relevantes concretamente disponíveis. Para qualificar a probabilidade de uma facto formam-se inferência prováveis, entendidas como um tipo de raciocínio em que – quando as premissas são verdadeiras – as conclusões têm uma certa frequência relativa.

A valoração da prova sob este modelo de probabilidade lógica significa que uma hipótese pode aceitar-se como verdadeira se não foi refutada pelas provas disponíveis e estas a confirmam, tornando-a mais provável que qualquer outra hipótese alternativa sobre os mesmos factos.[757] Concorrem aqui três requisitos, quais sejam:

1. Requisito da confirmação
2. Requisito da não refutação
3. Escolha entre as diferentes hipóteses alternativas

---

[757] Segundo RIVERA MORALES, *La Prueba: Un Análisis Racional y Práctico*, Marcial Pons, Madrid, 2011, p. 112, o controlo racional da hipótese deve efetuar-se segundo o modelo de FERRAJOLI, de maneira que a aceitabilidade da hipótese está em função do seu grau de confirmação, com base nos elementos probatórios desenvolvidos, disponíveis, e da sua resistência a contraprovas. "Uma hipótese é aceitável se for suficientemente confirmada mediante provas disponíveis e não foi refutada por elas. Neste sentido, a sustentabilidade afirma-se mediante o apoio fáctico bem como em que não tenha sido rechaçada com base em elementos fácticos superiores ou de maior força, de maneira que se não há refutação sustentável, a hipótese aceitável forma a convicção."

1. Requisito da confirmação

Uma prova p confirma uma hipótese h se existir um nexo causal e lógico entre ambas que faz com que a existência daquela constitua uma razão para aceitar a segunda. Deste modo, a confirmação é uma inferência indutiva mediante a qual, a partir de umas provas e de uma regra que conecta essas provas com a hipótese, conclui-se aceitando a veracidade desta última.[758]

Na medida em que é expressão do grau de confirmação, a probabilidade de uma hipótese aumenta e diminui com:

(i) O fundamento cognoscitivo e o grau de probabilidade expresso pelas regras e máximas de experiência usadas.

Remetemos aqui para o que já ficou dito a propósito das máximas de experiência e do fundamento cognoscitivo das mesmas (cfr. 11.1.1.). As generalizações que conectam a hipótese com as provas estabelecem relações de probabilidade cujo grau varia em função da solidez do fundamento cognoscitivo da máxima de experiência em causa. Quanto mais profundo for a análise crítica das noções que o juiz utiliza, mais fiáveis serão as inferências probatórias que conduzem à confirmação das hipóteses sobre os factos.

(ii) A qualidade epistemológica das provas que a confirmam

Se uma prova é débil não pode sancionar um relevante grau de confirmação à hipótese por mais fundada que esteja a regra que conecta a prova com a hipótese. Por exemplo, num caso de homicídio não se duvidará que uma prova de ADN (mostra de pele e cabelo do suspeito nas unhas da vítima) tem maior valor que um depoimento que ateste uma ameaça de morte feita pelo suspeito à vítima.

(iii) O número de passos inferenciais que separam a hipótese das provas que a confirmam

Quanto maior for o número de passos intermédios entre a hipótese e as provas que a confirmam, menor será a probabilidade e vice-versa. Ou seja, a

---

[758] Acompanhamos aqui de perto a exposição de MARINA GASCÓN ABELLÁN, *Los Hechos en el Derecho, Bases Argumentales de la prueba*, Marcial Pons, Madrid, 2010, pp. 158 a 167 e de RIVERA MORALES, *La Prueba: Un Análisis Racional y Práctico*, Marcial Pons, Madrid, 2011, pp. 338-344.

probabilidade debilita-se com cada passo inferencial. É neste preciso sentido que se pode ainda afirmar que a prova denominada direta terá tendencialmente um valor maior que a prova indireta ou indiciária.

Retomando o exemplo dado por GASCÓN ABELLÁN, se uma testemunha afirma que viu *A* vender droga várias vezes no local x, haverá só um passo inferencial qual seja o juízo de credibilidade sobre tal depoimento. Se, diversamente, um polícia afirma que encontrou no carro de *A* uma balança de precisão, droga e uma quantidade significativa de dinheiro, a valoração dessa prova requere dois passos inferenciais: o primeiro sobre o juízo de credibilidade do depoimento; o segundo consistente na formulação de uma generalização, segundo a qual quem estiver na posse de tais objetos provavelmente é porque comercializa droga.[759]

(iv) A quantidade e variedade de provas ou confirmações

Se a probabilidade de uma hipótese equivale ao seu grau de confirmação pelo conjunto de elementos disponíveis, quanto maior for o número de confirmações sob diversos ângulos maior será naturalmente o seu grau de probabilidade. Essa probabilidade será também maior quanto mais variadas forem as provas que a confirmam na medida em que a variedade de provas proporciona uma imagem mais completa dos factos.

Estes critérios são concorrentes no sentido de que um algo grau de confirmação exige a verificação – a um nível superior – de todos estes critérios.

2. Requisito da não refutação

Se a hipótese é confirmada por provas disponíveis, deve submeter-se ainda a refutação através do exame dos factos que, a existirem, a invalidariam ou tornariam pouco provável. Se a prova de tais factos não ocorre, a hipótese não fica refutada. Na inversa, deve abandonar-se a hipótese.

Ou seja, uma hipótese preenche o requisito da não refutação quando, submetida a contrastação, não é refutada pelas provas disponíveis. Em termos processuais, o requisito da não refutação tem duas vertentes: (i) foi facultado o contraditório à contraparte sobre tal hipótese, com todas as garantias pro-

---

[759] *Los Hechos en el Derecho, Bases Argumentales de la prueba*, Marcial Pons, Madrid, 2010, p. 162.

cessuais e (ii) é admissível que a hipótese possa ser refutada por provas empíricas nas quais ocorram factos que a desvirtuam.

3. Escolha entre as diferentes hipóteses alternativas

Após a produção das provas, pode acontecer que duas ou mais hipóteses contraditórias sobre os factos em discussão estejam suficientemente fundadas. Coloca-se, então, a questão de que critério conjunto utilizar para a decisão final sobre a fixação dos factos provados, operando – do mesmo passo – uma escolha entre as hipóteses alternativas excludentes.

Vários critérios conjuntos têm sido propostos.

Segundo o **critério da simplicidade**, entre hipóteses igualmente sustentadas por todos os elementos de prova deve escolher-se a mais simples ou mais natural. A simplicidade de uma hipótese decorre da sua capacidade heurística no sentido de que, perante várias hipóteses em conflito, optar pela mais simples é optar pela mais fértil, pela que permite explicar o maior número de factos.

Há que reconhecer que este critério poderá ser supérfluo na medida em que pouco se distingue do critério do maior número de confirmações.

Numa versão mais elaborada, CARLOS DE MIRANDA VÁSQUEZ propõe que o enfrentamento das hipóteses "Consiste em examinar que hipótese explica a maior quantidade de prova – potência explicativa – e qual delas contradiz menos dados provados – índice de contradição. Assim deve atender-se aos seguintes parâmetros: que hipótese concorda ou casa melhor com factos relacionados, qual delas é mais credível ou verosímil, postas em comparação e devidamente contextualizadas, e, finalmente, qual delas é mais simples (princípio da navalha de Ockham)".[760] [761]

---

[760] "El juicio de hecho en la mente del juzgador: Como razona?", in ABEL LLUCH, PICÓ I JUNOY e RICHARD GONZÁLEZ, Manuel, *La Prueba Judicial, Desafíos en las Jurisdicciones Civil, Penal, Laboral e Contencioso-administrativa*, La Ley, Madrid, 2011, p. 243.

[761] O **princípio da Navalha de Ockham** é um princípio lógico atribuído ao lógico e frade franciscano inglês WILLIAM DE OCKHAM, que afirma que a explicação para qualquer fenómeno deve assumir apenas as premissas estritamente necessárias à explicação do fenómeno e eliminar todas as que não causariam qualquer diferença aparente nas predições da hipótese ou teoria. Esta formulação é muitas vezes parafraseada como "Se em tudo o mais forem idênticas as várias explicações de um fenómeno, a mais simples é a melhor". O prin-

Por sua vez, Michael Pardo defende que deve dar-se prevalência a uma explicação que: (i) justifique a maior quantidade de prova e os elementos de prova mais importantes, (ii) seja compatível com o conhecimento e experiência acumulados e que (iii) não requeira assunções insólitas.[762]

O **critério da coerência narrativa** diz-nos que a credibilidade de uma hipótese aumenta frente a outras se se provar que, além de estar corroborada por múltiplos dados probatórios e de não ser refutada por nenhum, é a que melhor explica os factos, por ser o relato mais credível da história de acordo com os princípios explicativos do atuar racional, intencional e motivacional do homem. Neste sentido, "(...) a probabilidade relativa de hipóteses mutuamente incompatíveis depende do número de eventos que devam supor-se acontecidos para permitir a coerência com os dados probatórios e da medida em que deva recorrer-se a ulteriores princípios explicativos para obter essa coerência. A narração mais coerente é que a que comporta a mais baixa improbabilidade mediante este teste".[763]

Michele Taruffo aponta certeiramente a esta teoria a crítica de que as narrações coerentes e persuasivas podem ser completamente falsas. Assim, os aspetos narrativos de uma história não são suficientes para determinar a preferência por essa história. Poderão apenas ser considerados como parâmetros de preferência entre os vários relatos verdadeiros que narram os mesmos factos.[764]

O **critério da coerência lógica** afirma que na reconstrução global dos factos avultam os elementos lógicos do *discurso* do juiz, em particular aqueles que se referem à não-contradição e à coerência inferencial. Quanto à não-contradição, visam-se obviar as situações em que: um mesmo facto é considerado simultaneamente como verdadeiro e como falso; consideram-se verdadeiros factos reciprocamente incompatíveis; ou empregam-se no mesmo contexto regras de inferência incompatíveis entre si. Por sua vez, a coerência inferen-

---

cípio recomenda assim que se escolha a teoria explicativa que implique o menor número de premissas assumidas e o menor número de entidades.

[762] "Estándares de Prueba y Teoría de la Prueba", in Carmen Vásquez (ed.), *Estándares de Prueba y Prueba Científica*, Marcial Pons, Madrid, 2013, p. 116.

[763] Marina Gascón Abellán, *Los Hechos en el Derecho, Bases Argumentales de la prueba*, Marcial Pons, Madrid, 2010, p. 166.

[764] Michele Taruffo, *La Prueba*, Marcial Pons, Madrid, 2008, pp. 221-227.

cial reporta-se à estrutura de concatenação de inferências com que o juiz vincula factos distintos, secundários e principais, com o propósito de extrair consequências dos elementos de prova disponíveis.

Em suma, a reconstrução dos factos não será logicamente coerente se o juiz não resolve sem contradições as questões emergentes da produção de prova.

O **critério da congruência** da narração dos factos incide sobre a relação entre a narração e o conjunto dos factos determinado com base nas provas, reportando como congruente a narração que reflita o conjunto dos factos efetivamente provados, na sequência de uma valoração atomista dos concretos meios de prova produzidos. O que se pretende é que os factos tidos como provados tenham uma correspondência estreita com os factos da causa assente na sua confirmação probatória.

Dito de outra forma, deverão excluir-se as versões dos factos que sejam incongruentes por serem incompletas ou excessivas. Narrações incompletas são as que não incluem todos os factos que ficaram provados em juízo, designadamente os factos principais ou factos secundários dos quais se possa inferir um facto principal. O vício aqui decorre da não adoção da decisão com base em todas as provas disponíveis, sendo esta uma condição do controle da racionalidade da decisão. A versão será excessiva se afirma como provados factos que não têm apoio suficiente nas provas produzidas. Aqui o princípio violado é o de que o juízo sobre os factos deve basear-se no efetivo resultado das provas produzidas.

O **critério da correspondência entre os factos e a norma jurídica** substantiva idónea para constituir o critério jurídico da decisão preconiza que o problema da decisão de facto redunda na individualização da hipótese de máxima correspondência entre uma narração dos factos e uma norma jurídica substantiva, de molde que essa correspondência máxima ocorre quando uma narração dos factos integra perfeitamente o esquema fáctico da norma substantiva destinada a constituir o critério jurídico da decisão.

Este critério é posterior e não substitutivo ou alternativo dos anteriormente referidos.

Acompanhamos MICHELE TARUFFO na conclusão eclética de que "(...) à parte da eventual relevância do fator constitutivo da coerência narrativa, a decisão final sobre os factos dotada do grau mais elevado de racionalidade é aquela que se baseia numa narração que seja, ao mesmo tempo, logicamente coerente, congruente com os factos que resultam provados e correspondente à previsão da norma legal que constitui a base da decisão *in jure*."[765]

Essencial é que a contradição normalmente resultante da produção das provas seja resolvida na valoração da prova mediante a formulação de um juízo sobre os factos que produza um resultado unívoco, assente na aceitabilidade prevalecente (cfr. o que se dirá a seguir a propósito do *standard* de prova). É "racional a valoração de diversos elementos de prova que resolva os seus contrastes identificando univocamente a hipótese mais aceitável; é irracional, pelo contrário, a valoração que não resolve os contrastes e, por isso, não identifica uma solução unívoca."[766]

14. O standard de prova no processo civil

Um *standard* de prova consiste numa regra de decisão que indica o nível mínimo de corroboração de uma hipótese para que esta possa considerar-se provada, ou seja, possa ser aceite como verdadeira. Um *standard* deve ser capaz de responder a duas perguntas: quando é que o grau de justificação é suficiente para aceitar um enunciado fáctico como verdadeiro e quais são os critérios objetivos que indicam que se alcançou esse grau de justificação.

O *standard* tem de ser objetivo requerendo um critério de controle de molde que uma pessoa distinta do operador judicial possa realizar um juízo sobre a hipótese a partir do material probatório disponível. O *standard* serve de guia ao juiz indicando o que deve buscar em cada prova para fixar os factos e, por outro lado, permite rever a construção dos factos assim feita pelo juiz no sentido de averiguar se este se cingiu ao *standard* ou se, pelo contrário, fixou os factos por mecanismos não controláveis.

O *standard* de prova é um mecanismo que permite determinar e distribuir os erros judiciais na fixação dos factos provados. Estaremos perante um falso positivo quando uma decisão declara provada uma hipótese, sendo esta falsa. O falso negativo ocorre quando se declara uma hipótese não provada, sendo esta verdadeira. Qualquer uma destas decisões pode ser válida epistemologicamente no sentido de que se fundou corretamente nos elementos de prova disponíveis.

---

[765] *La Prueba de los Hechos*, Editorial Trotta, Madrid, 2002, p. 325.
[766] MICHELE TARUFFO, *La Prueba de los Hechos*, Editorial Trotta, Madrid, 2002, p. 426.

PROVA TESTEMUNHAL

Deste modo, à medida que aumentamos a exigência do *standard* de prova, aumentam os falsos negativos e diminuem os falsos positivos. É por esta ordem de razões que o *standard* de prova adotado para a decisão final no processo penal é muito mais elevado que no processo civil: existe uma opção ética no sentido de que é socialmente preferida uma absolvição falsa do que uma condenação falsa.[767] Enquanto no processo civil, a opção é a de tratar as partes de forma igual e reduzir o número global de erros, no processo penal a opção é a de proteger os inocentes tornando mais difícil condenar alguém, o que se faz preferindo os erros favoráveis à absolvição de culpados: *é dez vezes pior condenar um inocente que absolver um culpado.*[768]

Nesta medida, os *standards* de prova não são mais do que uma reação do próprio sistema contra a sua falibilidade na determinação do juízo fáctico, facultando modelos de controle das inferências do juiz e submetendo-as, no âmbito do contraditório, a um juízo crítico comum, garantindo a cientificidade da decisão jurídica.[769]

Analisando a questão sob a denominação de graus de prova, TEIXEIRA DE SOUSA distingue três graus de prova.[770]

Num primeiro patamar, está o **princípio de prova** em que a prova em causa não é suficiente para estabelecer, por si só, qualquer juízo de aceitabilidade final, podendo apenas coadjuvar a prova de um facto desde que em conjugação com outros elementos de prova. Exemplifica com o regime da prova realizada noutro processo, caso dos depoimentos e arbitramentos, que só vale como princípio de prova em processo ulterior quando o regime de produção de prova no primeiro processo oferentes às partes garantia inferiores às do processo onde se pretende invocar essa prova – cfr. Artigo 522º, nº1, segunda parte, do Código de Processo Civil (atual Artigo 421º, nº1).

---

[767] Cfr. JORDI FERRER BELTRÁN, *La Valoración Racional de la Prueba*, Marcial Pons, Madrid, 2007, p. 143.

[768] RONALD ALLEN, "Los Estándares de Prueba y los Limites del Análisis Jurídico", in CÁRMEN VÁZQUEZ (ed.), *Estándares de Prueba y Prueba Científica*, Marcial Pons, Madrid, 2013, p. 49. Historicamente, a enunciação desta regra foi atribuída a W. BLACKSTONE que, em 1769, terá dito:"For the law holds, that is better ten guilty persons escape, than that one innocent suffer." *apud* NIEVA FENOLL, *La Duda en el Proceso Penal*, Marcial Pons, Madrid, 2013, p. 66.

[769] DANILO KNIJNIK, "Os Standards do Convencimento Judicial: Paradigmas Para o Seu Possível Controle", acessível em www.abdpc.org.br , pp. 18-19.

[770] *As Partes, o Objeto e a Prova na Acção Declarativa*, Lex, Lisboa, 1995, pp. 200-204.

Num segundo nível, encontramos o grau de prova denominado **mera justificação** em que a convicção do tribunal se basta com a demonstração de que o facto é verosímil ou plausível, ou seja, basta um convencimento assente num juízo de verosimilhança ou de plausibilidade. Na mera justificação, a probabilidade do facto é o "(...) próprio *quid* sobre o qual incide a convicção desse órgão".[771]

A mera justificação só é aplicável nas situações expressamente previstas por lei. É o caso paradigmático da probabilidade séria da existência do direito ou interesse juridicamente tutelado (fumus boni juris) nos procedimentos cautelares, cuja prova basta ser sumária, constituir uma simples justificação ou um juízo de verosimilhança[772], expressões que pretendem significar que, para a prova do direito do requerente, basta uma constatação objetiva da grande probabilidade de que exista. Aqui as razões de celeridade que presidem a estes procedimentos não se coadunam com uma averiguação exaustiva da prova sobre a existência do direito do requerente, bem como com um contraditório pleno, pelo que o juiz tem de contentar-se com um material probatório incipiente em atenção à necessidade premente de tutela.

A mera justificação está presente noutras normas nomeadamente em sede de direito da filiação – cfr. Artigos 1808, nº4, 1865º, nos. 4 e 5, 1831º, nº1 e 1859º, nº3.

No terceiro nível, temos a prova que Teixeira de Sousa designa de prova *stricto sensu*. Quando falamos de *standard* de prova, centramos a discussão da (in)suficiência de prova neste nível.

Na *common law* dominam dois *standards* de prova: o standard *"evidence beyond a reasonable doubt"* para o processo penal e o *"preponderance of evidence"* (more--likely-than-not), preponderância de prova, nos casos civis designadamente nos EUA.[773] A preponderância da prova não deve ser lida, precipitadamente,

---

[771] Teixeira De Sousa, *As Partes, o Objecto e a Prova na Acção Declarativa*, Lex, Lisboa, 1995, p. 202.

[772] Cfr. , por todos, Lebre De Freitas *et al.*, *Código de Processo Civil Anotado*, II Vol., p. 35.

[773] O *standard* da preponderância da prova funciona , ou aparenta funcionar, tendo em vista minimizar erros e maximizar a correção, distribuindo o risco de erro de forma mais ou menos equitativa entre as partes (qualquer das partes podem apresentar a hipótese menos provável e a decisão pode ser errónea) – cfr. Michael Pardo, "Estándares de Prueba y Teoría de la Prueba", in Carmen Vásquez (ed.), *Estándares de Prueba y Prueba Científica*, Marcial Pons, Madrid, 2013, p. 103.

PROVA TESTEMUNHAL

como verificada logo que uma parte logre produzir melhores provas que a contraparte, exigindo-se também que aquela versão dos factos seja também mais provável que a sua negação (cfr. *infra.*) Em certos casos civis, exige-se uma *"clear and convincing evidence"*, prova clara e convincente, também explicitada com recurso à expressão *"much-more-likely-than-not"*. É o que ocorre designadamente nos casos de restrição dos direitos parentais, de negligência profissional, em questões relacionadas com a cidadania e com o conteúdo de um testamento.[774] Em termos de conceção probabilística, o *standard* de pre-

---

O *standard "beyond a reasonable doubt"* é objeto de larga discussão, havendo apenas acordo na asserção de que o mesmo não equivale a "além de toda a sombra de dúvida" na medida em que, nessa eventualidade, seria necessário descartar por completo qualquer outra versão dos factos distinta da inculpatória, o que não ocorre porquanto se admite - comummente - que o *standard "beyond a reasonable doubt"* permite a existência de outras hipóteses possíveis apesar de improváveis – cfr. FERNÁNDEZ LÓPEZ, "La Valoración de Pruebas Personales y el Estándar de la Duda Razonable", http://www.uv.es/cefd/15/fernandez.pdf.

[774] Cfr. SUSAN HAACK, "El Probabilismo Jurídico: Una Disensión Epistemológica", in CARMEN VÁSQUEZ (ed.), *Estándares de Prueba y Prueba Científica*, Marcial Pons, Madrid, 2013, p. 69. Esta autora enfatiza que os *standards* de prova, mais do que instruir o julgador sobre o grau de confiança que a sociedade crê que ele deve ter sobre a verdade dos factos, reportam-se à qualidade das provas produzidas, ao grau de crença (*"warrant"*) avalizado pelas provas, o que é uma questão diversa da crença suscitada no julgador (p. 72). Em suma, o que está em causa não é o grau de confiança do julgador mas sim o que é razoável crer à luz das provas produzidas (p. 75). O grau de apoio outorgado pelas provas depende do contributo que estas deem para a integração explicativa das provas-mais-a-conclusão, isto é, de quanto consigam encaixar as provas e a conclusão juntas num relato explicativo (p. 79).

No resumo de KEVIN M. CLERMONT, "Standards of Proof in Japan and the United States", Law School Working Paper Series, 2003, Paper 5,http://lsr.nellco.org/cornell/clsops/papers/5, acedido em 8.10.2008, pp. 6-7, os três standards constituem uma inevitabilidade psicológica: "The only sound and defensible hypotheses are that the trier, or triers, of facts can find what (a) *probably* has happened, or (b) what *highly probably* has happened, or (c) what *almost certainly* has happened. No other hypotheses are defensible or can be justified by experience and knowlegde." Fundamentando a pertinência do *standard* da probabilidade prevalente, realça este autor que "(...) the preponderance standard is optimal given two conditions that are very plausible. The first condition is that an error in favor or the plaintiff is neither more undesirable nor less desirable than an error in favor of the defendant, or that a dollar mistakenly paid by the defendant (a false positive) is just as costly as a dollar mistakenly uncompensated to the plaintiff (a false negative). The second condition is that the goal is to minimize the sum of expected coasts from these two types or error, that is, the system wants to keep the amounts suffered mistakenly to a minimum. Under these conditions, the preponderance standard performs better than any other standard of proof." (pp. 7-8). No fundo, a primeira condição referida significa que haverá uma simetria ou indiferença no impacto do erro, isto é, será igualmente desaconselhável beneficiar o autor à custa do Réu como vice-versa.

A TESTEMUNHA NO PROCESSO

ponderância da prova equivale a uma probabilidade superior a 0,5, o *standard* de prova clara e convincente equivale a uma probabilidade superior a 0,75 e o standard *"evidence beyond a reasonable doubt"* equivale a uma probabilidade superior a 0,90.[775]

No Reino Unido, ADRIAN KEANE indica como *standard* comum dos casos de direito civil o *"balance of probabilities"*.[776] Segundo dá nota este autor, em diversas matérias cíveis tem sido exigido um *standard* mais elevado que nos casos comuns e, independentemente das matérias, também tem sido defendido que quanto mais improvável for o facto alegado, mais forte terá de ser a prova necessária a fixá-lo segundo o *"balance of probabilities"*. Abrangem-se designadamente as seguintes situações: a prova da intenção de uma parte mudar de domicílio tem de ser clara e inequívoca; os vícios da vontade na celebração do casamento têm de ser provados de forma forte, distinta e satisfatória; nos casos de abusos de crianças no âmbito do poder paternal, quanto mais séria ou improvável foi a alegação de abuso, mais forte terá de ser a prova quer do abuso quer da identidade do abusador; a imposição de tratamento médico pelo tribunal a um inimputável exige uma prova convincente de que o tratamento é medicamente necessário.

Na Alemanha, a doutrina discute os graus ou medidas da prova (*Beweismaß*), afirmando-se que para que o juiz se considere convencido segundo a sua consciência, deve alcançar-se uma "verosimilitude objetiva", e não uma "credibilidade aproximada", o que equivale a uma "alta probabilidade" (hohe Wahrscheinlichkeit).[777] Tal medida de prova deve ser rebaixada designadamente em casos de difícil prova em que se exige apenas uma "verosimilitude predominante". Como assinala JORDI NIEVA FENOLL, as frases construídas pela doutrina alemã em nada se diferenciam dos *standards* de prova anglo--saxónicos, sendo a sua finalidade a mesma.[778]

---

[775] MICHAEL PARDO, "Estándares de Prueba y Teoría de la Prueba", in CARMEN VÁSQUEZ (ed.), *Estándares de Prueba y Prueba Científica*, Marcial Pons, Madrid, 2013, p. 111.
Veja-se o que será dito *infra* a propósito da forma de apresentação do grau de confirmação de hipóteses.

[776] ADRIAN KEAN *et al.*, *The Modern Law of Evidence*, 8ª Ed., Oxford University Press, 2010, pp. 106-111.

[777] MICHELE TARUFFO, "Rethinking the sandards of proof", in *American Journal or Comparative Law*, 51, 2003, p.6.

[778] *La Valoración de la Prueba*, Marcial Pons, Madrid, 2010, p. 92.

Em Itália, a doutrina e a jurisprudência afirmam que para a afirmação da responsabilidade civil é suficiente a *"preponderanza dell'evidenza"*, devendo seguir-se o critério do *mais provável que não*. No sector específico da causalidade civil, SALVATORE PATTI admite mesmo a formulação menos exigente da prevalência mínima.[779] LUIGI COMOGLIO refere que no que tange à correlação probabilística concreta entre o comportamento ilícito e o evento danoso, se deve seguir a regra da "normalidade causal", segundo um critério definido como da *"preponderanza dell'evidenza"*, da *probabilidade prevalecente* ou do *mais provável que não*.[780]

Pese embora a existência de algumas flutuações terminológicas, o *standard* que opera no processo civil é, assim, o da probabilidade prevalecente ou "mais provável que não". Este *standard* consubstancia-se em duas regras fundamentais:

(i) Entre as várias hipóteses de facto deve preferir-se e considerar-se como verdadeira aquela que conte com um grau de confirmação relativamente maior face às demais;[781]

(ii) Deve preferir-se aquela hipótese que seja "mais provável que não", ou seja, aquela hipótese que é mais provável que seja verdadeira do que seja falsa.

Em primeiro lugar, este critério da probabilidade lógica prevalecente – insiste-se – não se reporta à probabilidade como frequência estatística mas sim como grau de confirmação lógica que um enunciado obtém a partir das provas disponíveis.

Em segundo lugar, o que o *standard* preconiza é que, quando sobre um facto existam provas contraditórias, o julgador deve sopesar as probabilidades das diferentes versões para eleger o enunciado que pareça ser relativamente "mais provável", tendo em conta os meios de prova disponíveis. Dito de outra forma, deve escolher-se a hipótese que receba apoio relativamente maior dos elementos de prova conjuntamente disponíveis.

---

[779] SALVATORE PATTI, *Le Prove, Parte Generale*, Giuffrè Editore, 2010, p. 232.

[780] *Le Prove Civili*, Utet Giuridica, Torino, 2010, p. 159.

[781] Cfr. RIVERA MORALES, *La Prueba: Un Análisis Racional y Práctico*, Marcial Pons, Madrid, 2011, pp. 307-308.

Todavia, pode acontecer que todas as versões dos factos tenham um nível baixo de apoio probatório e, nesse contexto, escolher a relativamente mais provável pode não ser suficiente para considerar essa versão como "verdadeira". Pelo que para que um enunciado sobre os factos possa ser escolhido como a versão relativamente melhor é necessário que, além de ser mais provável que as demais versões, tal enunciado em si mesmo seja mais provável que a sua negação. Ou seja, é necessário que a versão positiva de um facto seja em si mesma mais provável que a versão negativa simétrica.[782]

Há, assim, um **limite mínimo de probabilidade** a partir do qual opera a probabilidade lógica prevalecente, que TARUFFO situa em 0,51. Há que esclarecer a forma de apresentação do grau de confirmação de hipóteses. Na metodologia proposta por este autor, cada prova concreta é valorável numa escala de 0 a 1 (grau particular de confirmação). Por sua vez, a representação da valoração do conjunto da probabilidade da hipótese dever fazer-se numa escala de valores $0 \rightarrow \infty$, sem limite máximo (grau global de confirmação).[783] As duas escalas combinam-se para determinar a probabilidade do facto. Os números são aqui uma forma de expressar relações lógicas e não supõem medidas quantitativas de nada. Um grau de confirmação da hipótese superior a 0,50 deve considerar-se como o limite mínimo abaixo do qual não é razoável aceitar a hipótese como aceitável. Uma só prova clara e segura pode ultrapassar esse limite mínimo, podendo igualmente ser racional aceitar a hipótese confirmada por vários provas ditas indiretas convergentes, por exemplo.[784]

---

[782] MICHELE TARUFFO, *La Prueba*, Marcial Pons, Madrid, 2008, p. 138.

[783] Refere LUIGI LOMBARDO, *La Prova Giudiziale, Contributo alla Teoria del Giudizio di Fatto nel Processo*, Giuffrè Editore, 1999, p. 521, que o grau particular de confirmação, em princípio, é fixado de uma vez por todas e não muda durante o processo. Pelo contrário, o grau global de confirmação é uma noção essencialmente dinâmica na medida em que representa o nível do *status* cognitivo do juiz, o seu grau de convencimento, que se desenvolve à medida que se dispõe de novos elementos de prova. Deste modo, se uma hipótese está já amplamente confirmada, será baixo o grau particular de confirmação decorrente de uma nova prova; diversamente, será mais elevado se a hipótese ainda não está confirmada por alguma prova ou se foram já produzidas provas que confirmam a hipótese contraposta (provas conflituantes). Ou seja, o grau particular de confirmação que cada prova singular é idónea a conferir à hipótese decresce à medida que se reúnem provas convergentes e, em sentido oposto, cresce progressivamente em presença de provas divergentes.

[784] MICHELE TARUFFO, *La Prueba de los Hechos*, Editorial Trotta, Madrid, 2002, pp. 277-278, 295-298.

PROVA TESTEMUNHAL

Apesar da pertinência de tal limite mínimo de probabilidade, TARUFFO logo ressalva que podem existir contextos em que seja sensato aplicar a probabilidade lógica prevalecente no seu estado puro, o que equivale a dizer, sem que se exija que a hipótese dotada de grau de probabilidade comparativamente mais alto seja também aceitável segundo o critério que opera quando está em jogo uma só hipótese ($\geq 0{,}51$). A aplicação do critério no seu estado puro poderá ser pertinente em casos em que não se exija a demonstração da aceitabilidade plena da hipótese, bastando algum elemento de confirmação suscetível de atribuir um mínimo de credibilidade a tal hipótese.[785]

De modo mais concretizado e também com o intuito de articular a probabilidade lógica com a regra do ónus da prova objetivo, vejamos em concreto como devem ser resolvidas várias situações.

A situação mais singela coloca-se quando se pretende saber se, partindo das provas disponíveis, o enunciado relativo ao facto x é verdadeiro (vx) ou é falso (fx). Se vx recebeu uma confirmação probatória forte, pode simultaneamente ocorrer que : a) fx não haja recebido confirmação; b) que fx haja recebido uma confirmação débil, ou que c) também fx haja recebido uma confirmação forte. Nas hipóteses a) e b), deve ser naturalmente escolhida vx segundo a probabilidade prevalecente. No caso c), haverá que comparar os respetivos graus de confirmação (qual a que recebeu maior apoio das provas disponíveis) e determinar se o mais elevado é o vx ou o fx.

Se vx recebeu uma confirmação probatória débil (v.g. porque os indícios são vagos, as presunções não são concordantes ou as provas são divergentes e contraditórias), pode simultaneamente ocorrer que: a) que fx haja recebido uma confirmação forte; b) que fx haja recebido também uma confirmação débil ou que c) fx não haja recebido confirmação. Na hipótese a), a escolha racional será escolher fx na medida em que recebeu uma confirmação probatória relativamente maior. No caso b) nenhuma das hipóteses opostas recebeu uma confirmação probatória relativamente maior e no caso c) nenhuma das hipóteses recebeu uma confirmação adequada. Estas situações de incerteza não permitem que se determine a verdade ou a falsidade do enunciado de facto x. Perante este estado de incerteza ou outro em que a verdade de um enun-

---

[785] MICHELE TARUFFO, *La Prueba de los Hechos*, Editorial Trotta, Madrid, 2002, p. 302.

ciado não receba uma adequada confirmação, a decisão só pode ser adotada mediante a aplicação da regra do ónus da prova objetivo.[786]

O ónus da prova objetivo significa que é sempre sobre a parte onerada com a prova dos factos que recaem as consequências da falta ou insuficiência de prova, ou seja, perante a dúvida irredutível sobre a realidade do facto que é pressuposto da aplicação de uma norma jurídica, o julgador decide como se estivesse provado o facto contrário (cfr. Artigo 342º, nº1 do Código Civil e 414º do Código de Processo Civil, anterior Artigo 516º). Assim, se após a valoração da prova, o juiz entender que há factos que permanecem duvidosos e incertos (ocorre uma deficiência probatória), terá de recorrer ao ónus da prova, valorando a prova contra a parte a quem incumbia o respetivo ónus da prova, declarando como *não provado* o facto adrede alegado pela parte. Por isso é que as regras do ónus da prova são subsidiárias no sentido de que apenas operam, se necessário, posteriormente à valoração da prova.[787]

A doutrina nacional não tem dedicado especial atenção ao *standard* de prova. Teixeira de Sousa afirma que "(...) a prova *stricto sensu* exige uma medida de convicção que não é compatível com a admissão de que a realidade pode ser distinta daquela que se considera provada. (...) O que é relevante é que esse grau de convicção permita excluir, segundo o padrão que na vida prática é tomado como certeza, outra configuração da realidade dada como provada."[788] Noutro passo, o mesmo autor afirma que:

> "(...) em processo civil o tribunal condena quando tem dúvidas para a absolvição e absolve quando tem dúvidas para a condenação e em processo penal o tribunal condena quanto tem certezas para a não absolvição e absolve quando tem dúvidas para a condenação, pelo que em processo civil as exigências de fundamentação são iguais para a condenação e para a

---

[786] Cfr. Michele Taruffo, *Simplemente la Verdad, El Juez y la Construcción de los Hechos*, Marcial Pons, Madrid, 2010, pp. 250-252.

[787] Cfr. Silvia Bgarcia-Cuerva Garcia, "Las regas generales del onus probandi", in *Objecto e carga de la prueba civil*, Bosch, 2007, pp. 54-55.

[788] *As Partes, o Objecto e a Prova na Acção Declarativa*, Lex, Lisboa, 1995, p. 201.

absolvição e em processo penal as exigências de fundamentação são maiores para a condenação do que para a absolvição".[789]

LEBRE DE FREITAS afirma que "No âmbito do princípio da livre apreciação da prova, não é exigível que a convicção do Julgador sobre a validade dos factos alegados pelas partes equivalha a uma certeza absoluta, raramente atingível pelo conhecimento humano. Basta-lhe assentar num juízo de suficiente *probabilidade ou verosimilhança* (...)".[790]

TOMÉ GOMES afirma impressivamente que:

> "Quanto ao critério da livre convicção, há que ter presente que o convencimento do julgador se deve fundar numa certeza relativa, histórico-empírica, dotada de um grau de probabilidade adequado às exigências práticas da vida. Para a formação de tal convicção não basta um mero convencimento íntimo do foro subjetivo do juiz, mas tem de ser suportada numa persuasão racional, segundo juízos de probabilidade séria, baseada no resultado da prova apreciado à luz das regras de experiência comum e atentas as particularidades do caso."[791]

Na jurisprudência, as referências ao *standard* de prova, apesar de pouco frequentes, têm sido no sentido da vigência entre nós da preponderância da prova. No Acórdão do Tribunal da Relação de Évora de 21.6.2011[792] afirmou-se que:

> "(...) tendo presente que a verdade judicial (material) é "a realidade, aquilo que tem efetiva existência, com exclusão do meramente possível" (Prof. Castro Mendes – "*Do conceito de prova em Processo Civil*"), a verdade que, "não sendo absoluta ou ontológica, há de ser antes de tudo uma verdade judicial prática" (Prof. Fig. Dias, in "*Direito Processual Penal*", 1º, 194),

---

[789] "A livre apreciação da prova em processo civil", in *Scientia Iuridica*, Jan-Abr 1984, Tomo XXXIII, nos. 187-188, p. 117.

[790] *Introdução do Processo Civil*, Coimbra Editora, 1996, pp. 160/161.

[791] "Um olhar sobre a demanda da verdade no processo civil", in *Revista do CEJ*, 2005, Nº 3, pp. 158-159.

[792] Sendo relator *João Gomes de Sousa*, 1273/08.

non será excessivo afirmar que o nosso ordenamento civil se basta, para a convicção, com uma tese de *"preponderância de prova"* ou *"balanço de probabilidades""*.

De forma bastante clara, no Acórdão do Tribunal da Relação de Coimbra de 6.3.2012 foi expresso que a consideração de um facto como provado assenta, em processo civil, num juízo de preponderância em que esse facto provado se apresente, fundamentadamente, como mais provável ter acontecido do que não ter acontecido. Idealmente, explicitando percentualmente esta asserção, poder-se-á dizer que o limiar da prova corresponderá a qualquer percentagem superior a 50% desse facto ter acontecido (correspondendo 50% à não prova).[793] No Acórdão do Tribunal da Relação de Évora de 6.12.2011[794] foi enunciado que não valem em processo penal critérios ou parâmetros de decisão geralmente adotados em processo civil, como é o caso do critério da *probabilidade prevalente,* ou seja, do *mais provável que não ou prepoderance of evidence* (preponderância das provas), desde logo porque não asseguram que a hipótese mais provável corresponde à verdade judicialmente alcançável, o que sucede designadamente quando todas as versões do facto têm um baixo nível de apoio probatório.

Cremos que a adoção de um *standard* de prova no direito civil (prova *stricto sensu* na terminologia de Teixeira de Sousa) é matéria de incontornável interesse, quer para as partes quer para o juiz. Consoante já se referiu, o *standard* serve de critério para orientar a análise da prova pelo juiz (no contexto de descobrimento e de justificação dos factos) e oferece às partes condições de controlabilidade do processo de formação da convicção do juiz. O *standard* constitui uma racionalização adequada ao princípio da livre apreciação da prova. Isto sem prejuízo da sua utilidade epistémica, também já enunciada, de permitirem distribuir os erros em caso de apreciação errónea da matéria de facto.

O *standard* de prova deve variar segundo a matéria concreta que esteja em litígio, designadamente em função dos bens ou direitos que se encontram em jogo, em função da importância e necessidade de obter uma decisão célere

---

[793] Sendo relator *Teles Pereira,* 1994/09.
[794] Sendo relator *António João Latas,* 5901/09.

PROVA TESTEMUNHAL

bem como dos custos expectáveis da produção e análise da informação potencialmente relevante. Cremos também que a ideia (comum no Reino Unido, como vimos) de que o *standard* de prova deve ser mais exigente quanto maior for a improbabilidade do evento alegado colhe todo o sentido.

Deste modo, o *standard* deve operar como uma pauta móvel que tem de ser permanentemente concretizada ao ser aplicada ao caso concreto.

Cremos que no nosso ordenamento será, pois, de aplicar o *standard* da probabilidade prevalecente acima explicitado. Assim, no vulgar caso de cobrança de um crédito decorrente de compra e venda, na ação de responsabilidade civil emergente de acidente de viação ou na ação em que se discuta o cumprimento de um contrato de empreitada operará o *standard* da probabilidade lógica prevalecente desde que seja ultrapassado o limite mínimo de probabilidade ($\geq 0{,}51$).

Diversamente e a título exemplificativo, em processos em que a procedência do pedido formulado implique a restrição de direitos de personalidade ou da capacidade jurídica, em processos que versem sobre responsabilidades parentais bem como em processos em que se aprecie a validade, subsistência ou cessação de arrendamento para habitação (cfr. Artigo 629º, nº3, alínea a), do Código de Processo Civil, anterior Artigo 678º, nº3, alínea a)) ou de aquisição de habitação própria haverá que ajustar o *standard* de prova para um nível de maior exigência. Cremos que aqui será de aplicar um standard de *prova clara e convincente* cujo limite mínimo de probabilidade deverá ser equivalente a $\geq 0{,}75$. Em todos estes exemplos, os bens e direitos em litígio exigem uma tutela acrescida que começa pelo próprio *standard* de prova a aplicar.

15. Princípio da imediação e reapreciação da prova testemunhal na segunda instância

O princípio da imediação preconiza que "o julgador deve ter, por um lado, *o contacto mais próximo e direto possível com as pessoas ou com as coisas que servem de meios de prova*; e, por outro, as pessoas (*in casu*, as testemunhas, as partes e os peritos) devem situar-se na relação mais direta possível com os factos a provar, uma vez que são os veículos ou os instrumentos entre o julgador e a fonte da prova (a pessoa ou a coisa) ".[795]

---

[795] Remédio Marques, *Acção Declarativa à Luz do Código Revisto*, Coimbra Editora, 2007, pp. 392-393; cfr. também Lebre de Freitas, *Introdução ao Processo Civil, Conceito e Princípios Gerais à Luz do Código Revisto*, Coimbra Editora, 1996, p. 155.

A imediação pode ser concebida num sentido amplo e num sentido restrito. No primeiro, a imediação exige a presença judicial nos atos em que se desenvolve o processo; no segundo, que é o mais comum e que também poderá ser designado por *imediação em sentido subjetivo*, a imediação exige que o juiz que dite a sentença esteja presente nos atos processuais atinentes à produção da prova no propósito de o colocar nas melhores condições para conhecer o objeto do processo e apreciar a prova.[796]

Os princípios da imediação, da oralidade e concentração formam um todo que não pode operar separadamente na medida em que cada um deles, tomado de forma isolada, perde a sua razão de ser e torna-se inoperante. TEIXEIRA DE SOUSA considera que o princípio da imediação é um corolário do princípio da oralidade.[797] LEBRE DE FREITAS considera que os princípios da oralidade e da concentração são instrumentais relativamente ao princípio da imediação.[798]

Em sede do interrogatório das testemunhas, o princípio da imediação implica que – além das partes – o juiz possa formular às testemunhas as perguntas que entenda pertinentes para esclarecer cabalmente os factos, podendo o juiz aperceber-se das reações da testemunha nomeadamente a nível do comportamento não verbal. De tal modo que a generalidade da doutrina e da jurisprudência concluem que a imediação cumpre um papel fundamental para determinar a sinceridade e veracidade do depoimento.[799]

O Acórdão do Supremo Tribunal de Justiça de uniformização de Jurisprudência de 11.12.2008, *Santos Cabral*, 07P4822, interpreta o princípio da imediação em termos que podem ser tidos como os prevalecentes na nossa jurisprudência, pelo que passamos a extratar do mesmo o seguinte passo:

> "Sem dúvida que a imediação torna possível, na apreciação das provas, a formação de um juízo insubstituível sobre a credibilidade da prova; das razões que se podem observar, no exame direto da prova, para acre-

---

[796] PAULO DÁ MESQUITA, *A Prova do Crime e o que se Disse Antes do Julgamento. Estudo Sobre a Prova no Processo Penal Português, À Luz do Sistema Norte-Americano*, Coimbra Editora, 2011, p. 294.

[797] *Introdução ao Processo Civil*, Lex, Lisboa, 2000, p. 65.

[798] *Introdução ao Processo Civil, Conceito e Princípios Gerais à Luz do Código Revisto*, Coimbra Editora, 1996, p. 156.

[799] Cfr. ROSÁRIO HERRERA HABIÁN, *La inmediación Como Garantia Procesal (En el Proceso Civil y en el Proceso Penal)*, Editorial Comares, Granada, 2006, p. 52.

ditar, ou não acreditar, na mesma. Significa o exposto que a imediação é o meio pelo qual o tribunal realiza um ato de credibilização sustentada sobre determinados meios de prova em relação a outros. Exemplifica-se o exposto recorrendo ao caso do testemunho que parece mais digno de crédito do que um outro pela perceção direta imediata do seu relato e das circunstâncias em que o mesmo se desenrolou: - terá sido mais categórico, eventualmente mais seguro; terá recorrido menos vezes à aquiescência tácita de terceiro; ter-se-á expressado em termos mais correntes e mais próprios da sua condição social o que induziu o tribunal a pensar que o seu testemunho era mais fidedigno e menos passível de preparação prévia; suportou com maior à vontade o exercício do contraditório.

Todas estas, que são razões que servem para acreditar em determinadas provas, e não acreditar noutras, sem dúvida que só são suscetíveis de ser apreciadas diretamente pela pessoa que as avalia - o juiz de julgamento em primeira instância - e a possibilidade de admitir que tais circunstâncias possam ser aferidas somente com recurso a um escrito - a denominada transcrição - produz uma evidente dificuldade pela ausência, ou diminuta qualidade de informação carreada para o tribunal, suscetível de o informar sobre as razões da atribuição de credibilidade. (...)

A opção por dar fé a um meio de prova sobre outro é seleção que se deve realizar com apelo à imediação já que não pode ser feita de outra forma sem cair em decisões arbitrárias, pois só a presença direta perante aquele que decide permite aplicar claramente os critérios que permitem optar no caso concreto por uma prova A ou B."

Este aresto coaduna-se com uma forte corrente jurisprudencial, construída a partir da Reforma do Código de Processo Civil de 1995 e da introdução da gravação áudio das audiências, que interpreta restritivamente o âmbito do poder de reapreciação da prova testemunhal no recurso de apelação. Segundo esta corrente, o julgador de facto da primeira instância, por força da imediação com a testemunha, vivencia uma *experiência interior inacessível a terceiros* de modo que essa experiência sensorial (e valorações subsequentes) é *insuscetível de escrutínio em sede de recurso*. Conforme resume DÁ MESQUITA, nesta conceção "A imediação passa a integrar uma estrutura discursiva sobre o âmbito da decisão de facto insuscetível de controlo externo crítico *a poste-*

A TESTEMUNHA NO PROCESSO

riori, e, consequentemente, os limites cognitivos do controlo hierárquico em segunda instância." [800]

A título meramente exemplificativo desta conceção restritiva dos poderes de reapreciação da prova testemunhal, vejam-se as seguintes decisões:

- A credibilidade que o julgador atribui ao depoimento de cada testemunha é insuscetível de sindicância, já que assenta no contato direto que o próprio estabelece dialeticamente com as testemunhas, em que, para além da razão de ciência e da expressão verbalizada, intervém um conjunto de outro elementos, físicos e psicológicos, inerentes à postura mantida em audiência por cada testemunho ao longo do seu depoimento;[801]
- A reapreciação da matéria de facto na segunda instância, desde que não haja renovação da prova, tem limitações uma vez que o tribunal "ad quem" não beneficia da imediação que teve a primeira instância. Por isso, a reapreciação pouco mais pode ser do que uma análise racional do conteúdo das declarações prestadas, já que o tribunal de recurso não se pode aperceber de quase todas as formas de comunicação não verbal, onde muitas vezes se revelam os indícios da credibilidade ou não dos depoimentos, nem das reações fisiológicas dos declarantes. Para além dessa análise racional, o tribunal de recurso, ao ouvir as gravações, apenas se pode aperceber das pausas, de algumas hesitações, do tempo prolongado das respostas e da forma evasiva destas, tudo indícios da falta de correspondência do declarado com as representações do declarante;[802]
- A Relação poderá sempre controlar a convicção do julgador da primeira instância quando se mostre ser contrária às regras da experiência, da lógica e dos conhecimentos científicos. Para além disso, admitido que é o duplo grau de jurisdição em termos de matéria de facto, o tribunal de recurso poderá sempre sindicar a formação da convicção do juiz, ou seja, o processo lógico. Porém o tribunal de recurso

---

[800] *A Prova do Crime e o que se Disse Antes do Julgamento. Estudo Sobre a Prova no Processo Penal Português, À Luz do Sistema Norte-Americano*, Coimbra Editora, 2011, p. 307, Nota 141.

[801] Acórdão do Tribunal da Relação do Porto de 1.4.2008, *Guerra Banha*, 0820528.

[802] Acórdão do Tribunal da Relação de Lisboa de 17.11.2004, *Carlos Almeida*, 5364/200-3.

PROVA TESTEMUNHAL

encontra-se impedido de controlar tal processo lógico no segmento sem que a prova produzida na primeira instância escapa ao seu controle na medida em que releva o funcionamento do princípio da imediação.[803]

– Considerando que, por força dos princípios da oralidade e da imediação, o julgador da primeira instância, se encontra muito melhor habilitado a apreciar a prova produzida – máxime a testemunhal – só em situações extremas de ilogicidade, irrazoabilidade e meridiana desconformidade, perante as regras da experiência comum, dos factos dados como provados em face dos elementos probatórios que o recorrente apresente ao tribunal *ad quem*, pode este alterar, censurando, a decisão sobre a matéria de facto.[804]

Esta interpretação colhe também respaldo na doutrina, de que são exemplo as considerações de Luís Filipe Lameiras em sede do julgamento em instância recursória sobre matéria de facto:

"O sistema de registo de prova transporta consigo o risco de se atribuir equivalência formal a depoimentos substancialmente diferentes, de se desvalorizarem alguns deles, só na aparência imprecisos, ou se dar excessiva relevância a outros, pretensamente seguros, mas sem qualquer credibilidade. O sistema não garante a perceção do entusiasmo, das hesitações, do nervosismo, das reticências, das insinuações, da excessiva segurança ou da só aparente imprecisão, em suma, de todos os fatores coligidos pela psicologia judiciária e de onde é legítimo ao tribunal retirar argumentos que permitam, com razoável segurança, credibilizar determinada informação ou deixar de lhe atribuir qualquer relevo. Existem aspetos comportamentais ou reações dos depoentes que apenas podem ser percecionados, apreendidos, interiorizados e valorizados por quem os presencia e que jamais são passíveis de ficar gravados ou registados, para aproveitamento

---

[803] Acórdão do Tribunal da Relação de Coimbra de 12.1.2010, *Arlindo Oliveira*, 102/1999.
[804] Acórdão do Tribunal da Relação de Lisboa de 16.1.2007, *Carlos Moreira*, 5673/2006.
Em sentido equivalente, vejam-se ainda os acórdãos do Tribunal da Relação do Porto de 20.10.2009, *Henrique Antunes*, JTRP00043078, do Tribunal da Relação de Coimbra de 20.102009, *Gonçalves Ferreira*, 309-B/2001.

posterior por outro tribunal que vá reapreciar o modo como no primeiro se formou a convicção dos julgadores."[805]

Esta corrente jurisprudencial dos tribunais de segunda instância vem sendo infirmada pela jurisprudência do Supremo Tribunal de Justiça, sobretudo nos anos mais recentes. O Supremo tem pugnado no sentido de que os tribunais da Relação devem apreciar os meios de prova de que podem lançar mão para buscar e formar a sua própria convicção.

A argumentação expendida em prol desta posição radica, essencialmente, na seguinte ordem de considerações:

- Tendo havido recurso da matéria de facto ao abrigo do artigo 712º nº 1 do Código de Processo Civil (atual Artigo 662º, nº1), a Relação deve reapreciar as provas indicadas pelas partes, podendo, inclusivamente, recorrer oficiosamente a qualquer outro elemento de prova que haja servido de fundamento à decisão sobre os pontos de facto impugnados e sendo-lhe ainda permitido ordenar a renovação dos meios de prova produzidos em 1ª Instância que se mostrem absolutamente necessários ao apuramento da verdade, quanto à matéria de facto impugnada (Artigo 712º, n.º 3, atual Artigo 662º, nº2);

- A Relação há de formar a sua própria convicção, no gozo pleno do princípio da livre apreciação das provas, tal como a 1ª instância, sem estar de modo algum limitada pela convicção que serviu de base à decisão recorrida, em função do princípio da imediação da prova ou de qualquer outro. Dito de outra forma, impõe-se à Relação que analise criticamente as provas indicadas em fundamento da impugnação, de modo a formar a sua convicção autónoma, que deve ser devidamente fundamentada;

- A reapreciação da prova pela Relação tem a mesma amplitude da apreciação da prova pela 1ª instância, por se encontrar na posse dos mesmos elementos de prova de que se serviu este Tribunal, no âmbito do princípio da livre apreciação ou do sistema da prova livre, baseada sempre numa nova e própria convicção formada pelos seus juízes e

---

[805] *Notas Práticas ao Regime dos Recursos em Processo Civil*, Almedina, 2008, p. 149.

não, simplesmente, na sua aquisição pelo modo exteriorizado pelo tribunal de hierarquia inferior, em termos considerados razoáveis e lógicos, ainda que venha a ter lugar a confirmação do decidido pela 1ª instância, sob pena de violação de um verdadeiro e efetivo duplo grau de jurisdição;[806]

- Como corolário da sujeição das provas ao princípio da livre apreciação, deve o julgador da 2ª instância indicar os fundamentos da sua convicção, por forma a permitir o controlo da razoabilidade da convicção probatória do primeiro grau de jurisdição, mediante a intervenção das mesmas regras da ciência, lógica e experiência, com vista a dotá-la de força persuasiva e a convencer da bondade e acerto do decidido.

- Não é compatível com a exigência da lei, em termos de reapreciação da matéria de facto, o exercício, apenas formal por parte da Relação de um poder que se fique por afirmações genéricas de não modificação da matéria de facto, por não se evidenciarem erros de julgamento, ou se contenha numa simples adesão aos fundamentos da decisão ou numa pura aceitação acrítica das provas, abstendo-se de tomar parte ativa na avaliação dos elementos probatórios indicados pelas partes ou adquiridos oficiosamente pelo tribunal.[807]

Entendemos que a tese que pugna pela interpretação restritiva dos poderes do Tribunal da Relação não deve, de facto, prevalecer. Isto apesar de também

---

[806] Na expressão do Acórdão do Supremo Tribunal de Justiça de 3.11.2009, *Moreira Alves*, 3931/03, "A Relação não deve limitar-se a procurar determinar se a convicção (alheia) formada pelo julgador da 1ª instância tem suporte razoável na gravação, ou limitar-se a apreciar, genericamente, a fundamentação da decisão de facto para concluir, sem base suficiente, não existir erro grosseiro ou evidente na apreciação da prova pelo julgador de 1ª instância, tudo em homenagem ao princípio da imediação das provas, erigido em princípio absoluto, que, na prática, impede o real controlo da prova pela 2ª instância, como frequentemente se vê defendido ao nível da Relação" (*sublinhado nosso*).

[807] Sustentando esta linha de argumentação, vejam-se os Acórdãos do Supremo Tribunal de Justiça de 3.11.2009, *Moreira Alves*, 3931/03, de 15.4.2010, *Bettencourt de Faria*, 565/09, de 2.3.2011, *Garcia Calejo*, 1675/06, de 24.5.2011, *Garcia Calejo*, 376/2002, de 6.7.2011, *Moreira Alves*, 8609/03, de 14.2.2012, *Garcia Calejo*, 2401/06, de 22.112012, *Granja da Fonseca*, 196/1998. O Tribunal Constitucional no seu Acórdão de 16.2.2007, *Maria Beleza*, 116/07, também tomou posição clara no sentido de que o tribunal de recurso em sede de matéria de facto deve formar a sua própria convicção.

A TESTEMUNHA NO PROCESSO

para nós ser manifesto que o juiz de primeira instância está numa posição privilegiada para valorar a prova praticada na sua presença.

Em primeiro lugar, a tese restritiva padece de um erro conceptual básico, bem assinalado pelo Supremo Tribunal de Justiça nestes termos: " Se fosse intenção do legislador instituir um regime de simples controle da razoabilidade da convicção formada na 1.ª instância, negando à Relação a procura livre da sua própria convicção, então parece que seria mais adequado configurar o recurso sobre a matéria de facto de acordo com o modelo da cassação: a verificar-se a aludida falta de razoabilidade da convicção formada na 1.ª instância, anular-se-ia a decisão e remeter-se-ia o processo à 1.ª instância para corrigir a sua primeira convicção, repetindo o julgamento e proferindo nova decisão de facto."[808]

A tese restritiva, no fundo, provoca um comportamento *contra legem*[809] que desnaturaliza a intervenção da segunda instância e esvazia o papel desta como decisora em segundo grau na apreciação da decisão de facto.

Em segundo lugar, a tese restritiva propugna implicitamente que a imediação é uma espécie de experiência sensorial que permite ao juiz, em primeiro lugar, não se equivocar nas suas perceções e, em segundo lugar, permite-lhe desenvolver uma espécie de intuição infalível e imotivável que não pode ser revista em recurso. Contudo, a imediação não pode operar como um manto de intuição misteriosa que cobre a produção da prova em primeira instância.

Observa com pertinência MOURAZ LOPES que: "O "refúgio" na afirmação de que não se justificam nem se fundamentam algumas provas porque o seu se decidiu se acolhe no âmbito do princípio da imediação, surge como uma fuga à imperatividade de justificação das sentenças, nomeadamente, no que respeita à concretização do princípio da completude da fundamentação."[810] Mais salienta este autor que a oralidade e a mediação traduzem-se essencialmente numa técnica para a formação das provas e não num método de convencimento do juiz. Após a obtenção do conjunto de informação decorrente

---

[808] Acórdão do Supremo Tribunal de Justiça de 6.7.2011, *Moreira Alves*, 8609/03.

[809] A expressão é de HERRERA HABIÁN, *La inmediación Como Garantia Procesal (En el Proceso Civil y en el Proceso Penal)*, Editorial Comares, Granada, 2006, p. 68.

[810] *A Fundamentação da Sentença no Sistema Penal Português: Legitimar, Diferenciar, Simplificar*, Almedina, 2011, p. 248.

da produção da prova com imediação, "termina nesse momento a tarefa da imediação e começa a elaboração racional do juiz."[811]

Conforme já tivemos oportunidade de analisar ao longo deste livro, o leque de comportamentos não verbais associáveis à mentira não opera como um automatismo, havendo apenas uma propensão para ocorrerem com maior frequência na conduta de quem mente. Todavia, inexiste um comportamento que se possa associar sempre a um mentiroso e que nunca ocorra com um declarante veraz (*inexiste o nariz de Pinóquio*). O juiz, tal como o cidadão comum, tem frequentemente ideias erradas sobre os indicadores de mentira (v.g., nervosismo, aversão à fixação do olhar), concentrando-se em indicadores subjetivos incorretos. Mais, múltiplos estudos revelam que a capacidade de deteção correta da mentira (incluindo os profissionais da justiça), em média, situa-se nos 54%, ou seja, pouco acima do nível do acaso.[812] Mesmo quando é ministrado

---

[811] *A Fundamentação da Sentença no Sistema Penal Português: Legitimar, Diferenciar, Simplificar*, Almedina, 2011, p. 251.

[812] ALDERT VRIJ e PÄR ANDERS GRANHAG, "Eliciting Cues to Deception and Truth: What Matters are the Questions Asked", in *Journal of Applied Research in Memory and Cognition*, 2012, 1, p. 110. Na meta-análise feita por ALDERT VRIJ, em 2008, sobre a capacidade combinada na deteção da mentira em leigos, verificou-se que a percentagem média na deteção da verdade foi de 63,41%, da mentira 48,15%, sendo o valor médio combinado (verdade e mentira) de 54,27% - cfr. ALDERT VRIJ, *Detecting Lies and Deceit, Pitfalls and Opportunities*, John Wiley & Sons, Ltd, West Sussex, 2008, pp. 187-188. Na análise de 24 estudos sobre a capacidade de deteção de profissionais, sobretudo polícias, a média obtida foi de 55,91%.
Em 2006, BOND e DEPAULO fizeram uma meta-análise de mais de duzentos estudos, concluindo que o nível geral de exatidão na deteção da mentira foi de 54%. No âmbito deste tipo de estudos, AAMODT e CUSTER concluíram que a experiência global dos juízes não tem influência global positiva na capacidade de deteção da mentira – MARC-ANDRÉ REINHARD *et al.*, "Listening, Not Watching: Situational Familiarity and the Ability to Detect Deception", in *Journal of Personality and Social Psychology*, 2011, Vol. 101, p. 467. Também no sentido de que os juízes e os polícias não tem uma capacidade de deteção da mentira superior à média do cidadão comum, cfr. CHRISTIE MARLENE FULLER, *High-Stakes, Real-World Deception: An Examination of the Process of Deception and Deception Detection Using Liguistic-Bases Cues*, Universidade de Oklahoma, 2008, p. 10.
Em contraponto, EKMAN e O'SULLIVAN, em 1991, fizeram um estudo que demonstra uma capacidade de deteção da mentira na ordem dos 64% em agentes dos serviços secretos - WARREN, Gemma/SCHERTLER, Elizabeth/BULL, Peter, "Detecting Deception from Emotional and Unemotional Cues", in *Journal of Nonverbal Behavior*, 2009, 33, p. 60.
Conforme já foi sendo referido, as razões para o fraco nível de deteção da mentira são de vária índole, destacando-se as seguintes: os operadores judiciários recorrem e indicadores subjetivos errados; o mentiroso adota precauções para disfarçar a sua conduta, estando ciente

A TESTEMUNHA NO PROCESSO

treino sobre os indicadores objetivos da mentira, os sujeitos só melhoram o nível de deteção para um nível na ordem dos 57% ou 58%[813], demonstrando a pouca eficácia de programas de instrução.

Por outro lado, nas situações em que o testemunho é infiel por se basear em memórias distorcidas (quer por fatores atinentes à própria testemunha quer por fatores externos), os métodos de deteção da mentira revelam-se absolutamente inócuos e ineficazes na precisa medida em que a declaração verbal não é acompanhada das reações físicas que podem estar, eventualmente, associadas à mentira.

Deste modo, o respeito reverencial evidenciado pela tese restritiva sobre as decisões da primeira instância assenta em pressupostos frágeis, alheando-se dos condicionalismos e relatividade sempre ínsitos à formulação de um juízo sobre se a testemunha está, ou não, a mentir.[814]

– como está – de quais os segmentos da declaração falsos; inexiste *feedback* sobre a deteção da mentira de molde que o operador não consegue aperfeiçoar a sua capacidade de deteção.

[813] CHRISTIE MARLENE FULLER, *High-Stakes, Real-World Deception: An Examination of the Process of Deception and Deception Detection Using Liguistic-Bases Cues*, Universidade de Oklahoma, 2008, p. 10. Em 2003, FRANK e FEELEY publicaram uma meta-análise sobre onze estudos sobre o treino na deteção não verbal da mentira, concluindo que o grupo objeto de treino conseguiu uma deteção média acertada de 58% contra 54% do grupo não treinado – cfr. M. G. FRANK e T. H. FEELEY, "To Catch a Liar: Challenges to Research in Lie Detection Training", in *Journal of Applied Communication Research*, 31(1), 58-75.

[814] PAULO DÁ MESQUITA, *A Prova do Crime e o que se Disse Antes do Julgamento. Estudo Sobre a Prova no Processo Penal Português, À Luz do Sistema Norte-Americano*, Coimbra Editora, 2011, pp. 314-315, observa pertinentemente a este propósito que:

"Em Portugal, o valor facial da imediação persiste associado a dois pressupostos gnoseológicos:

(a) A aparência e o comportamento não verbal dos depoentes auxiliam o julgador de facto sobre a honestidade do testemunho;

(b) O núcleo da veracidade dos testemunhos centra-se na honestidade.

Razões epistémicas com evidentes debilidades:

Por um lado, a tese de que, através das regras da experiência comum e do comportamento não verbal se podem extrair conclusões fiáveis sobre a veracidade do testemunho é objeto de profundas dúvidas.

Por outro lado, a perceção dos sinais emitidos pela testemunha (alegadamente reveladores da sua integridade e segurança) revela-se carecida de relevo gnoseológico relativamente a testemunhas honestas e confiantes mas enganadas."

Com efeito, a verdade sobre a um facto não depende, sempre, da honestidade da testemunha porquanto esta, mesmo que faça um esforço sério para ser objetiva, pode modificar a informação memorizada em função de vários factores – cfr. Parte I, 4. Factores bio-psico-sociais que influenciam o testemunho.

PROVA TESTEMUNHAL

Se é certo que o contacto direto do juiz com as testemunhas produz uma série de sensações, mesmo inconscientes,[815] que são utilizadas como instrumento de valoração do depoimento, então o juiz deve refleti-las na fundamentação da decisão de facto. Por exemplo, se a testemunha revelou uma postura demasiado rígida enquanto depunha sobre aspetos nevrálgicos do evento por contraposição a uma postura mais relaxada quanto a outros ou se lançou "olhares de súplica" ao mandatário da parte que a arrolou, quando instada pela parte contrária, e o juiz pretende firmar nessas condutas um juízo no sentido de que, nesse segmento, o depoimento não é credível, então deverá dizê-lo expressamente na fundamentação. Ao expressar o seu raciocínio, permite que o tribunal de recurso formule um juízo crítico sobre a valoração feita em primeira instância, designadamente sobre se a partir daqueles pressupostos é enunciável o raciocínio que foi feito na primeira instância.

Se a decisão da primeira instância é totalmente omissa sobre este tipo de considerações (ou seja, não relata comportamentos não verbais que infirmam ou reforçam positivamente o que a testemunha disse), não poderá o Tribunal da Relação pressupor que tais comportamentos ocorreram e que, além de terem ocorrido, foram corretamente avaliados pelo juiz da primeira instância. Esta conjugação de uma fundamentação da decisão da primeira instância omissa quanto ao relato de comportamentos não verbais significativos, por um lado, e de uma presunção de acerto de tal valoração por parte do tribunal da relação, por outro, conduzem à perpetuação da irracionalidade na valoração da prova. Na expressão de NIEVA FENOLL, "(...) propicia , novamente na história, uma situação na qual se faz cair a prova numa irracionalidade, exatamente igual à que aconteceu no seu tempo com a chamada "prova legal". Permite-se desse modo que uma conclusão arbitrária possa tornar-se inatacável."[816]

O juiz *a quo* tem que motivar e justificar a fixação da matéria de facto também naqueles aspetos que têm a ver com a imediação da prova testemunhal, sobretudo se pretende arrimar-se a esses aspetos para retirar ou reforçar a credibilidade dos depoimentos prestados. O juízo de credibilidade elaborado sobre o depoimento prestado tem de expressar as razões em que assenta. Só

---

[815] Cfr. *9.1. Teoria das decisões perigosas* como expoente máximo das sensações inconscientes.

[816] "Oralidad e Inmediación en la prueba: luces y sombras", in *Civil Procedure Review*, V. 1, Nº 2, Jul./set., 2010, p. 40. Conforme afirma pertinentemente o mesmo autor, uma das maiores injustiças que se pode sobre num processo é a errónea valoração da prova (p. 33).

394

A TESTEMUNHA NO PROCESSO

assim se articula, de forma epistemologicamente válida, o princípio da imediação com o dever de fundamentação e a racionalidade que deve presidir a
este. No limite, conforme observa PAULO DÁ MESQUITA, "Ainda que o sistema
pareça também assumir como um *a priori* a crença nas capacidades analíticas
do julgador, estas integram o universo do que tem de ser explanado e pode
ser escrutinado em sede de controlo hierárquico sucessivo."[817]

Conforme já vimos anteriormente, em sede de valoração da prova, o que
não se pode motivar, não existe. Doutra forma, estaremos confiar a atividade
de valoração probatória à simples intuição judicial, o que pode dar cobertura
a decisões não fundamentadas e irracionais. Em suma, pugnamos pela supressão de qualquer espaço de livre apreciação não escrutinável.

O tribunal da segunda instância, por sua vez, deve fundamentar de forma
exaustiva o raciocínio que faz no sentido de alterar a valoração da prova feita
em primeira instância. Tal como o juiz da primeira instância, o juiz *ad quem*
tem que explicar as razões da sua convicção, demonstrando – se for caso disso
– que a convicção construída em primeira instância foi equivocada. Não pode
é simplesmente enunciar a sua sem demonstrar a inexatidão da convicção da
primeira instância.

Se a decisão da primeira instância é omissa quanto ao relato de comportamentos não verbais, o tribunal de segunda instância *não pode presumir que
os mesmos ocorreram em termos significativos e que foram corretamente valorados*. O
tribunal da segunda instância tem acesso ao teor dos depoimentos pelas gravações, apercebendo-se das hesitações, latência das respostas, etc., nos mesmos moldes que o tribunal da primeira instância. Pode controlar os juízos
que o juiz da primeira instância formulou a partir de tais depoimentos, v.g.,
utilizando o relato da testemunha como facto-base para construir uma presunção judicial. Nos mesmos termos que o juiz da primeira instância, o juiz
do tribunal de recurso pode aferir da articulação dos depoimentos entre si e

---

[817] *A Prova do Crime e o que se Disse Antes do Julgamento. Estudo Sobre a Prova no Processo Penal Português, À Luz do Sistema Norte-Americano*, Coimbra Editora, 2011, p. 315. E prossegue o mesmo
autor em nota de rodapé: "Ou seja ainda que o sistema fosse centrado na capacidade sensorial
do julgador na medida em que comporta um exigente esquema de motivação de raiz analítica
exigiria uma decomposição dos pressupostos da decisão (o que se observou, como se observou,
as regras da experiência, articulando em termos lógicos as premissas com a conclusão do
silogismo parcelar, depois integrado numa sucessão de inferências até culminar no todo)."

com outros meios de prova, v.g., pericial ou documental, concluindo sobre se os depoimentos devem ser desvirtuados por outros meios de prova. De tudo isto de infere que a mitigação da imediação na segunda instância não é impeditiva da formulação plena de uma apreciação sobre a lógica do raciocínio empregue pelo juiz da primeira instância na valoração da prova.

O tribunal da segunda instância está, de facto, privado do canal visual de acesso à testemunha. Mas, como vimos de forma desenvolvida a propósito da análise da hierarquia dos canais (cfr. Parte I, 9.), os indicadores verbais da mentira são mais operativos do que os não verbais, sendo estes mais erráticos. A análise feita a partir do canal verbal é mais fiável e eficaz do que a feita a partir dos comportamentos não verbais, sendo certo que isto não significa que não se propugne a articulação entre os dois canais como modelo ideal. O que não se aceita é o empolamento, artificial e gratuito, da importância de comportamentos não verbais quando estes são apreciados de forma difusa (apelando-se genericamente à postura da testemunha, às suas reações fisiológicas, à palidez, ao tom de voz, e por aí se quedando a análise) e não com base em critérios estudados e verificados pela psicologia do testemunho, já enunciados *supra* (cfr. Parte I, *maxime* 7.4.).

Serve o exposto para concluir, de novo, que a mitigação da imediação na segunda instância não impede o tribunal de recurso de formar uma convicção fundamentada e alargada, não tributária da convicção formada na primeira instância. Em conclusão, o tribunal da segunda instância não está agrilhoado à convicção da primeira instância, não podendo remeter-se para o papel de um mero corretor de erros manifestos ou valorações absurdas da primeira instância.

O legislador, com a atual redação do Artigo 662º, nº1, do Código de Processo Civil (*"A Relação deve alterar a decisão proferida sobre a matéria de facto, se os factos tidos como assentes, a prova produzida ou um documento superveniente impuserem decisão diversa"*), reforçou os poderes e deveres da Relação na reapreciação da matéria de facto. Face a este preceito, sucumbem definitivamente os argumentos (que ainda possam persistir) em prol de um conhecimento limitado na reapreciação da decisão de facto pela Relação, ancorados no manto da imediação da primeira instância. Ou seja, cabe à Relação formular uma convicção própria e plena quanto à apreciação da matéria de facto.

16. O crime de falso testemunho

Nos termos do Artigo 360º do Código Penal, quem como testemunha prestar depoimento falso, perante tribunal ou funcionário competente para o receber como meio de prova, é punido com punido com pena de prisão de 6 meses a 3 anos ou com pena de multa não inferior a 60 dias (nº1). Na mesma pena incorre quem, sem justa causa, se recusar a depor (nº2). Se o facto referido no nº1 foi praticado depois de a testemunha ter prestado juramento e de ter sido advertida das consequências penais a que se expõe, a pena é de prisão até 5 anos ou de multa até 600 dias (nº3).

Em Itália, o crime de falso testemunho está previsto no Artigo 372º do Código Penal, nos termos do qual incorre em tal crime quem, depondo como testemunha diante de autoridade judiciária, afirma o falso ou nega o verdadeiro, ou cala, no todo ou em parte, o que sabe sobre os factos sobre os quais é interrogado.

A doutrina e a jurisprudência têm confluído maioritariamente no sentido de que o bem protegido por esta incriminação é essencialmente a realização ou administração da justiça como função do Estado.[818] Trata-se de um crime de **perigo abstrato** pelo que é desnecessário que a declaração falsa prejudique efetivamente o apuramento dos factos provados; ou seja, o "fundamento do ilícito é logo a própria declaração falsa, independentemente da consideração da sua efetiva influência na decisão".[819] O falso testemunho constitui um crime de **mera atividade** na medida em que o comportamento ilícito se esgota na efetivação da conduta proibida, não sendo exigível a autonomização de um resultado.

---

[818] Iolanda A. S. Rodrigues de Brito, *Crime de Falso Testemunho Prestado Perante Tribunal*, Coimbra Editora, 2012, pp. 19-21; Alberto Medina de Seiça, Artigo 360º, in Figueiredo Dias (dir.), *Comentário Conimbricense ao Código Penal*, Parte Especial, Tomo III, Coimbra Editora, 2001, p. 460; Acórdão do Tribunal da Relação de Coimbra de 15.6.2011, *Mouraz Lopes*, 893/09; Acórdão do Tribunal da Relação de Guimarães de 18.12.2006, *Cruz Bucho*, 1991/06. Em Itália, considera-se que a *ratio* da incriminação é o interesse da administração da justiça na veracidade e completude do testemunho como meio de prova – cfr. Isidoro Barbagallo, *La Prova Testimoniale, Nei Procedimenti Civili e Penali: Diritto e Metodologia Probatoria*, Giuffrè Editore, Milano, 2002, p. 392.

[819] Alberto Medina de Seiça , Artigo 360º, in Figueiredo Dias (dir.), *Comentário Conimbricense ao Código Penal*, Parte Especial, Tomo III, Coimbra Editora, 2001, p. 470.

No que tange aos elementos constitutivos da ação típica, temos em primeiro lugar a declaração, a qual corresponde a toda a comunicação feita por uma pessoa com base no seu conhecimento, incidindo quer sobre factos exteriores quer sobre realidades psíquicas. A declaração pode ser oral, escrita ou mesmo gestual (cfr. Artigos 135º, 518º e 520º do Código de Processo Civil e 93º, nº2 do CPP).

Na medida em que a testemunha só tem o dever de declarar sobre factos que tenham sido objeto das suas perceções (cfr. Artigo 128º, nº1 do CPP e Artigos 454º e 459º do Código de Processo Civil), o dever de verdade só é infringido quando a testemunha declara falsamente sobre tais factos ou declara falsamente ter conhecimento direto de tais factos. Os juízos de valor e suposições da testemunha estão excluídos do dever de declarar.

O dever de responder reporta-se aos factos que são relevantes para o exame e decisão da causa (Artigo 414º do Código de Processo Civil) ou para os factos juridicamente relevantes para a afirmação da (in)existência do crime, para a (não) punibilidade do arguido e determinação da pena (Artigo 124º, nº1 do CPP).

Na narração positiva, o dever de verdade e completude abarca todo o depoimento referente ao objeto da prova, independentemente de se tratarem de circunstâncias essenciais ou não à decisão judicial a proferir. Se a testemunha narra espontaneamente factos pertinentes do ponto de vista decisório, sobre os quais não tinha sido inquirida, continua sujeita ao dever de verdade porquanto a declaração é processualmente valorável.

No que tange à omissão narrativa, a mesma só "é jurídico-penalmente relevante quando o sentido da concreta declaração prestada para a concreta questão probatória é outro (=falso) em face do que teria caso tal circunstância não tivesse sido omitida."[820] Ou seja, o preenchimento do tipo incriminador só ocorrerá se se verificar concretamente uma alteração da interpretação da narração positiva como consequência da omissão daquele facto. De forma mais precisa, como se trata de um crime de perigo abstrato e de mera atividade, a omissão será relevante desde seja potencialmente idónea a fazer o juiz incorrer em erro, sendo desnecessário que esse engano tenha ocorrido efetivamente.

---

[820] ALBERTO MEDINA DE SEIÇA, Artigo 360º, in FIGUEIREDO DIAS (dir.), *Comentário Conimbricense ao Código Penal*, Parte Especial, Tomo III, Coimbra Editora, 2001, p. 462.

A TESTEMUNHA NO PROCESSO

Discute-se se a declaração falsa só será tipicamente relevante quando for processualmente valorável, ou seja, quando não ocorre qualquer vício processual respeitante à própria declaração probatória que imponha a inatendibilidade da declaração prestada. MEDINA DE SEIÇA defende que a declaração falsa só será tipicamente relevante quando for processualmente valorável, invocando designadamente que o que processualmente não é uma declaração, não o será também para o direito substantivo. IOLANDA BRITO pugna pela tese contrária na medida em que (i) apesar da ocorrência da proibição da valoração, o bem jurídico foi posto em perigo com a prática da conduta e (ii) o depoimento pode ter sido utilizado por não se ter dado conta da violação da regra processual.[821]

A definição do conteúdo da **falsidade** de uma declaração pressupõe um termo de comparação entre aquilo que se declara (*conteúdo da declaração*) e aquilo sobre o qual se declara (*objeto da declaração*). Existem quatro pólos que quando são conjugados podem determinar a veracidade ou falsidade do depoimento, em ordem cronológica: o acontecimento, a perceção, a memorização e o depoimento/evocação. Naturalmente que se houver coincidência entre o facto ocorrido, o percebido, o memorizado e o declarado, o testemunho será verdadeiro. Caso ocorra a divergência quanto a um dos pólos, o depoimento será falso.

A questão que se coloca é então a de saber onde reside a falsidade da declaração, qual o parâmetro a utilizar para aferir da existência de contradição. Trata-se de uma questão que tem suscitado acesa discussão quer na doutrina nacional quer na estrangeira, sobretudo alemã.

A **teoria objetiva** propugna que a falsidade da declaração reside na contradição entre o declarado pela testemunha e a realidade, entre a palavra e a realidade história. "Somente a discrepância entre o conteúdo da declaração e o acontecimento fáctico ou objetivo ao qual a declaração se reporta constitui a falsidade; a declaração é verídica, pois, mesmo quando o declarante que pensa estar a mentir, acaba casualmente por narrar aquilo que, realmente, sucedeu".[822]

---

[821] *Crime de Falso Testemunho Prestado Perante Tribunal*, Coimbra Editora, 2012, p. 45.
[822] ALBERTO MEDINA DE SEIÇA , Artigo 360º, in FIGUEIREDO DIAS (dir.), *Comentário Conimbricense ao Código Penal*, Parte Especial, Tomo III, Coimbra Editora, 2001, p. 475.

Nos termos da teoria objetiva, a consumação existe sempre que a declaração diverge da realidade objetiva. Ocorre tentativa quando o declarante presta uma declaração objetivamente verdadeira mas que crê, segunda a sua representação, falsa.

Diversamente, a **teoria subjetiva** preconiza que a falsidade do testemunho consiste na desconformidade entre a declaração e a ciência ou conhecimento da testemunha. Desta forma, se a testemunha relata erradamente os factos mas fá-lo na convicção de que a sua narração corresponde à realidade, o depoimento será verdadeiro. Contudo, se o relato dos acontecimentos não coincidir com a recordação que a testemunha possui deles, o relato será falso, independentemente de tal narração coincidir mesmo com a verdade dos factos.

De acordo com a teoria subjetiva, se o agente acreditar erroneamente que é verdade algo objetivamente falso, não ocorre a tipicidade do crime. Se o agente acreditar que é falso algo objetivamente verdadeiro, estar-se-á em presença de um crime consumado.

MEDINA DE SEIÇA perfilha a conceção objetiva da falsidade, argumentando designadamente que:

– A previsão penal do falso testemunho visa a proteção do bem jurídico realização da justiça, não estando ao serviço de um propósito de natureza gnosiológica que consiste na descoberta da verdade *qua tale*;

– A tese subjetiva, ao pretender elevar o conhecimento atual do declarante a padrão do ilícito, equipara o critério da verdade com o da sinceridade;

– As situações em que a declaração não corresponde à realidade porque o declarante se enganou ou já não se recorda repercutem-se e estão acauteladas no tipo subjetivo do crime que exige o dolo.[823] Ou seja, a desvantagem da teoria subjetiva é a de introduzir, no próprio conceito

---

[823] Artigo 360º, in FIGUEIREDO DIAS (dir.), *Comentário Conimbricense ao Código Penal*, Parte Especial, Tomo III, Coimbra Editora, 2001, p. 477. Também IOLANDA RODRIGUES defende que "(...) temos para nós que a teoria objetiva se apresenta (ainda) como a mais adequada para descodificar o sentido da falsidade. Não obstante inexistirem teorias perfeitas, imunes à versatilidade da realidade, importa apenas ir escolhendo aquela que, no atual estado da ciência, parece melhor adaptar-se aos casos da vida." – *Crime de Falso Testemunho Prestado Perante Tribunal*, Coimbra Editora, 2012, p. 56.

A TESTEMUNHA NO PROCESSO

de falsidade, a ciência ou conhecimento da testemunha quanto ao facto histórico quando tal fator tem a sede natural no tipo subjetivo do crime.

Em Itália, prevalece a teoria subjetiva (*"vero soggettivo"*), relevando-se a divergência entre o que a testemunha assevera e o que efetivamente sabe. Ocorre o crime quando os factos relatados pela testemunha ocorreram mas a testemunha declara, falsamente, que os mesmos ocorreram na sua presença. Isto porque (i) a lei impõe à testemunha que relate factos que percecionou diretamente e (ii) se ficassem sem relevância penal as declarações conformes com a realidade, legitimar-se-ia a criação de testemunhos com o propósito de provar factos verdadeiros.[824]

Em anotação jurisprudencial, NUNO BRANDÃO dirige várias críticas contundentes à teoria objetiva, pugnando pela prevalência da teoria subjetiva, a qual foi dominante entre nós até à anotação de MEDINA DE SEIÇA, repetidamente referida.

Os argumentos que esgrime contra a teoria objetiva assentam nas seguintes considerações:

– A teoria objetiva padece de um vício substancial de base que é o de tomar a verdade história como parâmetro de comparação com a declaração da testemunha, erigindo essa verdade à categoria de um dado prévio e autónomo. Todavia, o processo permite apenas a construção de uma verdade processual, não se alcançando a verdade histórica *qual tale*.

– Os depoimentos das testemunhas servem, precisamente, para reconstituir a realidade de modo que " (...) admitir que a falsidade de uma declaração, tomada em ordem à formação de um juízo de facto sobre uma certa realidade, possa ser aferida nem mais nem menos do que com base naquilo que, através de tal declaração e/ou de outros meios de prova, se vier a declarar como constituindo a realidade significa incorrer num raciocínio circular. Vício que em determinados casos poderá redundar na total impunidade de quem, deturpando a reali-

---

[824] ISIDORO BARBAGALLO, *La Prova Testimoniale, Nei Procedimenti Civili e Penali: Diritto e Metodologia Probatoria*, Giuffrè Editore, Milano, 2002, p. 395.

401

dade, consegue convencer o tribunal de que os factos se passaram nos termos por si falsamente descritos."[825]

– A teoria objetiva é complacente com quem mente, sobretudo com o mentiroso que logra convencer o tribunal e, em sentido contrário, é impiedosa com quem relata os factos tal qual os experienciou mas produz declarações com um conteúdo diferente daquele que o tribunal vem a dar como provado. Esta situação fere o sentido social do falso testemunho eticamente censurável.

– A teoria objetiva é incapaz de funcionar nas constelações de casos de *in dubio pro reo*. Nas palavras expressivas do autor, "Sendo determinada matéria factual dada como provada (ou não provada) não propriamente porque o tribunal se convenceu positivamente da sua real verificação, mas antes porque – subsistindo dúvida insanável, eventualmente inculcada pelo próprio depoimento falso! – fez atuar o princípio *in dubio pro reo*, então não será sequer possível condenar quem quer que seja por falsidade de testemunho em relação a essa matéria em que se formou um *non liquet* na apreciação da prova. Isto mesmo naquelas situações em que seja notório que determinada pessoa mentiu sobre esses factos objeto de inquirição. Pois se o tribunal não logrou formar uma convicção para além da dúvida razoável sobre certo ponto de facto, não existe, à luz do parâmetro de aferição de falsidade proposto pela teoria objetiva, uma realidade ou uma verdade histórica afirmada efetivamente pelo tribunal que possa surgir como termo de comparação com o depoimento da testemunha."[826]

Em prol da teoria subjetiva, enfatiza que o dever que a lei faz impender sobre a testemunha é o de relatar o resultado das suas perceções pois, se assim não fosse, poderia abrir-se a porta à criação de testemunhos subjetivamente falsos para prova de factos realmente ocorridos.

---

[825] "Inverdades e Consequências: Considerações Em Favor de Uma Concepção Subjectiva da Falsidade do Testemunho", in *Revista Portuguesa de Ciência Criminal*, Ano 20, Nº 3, Jul./ Set. 2010, p. 497.

[826] "Inverdades e Consequências: Considerações Em Favor de Uma Concepção Subjectiva da Falsidade do Testemunho", in *Revista Portuguesa de Ciência Criminal*, Ano 20, Nº 3, Jul./ Set. 2010, p. 499.

A TESTEMUNHA NO PROCESSO

Por nós, impressiona-nos negativamente o facto de a teoria objetiva fazer tábua rasa dos conhecimentos já sedimentados no âmbito da psicologia do testemunho, aos quais já nos reportámos repetidamente nesta obra. Com efeito, a memória é um processo reconstrutivo, contendo interpretações da realidade, não sendo um registo da realidade em si. Um testemunho absolutamente fidedigno constitui a exceção, sendo corrente a distorção do testemunho através de processos cognitivos normais.[827] Deste modo, o parâmetro adotado pela teoria objetiva é manifestamente irrealista e demasiado exigente para quem jura dizer a verdade a partir das perceções que persistem, com maior ou menor distorção, na sua memória.

Pelo que, no âmbito desta querela doutrinária, tendemos a aceitar a teoria subjetiva como a menos imperfeita e mais realista, sendo também a que mais reduz a margem da impunibilidade.

A nossa jurisprudência tem sido confrontada amiúde com a seguinte questão: a testemunha que profere, em várias fases do processo, declarações completamente contraditórias entre si incorre no crime de falso testemunho? O caso mais frequente é o da testemunha que, por exemplo, no inquérito afirma que comprou droga na casa de *B* e que no julgamento nega que tenha comprado droga em tal local.

Para uma corrente jurisprudencial, comete o crime de falso testemunho a testemunha que, sobre a mesma realidade, presta dois depoimentos contraditórios, ainda que não se apure qual deles é falso. De modo totalmente paradigmático, o Acórdão do Tribunal da Relação do Porto de 22.11.2006[828] discorreu a este propósito nestes termos:

---

[827] Conforme afirma CARLOS POIARES, "Psicologia do Testemunho: Contribuição para a Aproximação da Verdade Judicial à Verdade", Lisboa, 2022, *apud* CARLA RAMOS SILVA, *A Importância do Depoimento dos Actores Judiciários na Tomada da Decisão do Juiz*, Universidade Lusófona de Humanidades e Tecnologia, Lisboa, 2010, pp. 47 e 55, o testemunho pode tornar-se incorreto por conter erros de memória ou défices de perceção dos factos. A testemunha pode adulterar os factos, distorcendo-os, mas não de modo consciente, pode omitir aspetos importantes sem se aperceber, pode limitar-se a fornecer às instâncias sociais responsáveis pela recolha de depoimentos apenas os aspetos que considerou mais relevantes. Contudo, por qualquer dessas vias, não pode a testemunha ser considerada mentirosa.

[828] Sendo relatora *Isabel Pais Martins*, 0644016.

PROVA TESTEMUNHAL

"A realidade sobre que recaíram os dois depoimentos é só uma, mas os depoimentos prestados, nos dois momentos processuais, são discrepantes, entre si, e relatam realidades distintas. Por isso, em algum desses momentos processuais ocorreu uma contradição entre o depoimento prestado e a verdade histórica objetiva.

A narração do recorrente, em algum desses momentos, afastou-se da verdade objetiva, dele conhecida, violando, desse modo, o bem jurídico protegido: a realização da justiça como função do Estado, a qual requer a contribuição de todos os intervenientes processuais para o esclarecimento da factualidade relevante em ordem à correta decisão.

O tribunal não conseguiu apurar em que momento processual o recorrente prestou o depoimento falso, mas tal falta de determinação, apenas releva para a determinação do momento de consumação do crime. A consumação existe sempre que a declaração diverge da realidade objetiva.

Apurado que num dos momentos processuais o recorrente com a sua conduta preencheu os elementos objetivo (falsidade do depoimento) e subjetivo do tipo (sabendo que o conteúdo do seu depoimento era objetivamente falso – dolo), o tipo de ilícito está perfeitamente preenchido. (...) O crime foi, efetivamente, cometido, só não se sabe em que data o foi. A não fixação da data de consumação do crime não impõe nem a absolvição da recorrente, por apelo ao princípio *in dubio pro reo*, nem traduz uma qualquer insuficiência para a decisão da matéria de facto provada, no sentido de tornar impossível um juízo seguro de condenação.

O juízo seguro de condenação decorre da prova de que o recorrente, sujeito a um dever processual de verdade e de completude, prestou, em dois momentos processuais, depoimentos divergentes sobre a mesma realidade. O facto de o tribunal não ter logrado apurar a verdade objetiva, conhecida do recorrente (e, daí, não ter conseguido determinar em que momento foi cometida a falsidade) não prejudica uma convicção de certeza sobre a ação típica.

A certeza sobre a data de consumação do crime não é um requisito indispensável ao preenchimento do tipo-de-ilícito.

A incerteza sobre a data de consumação do crime só poderá relevar para certos efeitos jurídicos, v.g., de consideração de uma eventual prescrição do procedimento criminal ou de aplicação de uma hipotética lei de

A TESTEMUNHA NO PROCESSO

amnistia, devendo, para esses efeitos, a incerteza sobre a data de consumação sempre ser valorada a favor do recorrente, pela aceitação daquela que lhe seja mais favorável."

Dentro desta mesma linha de raciocínio, o Acórdão do Tribunal da Relação de Coimbra de 18.5.2011[829] argumenta ainda que:

"E nem se diga, como o faz o recorrente, que nestas circunstâncias deveria ter sido absolvido em homenagem ao princípio *in dubio pro reo*. Este é um daqueles casos *"em que o juiz não logra esclarecer, em todas as suas particularidades juridicamente relevantes, um dado substrato de facto, mas em todo o caso o esclarece suficientemente para adquirir a convicção de que o arguido cometeu uma infração, seja ela em definitivo qual for (...). Nestes casos ensina-se ser admissível, dentro de certos limites, uma condenação com base em uma comprovação alternativa dos factos "*[Figueiredo Dias, *Direito Processual Penal I*, p. 218]. Esta determinação alternativa dos factos constitui uma excepção ao funcionamento do princípio *in dubio pro reo*, sofrendo apenas os limites decorrentes do princípio da legalidade e os decorrentes da eventual verificação da prescrição relativamente a uma das incriminações (não necessariamente a mais antiga), já que no caso de factos temporalmente distanciados, a determinação alternativa nos termos preconizados não poderá funcionar em desfavor do arguido."[830]

---

[829] Sendo relator *Jorge Jacob*, 195/09.

[830] Inserindo-se nesta corrente jurisprudencial, vejam-se ainda os seguintes arestos: Acórdãos do Tribunal da Relação de Coimbra de 28.9.2011, *Paulo Guerra*, 157/10 ("A certeza sobre a data de consumação do crime – falsidade de testemunho – não é requisito indispensável ao preenchimento do tipo de ilícito"), de 29.2.2012, *Maria Pilar Oliveira*, 910/09, Acórdãos do Tribunal da Relação de Évora de 22.11.2011, *Berguete Coelho*, 40/10, de 7.2.2012, *Sénio Alves*, 19/11. Estes arestos subscrevem implicitamente a teoria subjetiva. Em sentido contrário, defendendo que não basta a prova da contradição, havendo que provar também qual o facto concreto verdadeiro em relação ao qual o arguido (anteriormente testemunha) faltou à verdade, cfr. Acórdão do Tribunal da Relação do Porto de 14.9.2011, *Lígia Figueiredo*, 1289/09, Acórdãos do Tribunal da Relação de Guimarães de 29.6.2009, *Anselmo Lopes*, 840/08, de 11.5.2009, *Filipe Melo*, 1423/04, www.colectaneadejurisprudencia.com, Acórdãos do Tribunal da Relação de Évora de 8.4.2010, *Gilberto da Cunha*, 333/07, de10.4.2012, *Alberto Borges*, 77/09.

PROVA TESTEMUNHAL

Na esteira de Nuno Brandão, nesta situação, a análise do depoimento da testemunha na sua globalidade revela que - ao longo do processo - a testemunha não transmitiu sempre aos destinatários das suas declarações a realidade por si percecionada relativamente aos factos que foram objeto da inquirição. O desconhecimento ou a falta de referência à realidade ocorrida historicamente não impede o perfeccionamento do tipo objetivo, dado que esse realidade não releva para a aferição do preenchimento do ilícito--típico objetivo.

Neste âmbito, temos que ter presente o *princípio do terceiro excluído* que determina que uma proposição ou é verdadeira ou é falsa, não havendo uma terceira possibilidade ou meio termo, bem como o *princípio de não contradição*, segundo o qual proposições contraditórias não podem ser verdadeiras ao mesmo tempo.

Do que fica dito não deriva que ocorre o crime de falso testemunho sempre que se detete uma contradição dentro do mesmo depoimento ou em depoimentos prestado em momentos distintos. Como vimos a propósito dos efeitos de interrogatórios repetidos (cfr. Pare I, 6.4.), do ponto de vista da psicologia cognitiva, os interrogatórios repetidos são suscetíveis de se repercutir na quantidade da informação recuperada.

As contradições só atingem o patamar da relevância penal quando "(...) as divergências espelhem sem margem para dúvidas um comportamento processual da testemunha que em determinado momento manifestou um relato infiel daquilo que pessoalmente conheceu à altura dos factos sobre os quais é ouvida; e, além disso, que os demais elementos do facto punível, desde logo o dolo, possam ser afirmados."[831] No que tange ao dolo, é necessário que o declarante conheça o contrário daquilo que declarou e atue como propósito de afirmar o falso (dolo direto).

A retratação é tempestiva se a reposição da verdade ocorrer antes de ser tomada, no processo em que foi proferida a declaração falsa, qualquer decisão interlocutória ou final em relação à qual essa declaração haja constituído

---

[831] Nuno Brandão, "Inverdades e Consequências: Considerações Em Favor de Uma Concepção Subjectiva da Falsidade do Testemunho", in *Revista Portuguesa de Ciência Criminal*, Ano 20, Nº 3, Jul./Set. 2010, p. 504.

elemento de valoração.[832] A retratação constitui uma causa pessoal de exclusão da pena.[833]

A questão de saber se é possível a constituição de assistente neste tipo de crime constitui também objeto de discussão jurisprudencial.

No sentido de inadmissibilidade da constituição de assistente neste tipo de crime, argumenta-se designadamente com o interesse direto e imediatamente protegido pelo crime que é um interesse público de modo que o particular, embora possa ter sofrido prejuízos, não terá a qualidade de ofendido.[834]

Todavia, não cremos que esta orientação seja de subscrever, sendo bem mais impressivos os argumentos contrários, assim resumidos no Acórdão do Supremo Tribunal de Justiça de 12.7.2005:[835]

> "Na realidade, não pode concluir-se pela inadmissibilidade da constituição de assistente somente a partir da natureza do crime, pois que, apesar de se tratar de um crime de atividade pode também visar a proteção de interesses particulares.
>
> Mas não é o único bem jurídico particularmente protegido com a correspondente incriminação, atendendo ao conjunto do tipo.
>
> Já se notou, que a agravação e concreta punição depende já não da atividade desenvolvida, mas também da natureza e gravidade das consequências para o ofendido concreto.
>
> O que impõe a conclusão que o tipo em causa visa proteger a administração da justiça, mas (também) os prejuízos que os atentados podem causar a interesses de particulares.
>
> Esses interesses particulares, se bem que não exclusivamente, são pois protegidos de modo particular pela incriminação, constituindo um dos objetos imediatos da incriminação.

---

[832] Acórdão do Tribunal da Relação do Porto de 19.1.2011, *Dolores Silva e Sousa*, 4381/09.

[833] Iolanda Rodrigues, *Crime de Falso Testemunho Prestado Perante Tribunal*, Coimbra Editora, 2012, p. 83.

[834] Cfr. Acórdãos do Tribunal da Relação de Guimarães de 18.12.2006, *Cruz Bicho*, 1991/06 e de 23.4.2012, *Ana Teixeira*, 423/09.

[835] Sendo relator *Simas Santos*, 2535/05, www.colectaneadejurisprudencia.com.

O que se evidencia igualmente através das condicionantes da já referida possibilidade de retratação, tributária igualmente da extensão dos prejuízos causados aos ofendidos.

Assim, se num caso concreto, o agente, com a falsidade de depoimento, causou ou procurou causar prejuízo aos interesses particulares de determinada pessoa, esta poderá constituir-se assistente [trata-se de «os titulares dos interesses que a lei penal tem especialmente por fim proteger quando previu e puniu a infração e que esta ofendeu ou pôs em perigo, são as partes particularmente ofendidas, ou diretamente ofendidas e que, por isso, se podem constituir acusadores» Beleza dos Santos, "Partes particularmente ofendidas em processo criminal, na" *Revista de Legislação e Jurisprudência*, 57, pág. 2.].

Na verdade, a análise do tipo legal de falsidade de depoimento do art. 360.º do Código Penal, permite concluir que a circunstância de ser aí protegido um interesse de ordem pública não afastou, sem mais, a possibilidade de, ao mesmo tempo, ser também imediatamente protegido um interesse suscetível de ser corporizado num concreto portador, aquele cujo prejuízo o agente visava, assim se afirmando a legitimidade material do ofendido para se constituir assistente."

Deste modo, mais do que atentar na natureza do crime, haverá que aquilatar casuisticamente da possibilidade de ao mesmo tempo ser imediatamente protegido um interesse passível de ser materializado num sujeito concreto.[836]

---

[836] Dentro desta linha argumentativa, vejam-se os seguintes arestos: Acórdão do Tribunal da Relação de Lisboa de 3.10.2007, *João Moraes Rocha*, 6227/07, www.colectaneadejurisprudencia.com, Acórdão do Tribunal da Relação do Porto de 27.1.2010, *Jorge Gonçalves*, 108/08, www.colectaneadejurisprudencia.com ("É titular do interesse que a lei visa proteger com o crime de falso testemunho aquele que, em determinado processo, foi condenado como litigante de má fé em virtude do depoimento alegadamente falso de certa testemunha, que aí foi prestado"), Acórdão do Tribunal da Relação do Porto de 21.11.2012, *Ernesto Nascimento*, 2113/09, Acórdão do Tribunal da Relação de Évora de 17.3.2009, *Berguete Coelho*, 3325/08, www.colectaneadejurisprudencia.com.
Também IOLANDA RODRIGUES conclui que "(...) é nossa convicção de que cabe ao julgador determinar casuisticamente se a titularidade do interesse na realização da justiça é solitária ou partilhada, ou seja, se à luz da especificidade do caso concreto o interesse é apenas pertença do Estado ou também de um certo particular, sendo que o resultado do processo interpretativo trará consequências em matéria de aferição da legitimidade de constituição de

A falsidade do depoimento testemunhal pode constituir fundamento de recurso de revisão nos termos do Artigo 696º, alínea b) do Código de Processo Civil. Para que a falsidade seja causa de revisão, é necessário que se reúnam três condições cumulativas:

a) Que se alegue a falsidade do depoimento;
b) Que a sentença cuja revisão se pede tenha sido determinada por essa falsidade;
c) Que a falsidade não tenha sido discutida no processo em que foi proferida a sentença a rever.[837]

No que tange ao requisito enunciado sob b), ALBERTO DOS REIS propugnava que deve existir um nexo de causalidade entre a falsidade do depoimento e a sentença de modo que a "falsidade há de ter determinado a decisão que se pretende destruir".[838]É necessário que o depoimento tenha exercido influência relevante na decisão: que o depoimento, na indecisão dada por outros elementos de prova, tenha arrastado o julgador para a decisão.[839]

Não constitui pressuposto do recurso a existência de sentença transitada que julgue verificada a falsidade do depoimento. A verificação da falsidade tem lugar na própria instância de recurso – cfr. Artigo 700º, nº2 do Código de Processo Civil. O recurso normal de apelação não constitui o momento processual adequado para se invocar a falsidade do depoimento de uma testemunha.[840]

No âmbito do processo penal, constitui um dos fundamentos da revisão da sentença transitada em julgado a prolação de outra sentença transitada em julgado que tenha considerado falsos meios de prova que tenham sido determinantes para a decisão – Artigo 449º, nº1, alínea a) do Código de Processo Penal.

---

assistente em processo penal" – *Crime de Falso Testemunho Prestado Perante Tribunal*, Coimbra Editora, 2012, p. 27.

[837] HENRIQUE ANTUNES e LUÍS CORREIA DE MENDONÇA, *Dos Recursos*, Quid Juris, 2009, p. 350.

[838] *Código de Processo Civil Anotado*, VI Vol., Coimbra Editora, 1985, p. 350.

[839] HENRIQUE ANTUNES e LUÍS CORREIA DE MENDONÇA , *Dos Recursos*, Quid Juris, 2009, p. 351.

[840] Cfr. Acórdão do Tribunal da Relação de Lisboa de 2.5.2012, *Leopoldo Soares*, 3036/08.

Conforme se explicita a este propósito no Acórdão do Supremo Tribunal de Justiça de 7.7.2009: [841]

"Impõe-se que os meios de prova tenham sido considerados falsos por sentença passada em julgado, sendo indispensável a verificação da falsidade por sentença transitada em julgado, que a falsidade do meio de prova seja comprovada por esse meio.

Por outras palavras, a falsidade do meio de prova deve constar de decisão transitada em julgado.

Exige-se que uma outra sentença transitada em julgado tenha considerado falsos os meios de prova de que o coletivo lançou mão, tornando-se necessário que a falsidade tenha sido constatada, declarada, atestada, certificada, reconhecida, por forma consolidada, segura e definitiva, por uma outra sentença passada em julgado.

Só a partir daí, sendo possível a análise e o confronto de duas decisões transitadas, é que cumpriria averiguar de que modo e em que medida a outra sentença transitada em julgado seria suscetível de por em crise a convicção do tribunal no plano do assentamento da matéria de facto, havendo então nesse quadro de confrontar as duas realidades, *maxime*, os factos dados por provados na decisão revidenda, bem como a prova em que se baseou o tribunal."

A falsidade deve ter sido determinante para a decisão final, o que significa que ela deverá ter servido de base, ainda que não exclusivamente, para a fixação de factos essenciais para a decisão, fosse ela absolutória ou fosse condenatória.[842] Uma declaração subscrita por uma testemunha declarando que prestou declarações inverídicas no julgamento anterior, do ponto de vista processual, não pode ser considerada como um novo meio de prova. Tendo a mesma deposto na audiência de julgamento, não pode, obviamente, ser considerado como novo meio de prova uma declaração por ela escrita posteriormente. Neste contexto, esta situação não constitui fundamento de revisão de sentença, quer nos termos do Artigo 449º, nº1, alínea a) quer da alínea d) (*descoberta de novos*

---

[841] Sendo relator *Raul Borges*, 60/02.
[842] Acórdão do Supremo Tribunal de Justiça de 9.12.2010, *Maia Costa*, 92/08.

factos ou meios de prova que, de per si ou combinados com os que foram apreciados no processo, suscitem graves dúvidas sobre a justiça da condenação) do mesmo preceito.[843]

Também não são apresentados novos meios de prova, nem novos factos, quando se referem a versão diferente do depoimento dessa indicada e já inquirida testemunha, ainda que seja uma das vítimas, e a condenação do recorrente não teve por base apenas o depoimento dessa mesma testemunha, mas assentou na conjugação ponderada de vários meios de prova, entre os quais o depoimento então produzido da mesma testemunha."[844]

---

[843] Acórdão do Supremo Tribunal de Justiça de 24.10.2012, *Oliveira Mendes*, 107/09.
[844] Acórdão do Supremo Tribunal de Justiça de 30.6.2010, *Pires da Graça*, 169/07.

BIBLIOGRAFIA

Achieving Best Evidence in Criminal Proceedings: Guidance on Interviewing Victims and Witnesses, and Guidance on Using Special Measures, March 2011, Ministry of Justice, http://www.cps.gov.uk/publications/docs/best_evidence_in_criminal_proceedings.pdf

ABEL LLUCH, Xavier/PICÓ I JUNOY, Joan (Directores), *El Interrogatorio de Testigos*, Bosch, Barcelona, 2008

ALBUQUERQUE, Paulo Pinto de, *Comentário ao Código de Processo Penal à Luz da Constituição da República Portuguesa e da Convenção Europeia dos Direitos do Homem*, Universidade Católica Editora, 2ª Ed., 2008

ALBUQUERQUE, Pedro B./SANTOS, Jorge A., "Jura Dizer a Verdade? ...:Traições e Fidelidades dos Processos Mnésicos", in *Psicologia: Teoria, Investigação e Prática*, 1999, 2, pp. 257-266

ALBUQUERQUE, Pedro B./SOUSA, Cláudia P., "A Fiabilidade do Testemunho Ocular: Efeito da Valência do Episódio e da Ordem de Realização de Duas Tarefas Mnésicas", in *Psicologia: Teoria, Investigação e Prática*, 2006, 1, pp. 45-56

ALLEN, Ronald J., "Los Estándares de Prueba y los Limites del Análisis Jurídico", in CÁRMEN VÁZQUEZ (ed.), *Estándares de Prueba y Prueba Científica*, Marcial Pons, Madrid, 2013

ALONSO-QUECUTY, Maria Luísa, "Psicologia y Testimonio", in *Fundamentos de la Psicologia Jurídica*, MIGUEL CLEMENTE (Coord.), Ediciones Pirámide, 1998. pp. 170-184

ALTAVILLA, Enrico, *Psicologia Judiciária, Personagens do Processo Penal*, II Vol., Almedina, 2003

AMBROSINI, Roberto, *La Prova Testimoniali Civil. Profili Processuali*, IPSOA, 2006

ANASTÁCIO, Marisa Alexandra Primor, *Psicologia das Motivações Ajurídicas do Sentenciar: O Lado Invisível da Decisão*, Universidade Lusófona de Humanidades e Tecnologias, Lisboa, 2009

ANDERSON, Terence/SCHUM, David/TWINING, William, *Analysis of Evidence*, Cambridge, 2005

ANDRÉS IBAÑEZ, Perfecto, *Valoração da Prova e Sentença Penal*, Lumen Juris, Rio de Janeiro, 2006

ANDRÉS PÁEZ, "Una Aproximación Pragmatista al Testimonio Como Evidencia", in Carmen Vásquez (ed.), *Estándares de Prueba y Prueba Científica*, Marcial Pons, Madrid, 2013, pp. 215-237

Andrewartha, Danielle, "Lie Detection in Litigation: Science or Prejudice?", http://www.lmconference.com.au/papers/2007/andrewartha.html

Angel prieto/Jorge sobral, "Impacto persuasivo del testimonio seguro e inseguro: dos caras de un mismo fenómeno?", in *Psicothema*, Vol. 15, 2003, pp. 167-171

Ansarra, Ryan/Colwell, Kevin/Hiscock-Anisman, Cheryl/Hines, Amber/Fleck, Roland/Cole, Lindsey/Belarde, Delyana, "Augmenting Acid With Affective Details to Assess credibility", in *The European Journal of Psychology Applied do Legal Context*, 2011, 3(2), pp. 141-158

Antunes, Henrique/Mendonça, Luís Correia de, *Dos Recursos*, Quid Juris, 2009

"A World of Lies, The Global Deception Research Team", http://peter.banton.perso.esil.univmed.fr/Papers/Aworldoflies2006.pdf

Araújo, Jordana Santos, "Síndrome da Alienação Parental: Verdadeiros Relatos ou Falsas Denúncias de Abuso Sexual?", http://www3.pucrs.br/pucrs/files/uni/poa/direito/graduacao/tcc/tcc2/trabalhos2010_2/jordana_araujo.pdf, acedido em 22.1.2013

Ask, Karl/Landström, Sara, "Why Emotions Matter: Expectancy Violation and Affective Response Mediate the Emotional Victim Effect", in *Law Human Behavior*, 2010, 34, pp. 392-401

Bachenko, Joan/Fitzpatrick, Eileen/Schonwetter, Michael, "Verification and Implementation of Language-Based Deception Indicator in Civil and Criminal Narratives", Proceedings of the 22nd International Conference on Computational Linguistic (Coling 2008), pp. 41-48

Baddeley, Alan/Eysenck, Michael W./Anderson, Michael C., *Memory*, Psychology Press, New York, 2009

Barbagallo, Isidoro, *La Prova Testimoniale, Nei Procedimenti Civili e Penali: Diritto e Metodologia Probatoria*, Giuffrè Editore, Milano, 2002

Bartlett, James C./Memon, Amina, "Eyewitness Memory in Young and Older Adults", in Lindsay, R. C. L./Ross, David F./Read, J. Don/Toglia, Michael, P. (Eds.), *The Handbook of Eyewitness Psychology*, Vol. 2, *Memory For People*, Lawrence Erlbaun Associates Publishers, Londres, 2007 , pp. 309-335

Bergeaud, Aurélie, *Le Droit à la Preuve*, LGDJ, Paris, 2010

Blair, J. Pete/Levine, Timothy R./Shaw, Allison S., "Content in Context Improves Deception Detection Accuracy", in *Human Communication Research*, 36, 2010, pp. 423-442

Bond Jr., Charles F./DePaulo, Bella M., "Accuracy of Deception Judgments", in *Personality and Social Psychology Review*, 2006, Vol. 10, Nº 3, pp. 214-234

Bond Jr., Charles F./DePaulo, Bella M., "Individual Differences in Judging Deception: Accuracy and Bias", in *Psychological Bulletin*, 2008, Vol. 134, Nº 4, pp. 477-492

Brandão, Nuno, "Inverdades e Consequências: Considerações Em Favor de Uma Concepção Subjectiva da Falsidade do Testemunho", in *Revista Portuguesa de Ciência Criminal*, Ano 20, Nº 3, Jul./Set. 2010, pp. 477-504

Brinke, Leanne ten/Porter, Stephen, "Discovering Deceit: Applying Laboratory and Field Research in the Search for Truthful and Deceptive Behavior", in

BIBLIOGRAFIA

Barry S. Cooper (ed.), Dorthee Griesel (ed.), Marguerite Ternes (ed.), *Applied Issues in Investigative Interviewing, Eyewitness Memory, and Credibility Assessment*, Springer, London, 2013, pp. 221-238

Brito, Iolanda A. S. Rodrigues de, *Crime de Falso Testemunho Prestado Perante Tribunal*, Coimbra Editora, 2012

Bujosa Vadell, Lorenzo, M., "La Prueba de Referencia en el Sistema Penal Acusatorio", in *Pensamiento Jurídico*, Bogotá, Nº 21, Enero-Abril de 2008, pp. 53-82

Burgoon, Judee k./blair, J. P./Strom, Renee E., "Heuristic and Modalities in Determining Truth Versus Deception" in *38th Hawaii International Conference on System Sciences (HICSS-38 2005)*, Abstracts Proceedings, 3-6 January 2005, Big Island, HI, USA

Burgoon, Judee k./Blair, J. Pete/Strom, Renee E., "Cognitive Biases and Nonverbal Cue Availability in Detecting Deception", in *Human Communication Research*, Volume 34, Nº 4, Outubro 2008, pp. 572-599

Burgoon, Judee K./Hamel, Lauren/Qin, Tiantian, "Predicting Veracity From Linguistic Indicators", 2012 European Intelligence And Security Informatics Conference

Campos, Carlos da Silva, "O Sigilo Profissional do Advogado e Seus Limites", in *Revista da Ordem dos Advogados*, Ano 48º, Nº2, Set. 1988, pp. 471-510

Candel, Ingrid/Merckelbach, Harald/ Jelicic, Marko/Limpens, Monique/ Widdershoven, Kelly, "Children's Suggestibility for Peripheral and Central Details", in *The Journal of Credibility Assessment and Witness Psychology*, 2004, Vol. 5, Nº1, pp. 9-18

Cardoso, Augusto Lopes, *Do Segredo Profissional na Advocacia*, Centro Editor Livreiro da Ordem dos Advogados, 1998

Carmen Vásquez (ed.), *Estándares de Prueba y Prueba Científica*, Marcial Pons, Madrid, 2013

Carmo, Rui do/Alberto, Isabel/Guerra, Paulo, *O Abuso Sexual de Menores: Uma Conversa Sobre Justiça entre o Direito e a Psicologia*, Almedina, 2ª Ed., 2006

Caso, Letizia/Vrij, Aldert/Mann, Samantha/De Leo, Gaetano, "Deceptive Responses: The Impact of Verbal and Non-Verbal Countermeasures", in *Legal and Criminological Psychology*, 2006, 11, pp. 99-111

Chae, Yoojin/Ceci, Stephen J, "Diferenças Individuais na sugestionabilidade das crianças", in A. C. Fonseca, M. R. Simões, M. C. Taborda-Simões & M. S. Pinho (Eds.), *Psicologia forense*, Coimbra, Almedina, 2006, pp. 470-495

Clermont, Kevin M.,"Standards of Proof in Japan and the United States", Cornell Law School Working Paper Series, 2003, Paper 5, http://lsr.nellco.org/cornell/ clsops/papers/5, acedido em 8.10.2008

– "Standards of Proof Revisited", http:// scholarship.law.cornell.edu/facpub/13/, acedido em 22 de Maio de 2013

Cohen, Gillian, "Human Memory in the Real World", in *Analysing Witness Testimony: A Guide for Legal Practitioners and Other Professionals*, Anthony Heaton--Armstrong (ed.), Eric Sheperd (ed.), David Wolchover (ed.), Blackstone Press Limited, Londres, 1999

Colwell, Kevin/ Hiscock, Cheryl K./ Memon, Amina, "Interviewing Techniques and the Assessment of Statement Credibility", in *Applied Cognitive Psychology*, 16, 2002, pp. 287-300

Colwell, Kevin/Hiscock-Anisman, Cheryl/ Memon, Amina/Taylor, Laura/ Prewett, Jessica, "Assessment Criteria Indicative of Deception (ACID): An Integrated System of Investigative

Interviewing and Detecting Deception", in *Journal of Investigative Psychology And Offender Profiling*, 2007, 4, pp. 167-180

COLWELL, Kevin/HISCOCK-ANISMAN, Cheryl/ MEMON, Amina/RACHEL, Alexis, "Vividness an Spontaneity of Statement Detail Characteristics as Predictors of Witness Credibility", in *American Journal of Forensic Psychology*, Volume 25, Issue 1, 2007/5

COLWELL, Kevin/HISCOCK-ANISMAN, Cheryl/FEDE, Jacqueline, "Assessment Criteria Indicative of Deception: An Example of the New Paradigm of Differential Recall Enhancement", in BARRY S. COOPER (ed.), DOROTHEE GRIESEL (ed.), MARGUERITE TERNES (ed.), *Applied Issues in Investigative Interviewing, Eyewitness Memory, and Credibility Assessment*, Springer, London, 2013, pp. 259-292

COMOGLIO, Luigi Paolo, *Le Prove Civili*, Terza Edizione, UTET, 2010

CONNOLLY, Deborah A./PRICE, Heather, L., "Repeated Interviews About Repeated Trauma From the Distant Past: A Study of Report Consistency", in Barry S. COOPER (ed.), Dorthee GRIESEL (ed.), Marguerite TERNES (ed.), *Applied Issues in Investigative Interviewing, Eyewitness Memory, and Credibility Assessment*, Springer, London, 2013, pp. 191-220

COOPER, Barry S./GRIESEL, Dorothee/ TERNES, Marguerite *(Editors)*, *Applied Issues in Investigative Interviewing, Eyewitness Memory, and Credibility Assessment*, Springer, London, 2013

COSTA, André/PINHO, Maria Salomé, "Sugestionabilidade Interrogativa em Crianças de 8 e 9 Anos de Idade", in *Análise Psicológica* (2010), 1 (XXVIII): 193-208

CUNHA, Alexandra Isabel da Quintã, *A Sugestionabilidade Interrogativa em Crian-*ças: *O Papel da Idade e das Competências Cognitivas*, Universidade do Minho, Escola de Psicologia, Junho de 2010

DAVIES, Deborah/ LOFTUS, Elizabeth, F., "Internal and External Sources of Misinformation in Adult Witness Memory", in LINDSAY, R. C. L./ROSS, David F./READ, J. Don/TOGLIA, Michael, P. (eds.), *The Handbook of Eyewitness Psychology*, Vol. 1, *Memory For Events*, Lawrence Erlbaun Associates Publishers, Londres, 2007 , pp. 195-225

DAVIES, Graham, "Contamination of Witness Memory", in *Analysing Witness Testimony: A Guide for Legal Practitioners and Other Professionals*, Anthony HEATON-ARMSTRONG (ed.), Eric SHEPERD (ed.), David WOLCHOVER (ed.), Blackstone Press Limited, Londres, 1999

DE LEO, Gaetano/SCALI, Melania/CASO, Letizia, *La Testimonianza, Problemi, metodi e strumenti nella valutazione dei testimoni*, Il Mulino, Bolonha, 2005

DEPAULO, Bella M./CHARLTON, Kelly/ COOPER, Harris/LINDSAY, James J./ MUHLENBRUCK, Laura, "The Accuracy--Confidence Correlation in the Detection of Deception", in *Personality and Social Psychology Review*, 1997, Vol. 1, Nº4, pp. 346-357

DEPAULO, Bella M./MALONE, Brian E./LINDSAY, James J./MUHLENBRUCK, Laura/ CHARLTON, Kelly/COOPER, Harris, "Cues do Deception", in *Psychological Bulletin*, 2003, Vol. 129, Nº1, pp. 74--118

DEPAULO, Bella M./MORRIS, Wendy L., "Discerning Lies From Truths: Behaviorial Cues to Deception and the Indirect Pathway of Intuition", in GRANHAG, Pär Anders/STRÖMWALL, Leif A. (eds.), *The Detection of Deception in Forensic Contexts*, Cambridge University Press, 2004, pp. 15-40

DIAS, Maria do Carmo Saraiva de Menezes da Silva, "Particularidades da Prova em Processo Penal. Algumas Questões Ligadas à Prova Pericial", in *Revista do CEJ*, Nº 2, 2º Semestre 2005, pp. 169-225

DICKINSON, Jason J./POOLE, Debra A./ LAIMON, Rachel, L, "Children's Recall and Testimony", in Neil BREWER (ed.), Kipling D. WILLIAMS (ed.), *Psychology And Law, An Empirical Perspective*, The Guilford Press, Londres, 2005, pp. 151-173

DIGES JUNCO, Margarita, "La Utilidad de la Psicologia del Testimonio en la Valoración de Pruebas de Testigos", in *Jueces Para La Democracia*, Nº 68, Julio 2010, pp. 51-68

ENGLICH, Birte, "Blind or Biased? Justitia's Susceptibility to Anchoring Effects in the Courtroom Based on Given Numerical Representations", in *Law & Policy*, Vol. 28, Nº4, 2006, pp. 497-514

FEITOR, Sandra Inês Ferreira, *A Síndrome de Alienação Parental e o Seu Tratamento à Luz do Direito de Menores*, Coimbra Editora, 2012

FERNANDES, Carvalho, *Estudos Sobre a Simulação*, Quid Iuris, 2004

FERNÁNDEZ LÓPEZ, Mercedes, "La Valoración de Pruebas Personales y el Estándar de la Duda Razonable", http://www.uv.es/cefd/15/fernandez.pdf

FERRER BELTRÁN, Jordi, *La Valoración Racional de la Prueba*, Marcial Pons, Madrid, 2007

– "La Prueba es Libertad, Pero no Tanto: Una Teoría de la Prueba Cuasibenthamiana", in CARMEN VÁSQUEZ (ed.), *Estándares de Prueba y Prueba Científica*, Marcial Pons, Madrid, 2013, pp. 21-40

FISHER, Ronald P./SCHREIBER, Nadja, "Interview Protocols do Improve Eyewitness Memory," in LINDSAY, R. C. L./

ROSS, David F./READ, J. Don/TOGLIA, Michael, P. (eds.), *The Handbook of Eyewitness Psychology*, Vol. 1, *Memory For Events*, Lawrence Erlbaun Associates Publishers, Londres, 2007 , pp. 53-79

FISCHER, Ronald P./VRIJ, Aldert/LEINS, Drew A., "Does Testimonial Inconsistency Indicate Memory Inaccuracy and Dception? Beliefs, Empirical Research, and Theory", in BARRY S. COOPER (ed.), DOROTHEE GRIESEL (ed.), MARGUERITE TERNES (ed.), *Applied Issues in Investigative Interviewing, Eyewitness Memory, and Credibility Assessment*, Springer, London, 2013, pp. 173-190

FLACH, Daisson, *A Verosimilhança nos Provimentos de Cognição Sumária*, Universidade Federal do Rio Grande do Sul, Porto Alegre, 2006

FRADELLA, Henry F, "Why Judges Should Admit Expert Testimony on the Unreliability of Eye Witness Testimony", in *Federal Courts Law Review*, Junho de 2006, pp. 2-29

FRANCISCA FARIÑA/RAMÓN ARCE/MERCEDES NOVO, "Heurístico de Anclaje en las Decisiones Judiciales", in *Psicothema*, 2002, Vol. 12, nº1, pp. 39-46

FREITAS, José Lebre de/MACHADO, A. Montalvão/PINTO, Rui, *Código de Processo Civil Anotado*, 2º Vol., Coimbra Editora, 2001

FREITAS, José Lebre de, *A Falsidade no Direito Probatório*, Almedina, 1984

– *A Confissão no Direito Probatório*, Coimbra Editora, 1991

– *Introdução ao Processo Civil, Conceito e Princípios Gerais à Luz do Código Revisto*, Coimbra Editora, 1996

FULLER, Christie Marlene, *High-Stakes, Real-World Deception: An Examination of the Process of Deception and Deception Detection Using Liguistic-Bases Cues*, Universidade de Oklahoma, 2008

GASCÓN ABELLÁN, Marina, *Los Hechos en el Derecho, Bases Argumentales de la Prueba*, Marcial Pons, Madrid, 2010
– "Prueba Científica. Un Mapa de Retos", in CARMEN VÁSQUEZ (ed.), *Estándares de Prueba y Prueba Científica*, Marcial Pons, Madrid, 2013, pp. 181-202

GILSTRAP, Livia l./FRITZ, Kristina/TORRES, Amanda/MELINDER, Annika, "Child Witnesses: Common Ground And Controversies in the Scientific Community", in *William Mitchell Law Review*, Vol. 32, pp 59-79

GLEITMAN, Henry/FRIDLUND, Alan J./REISBERG, Daniel, *Psicologia*, 6ª Edição, Fundação Calouste Gulbenkian, Lisboa, 2003

GODOY-CERVERA, Verónica/LORENZO HIGUERAS, "El Analisis de Contenido Basado en Criterios (CBCA) en la Evaluación de la Credibilidad del Testimonio", in *Papeles del Psicólogo*, 2005, Vol. 26, pp.92-98

GOMES, Manuel Tomé Soares, "Um Olhar Sobre a Demanda da Verdade no Processo Civil", in *Revista do CEJ*, 2005, Nº3, pp. 127-168

GOODMAN, Gail S./MELINDER, Annika, "Child Witness Research and Forensic Interviews of Young Children: A Review", in *Legal Criminological Psychology*, 2007, 12, pp. 1-19

GRANHAG, Pär Anders/STRÖMWALL, Leif A. (eds.), *The Detection of Deception in Forensic Contexts*, Cambridge University Press, 2004

GRANHAG, Pär Anders/STRÖMWALL, Leif A., "Repeated Interrogations: Verbal and Non-Verbal Cues do Deception", in *Applied Cognitive Psychology*, 2002, 16, pp. 243-257

GRANHAG, Pär Anders/HARTWIG, Maria, "Detecting Deception", in *Forensic Psychology*, Graham Davies (ed.), John Wiley & Sons, Ltd, 2008 , pp. 133-158

GRANHAG, Pär Anders/STRÖMWALL, Leif A./HARTWIG, Maria, "Practitioner's Beliefs About Deception", in GRANHAG, Pär Anders/STRÖMWALL, Leif A. (eds.), *The Detection of Deception in Forensic Contexts*, Cambridge University Press, 2004, pp. 229-250

GRANHAG, Pär Anders/HARTWIG, Maria, "A New Theoretical Perspective on Deception Detection: On the Psychology of Instrumental Mind-Reading", in *Psychology, Crime & Law*, Vol. 14, Nº3, June 2008, pp. 189-200

GRIESEL, Dorothee/ Ternes, Marguerite/ Schraml, Domenica/Cooper, Barry S./ Yuille, John C., "The ABC's of CBCA: Verbal Credibility Assessment in Practice", in BARRY S. COOPER (ed.), DOROTHEE GRIESEL (ed.), MARGUERITE TERNES (ed.), *Applied Issues in Investigative Interviewing, Eyewitness Memory, and Credibility Assessment*, Springer, London, 2013, pp. 293-324

GUERREIRO, Diogo/BRITO, B./BAPTISTA, J.L./GALVÃO, F, "Stresse Pós-traumático: Os Mecanismos do Trauma", in *Acta Médica Portuguesa*, 2007, 20, pp. 347-354

"Guidelines on Memory and the Law, Recommendations from the Scientific Study of Human Memory", The British Psychological Society, 2008, http://www.policecouncil.ca/reports/BPS%20 Guidelines%20on%20Memory.pdf, acedido em 23.10.2012

GUTHRIE, Chris/WISTRICH, Andrew J./ RACHLINSKI, Jeffrey J., "Judicial Intuition", www.law.vanderbilt.edu/...download.as... acedido en Janeiro de 2013

HAACK, Susan, "El Probabilismo Jurídico: Una Disensión Epistemológica", in CARMEN VÁSQUEZ (ed.), *Estándares de Prueba y Prueba Científica*, Marcial Pons, Madrid, 2013, pp. 65-98

HADJICHRISTIDIS, Constantinos, "Euristiche ed Errori Sistematici nel Giudizio", in NICOLA BONINI, FABIO DEL MISSIER, RINO RUMIATI (Eds.), *Psicologia del Giudizio e della Decisione*, Il Mulino, Bolonha, 2008, pp. 35-54

HARTWIG, Maria, *Interrogating to Detect Deception and Truth: Effects of Strategic Use of Evidence*, Universidade de Gotemburgo, 2005

HARTWIG, Maria/BOND JR., Cahrles F., "Why do Lie-Catchers Fail? A Lens Model Meta-Analysis of Human Lie Judgements", in *Psychological Bulletin*, 2011, Vol. 137, Nº 4, pp. 643-659

HARTWIG, Maria/GRANHAG, Pär Anderes/STRÖMWALL, Leif A./ VRIJ, Aldert, "Deception Detection: Effects of Conversational Involvement and Probing", http://www.ipd.gu.se/digitalAssets/1286/1286061_gpr02_nr2.pdf

HERRERA HABIÁN, Rosario, *La inmediación Como Garantia Procesal (En el Proceso Civil y en el Proceso Penal)*, Editorial Comares, Granada, 2006

HINES, Amber/COLWELL, Kevin/HISCOCK-ANISMAN, Cheryl/GARRETT, Ericka/ ANSARRA, Ryan/MONTALVO, Larissa, "Impression Management Strategies of Deceivers and Honest Reporters in an Investigative Interview", in *The European Journal of Psychology Applied to Legal Context*, 2010, 2(1), pp. 73-90

HUGUES, F. Hervé/COOPER, Barry S./ YUILLE, John C., "Biopsychosocial Perspectives on Memory Variability in Eyewitnesses", in BARRY S. COOPER (ed.), DOROTHEE GRIESEL (ed.), MARGUERITE TERNES (ed.), *Applied Issues in Investigative Interviewing, Eyewitness Memory, and Credibility Assessment*, Springer, London, 2013, pp. 99-142

IBABE EROSTARBE, Izaskun, "Consideraciones Metodológicas en el Estudio de la Relación Confianza-Exactitud en el Ámbito de la Memoria de Testigos", in *Psicothema*, Vol. 12, 2000, pp. 301-304

IBABE EROSTARBE, Izaskun, "Memoria de Testigos: Recuerdo de Acciones e Información Descriptiva de un Suceso", in *Psicothema*, Vol. 12, 2000, pp. 574-578

IBAÑEZ PEINADO, José, *Aspetos Psicológicos del Testimonio en la Investigación Criminal*, Universidad Complutense de Madrid, Facultad de Psicologia, Madrid, 2008

JAUME MASIP/EUGENIO GARRIDO, "La Evaluación de la Credibilidad del Testimonio en Contextos Judiciales a Partir de Indicadores Conductuales", in *Anuario de Psicologia Jurídica*, 2000, pp. 93-131

JAUME MASIP/EUGENIO GARRIDO/CARMEN HERRERO, "La Detección del Engaño Sobre la Base de Sus Correlatos Conductuales: La Precisión de los Juicios", in *Anuario de Psicologia Jurídica*, Vol 12, 2002, pp. 37-55

JAUME MASIP, "Se Pilla Antes a un Mentiroso que a um Cojo? Sabiduria Popular Frente a Conocimiento Científico Sobre la Detección No-Verbal del Engaño.", in *Papeles del Psicólogo*, Diciembre , nº 92, 2005, pp. 78-91

JESSICA, Suckle-Nelson/COLWELL, Kevin/ HISCOCK-ANISMAN, Cheryl/FLORENCE, Samantha/ YOUSCHAK, Kimberly/ DUARTE, Arianne, "Assessment Criteria Indicative of Deception (ACID): Replication and Gender Differences", in *The Open Criminology Journal*, 2010, 3, pp. 23-30

JIMÉNEZ CONDE, Fernando, "La Nueva Prueba de Interrogatorio de las Partes en el Proceso Civil", Real Academia de Legislación y Jurisprudência de Múrcia, http://www.rajylmurcia.es/user/ficheros/ponencias/42_.pdf, acedido em Maio de 2013

JORGE, Nuno de Lemos, "Os Poderes Instrutórios do Juiz: Alguns Problemas", in *Julgar*, Nº 3, 2007, pp. 61-84

KAPARDIS, Andreas, *Psychology and Law*, 2ª Ed., Cambridge University Press, 2003

KEAN, Adrian/GRIFFITHS, James/McKEONWN, Paul, *The Modern Law of Evidence*, 8ª ed., Oxford University Press, 2010

KNIJNIK, Danilo, "Os Standards do Convencimento Judicial: Paradigmas Para o Seu Possível Controle", acessível em www.abdpc.org.br

KRUG, Kevin, "The Relationship Between Confidence and Accuracy: Current Thoughts of the Literature and New Area of Research", in *Applied Psychology in Criminal Justice*, 2007, 3(1). pp. 7--41

LAMB, Michael E./ORBACH, Yael/HERSHKOWITZ, Irit/ESPLIN, Phillipe W./ HOROWITZ, Dvora, "Structured Forensic Interview Protocols Improve the Quality and Informativeness of Investigative Interviews With Children: A Review or Research Using the NICHD Investigative Interview Protocol", in *Child Abuse & Neglect*, 2007, 31, pp. 1201-1231

LAMEIRAS, Luís Filipe Brites, *Notas Práticas ao Regime dos Recursos em Processo Civil*, Almedina, 2008

LEIPPE, Michael R., /EISENSTADT, Donna, "Eyewitness Confidence and the Confidence –Accuracy Relationship in Memory for People", in LINDSAY, R. C. L./Ross, David F./READ, J. Don/TOGLIA, Michael, P. (eds.), *The Handbook of Eyewitness Psychology*, Vol. 2, *Memory For People*, Lawrence Erlbaun Associates Publishers, Londres, 2007 , pp. 377- 419

LEVINE, Linda J./EDELSTEIN, Robin S., "Emotion and Memory Narrowing: A Review and Goal-relevance Approach", in *Cognition and Emotion*, 2009, 23(5), pp. 833-875

LIU, Meiling/GRANHAG, Pär Anders/LANDSTROM, Sara/HJELMSATER, Emma Roos/ STRÖMWALL, Leif/ VRIJ, Aldert, "Can You Remember What Was in Your Pocket When You Were Stung by a Bee?": Eliciting Cues do Deception by Asking the Unanticipated", in *The Open Criminology Journal*, 2010, 3, pp. 31-36

LOFTUS, Elizabeth, "Crimes de Memória: Memórias Falsas e Justiça Social", in A. C. FONSECA, M. R. SIMÕES, M. C. TABORDA-SIMÕES & M. S. PINHO (Eds.), *Psicologia forense*, Coimbra, Almedina, 2006, pp. 331-339

LOPES, José António Mouraz, *A Fundamentação da Sentença no Sistema Penal Português: Legitimar, Diferenciar, Simplificar*, Almedina, 2011

LÓPEZ CUADRADO/ZALDIVAR BASURTO, Flor, "Diferencias en Criterios de Contenido en Declaraciones Verdaderas y Falsas: El Papel de La Preparación, La Parte de la Historia Considerada y la Modalidad de Presentación de los Hechos", in *Anuario de Psicologia Jurídica*, Vol 12, 2002, pp. 87-114

LOURO, Maria da Conceição Cunha, *Psicologia das Motivações Ajurídicas do Sentenciar: A Emergência do Saber em Detrimento do Poder*, Universidade Lusófona de Humanidades e Tecnologias, 2008

MADRID VIVAR, Dolores, *La Mentira Infantil: Diagnóstico y Intervención Psicopedagógica*, Universidade de Málaga, 2002

MANZANERO PUEBLA, Antonio L., *Psicología del Testimonio, Una Aplicación de los Estudios Sobre la Memoria*, Ediciones Pirámide, Madrid, 2008

- *Memoria de Testigos, Obtención y Valoración de la Prueba Testifical*, Ediciones Pirámide, Madrid, 2010

MARGARITA DIGES/ALONSO-QUECUTY, Maria L., *Psicologia Forense Experimental*, Promolibro, Valencia, 1993

MARQUES, J. P. Remédio, *Acção Declarativa à Luz do Código Revisto*, Coimbra Editora, 2007

– "A Aquisição e a Valoração Probatória de Factos (Des)Favoráveis ao Depoente ou à Parte Chamada a Prestar Informações ou Esclarecimentos", in *Julgar*, Nº 16, Janeiro - Abril 2012, pp. 137-172

MAZZONI, Giuliana, *Se Puede Creer a un Testigo? El Testimonio y las Trampas de la Memoria*, Editorial Trotta, Madrid, 2010

– *Psicologia della Testimonianza*, Carocci, Roma, 2011

MEISSNER, Christian A./SPORER, Siegfried, L./SCHOOLER, Jonathan W., "Person Descriptions as Eyewitness Evidence", in LINDSAY, R. C. L./ROSS, David F./ READ, J. Don/TOGLIA, Michael, P. (eds.), *The Handbook of Eyewitness Psychology*, Vol. 2, *Memory For People*, Lawrence Erlbaun Associates Publishers, Londres, 2007 , pp. 3- 27

MEMON, Amina/FRASER, Joanne/COLWELL, Kevin/ODINOT, Geralda/MASTROBE-RARDINO, Serena, "Distinguishing Truthful From Invented Accounts Using Reality Monitoring Criteria", in *Legal and Criminological Psycholgy*, Vol. 15, 2010, pp. 177-194

MEMON, Amina/VRIJ, Aldert/BULL, Ray, *Psychology and Law*, Second Edition, Wiley, West Sussex, 2003

MEMON, Amina/MEISSNER, Christian A./ FRASER, Joanne, "The Cognitive Interview. A Meta-Analytic Review and Study Space Analysis of the Past 25 Years", in *Psychology, Public Policy and Law*, 2010, Vol. 16, Nº4, pp. 340-372

MENDES, Castro, *Do Conceito de Prova em Processo Civil*, Edições Ática, Lisboa, 1961

MERCEDES NOVO/DOLORES SEIJO, "Judicial Judgement Making and Legal Criteria of Testimonial Credibility", in *The European Journal of Psychology Applied to Legal Context*, 2010 2(2), pp. 91-115

MESQUITA, Paulo Dá, *A Prova do Crime e o que se Disse Antes do Julgamento. Estudo Sobre a Prova no Processo Penal Português, À Luz do Sistema Norte-Americano*, Coimbra Editora, 2011

MONJE BALMASEDA, Óscar, "La Valoración de las Pruebas Personales en el Recurso de Apelación Civil", in ABEL LLUCH, PICÓ I JUNOY e RICHARD GONZÁLEZ (Directores), *La Prueba Judicial, Desafíos en las Jurisdicciones Civil, Penal, Laboral e Contencioso-administrativa*, La Ley, Madrid, 2011, pp. 781-801

MONTERO AROCA, Juan, *La Prueba en el Proceso Civil*, Thomson Civitas, 2007

MORGAN III, Charles A./COLWELL, Kevin/ HAZLETT, Gary A. , "Efficacy of Forensic Statement Analysis in Distinguishing Truthful form Deceptive Eyewitness Accounts of Highly Stressful Events", in *Journal of Forensic Sciences*, 2011, pp. 1-8

MUÑOZ ARANGUREN, Arturo, "La Influencia de los Sesgos Cognitivos en las Decisiones Jurisdiccionales: El Factor Humano. Una Aproximación", in www.indret.com, Abril de 2011

MUÑOZ GARCIA, Juan Jesús/NAVAS COLADO, Encarnación/GRAÑA GÓMEZ, José Luís, "Evaluación de la Credibilidad Mediante Indicadores Psicofisiologicos, Conductuales y Verbales", in *Anuario de Psicologia Jurídica*, Vol. 13, 2003, pp. 61-86

MUÑOZ SABATÉ, Luis, *Técnica Probatória*, 3ª Ed., Barcelona, 1993

NEWMAN, Mathew L./PENNEBAKER, James W./BERRY, Diane S./RICHARDS, Jane M., "Lying Words: Predicting Deception From Linguistic Styles", in *Personality and Social Psychology Bulletin*, Vol. 29, Nº 5, Maio 2003, pp. 665-675

NIEVA FENOLL, Jordi, *La Valoración de la Prueba*, Marcial Pons, Madrid, 2010

- "Oralidad e Inmediación en la prueba: luces y sombras", in *Civil Procedure Review*, V. 1, Nº 2, 27-41, Jul./Set., 2010
- "Inmediación" y la Valoración de la Prueba: El Retorno de la Irracionalidad", in *Diario La Ley*, Nº 7783, 2012
- *La Duda en el Proceso Penal*, Marcial Pons, Madrid, 2013

NOVAIS, Jorge Reis, *Os Princípios Constitucionais Estruturantes da República Portuguesa*, Coimbra Editora, 2004

NUNES, Rosa Vieira, *A Livre Apreciação da Prova e a Obrigação de Fundamentação da Convicção (Na Decisão Final Penal)*, Coimbra Editora, 2011

ODINOT, Geralda, *Eyewitness Confidence, The Relation Between Accuracy and Confidence in Episodic Memory*, Universidade de Leiden, 2008

OFFE, Heinz, "El Dictamen Sobre la Credibilidad de las Declaraciones de Testigos", in *Anuario de Psicologia Jurídica*, 2000, pp. 11-23

OLIVEIRA, Francisco da Costa, *O Interrogatório de Testemunhas, Sua Prática na Advocacia*, Almedina, 2ª Ed., 2007

O'SULLIVAN, Maureen, "Is Le Mot Juste? The Contextualization or Words by Expert Lie Detectors", in BARRY S. COOPER (ed.), DOROTHEE GRIESEL (ed.), MARGUERITE TERNES (ed.), *Applied Issues in Investigative Interviewing, Eyewitness Memory, and Credibility Assessment*, Springer, London, 2013, pp. 239-258

OVEJERO BERNAL, Anastacio, *Fundamentos de Psicologia Jurídica e Investigación Criminal*, Universidade de Salamanca, 2009

PANSKY, Ainat/KORIAT, Asher/GOLDSMITH, Morris, "Eyewitness Recall And Testimony", in Neil BREWER (ed.), Kipling D. WILLIAMS (ed.), *Psychology And Law, An Empirical Perspective*, The Guilford Press, Londres, 2005, pp. 93-150

PARDO, Michael S., "Estándares de Prueba y Teoría de la Prueba", in CARMEN VÁSQUEZ (ed.), *Estándares de Prueba y Prueba Científica*, Marcial Pons, Madrid, 2013, pp. 99-118

PARK, Hee Sun/LEVINE, Timothy R./ McCORNACK, Steven A./MORRISON, Kelly/FERRARA, Merissa, "How People Really Detect Lies", in *Communication Monographs*, Vol. 69, , Nº2 , 2002, pp. 144-157

PATERSON, Helen M./KEMP, Richard I./ NG, Jodie R., "Combating co-witness Contamination: Attempting to Decrease the Negative Effects of Discussion on Eyewitness Memory", in *Applied Cognitive Psychology*, Vol 25, 2011, pp. 43-52

PAZ-ALONSO, Pedro M./OGE, Christin M./ GOODMAN Gail S., "Children's Memory in "Scientific Case Studies" of Child Sexual Abuse: A Review", in BARRY S. COOPER (ed.), DOROTHEE GRIESEL (ed.), MARGUERITE TERNES (ed.), *Applied Issues in Investigative Interviewing, Eyewitness Memory, and Credibility Assessment*, Springer, London, 2013, pp. 143-172

PESSOA, Flávia Moreira Guimarães, *Máximas de Experiência no Processo Civil*, Evocati, Aracaju, 2006

PEZDEK, Kathy/MORROW, Anne/BLANDON-GITLIN, Iris/QUAS, Jodi A./BIDROSE, Sue/GOODMAN, Gail S./SAYWITZ, Karen J./PIPE, Margaret-Ellen/ROGERS, Martha/BRODIE, Laura, "Detecting Deception in Children: Event Familiarity Affects Criterion-Based Content Analysis Ratings", in *Journal of Applied Psychology*, 2004, Vol., nº 89, Nº 1, 119-126

PICÓ I JUNOY, Joan, *El Derecho a la Prueba en el Proceso Civil*, J. M. Bosch Editor, SA, Barcelona, 1996

PICÓ I JUNOY, Joan, "Valoración de la Prueba y Segunda Instancia Civil: Hacia la Búesqueda del Necessario Equilibrio", in *Revista Jurídica de Catalunya*, Nº 3, 2009, pp. 51-64

PINHO, Maria Salomé, "A Entrevista Cognitiva em Análise", in A. C. FONSECA, M. R. SIMÕES, M. C. TABORDA-SIMÕES & M. S. PINHO (Eds.), *Psicologia forense*, Coimbra, Almedina, 2006, pp. 258-278

– "Factores que Influenciam a Memória das Testemunhas Oculares", in FONSECA, António Castro (Ed.), *Psicologia e Justiça*, Almedina, 2008, pp. 299-326

PINTO, Frederico de Lacerda da Costa, "Depoimento Indirecto, Legalidade da Prova e Direito de Defesa", in *Estudos em Homenagem ao Prof. Doutor Jorge Figueiredo Dias*, III Vol., Coimbra Editora, 2010, pp. 1041-1088

PINTO, Mota, "Arguição da simulação pelos simuladores. Prova testemunhal", CJ 1985-III, pp. 9-15

PINTO, Rui, "Valor Extraprocessual da Prova Penal na Demanda Cível. Algumas Linhas Gerais de Solução", in RUI PINTO (Coord.), *Colectânea de Estudos de Processo Civil*, Coimbra Editora, 2013, pp. 69-104

POIARES, Carlos Alberto/LOURO, Maria Cunha, "Psicologia do Testemunho e Psicologia das Motivações Ajurídicas do Sentenciar: da Gramática Retórica à Investigação Empírica", in *Manual de Psicologia Forense e da Exclusão Social*, CARLOS ALBERTO POIARES (ed.), Lisboa, Edições Universitárias Lusófona, 2012, pp. 105-129

PORTER, Stephen/BRINKE, Leanne ten, "Dangerous Decisions: a Theoretical Framework for Understanding How Judges Assess Credibility in the Courtroom", in *Legal and Criminological Psychology*, 2009, 14, pp. 119-134

PORTER, Stephen/BRINKE, Leanne ten, "The Truth About Lies: What Works in Detecting High-Stakes Deception?", in *Legal and Criminological Psychology*, 2010, 15, pp. 57-75

PORTER, Stephen/BRINKE, Leanne ten/ GUSTAW, Chantal, "Dangerous Decisions: The Impact of First Impressions of Trustworthiness on the Evaluation of Legal Evidence and Defendant Culpability", in *Psychology, Crime & Law*, Vol. 16, Nº 6, July 2010, pp. 477-491

PORTER, Stephen/ YUILLE, John C., "The Language of Deceit: An Investigation of the Verbal Clues do Deception in the Interrogation Context", in *Law and Human Behavior*, Vol. 20, Nº 4, 1996, pp. 443-456

POWELL, Martine B./FISCHER, Ronald P./WRIGHT, Rebecca, "Investigative Interviewing", in *Psychology And Law, An Empirical Perspective*, Neil BREWER (ed.), Kipling D. WILLIAMS (ed.), The Guilford Press, Londres, 2005, pp. 11-42

QUEIRÓS, CRISTINA, "A Influência das Emoções em Contexto de Julgamento ou de Testemunho", in *Manual de Psicologia Forense e da Exclusão Social*, CARLOS ALBERTO POIARES (ed.), Lisboa, Edições Universitárias Lusófona, 2012, pp. 44-69

RACHLINSKI, Jeffrey J., "Judicial Psychology", http://www.rechtspraak.nl/ Organisatie/Publicaties-En-Brochures/ rechtstreeks/Documents/Rechtstreeks%202012-2.pdf, acedido em Janeiro de 2013

RAINHO, José, "Decisão de Facto – Exame Crítico das Provas", in *Revista do CEJ*, Nº4, pp. 145-175

RAITT, Fiona E., "Judging Children's Credibility- Cracks in the Culture of Disbelief, or Business as Usual?", in *New Criminal Law Review*, Vol. 13, Nº 4, 2010, pp. 735-758

RAMÓN ARCE/ FREIRE, Maria José/FRANCISCA FARIÑA, "Contrastando la Generalización de los Métodos Empíricos de Detección del Engaño", in *Psicologia: Teoria, Investigação e Prática*, 2002, Vol. 7, Nº1, pp. 71-86

RAMÓN ARCE/FRANCISCA FARIÑA "Peritación Psicológica de la Credibilidad del Testimonio, La Huella Psíquica y la Simulación: El Sistema de Evaluación Global (SEG)", in *Papeles del Psicólogo*, 2005, Nº 92, http://www.papelesdelpsicologo.es/vernumero.asp?id=1247

– "Psicologia del testimonio: Evaluación de la Credibilidad y de la Huella Psíquica en el Contexto Penal", in *Psicologia del Testimonio y Prueba Pericial*, Consejo General del Poder Judicial, Madrid, 2006, pp. 39-103

RAMÓN ARCE/SEIJÓ CUBA, Ana/NOVO PÉREZ, Mercedes, "Validez del Testimonio: Un Estudio Comparativo de los Criterios Legales y Empíricos", in *Anuario de Psicologia Jurídica*, Vol. 19, 2009, pp. 5-13

READ, J. Don/CONNOLLY, Deborah A., "The Effects of Delay on Long-Term Memory for Witnessed Events", in LINDSAY, R. C. L./Ross, David F./READ, J. Don/TOGLIA, Michael, P. (eds.), *The Handbook of Eyewitness Psychology*, Vol. 1, *Memory For Events*, Lawrence Erlbaun Associates Publishers, Londres, 2007 , pp. 117-147

REGO, Carlos Francisco de Oliveira Lopes do, *Comentários ao Código de Processo Civil*, I Vol., Almedina, 2ª Ed., 2004

REINHARD, Marc-André/SPORER, Siegfied, L./SCHARMACH, Martin/MARKSTEINER, Tamara, "Listening, Not Watching: Situational Familiarity and the Ability to Detect Deception", in *Journal of Personality and Social Psychology*, 2011, Vol. 101, pp. 467-484

REINHARD, Marc-André/SPORER, Siegfied, L., "Content Versus Source Cue Information as a Basis for Credibility Judgments, The Impact of Task Involvement", in *Social Psychology*, 2010, Vol. 4(2), pp. 93-104

REIS, Alberto dos, *Código de Processo Civil Anotado*, IV Vol., Coimbra Editora, 1987

REIS, Maria Anabela Bento Marinho Nunes dos, *A Avaliação Psicológica do Testemunho em Contexto Judiciário: A Influência do Tempo e das Emoções nos Componentes Mnemónicos do Testemunho*, Faculdade de Medicina de Lisboa, Lisboa, 2006

REISBERG, Daniel/HEUER, Friderike, "The Influence of Emotion on Memory in Forensic Settings", in LINDSAY, R. C. L./Ross, David F./READ, J. Don/TOGLIA, Michael, P. (eds.), *The Handbook of Eyewitness Psychology*, Vol. 1, *Memory For Events*, Lawrence Erlbaun Associates Publishers, Londres, 2007 , pp. 81-116

RIBAS, Carlos Alberto Barbosa Dias, *A Credibilidade do Testemunho, A Verdade e a Mentira nos Tribunais*, Instituto de Ciências Biomédicas Abel Salazar, Universidade do Porto, 2011

RIVERA MORALES, Rodrigo, *La Prueba: Un Análisis Racional y Práctico*, Marcial Pons, Madrid, 2011

RODRIGUES, Andreia/ARRIAGA, Patrícia, "Haverá Diferenças Individuais na Capacidade para Detectar a Mentira e a Honestidade nos Outros?", http://repositorio-iul.iscte.pt/bitstream/10071/2980/1/2010_Identificacao_mentira.pdf

SAYWITZ, Karen/CAMPARO, Lorinda, "Interviewing Child Witnesses: A Developmental Perspective", in *Child Abuse & Neglect*, Vol. 22, Nº 8, 1998, pp. 825-843

SEIÇA, Alberto Medina de, Artigo 360º, in FIGUEIREDO DIAS (dir.), *Comentário Conimbricense ao Código Penal*, Parte Especial, Tomo III, Coimbra Editora, 2001

– "Prova Testemunhal. Recusa de Depoimento de Familiar de um dos Arguidos em Caso de Co-arguição", in *Revista Portuguesa de Ciência Criminal*, Ano 6, Jul. – Set. 1996, pp. 477-498

SERRA, Vaz, *Direito Probatório Material*, BMJ, nº 110 e nº 112

SERRA DOMÍNGUEZ, Manuel, *Estudios de Derecho Probatorio*, Communitas, Lima, 2009

SHAW, John S./MCCLURE, Kimberley A./DYKSTRA, Josie A., "Eyewitness Confidence from the Witnessed Event Through Trial", in LINDSAY, R. C. L./ROSS, David F./READ, J. Don/TOGLIA, Michael, P. (eds.), *The Handbook of Eyewitness Psychology*, Vol. 1, *Memory For Events*, Lawrence Erlbaun Associates Publishers, Londres, 2007 , pp. 371-393

SHERMER, Lauren O'Neill/ROSE, Karen C./HOFFMAN, Ashley, "Perceptions and Credibility: Understanding the Nuances of Eyewitness Testimony", in *Journal of Contemporary Criminal Justice*, 2011, 27(2), pp. 183-203

SILVA, Carla Ramos, *A Importância do Depoimento dos Actores Judiciários na Tomada da Decisão do Juiz*, Universidade Lusófona de Humanidades e Tecnologia, Lisboa, 2010

SONDHI, Vanita, "The Role of Interviewer Behavior in Eyewitness Suggestibility", in *The Journal Of Credibility Assessment and Witness Psychology*, 2005, Vol. 6, Nº1, pp. 1-19

SOUSA, Luís Filipe Pires de, *Prova por Presunção no Direito Civil*, Almedina, 2012

SOUSA, Miguel Teixeira de, "A livre apreciação da prova em processo civil", in *Scientia Iurídica*, Jan./Abr. 1984, Tomo XXXIII, nos. 187-188, pp. 115-146

– *As Partes, o Objecto e a Prova na Acção Declarativa*, Lex, Lisboa, 1995

– *Introdução ao Processo Civil*, Lex, Lisboa, 2000

SPELLMAN, Barbara A./TENNEY, Elisabeth, R., "Credible Testimony In And Out of

Court", in *Psychonomic Bulletin & Review*, 2010, 17 (2), pp. 168-173

SPORER, Siegfried L., "Reality Monitoring and Detection of Deception", in GRANHAG, Pär Anders/STRÖMWALL, Leif A. (eds.), *The Detection of Deception in Forensic Contexts*, Cambridge University Press, 2004, pp. 64-102

SPORER, Siegfried Ludwig/SCHWANDT, Barbara, "Paraverbal Indicators of Deception: A Meta-analytic Synthesis", in *Applied Cognitive Psychology*, 2006, 20, pp. 421-446

TARUFFO, Michele, "Senso comum, experiência e ciência no raciocínio do juiz", in *Revista da Escola Paulista de Magistratura*, Vol 2, Nº2, São Paulo, Jul/Dez 2001, pp. 171-204.

– *La Prueba de los Hechos*, Editorial Trotta, Madrid, 2002

– "Rethinking the standards of proof", in *American Journal or Comparative Law*, 51, 2003, p. 659 e ss.

– *La Prueba, Artículos y conferencias*, Editorial Metropolitana, 2008

– *La Prueba*, Marcial Pons, Madrid, 2008

– "Considerazioni sulle massime d'esperienza", in *Rivista Trimestrale di Diritto e Procedura Civile*, Anno LXIII, Nº 2, Giugno 2009, pp. 551-569.

– *Simplemente la Verdad, El Juez y la Construcción de los Hechos*, Marcial Pons, Madrid, 2010

– "La Aplicación de Estándares Científicos a las Ciencias Sociales Forenses", in CARMEN VÁSQUEZ (ed.), *Estándares de Prueba y Prueba Científica*, Marcial Pons, Madrid, 2013, pp. 203-214

TARUFFO, Michele/ ANDRÉS IBÁNEZ, Perfecto / CANDAU PÉREZ, Alfonso, *Consideraciones sobre la prueba judicial*, Fundación Coloquio Jurídico Europeo, Madrid, 2009

TEIXEIRA, Carlos Adérito, "Depoimento Indirecto e Arguido: Admissibilidade e Livre Valoração versus Proibição de Prova", in *Revista do CEJ*, Nº 2, pp. 127-191

TENNEY, Elizabeth R./SPELLMAN, Barbara A./MACCOUN, Robert J., "The Benefits of Knowing What You Know (an What You Don't): How Calibration Affects Credibility", in *Journal Of Experimental Social Psychology*, 2008, doi:10.1016/j.jesp.2008.04.006

VALENTINE, Tim/MARAS, Katie, "The Effect of cross-examination on the Accuracy of Adult Eyewitness Testimony", in *Applied Cognitivie Psychology*, 2011, 25, pp. 554-561

VARELA, Antunes/BEZERRA, J. Miguel/NORA, Sampaio e, *Manual de processo civil*, Coimbra Editora, 2ª Ed., 1985

VRIJ, Aldert/AKEHURST, Lucy/SOUKARA, Stavroula/BULL, Ray, "Let Me Inform You How to Tell a Convincing Story: CBCA and Reality Monitoring Scores as a Function of Age, Coaching, and Deception", in *Canadian Journal or Behavioural Science*, 2004, 36:2, pp. 113-126

VRIJ, Aldert/EVANS, Hayley/AKEHURST, Lucy/MANN, Samantha, "Rapid Judgements in Assessing Verbal and Nonverbal Cues: Their Potential for Deception Researchers and Lie Detection", in *Applied Cognitive Psychology*, 2004, 18, p. 283-296

VRIJ, Aldert, *Detecting Lies and Deceit, Pitfalls and Opportunities*, John Wiley & Sons, Ltd, West Sussex, 2008

– "Por Que Falham os Profissionais na Deteção da Mentira e Como Podem Vir a Melhorar", in FONSECA, António Castro (ed.), *Psicologia e Justiça*, Almedina, 2008, pp. 255-288

VRIJ, Aldert/GRANHAG, Pär Anders/PORTER, Stephen,"Pitfalls and Opportunities in Nonverbal and Verbal Lie Detection", in *Psychological Science in the Public Interest*, 11(3), 2010, pp. 89-121

VRIJ, Aldert/GRANHAG, Pär Anders/ MANN, Samantha, "Good Liars", in *The Journal of Psychology & Law*, 38/Spring-Summer 2010, pp. 77-98

VRIJ, Aldert/MANN, Samantha/LEAL, Sharon/GRANHAG, Pär Anders, "Getting Into the Minds of Pairs of Liars and Truth Tellers: An Examination of Their Strategies", in *The Open Criminology Journal*, 2010, 3, pp. 17-22

VRIJ, Aldert/GRANHAG, Pär Anders, "Eliciting Cues to Deception and Truth: What Matters are the Questions Asked", in *Journal of Applied Research in Memory and Cognition*, 2012, 1, pp. 110-117

YARBROUGH, John/HUGUES, F. Hervé/HARMS, Robert, "The Sins of Interviewing: Errors Made by Investigative Interviewers and Suggestions for Redress", in BARRY S. COOPER (ed.), DOROTHEE GRIESEL (ed.), MARGUERITE TERNES (ed.), *Applied Issues in Investigative Interviewing, Eyewitness Memory, and Credibility Assessment*, Springer, London, 2013, pp. 59-98

YARMEY, A. Daniel, "Depoimentos de Testemunhas Oculares e Auriculares", in A. C. FONSECA, M. R. SIMÕES, M. C. TABORDA-SIMÕES & M. S. PINHO (Eds.), *Psicologia forense*, Coimbra, Almedina, 2006, pp. 227-257

WAKEFIELD, Hollida, "Guidelines on Investigatory Interviewing of Children: What is the Consensus in the Scientific Community?, in *American Journal of Forensic Psychology*, 24(3), 2006, pp. 57-74

WALCZYK, Jeffrey/ GRIFFITH, Diana/YATES, Rachel/VISCONTE, Shelley/SIMONEAUX, Byron/HARRIS, Laura, "Lie Detection by Inducing Cognitive Load, Eye Movements and other Cues to the False Answers of "Witnesses" to Crimes", in *Criminal Justice and Behavior*, Vol. 39, Nº 7, Julho 2012, pp. 887-909

WARREN, Gemma/SCHERTLER, Elizabeth/BULL, Peter, "Detecting Deception from Emotional and Unemotional Cues", in *Journal of Nonverbal Behavior*, 2009, 33, p. 59-69

WESTCOTT, Helen L., "Child Witness Testimony: What Do We Know and Where Are We Going?", in *Child and Family Law Quartely*, Vol. 18, Nº 2, 2006, pp. 175--190

WISE, Richard A./FISHMAN, Clifford S./SAFER, Martin A., "How to Analyse the Accuracy of Eyewitness Testimony in a Criminal Case", in *Connecticut Law Review*, 42, 2009, 435-513

WRIGHT, Daniel B./MEMON, Amina/SKAGERBERG, Elin M./GABBERT, Fiona, "When Eyewitnesses Talk", in *Current Directions in Psychological Science*, 2009, Vol. 18, Nº3, pp. 174-178

INDICE

PARTE I
PSICOLOGIA DO TESTEMUNHO
NOÇÕES GERAIS 9

1. A memória 9
2. Memória semântica e episódica 12
3. As três fases da memória 17
4. Fatores bio-psico-sociais que influenciam o testemunho 18
    4.1. Expetativas e estereótipos 18
    4.2. Atenção e processamento da informação relevante 20
    4.3. Presença de stresse e trauma no evento 23
    4.4. O intervalo de retenção 33
        4.4.1. O esquecimento 33
        4.4.2. A informação pós-evento 36
        4.4.3. Outras caraterísticas do intervalo de retenção 42
5. Memória das crianças 43
    5.1. Sugestionabilidade das crianças 47
    5.2. Denúncias de abuso sexual de menores 53
6. O interrogatório da testemunha 60
    6.1. O formato da recuperação 60
    6.2. As regras para evitar equívocos 64
    6.3. As perguntas sugestivas 67
    6.4. Os efeitos de interrogatórios repetidos 73
    6.5. A entrevista cognitiva 76
    6.6. O interrogatório de crianças 82
        6.6.1. A *step-wise interview* (entrevista passo-a-passo) 88

PROVA TESTEMUNHAL

7. A deteção da mentira 89
   7.1. Deteção da mentira pelo comportamento não verbal 89
      7.1.2. Estereótipos sobre a mentira 90
      7.1.3. Os processos cognitivos e emocionais do mentiroso 94
         7.1.3.1. Teoria do processo emocional 94
         7.1.3.2. A teoria da complexidade de conteúdo 97
         7.1.3.3. A teoria da tentativa de controlo 98
         7.1.3.4. A perspetiva da autoapresentação 99
         7.1.3.5. Teoria do engano interpessoal 101
   7.2. Os indicadores paraverbais 102
   7.3. Os estilos linguísticos do mentiroso 104
   7.4. Síntese dos indicadores objetivos da mentira 108
8. Sistemas de avaliação do conteúdo da declaração 115
   8.1. *Statement Validity Assessment* (Avaliação da Validade do Depoimento) . . . 115
   8.2. A teoria do controlo da realidade (*Reality Monitoring*) 131
   8.3. O sistema da avaliação global 134
   8.4. O *Assessment Criteria Indicative of Deception* (ACID) 136
9. Hierarquia dos canais na deteção da mentira 140
10. Estratégias para aperfeiçoar a deteção da mentira 144
   10.1. Evitar os indicadores errados e centrar-se nos genuínos
     indicadores verbais e não verbais da mentira 144
   10.2. Evitar o emprego apenas de indicadores não verbais 145
   10.3. Não confiar na heurística e recorrer a múltiplos indicadores
     de forma flexível 145
   10.4. Considerar as diferenças interpessoais e intrapessoais e atentar
     nas divergências de reação do declarante veraz em situações
     similares 146
   10.5. Explorar os diferentes processos mentais dos mentirosos
     e dos não mentirosos 147
      10.5.1. Entrevista que privilegie a recolha de informação 148
      10.5.2. Formulação de perguntas inesperadas 149
      10.5.3. Formulação de perguntas temporais 150
      10.5.4. O uso estratégico da prova 150
      10.5.5. Técnica do "advogado do diabo" 152
      10.5.6. Contar a história ao contrário e mantendo contacto visual
         com o entrevistador 153
11. As heurísticas 154
   11.1. A heurística da confiança 162
12. Outros vieses cognitivos das decisões judiciais 169

INDICE

PARTE I
PSICOLOGIA DO TESTEMUNHO
NOÇÕES GERAIS 9

1. A memória 9
2. Memória semântica e episódica 12
3. As três fases da memória 17
4. Fatores bio-psico-sociais que influenciam o testemunho 18
    4.1. Expetativas e estereótipos 18
    4.2. Atenção e processamento da informação relevante 20
    4.3. Presença de stresse e trauma no evento 23
    4.4. O intervalo de retenção 33
        4.4.1. O esquecimento 33
        4.4.2. A informação pós-evento 36
        4.4.3. Outras caraterísticas do intervalo de retenção 42
5. Memória das crianças 43
    5.1. Sugestionabilidade das crianças 47
    5.2. Denúncias de abuso sexual de menores 53
6. O interrogatório da testemunha 60
    6.1. O formato da recuperação 60
    6.2. As regras para evitar equívocos 64
    6.3. As perguntas sugestivas 67
    6.4. Os efeitos de interrogatórios repetidos 73
    6.5. A entrevista cognitiva 76
    6.6. O interrogatório de crianças 82
        6.6.1. A *step-wise interview* (entrevista passo-a-passo) 88

PROVA TESTEMUNHAL

7. A deteção da mentira 89
   7.1. Deteção da mentira pelo comportamento não verbal 89
      7.1.2. Estereótipos sobre a mentira 90
      7.1.3. Os processos cognitivos e emocionais do mentiroso 94
         7.1.3.1. Teoria do processo emocional 94
         7.1.3.2. A teoria da complexidade de conteúdo 97
         7.1.3.3. A teoria da tentativa de controlo 98
         7.1.3.4. A perspetiva da autoapresentação 99
         7.1.3.5. Teoria do engano interpessoal 101
   7.2. Os indicadores paraverbais 102
   7.3. Os estilos linguísticos do mentiroso 104
   7.4. Síntese dos indicadores objetivos da mentira 108
8. Sistemas de avaliação do conteúdo da declaração 115
   8.1. *Statement Validity Assessment* (Avaliação da Validade do Depoimento) . . . 115
   8.2. A teoria do controlo da realidade (*Reality Monitoring*) 131
   8.3. O sistema da avaliação global 134
   8.4. O *Assessment Criteria Indicative of Deception* (ACID) 136
9. Hierarquia dos canais na deteção da mentira 140
10. Estratégias para aperfeiçoar a deteção da mentira 144
   10.1. Evitar os indicadores errados e centrar-se nos genuínos
       indicadores verbais e não verbais da mentira 144
   10.2. Evitar o emprego apenas de indicadores não verbais 145
   10.3. Não confiar na heurística e recorrer a múltiplos indicadores
       de forma flexível 145
   10.4. Considerar as diferenças interpessoais e intrapessoais e atentar
       nas divergências de reação do declarante veraz em situações
       similares 146
   10.5. Explorar os diferentes processos mentais dos mentirosos
       e dos não mentirosos 147
      10.5.1. Entrevista que privilegie a recolha de informação 148
      10.5.2. Formulação de perguntas inesperadas 149
      10.5.3. Formulação de perguntas temporais 150
      10.5.4. O uso estratégico da prova 150
      10.5.5. Técnica do "advogado do diabo" 152
      10.5.6. Contar a história ao contrário e mantendo contacto visual
         com o entrevistador 153
11. As heurísticas 154
   11.1. A heurística da confiança 162
12. Outros vieses cognitivos das decisões judiciais 169

ÍNDICE

PARTE II
A TESTEMUNHA NO PROCESSO 173

1. A testemunha 173
2. O perito 175
3. O depoimento indireto 177
   3.1. O depoimento indireto no processo penal 180
   3.2. O depoimento indireto no processo civil 192
4. Limitações legais ao uso da prova testemunhal no processo civil 199
   4.1. Inadmissibilidade da prova testemunhal e por presunções
      (Artigo 393º do Código Civil) 199
      4.1.1. A admissão 204
      4.1.2. O documento particular 205
      4.1.3. O documento autêntico 207
      4.1.4. Atestado da Junta de Freguesia 211
      4.1.5. A confissão 213
   4.2. Convenções contra o conteúdo de documentos *(contra scripturam)*
      ou para além dele *(praeter scripturam)* 217
   4.3. Prova da simulação 223
5. O sigilo profissional 234
   5.1. O sigilo bancário 247
   5.2. O sigilo profissional do advogado 252
6. Incidentes de inquirição da testemunha 262
   6.1. A impugnação da testemunha 262
   6.2. O incidente de contradita 268
   6.3. O incidente de acareação 270
7. Inquirição oficiosa da testemunha 272
8. Valor extraprocessual da prova testemunhal 276
9. A valoração do testemunho 282
   9.1. A teoria das decisões perigosas 282
10. Construção de um modelo de valoração da prova testemunhal 284
   10.1. A fidelidade do processo mnésico 286
   10.2. A imparcialidade da testemunha 289
      10.2.1. A amplificação do testemunho e a uniformidade 297
   10.3. A forma da prestação do depoimento 298
   10.4. O conteúdo do depoimento 308
11. Fundamentação da decisão de facto e prova testemunhal 319
   11.1. As máximas da experiência 330
      11.1.1. Conceito 330
      11.1.2. Tipologia das máximas da experiência 334

PROVA TESTEMUNHAL

11.1.3. Funções das máximas da experiência 337
11.1.4. Regime das máximas da experiência 339
11.1.5. Limites à utilização das máximas da experiência 340
12. Colisão da prova testemunhal com outros meios de prova 345
12.1. Colisão da prova testemunhal com a prova pericial 347
12.2. Colisão da prova testemunhal com a prova por inspeção 361
12.3. Colisão da prova testemunhal com as presunções judiciais 361
12.4. Colisão da prova testemunhal com as declarações de parte 362
13. A valoração da prova segundo a probabilidade lógica 366
14. O *standard* de prova no processo civil 373
15. Princípio da imediação e reapreciação da prova testemunhal
na segunda instância 384
16. O crime de falso testemunho 397

Bibliografia 413